तुलनात्मक साहित्य भारतीय परिप्रेक्ष्य

तुलनात्मक साहित्य भारतीय परिप्रेक्ष्य

इन्द्रनाथ चौधुरी

वाणी प्रकाशन

वाणी प्रकाशन

4695, 21-ए, दरियागंज, नयी दिल्ली 110 002

फ़ोन : +91 11 23273167 फ़ैक्स : +91 11 23275710

शाखाएँ

अशोक राजपथ, पटना 800 004, बिहार

कॉफ़ी हाउस कैम्पस, महात्मा गांधी मार्ग, इलाहाबाद 211 001, उत्तर प्रदेश

महात्मा गांधी अन्तरराष्ट्रीय हिन्दी विश्वविद्यालय, वर्धा 442 001, महाराष्ट्र

सुल्तानिया रोड, मोतिया पार्क, भोपाल 462 001, मध्य प्रदेश

www.vaniprakashan.com
marketing@vaniprakashan.in
sales@vaniprakashan.in

TULNATMAK SAHITYA : BHARTIYA PARIPREKSHYA
by Indranath Choudhuri

ISBN : 978-93-5000-810-2
Criticism

प्रथम संस्करण 2014
आवृत्ति 2020

मूल्य : ₹ 295

यश प्रिंटोग्राफ़िक्स, नोएडा-201 301 (उ.प्र.) में मुद्रित

वाणी प्रकाशन का लोगो मक़बूल फ़िदा हुसेन की कूची से

आदरणीय पूर्व प्रधानमंत्री श्री पी.वी. नरसिंह राव जी की स्मृति में
जिनकी प्रेरणा से हिंदी में तुलनात्मक साहित्य की पहली
पुस्तक की रचना संभव हो पायी थी।

आमुख

हिन्दी में तुलनात्मक साहित्य पर पहली पुस्तक सन् 1982 में मेरे द्वारा लिखित 'तुलनात्मक साहित्य की भूमिका' प्रकाशित हुई थी। वस्तुतः बीसवीं शती के छठे दशक में डॉ. नगेंद्र ने दिल्ली विश्वविद्यालय में एम. ए. हिंदी के पाठ्यक्रम में 'कॉम्पोजिट कोर्स' के नाम से एक नया विषय समाविष्ट कर हिंदी में भारतीय साहित्य के अध्यापन का सूत्रपात किया था। यह सर्वविदित है कि किसी भी भाषा में रचित भारतीय साहित्य का अध्ययन एकक साहित्य के रूप में करना संभव नहीं है क्योंकि कोई भी एक भारतीय साहित्य एक दूसरे भारतीय साहित्य से कहीं-न-कहीं जुड़ा हुआ है और इसीलिए किसी भी एक भाषा के साहित्य का अध्ययन और विश्लेषण एक दूसरी भाषा में रचित साहित्य के अध्ययन के लिए हमें रास्ता दिखाता है और इस तरह एक संपूर्ण भारतीय साहित्य का पता लग पाता है। भारतीय साहित्य पद ही तुलनात्मक है और भारत एक तुलनात्मक साहित्य क्षेत्र है।

सन् 1907 में रवींद्रनाथ ठाकुर ने 'विश्व साहित्य' का उल्लेख करते हुए साहित्य के अध्ययन में तुलनात्मक दृष्टि की आवश्यकता पर जोर दिया था। बंकिम चंद्र चटर्जी ने तुलनात्मक साहित्य के अंतर्राष्ट्रीय संदर्भवाद के आधार पर शेक्सपियर के नाटक 'टेम्पेस्ट' की कालिदास के नाटक शकुंतला के साथ तुलना की थी। सन् 1908 में 'तिरूवाचकम' तथा 'नालडियार्' के अनुवाद की भूमिका में जी. यू. पोप ने तमिल भाषा-भाषी विद्वानों से यह आग्रह किया था कि तमिल के इन ग्रंथों के वास्तविक आस्वाद के लिए अंग्रेजी में लिखित धार्मिक कविताओं से परिचित होना जरूरी है क्योंकि कोई भी साहित्य अपने-आप अलग अस्तित्व बनाकर टिक नहीं सकता। वस्तुतः पिछली शताब्दी के पहले दशक में कही गई इस प्रकार की उक्तियों से ही भारतीय तुलनात्मक साहित्य की बुनियाद तैयार हुई थी।

इस बीच भारतीय विश्वविद्यालयों की स्थापना के साथ-साथ पिछली शताब्दी के तीसरे दशक से भारतीय भाषाओं के साहित्य से संबद्ध शोधकार्य में तुलनात्मक

साहित्य पद्धति के प्रयोग की ओर भारतीय विद्वानों का ध्यान आकर्षित हुआ था। मगर तुलनात्मक साहित्य की आलोचनात्मक पद्धति से अपरिचित रहने के कारण इस प्रकार के अधिकतर शोधकार्य तुलनात्मक न होकर दो या तीन भाषाओं के साहित्य के योगफल के रूप में प्रस्तुत किए जाते रहे। भारतीय संदर्भ में, विशेष रूप से, बहुभाषिक देश होने के नाते, तुलनात्मक साहित्याध्ययन भारतीय साहित्य के इतिहास की अवधारणा के निर्माण के लिए जहाँ जरूरी है, वहाँ दूसरी ओर भारत की विभिन्न भाषाओं में रचित अविच्छिन्न साहित्यिक अभिव्यक्ति का ऐतिहासिक दृष्टि से विश्वासोत्पादक अध्ययन के लिए भी आवश्यक है। आज हिंदी भाषा और साहित्य के अध्ययन को एक व्यापक आयाम प्रदान करने के लिए यह जरूरी है कि हिंदी को केंद्र में रखकर भारत की विभिन्न भाषाओं में रचित साहित्यों का अध्ययन किया जाए जिससे कि हिंदी सही मायने में भारत की सामासिक संस्कृति का प्रतिनिधित्व कर सके और भाषिक कुंठाओं से मुक्त करके हर भाषा के वैविध्य और एकता के तत्त्वों से हमें परिचित करा सके।

सन् 1956 में भारत में पहली बार जादवपुर विश्वविद्यालय में तुलनात्मक विभाग की स्थापना हुई। अंग्रेजी विभाग के संभ्रांत विकल्प के रूप में इस विभाग की स्थापना हुई थी। पाठ्यक्रमों के अनुसार बांग्ला साहित्य के साथ यूरोपीय साहित्य की तुलना ही इस विभाग का प्राथमिक उद्देश्य था परंतु समय के साथ-साथ और विशेष रूप से उत्तर-आधुनिकता के प्रभाव स्वरूप इस दृष्टिकोण में परिवर्तन आया और भारतीय भाषाओं के साहित्य के अनुवादों के आश्रय से पाठ्यक्रम को नया रूप दिया गया। दक्षिण भारत हिंदी प्रचार सभा का उच्च शिक्षा और शोध संस्थान पहला विश्वविद्यालय था जहाँ एम. ए. हिंदी के पाठ्यक्रम में 'तुलनात्मक साहित्य' को स्थान दिया गया था। अब तो बहुत सारे विश्वविद्यालयों में भारत की विभिन्न भाषाओं के एम. ए. तथा एम. फिल. पाठ्यक्रमों में तुलनात्मक साहित्य का महत्त्वपूर्ण स्थान है और अंग्रेजी एम. ए. तथा एम.फिल. पाठ्यक्रमों में भारतीय साहित्य को जोड़कर अध्ययन अध्यापन का विस्तार हो रहा है।

तुलनात्मक साहित्य की सबसे बड़ी समस्या पद्धति विज्ञान (Methodology) की है। खाली प्रयोगशाला से प्रविधि तैयार होकर नहीं निकलती। विद्यमान आधार-सामग्री (Data) की सहायता से प्रविधि तैयार होती है। पहले पहल यह आधार सामग्री फ्रांसिसी तथा दूसरे यूरोपीय साहित्य से एकत्रित की गई थी और उसी के आधार पर तुलनात्मक साहित्य की प्रविधि तैयार हुई थी। मगर एशिया और अफ्रीका के साहित्य के संदर्भ में इस प्रविधि का प्रयोग संभव नहीं। अगर उसका प्रयोग करते हैं तो यूरोप-केंद्रित निरंकुश प्रभुत्व (Absoluted authority) को स्वीकार करना पड़ता है। यही पद्धति विज्ञान की राजनीति है जिससे मुक्त रहना हमारे लिए नितांत आवश्यक है। साहित्यिक अध्ययन का एक कलात्मक पक्ष (aesthetic function) होता है और

दूसरा समाज-सांस्कृतिक संदर्भ (socio-cultural context)। भारत के एक प्रांत से लेकर दूसरे प्रांत तक समाज-सांस्कृतिक संदर्भ पूर्णतया एक जैसा नहीं है। विभिन्न देशों में भी समाज-सांस्कृतिक संदर्भ में अंतर दिखाई पड़ता है। उदाहरण के रूप में यूरोप की तुलना में भारत में कला और धर्म के बीच का अंतर कम है। यह सही है कि तुलनात्मक साहित्य के कुछ वैश्विक नियम हैं परंतु जहाँ परिवर्तनशीलता के तत्त्व अधिक हैं वहाँ विश्ववादी दलील (Universal Argument) काम नहीं करती है एवं इसी दलील के आश्रय से रेने वेलेक तथा एत्याम्बलअ की पद्धति विज्ञान की राजनीति ने अंततः तुलनात्मक साहित्य को काफी नुकसान पहुँचाया। तुलनात्मक साहित्य के इन विद्वानों के लिए विश्ववादी पद्धति (Universal Method) विधिसम्मत है और वे चाहते रहे कि आधार-सामग्री (Data) को पद्धति के पास लाया जाए न कि पद्धति को आधार-सामग्री के पास लाकर नई परिस्थितियों में नई पद्धति का निर्माण किया जाए। इस तरह की विश्ववादी विचारधारा के विरोध में पाश्चात्य देशों में सांस्कृतिक अध्ययन का (Cultural Studies) प्रसार शुरू हुआ और वैश्विकता की जगह संस्कृति तथा साहित्य की विशिष्टताओं का महत्त्व बढ़ने लगा और अंतर-सांस्कृतिक अध्ययनों के आश्रय से यह स्पष्ट किया जाने लगा कि इस तरह के अध्ययनों से प्राप्त जानकारी आपको सांस्कृतिक कैद से मुक्ति दिलाती है और दूसरी संस्कृतियों से परिचय आपके ज्ञान के क्षितिज का विस्तार करता है। इन सबके फलस्वरूप तुलनात्मक साहित्य का संकट दिखाई पड़ा और उसकी विश्वजनीनता को यानि सार्विक संवृत्ति (Universal Construction) को दरकिनार कर दिया गया और यह घोषणा कर दी गई कि तुलनात्मक साहित्य की मृत्यु हो चुकी है। यह पिछली शताब्दी के आठवें दशक की बात थी जब अमेरिका एवं इंग्लैंड की आंतरिक राजनीति के प्रभाव स्वरूप बहुसंस्कृतिवाद (Multi-culturalism) को बढ़ावा दिया जाने लगा था, उद्देश्य था कि अल्पसंख्यकों को खुश रखते हुए देश की मुख्यधारा के साथ उन्हें जोड़ा जा सके। परंतु बहुत जल्दी यह अनुभव किया जाने लगा कि बहुसंस्कृतिवाद तथा सांस्कृतिक अध्ययन के लिए विभिन्न भाषाओं के साहित्य के अनुवाद की आवश्यकता है और उच्च शिक्षा में इन अनुवादों के प्रयोग के लिए तुलनात्मक साहित्य का ज्ञान नितांत जरूरी है। विशेष रूप से भूमंडलीकरण के इस युग में विभिन्न भाषाओं और संस्कृति के विनियोजन (Appropriation), समांगीकरण (Homogenisation) और सहयोजन (Cooption) के चलते यह और भी अधिक आवश्यक हो गया है कि अंग्रेजी भाषा और पश्चिमी संस्कृति के वर्चस्व को तोड़कर अर्थात् भूमंडलीय एक प्रस्तरीय (Monolithic) दृष्टि को नकार कर एक नए तुलनात्मक साहित्य की रचना की जाए। प्रोफेसर गायत्री चक्रवर्ती स्पीवाक के अनुसार बर्लिन दीवार के पतन के तीन साल बाद सन् 1992 से तुलनात्मक साहित्य अपने नवीकरण की भूमिका बनाने में जुट गया था। उन दिनों वैश्विकता (University) का जामा ओढ़े तुलनात्मक साहित्य

अपनी अंतिम साँसें ले रहा था, परन्तु फिर भी साँसों की एक आवाज थी और वह मौत की शांति से बेहतर थी।

वैश्विकता के स्थान पर बहुलवादी संदर्भ के आधार पर नवीकरण का काम शुरू हुआ। सांस्कृतिक विशिष्टताओं और मानविकी आलोचनात्मक गहराई (Critical Edge of the Humanities) की सहायता से भूमंडलीकरण की विनियोजन योजना का विरोध किया जाने लगा तथा तुलनात्मक साहित्य क्षेत्र में वैश्विकता के स्थान पर समूहवाद (Collectiveness) को महत्त्व देकर नए तुलनात्मक साहित्य का प्रसार शुरू हुआ। पुस्तक के पहले भाग में इस नए तुलनात्मक साहित्य को ध्यान में रखकर दस अध्यायों के अंतर्गत तुलनात्मक साहित्य के सिद्धांतों का विवेचन किया गया है और दूसरे भाग के बारह अध्यायों में तुलनात्मक साहित्य से संबंधित दृष्टांतों का विवेचन है। सिद्धांत विवेचन के अंतर्गत कई अध्यायों में अनुवाद सिद्धांत का विस्तार से विवेचन है आखिरकार अनुवाद ही इस अनुशासन की आधार पीठिका है और आज के संदर्भ में सांस्कृतिक अध्ययन के अंतर्गत अनुवाद ने एक बहुत ही महत्त्वपूर्ण स्थान बना लिया है और अकादमिक क्षेत्र में इसके सही उपयोग के लिए तुलनात्मक साहित्य के अध्यापकों की आवश्यकता अनिवार्य बन चुकी है।

मैं वाणी प्रकाशन के श्री अरुण माहेश्वरी का आभारी हूँ जिनके उत्साह से यह पुस्तक प्रकाशित हो पा रही है।

इन्द्रनाथ चौधुरी

दिल्ली
नया वर्ष, 1-1-06

अनुक्रम

1

तुलनात्मक साहित्य : अर्थ, परिभाषा एवं स्वरूप

उन्नीसवीं शती का मध्य भाग यूरोपीय चिंतन धारा का एक ऐसा युग था जब मध्य-पूर्व देशों तथा एशिया, विशेष रूप से चीन, भारत तथा जापान के असमतायुक्त सांस्कृतिक क्षेत्रों और साहित्य से परिचित होने पर यूरोप के मानसिक क्षितिज का काफी हद तक विस्तार संभव हो पाया था। भारोपीय परिवार की भाषाओं के निकट संबंधों का भी पता लगने पर विद्वानों का एक वर्ग विश्व साहित्य को एक समूचा इकाई मानते हुए उसके अध्ययन में जुड़ना चाह रहा था। गोयते 'विश्व साहित्य' (weltliteratur) की अवधारणा को फैलाने में जुट गए थे। इधर भारत में रवीन्द्रनाथ ठाकुर भी 'विश्व साहित्य' की बात कहते हुए स्पष्ट कर रहे थे कि यह पृथ्वी विभिन्न टुकड़ों में बँटी हुई लोगों के रहने का अलग-अलग स्थान नहीं है, उनका साहित्य अलग-अलग रचित साहित्य नहीं है। प्रत्येक लेखक के द्वारा रचित साहित्य एक पूर्ण इकाई है तथा वह इकाई समूचे मानव समाज की सार्वभौम सृजनात्मकता की परिचायक है। विश्व साहित्य जिसको अंग्रेजी में 'कम्पैरेटिव लिटरेचर' कहा जाता है इस सार्वभौम सृजनात्मकता की अभिव्यक्ति है।[1]

अर्थ

तुलनात्मक साहित्य अंग्रेजी के 'कम्पैरेटिव लिटरेचर' का हिंदी अनुवाद है। एक स्वतंत्र विद्या शाखा के रूप में विदेश तथा भारत के विभिन्न विश्वविद्यालयों में इसके अध्ययन-अध्यापन के कार्य को विशेष महत्त्व दिया जाता रहा है। विदेश में इसे 'सांस्कृतिक अध्ययन' के नाम से भी जाना जाता है। अंग्रेजी के कवि मैथ्यू आर्नल्ड ने सन् 1848 में अपने एक पत्र में सबसे पहले 'कंपैरेटिव लिटरेचर' पद का प्रयोग किया था (मैथ्यू आर्नल्ड के पत्र, 1895, 1, 8 : सं. जी. डब्ल्यू. ई. रसल)। परंतु प्रारंभ में ही इसके शाब्दिक अर्थ को लेकर विवाद रहा क्योंकि साहित्य यदि कहानीकार,

कवि आदि की सृजनशील कलात्मक अभिव्यक्ति है तो वह किसी तरह भी तुलनात्मक नहीं हो सकता। हमने आज तक ऐसा कोई कवि नहीं देखा जो तुलनात्मक कविता, कहानी या उपन्यास लिखता हो। साहित्य की प्रत्येक कृति अपने आप में पूर्ण होती है और साहित्य सृष्टि में कहीं दूसरे साहित्य के साथ तुलना की ज़रूरत नहीं होती। 'तुलनात्मक शब्द' साहित्य सृष्टि के संदर्भ में प्रयोग में नहीं लाया जा सकता। वस्तुतः रेने वेलेक ने इस प्रश्न को उठाकर 'ऐतिहासिक अर्थविज्ञान' की सहायता से इसका उत्तर देने का प्रयत्न किया है (1963 : 46-53)। तुलनात्मक शब्द में तुलना करने की प्रक्रिया जुड़ी हुई है और तुलना में वस्तुओं को कुछ इस प्रकार प्रस्तुत किया जाता है जिससे उनमें साम्य या वैषम्य का पता लग सके। इसी दृष्टि से अंग्रेजी में तुलनात्मक शब्द का प्रयोग लगभग सन् 1598 से हो रहा है क्योंकि इसी समय फ्रांसिस मेयरूस ने इसी अर्थ को ध्यान में रखकर एक पुस्तक लिखी थी जिसका शीर्षक था, 'ए कम्पैरेटिव डिसकोर्स ऑफ आवर इंगलिश पोयट्स विद द ग्रीक लैटिन एंड इटालियन पोयट्स', परंतु 'तुलनात्मक' तथा 'साहित्य'–इन दो शब्दों का युग्म प्रयोग करते हुए पहले-पहल मैथ्यू आर्नल्ड ने जब 'तुलनात्मक साहित्य' पद की सृष्टि की तब उनका कहना था कि पिछले 50 वर्षों के तुलनात्मक साहित्य पर ध्यान देने से यह स्पष्ट हो जाता है कि यूरोप की तुलना में इंग्लैंड इस मामले में काफी पिछड़ा हुआ है। वेलेक का कहना है कि यहाँ 'तुलनात्मक' का अर्थ 'तुलनीय' की अपेक्षा और अधिक कुछ नहीं। सन् 1886 में अपनी एक पुस्तक का शीर्षक 'कम्पैरेटिव लिटरेचर' रखकर सर्वप्रथम एच. एम. पॉसनेट ने इस विद्या शाखा को स्थायित्व प्रदान करने का प्रयत्न किया था। बाद में सन् 1901 में 'कॉन्टेंपोररी रिव्यू', संख्या LXXIX में 'द साइंस ऑफ कंपैरेटिव लिटरेचर' के नाम से उनका एक लेख भी प्रकाशित हुआ। इससे कम-से-कम यह अवश्य प्रतीत होता है कि बीसवीं सदी की शुरुआत से 'कम्पैरेटिव लिटरेचर' पद का प्रयोग शुरू हो गया था। वस्तुतः यह एक न्यून पदीय (elliptic) शब्द है और इसका अर्थ है, साहित्य का तुलनात्मक अध्ययन।

सवाल है कि इस पद के प्रयोग में आपत्ति कहाँ है? इंग्लैंड में इसके प्रारंभिक विरोध का एक बड़ा कारण यह था कि यहाँ 'साहित्य' शब्द के प्राथमिक अर्थ को लोग धीरे-धीरे भुला बैठे थे। 'साहित्य' का प्राथमिक अर्थ था, 'ज्ञान या साहित्य' का अध्ययन। मगर बाद में इसका अर्थ हो गया, 'किसी भी भाषा, समय या देश में लिखित रचनाओं का समूह।[2] उन्नीसवीं शती से इसका अर्थ हो गया है, कल्पनात्मक कृतियाँ जो पहले मौखिक थीं परंतु आजकल प्रकाशित होती हैं। इस अर्थ को स्वीकार करने पर 'तुलनात्मक साहित्य' एक भ्रामक अभिव्यक्ति बन जाता है क्योंकि इससे अर्थ की संकीर्णता उभर आती है। अगर हम 'साहित्य' के प्राचीन अंग्रेजी अर्थ को ग्रहण करते हैं तो प्रो. लेन कूपर की तरह यह कह सकते हैं कि 'तुलनात्मक साहित्य' 'साहित्य के तुलनात्मक अध्ययन' की संक्षिप्त अभिव्यक्ति है (1942 : 73)। नहीं

तो प्रो. कूपर के अनुसार यह एक बनावटी पद है जिससे न तो कोई अर्थ निकलता है और न यह व्याकरण-सम्मत ही प्रमाणित हो पाता है। कूपर को दोष भी नहीं दिया जा सकता क्योंकि साहित्य के आधुनिक अर्थ के अनुसार इस पद का अर्थ होगा तुलनात्मक रचनाओं का समूह। यहाँ तक कि अंग्रेजी में साहित्य का अर्थ था व्युत्पत्ति और इसीलिए बोसवेल ने इतालीय विद्वान बरेत्ती के बारे में यह लिखा था कि बरेत्ती में यथेष्ट साहित्य है।[3] इस लिहाज से तुलनात्मक साहित्य का मतलब होगा, तुलनात्मक व्युत्पत्ति। फ्रांस में Litterature का अर्थ है, साहित्यिक अध्ययन। और इसलिए उन्नीसवीं शती के प्रारंभ में ही 'तुलनात्मक साहित्य' या 'साहित्यिक अध्ययन' (Litterature Comparee) जैसे पद की सृष्टि में कोई कठिनाई नहीं हुई। जर्मनी में बीसवीं शती के प्रारंभ में तुलनात्मक साहित्य के संदर्भ में एक नया पद प्रवर्तित हुआ, Vergleichenden Literaturwissenchaft। फ्लेचर के अनुसार इसका अर्थ है, साहित्य का तुलनात्मक विज्ञान।[4] तात्पर्य यह है कि अंग्रेजी में भी यदि कूपर के शब्दों को स्वीकार किया जाए तो तुलनात्मक साहित्य का अर्थ स्पष्ट हो जाता है कि वह विभिन्न साहित्य का तुलनात्मक अध्ययन है और यह पद इस विद्यानुशासन का संक्षिप्त संस्करण है।

परिभाषा

तुलनात्मक साहित्य एक से अधिक भाषाओं में रचित साहित्य का अध्ययन है और तुलना इस अध्ययन का मुख्य अंग है। मगर क्रोचे का कहना है कि 'तुलनात्मक साहित्य' एक स्वतंत्र विद्यानुशासन बन ही नहीं सकता क्योंकि किसी भी साहित्यिक अध्ययन के लिए तुलना एक आवश्यक अंग है (एस. एस. प्रावर, 1973 : 2)। दूसरे विद्वान भी कहते हैं कि साहित्य का अध्ययन करते हुए तुलना करने का मतलब सीधे साहित्य का अध्ययन करना ही है क्योंकि अरस्तू के समय से ही 'तुलनात्मकता' आलोचनात्मक व्यवहार का एक आवर्त्तक आयाम रहा है। चाहे एक भाषा में लिखित साहित्य का अध्ययन हो अथवा एक से अधिक भाषाओं में लिखित तुलनात्मक साहित्य का अध्ययन हो, दोनों ही स्थितियों में अध्ययन का केंद्रीय विषय साहित्य ही है और इसीलिए तुलनात्मक साहित्य को किसी एक भाषा में लिखित साहित्य के अध्ययन से अलग नहीं किया जा सकता। यह सच है कि कोई भी आलोचक किसी भी लेखक की कृति में निहित विशिष्ट प्रवृत्ति को उभारने के लिए अनायास ही एवं स्वचालित रूप में अन्य किसी तुलनीय कृति के साथ उसकी तुलना करता है मगर तुलनात्मक आलोचक के लिए यह काम सचेतन रूप से होता है। वह तुलनात्मक पद्धति का प्रयोग करता हुआ कृतियों में निहित उनकी विशिष्टताओं को प्रकाश में लाता है। दरअसल तुलनात्मक आलोचक के लिए तुलनात्मक पद्धति उसकी आधारभूत पद्धति है। तुलनात्मक साहित्य में विभिन्न भाषाओं में लिखित साहित्यों अथवा उनके संक्षिप्त

घटकों की साहित्यिक तुलना होती है और यही उसका आधार-तत्त्व है।[5] तुलनात्मकता एक विशेष प्रकार की मानसिकता अथवा मानसिक दृष्टि है। रेमाक का कहना है कि तुलनात्मकता सांश्लेषिक मानसिक दृष्टि है जिसके द्वारा भौगोलिक एवं जातीय स्तर पर साहित्य का अनुसंधानात्मक विश्लेषण संभव हो पाता है। एक उदाहरण के द्वारा इस वक्तव्य को स्पष्ट किया जा सकता है। यदि एक ही भाषा में लिखित साहित्य के अंतर्गत दो समान या असमान रूपों या प्रवृत्तियों का तुलनात्मक अध्ययन किया जाए, जैसे मीराबाई के भक्तिमूलक गीतों के साथ महादेवी के रहस्यात्मक गीतों की तुलना, तो इसको तुलनात्मक साहित्य कहना संभव नहीं क्योंकि इसमें सांश्लेषिक मानसिक दृष्टि के विस्तार की संभावना नहीं होगी। फिर दो या उससे अधिक भाषाओं में रचित साहित्य के समान या असमान रूपों या प्रवृत्तियों का तुलनात्मक अध्ययन किया जाए जैसे रवींद्रनाथ ठाकुर के द्वारा रचित बंगला गीतों की मीर या ग़ालिब के द्वारा लिखी गई उर्दू ग़ज़ल के साथ तुलना की जाए तो इसको तुलनात्मक साहित्य कहा जा सकेगा मगर उसे एक ही राष्ट्र की परिधि में प्रसारित बहुभाषिक साहित्य के आश्रय से निर्मित तुलनात्मक साहित्य कहा जाएगा। मगर जब तुलना किसी एक राष्ट्र की परिधि को पार करके दूसरे राष्ट्रों की भाषाओं में लिखित साहित्य को भी अपने में समेट लेती है जैसे मीरा के गीतों का अध्ययन करते हुए जब उसकी अर्थछवियों की ईरान में उद्भावित सूफी रहस्यात्मक गीतों अथवा अंग्रेजी के रहस्यवादी कवि ब्लेक या डन की कविताओं के साथ तुलना की जाती है तो उसको निश्चय ही तुलनात्मक साहित्य कहा जाएगा। अलग-अलग देशों में जैसे जर्मनी, आस्ट्रिया तथा स्विटजरलैंड में रहने वाले विभिन्न लेखक जब एक ही जर्मन भाषा में अथवा आयरलैंड और अमरीका में रहने वाले लेखक जब एक ही अंग्रेज़ी भाषा में उपन्यास या कविता लिखते हैं तो विभिन्न राष्ट्रों के राजनीतिक तथा सामाजिक परिवेश में अंतर के आधार पर तुलनात्मक अध्ययन संभव है। या फिर बंगाल या आंध्र अथवा महाराष्ट्र में रहने वाले लेखक एक ही हिंदी भाषा में साहित्य रचना करते हैं तो उनकी स्थानीय राजनीतिक तथा सामाजिक परिवेश से प्रभावित साहित्य में विषय-वस्तु, शैली तथा टोन में अंतर आ जाता है और उनका अध्ययन भी तुलनात्मक साहित्य की परिधि के अंतर्गत समाविष्ट हो जाता है। इस प्रकार प्रसारित नाना साहित्यों के आश्रय से बहुभाषिक एक ही राष्ट्र की परिधि के अंतर्गत तुलनात्मक साहित्य का अध्ययन हो सकता है अथवा एकक राष्ट्र की परिधि को पार कर दूसरे राष्ट्रों में प्रसारित विभिन्न भाषाओं में रचित साहित्यों की सहायता से भी यह अध्ययन संभव है अथवा विभिन्न राष्ट्रों अथवा प्रांतों में रहने वाले मगर एक ही भाषा में लिखने वाले रचनाकारों की कृतियों की सहायता से भी तुलनात्मक साहित्य का प्रसार संभव है। इसके अतिरिक्त तुलनात्मक साहित्य का क्षेत्र अनुलंबीय ढंग से प्रसारित होता हुआ ज्ञान के दूसरे क्षेत्रों को जैसे कला, दर्शन, धर्मशास्त्र, मनोविज्ञान, इतिहास तथा समाजविज्ञान आदि को भी अपने

में समेटता है अर्थात् ज्ञान तथा प्रतीति के दूसरे क्षेत्रों के साथ साहित्य के संबंध का अध्ययन हो सकता है। हेनरी एच. एच. रेमाक ने तुलनात्मक साहित्य की जो परिभाषा दी है उसमें ये सारी बातें अंतर्भुक्त हैं। उनके अनुसार तुलनात्मक साहित्य एकक राष्ट्र के साहित्य की परिधि के परे दूसरे राष्ट्रों के साहित्य के साथ तुलनात्मक अध्ययन है तथा यह अध्ययन कला, इतिहास, समाज विज्ञान, विज्ञान, धर्मशास्त्र आदि ज्ञान के विभिन्न क्षेत्रों के आपसी संबंधों का भी अध्ययन है।[6] मगर भारत जैसे बहुभाषी देश की स्थिति को ध्यान में रखते हुए तुलनात्मक साहित्य की परिभाषा मात्र यही हो सकती है कि तुलनात्मक साहित्य विभिन्न साहित्यों का तुलनात्मक अध्ययन है तथा साहित्य के साथ प्रतीति एवं ज्ञान के दूसरे क्षेत्रों का भी तुलनात्मक अध्ययन है।

उलरिच वाइनस्टाइन ने अपनी पुस्तक 'कंपैरेटिव लिटरेचर एंड लिटरेरी थियोरी' (1973) में तुलनात्मक साहित्य की विभिन्न परिभाषाओं को दो वर्गों में बाँटा है : (क) पॉल वां टिगहेम (Paul Van Tieghem), ज्याँ-मारि कारे (Jean-marie Carre) तथा मारिओस फ्रांस्वास गुइयार्द (Marius Francois Guyard) जैसे पैरिस तथा जर्मन स्कूल के परंपरावादी विद्वानों की संकुचित संकल्पनाओं से जुड़ी हुई परिभाषाएँ तुलनात्मक साहित्य के अध्ययन में साहित्यिक इतिहास के तत्त्व को अधिक महत्त्व देती हैं। इन विद्वानों का प्रतिपाद्य है कि तुलनात्मक साहित्य एक इतिहास-सम्मत अनुशासन है जिसको काव्यशास्त्रीय सौंदर्यमूलक अनुशासन के साथ जोड़ा नहीं जा सकता, क्योंकि ठोस यथार्थ, तथ्यात्मक चेतना तथा विभिन्न राष्ट्रों के कृतिकार, कृति, पाठक के निश्चेय संबंधों के साथ इसका संपर्क होता है; (ख) रेने वेलेक, रेमाक, ऑस्टिन वारेन तथा प्रावर जैसे उदारतावादी विद्वानों को अमरीकी स्कूल के अंतर्गत स्थान दिया जाता है जिन्होंने अपनी परिभाषाओं में तुलनात्मक साहित्य के अध्ययन में काव्यशास्त्रीय सौंदर्यात्मक कलापरक दृष्टि को महत्त्व दिया है। इनके अतिरिक्त तुलनात्मक साहित्य के क्षेत्र में रूसी स्कूल का भी महत्त्व कम नहीं है। इस स्कूल के विद्वानों के लिए तुलनात्मक साहित्य एक सार्विक साहित्यिक संवृत्ति का सार-संग्रह है। यह संवृत्ति (phenomenon) अंशतः विभिन्न देशों के जनसमूह के सामाजिक जीवन के ऐतिहासिक विकास पर आधारित है तथा अंशतः पारस्परिक सांस्कृतिक तथा साहित्यिक आदान-प्रदान पर निर्भरशील है। दूसरे शब्दों में तुलनात्मक साहित्य के अंतर्गत साहित्यिक विधाओं या आंदोलन के आश्रय से किए गए वर्गीकरणों की साधर्म्यता की सार्विक साहित्यिक संवृत्ति का अध्ययन होता है अथवा सामाजिक क्रम विकास की समरूपता के आश्रय से सांस्कृतिक प्रभावों का विवेचन होता है। झुरमुनूस्की का कहना है कि पूर्व निर्धारित नियमों के अनुसार कला एवं साहित्य का विकास होता है और मानव जगत के सामाजिक तथा ऐतिहासिक विकास के यह समानांतर होता है। अतएव समाज साहित्य का आवश्यक अधःस्तर है और साहित्य संयोग से

उसकी अधिरचना है। वस्तुतः तुलनात्मक साहित्य की परिभाषा की दृष्टि से पैरिस तथा अमरीकी स्कूलों का महत्त्व अधिक है और इन दो संप्रदाय-भुक्त विद्वानों की विचार-दृष्टियों के आधार पर ही तुलनात्मक साहित्य का स्वरूप स्पष्ट हो सकता है।

पैरिस जर्मन स्कूल (तुलनात्मक साहित्य का फ्रांसिसी संप्रदाय)

गुइयारद की पुस्तक 'La litterature Comparee' की भूमिका लिखते हुए कारे ने तुलनात्मक साहित्य को साहित्येतिहास का एक भाग कहा है : यह अंतर्राष्ट्रीय आध्यात्मिक संबंधों का अध्ययन है तथा बायरन और पुशकिन, गोयते तथा कारलाइल, स्कॉट तथा विगने अथवा विभिन्न भाषाओं में लिखित साहित्यों के लेखकों, जीवनियों, प्रेरणाओं तथा कृतियों के तथ्यानुपरक संपर्कों की छानबीन है। दरअसल उन्नीसवीं शती के प्रत्यक्षवादी पांडित्य ने ही फ्रांसिसी तुलनात्मकतावाद को उसका स्वरूप प्रदान किया और इसलिए वाइनस्टाइन ने निष्कर्ष में यह कहा कि कारे के अनुसार तुलनात्मक साहित्य साहित्येतिहास की एक शाखा है। यदि तथ्यानुपरक संपर्कों के अध्ययन का अर्थ मात्र विषय संग्रह है तो निश्चय ही तुलनात्मक साहित्य अपने सम्मानित रूप को खो बैठता है क्योंकि ऐसा करने पर साहित्य का सौंदर्यमूलक पक्ष का मूल्य बेमानी हो जाता है। फरनांद बालडेन स्पयरजर (Fernand Balden Sperger) ने इसी नुक्ते को उठाते हुए कहा है कि विषय संग्रह तो लोक वार्त्ता के आलोचकों के विषय संग्रह के अनुरूप है जो काम उस समय बहुत चल रहा था और यह तुलनात्मक साहित्य हो ही नहीं सकता। इस प्रकार के अध्ययन के फलस्वरूप लेखक का व्यक्तित्व, उसकी प्रेरणाएँ तथा मौलिकता उपेक्षित हो जाती हैं। तथ्यानुपरक संपर्कों (प्रमाणों) के आधार पर तुलनात्मक साहित्य के अध्ययन का अर्थ है—उसकी परिधि से साहित्यालोचन को हटा कर मात्र विषय संग्रह को तुलनात्मक साहित्यिक मान लेना। वस्तुतः तुलनात्मक साहित्य के फ्रांसिसी विद्वानों की पहली पीढ़ी साहित्य सुरक्षा के आधार पर अभिनव परिवर्तन तथा पद्धति को नकारते हुए तथ्यात्मक संपर्कों तथा दस्तावेजों के विश्लेषण पर ज्यादा बल देती रही।[7] यूरोपीय साहित्य के विस्तृत संश्लेषण का उन्होंने विरोध किया और अनुरूपता या वैषम्य के आधार पर मात्र तुलना की उपेक्षा की। यहाँ तक कि प्रभाव विश्लेषण को भी अनिश्चित तथा अस्पष्ट कहा। फ्रांसिसी विद्वानों की आधुनिक पीढ़ी के आलोचक पीशवाज़ (Pichois) तथा रूसो ने इसके विपरीत अपनी मतधारा को प्रस्तुत करते हुए फ्रांसिसी दृष्टिभंगिमा का नए ढंग से प्रसार किया। ऐसे भी विस्तृत संश्लेषण के बिना तुलनात्मक साहित्य के अध्ययन का अनंत विखंडनों तथा विविक्ति में समाप्त होने की संभावना रहती है। यह सौभाग्य की बात है कि बाद के फ्रांसिसी विद्वानों ने व्यावहारिक ठोस आलोचनात्मक दृष्टि की सहायता से तुलनात्मक साहित्य के क्षेत्र में साम्य या वैषम्यमूलक तुलना तथा

प्रभाव के सूत्रों के अध्ययन का प्रसार करते हुए संश्लेषणात्मक दृष्टि को स्वीकार किया और सूक्ष्म साहित्यिक मूल्यों की पहचान कराने वाली अपनी टिप्पणियों को अध्ययन के नए प्रतिमानों के रूप में विकसित किया। एतियमब्ल (Etiemble), ज्यँन (Jeune) तथा पीशवाज़ और रूसो का योगदान इस दृष्टि से सबसे महत्त्वपूर्ण है जिन्होंने तुलनात्मक साहित्य के संदर्भ में प्रभावशाली संश्लेषणात्मक अध्ययन का प्रसार किया।

मगर संश्लेषणात्मक अध्ययन का अर्थ यह नहीं कि तुलनात्मक आलोचक के लिए साहित्य के द्विआधारी (binary) अध्ययन का कोई मूल्य नहीं है। रेने वेलेक तुलनात्मक साहित्य के संदर्भ में द्विआधारी अध्ययन का विरोध करते हुए कहते हैं कि द्विआधारी अध्ययन का मतलब है कि हमें तुलनात्मक साहित्य को साहित्य के 'विदेश वाणिज्य' के रूप में ही स्वीकार करना होगा। और परिणामतः साहित्यिक उत्पादन का आंशिक अध्ययन ही संभव हो सकेगा अर्थात किसी भी भाषा में लिखित मात्र उन्हीं कृतियों का अध्ययन संभव होगा जिनका कोई विदेशी द्विआधारी संबंध है और इस तरह कृति विशेष का स्वतंत्र विश्लेषण संभव नहीं होगा (रेने वेलेक, 1970 : 71)। रेने वेलेक ने द्विआधारी अध्ययन को तुलनात्मक साहित्य के लिए संकीर्ण अध्ययन माना है परंतु वह तुलनात्मक अध्ययन की एक पद्धति हो सकती है, इस बात को नकारा नहीं जा सकता। वस्तुतः कृति विशेष का स्वतंत्र विश्लेषण तुलनात्मक होने पर भी वह एक साहित्य का ही विश्लेषण है मगर द्विआधारी अध्ययन भले ही राष्ट्र की सरहदों को पार न करता हो फिर भी भारत या स्विटजरलैंड जैसे बहुभाषिक देशों के लिए इस प्रकार का अध्ययन तुलनात्मक साहित्य के लिए फलदायक सिद्ध होगा। यद्यपि पैरिस-जर्मन स्कूल साहित्य तथा ज्ञान के दूसरे क्षेत्रों के आपसी संबंधों को कोई महत्त्व नहीं देता है मगर टिगहेम ने द्विआधारी अध्ययन को ही तुलनात्मक साहित्य मानते हुए उसे 'सामान्य साहित्य' से अलग बताया जहाँ नाना साहित्यों में पाए जाने वाले सामान्य तत्त्वों का अध्ययन किया जाता है। (1921 : 170 तथा 174)। इस संबंध में आगे चलकर विवेचन किया जाएगा। यहाँ मात्र यही कहना है कि पैरिस-जर्मन स्कूल के विद्वानों की दृष्टि 'वैज्ञानिक' है। उनके मूल प्रतिपाद्य के अनुसार तुलनात्मक साहित्य काव्यशास्त्रीय सौंदर्यात्मक कलापरक अनुशासन नहीं वरन् एक ऐतिहासिक अनुशासन है। इसका संबंध ठोस यथार्थ से है तथा साथ ही विभिन्न राष्ट्रों के कृतिकारों, कृतियों, पाठकों तथा दर्शकों के तथ्यात्मक, सचेतन निश्चेय संपर्कों से भी है। फ्रांसिसी तुलनात्मक साहित्य पारंपरिक ढंग से स्थानांतरण की प्रणाली, अभिग्रहण, सफलता तथा प्रभाव और आधार-सूत्रों की खोज करता है तथा साहित्य-वस्तु कैसे एक देश से दूसरे देश की यात्रा करती है अथवा एक देश का बिंब कैसे दूसरे देश के साहित्य में उजागर होता है इसका भी पता लगाता है। पैरिस-जर्मन स्कूल ने वस्तुतः विभिन्न साहित्यों के आपसी संबंधों, प्रभाव-सूत्रों, आदान-प्रदान, रूपांतरणों का कारण-संबंधी अध्ययन किया है। और इस दृष्टि से पैरिस-जर्मन स्कूल के अनुसार

तुलनात्मक साहित्य विविध साहित्यों के पारस्परिक संबंधों का अध्ययन है, अथवा अंतर्राष्ट्रीय साहित्यिक संबंधों का इतिहास है। या फिर वह साहित्येतिहास की एक शाखा है।[8] नहीं तो विभिन्न साहित्यों के पारस्परिक प्रभाव-सूत्रों का अध्ययन करने वाला आधुनिक विज्ञान है।[9]

अमरीकी स्कूल (तुलनात्मक साहित्य का अमरीकी संप्रदाय)

तुलनात्मक साहित्य का अमरीकी स्कूल साहित्येतिहास की सामान्य संरचना के अंतर्गत तुलनात्मक साहित्य के स्थान को निर्धारित करता हुआ एक ओर ज्ञान के दूसरे क्षेत्रों के साथ साहित्य के संबंध का अध्ययन करता है और दूसरी ओर साहित्यालोचन को तुलनात्मक अध्ययन के एक महत्त्वपूर्ण अंग के रूप में स्वीकारता है। रेने वेलेक, हैरी लेविन, डेविड मेलोन आदि विद्वानों ने सादृश्यता, मोटिफ, शैली पक्ष, विधा, साहित्यिक आंदोलन तथा परंपरा की तुलनात्मक छानबीन के द्वारा साहित्यिक कृतियों के कलात्मक स्वरूप को उद्घाटित किया है। इनके लिए कृतियों, आंदोलनों तथा मोटिफों के उत्पत्तिमूलक संपर्कों का कोई महत्त्व नहीं है। उदाहरण के रूप में प्राच्य तथा पाश्चात्य साहित्य में पाए जाने वाले 'हिप्पोलिटस ट्रायंगल' का विश्लेषण करते हुए डोनाल्ड कीन के लिए यह बात महत्त्वपूर्ण नहीं रही कि इस विषयवस्तु की पश्चिम से पूर्व की ओर यात्रा अथवा पूर्व से पश्चिम की ओर यात्रा से संबंधित कोई तथ्य उपलब्ध नहीं है। तुलनात्मक साहित्य के अंतर्गत ज्ञान के क्षेत्रों तथा प्रतीतियों की छानबीन साहित्यिक तथ्यों को प्रकाश में लाने के लिए महत्त्वपूर्ण हैं मगर परिभाषा के अंतर्गत, जैसा कि रेमाक का कहना है, उसे स्थान नहीं दिया जा सकता क्योंकि परिभाषा का काम दूसरे साहित्यिक आलोचकों की तुलना में तुलनात्मक आलोचक के क्षेत्र को स्पष्ट करना है। नगेंद्र भी इस मामले में एक-दूसरे विद्वान प्रावर के अनुरूप अपना मत प्रकट करते हैं कि प्रतीति और ज्ञान के दूसरे क्षेत्रों के साथ साहित्य के संबंध का अध्ययन तुलनात्मक साहित्य नहीं है। इस प्रकार के अध्ययन को ज्ञान के दूसरे क्षेत्रों तथा साहित्य में पाए जाने वाले तुलनात्मक या तुलनीय तत्त्वों का अध्ययन कहा जा सकता है जिनके आश्रय से साहित्य का प्रसार होता है (1977 : 14-15)। मगर सवाल उठाया जा सकता है कि तुलनात्मक साहित्य के अध्ययन के अंतर्विद्यावर्ती होने से नुकसान कहाँ है ? वस्तुतः जर्मन भाषा में तुलनात्मक साहित्य के लिए Literaturwissenchaft पद का प्रयोग होता है जिसका अर्थ है साहित्य का तुलनात्मक विज्ञान और इसमें साहित्येतिहास के साथ-साथ साहित्य की सैद्धांतिक आलोचना अथवा सिद्धांताभिमुखी काव्यशास्त्र एवं साहित्यालोचन अथवा पाठाभिमुखी आलोचना अंतर्भुक्त है। तुलनात्मक साहित्य साहित्येतिहास का विश्लेषण है जिसमें विभिन्न साहित्यों के पारस्परिक यथार्थ संबंधों (rapportsdefait) की छानबीन की जाती है और गंभीर अध्ययन के द्वारा सारे तथ्यों को उभारते हुए साहित्य को एक जैवीय प्रक्रिया तथा

अविच्छिन्न संचित संपूर्ण इकाई के रूप में देखा जाता है। तुलनात्मक साहित्य साहित्य के सिद्धांतों का अध्ययन होता है। या फिर यह साहित्यालोचन का विश्लेषण है। उदाहरण के रूप में, विभिन्न भाषाओं में रचित महत्त्वपूर्ण पाँच त्रासद नाटकों का अध्ययन करते हुए विभिन्न तथ्यों के आश्रय से त्रासदी के स्वरूप या त्रासद पैटर्नों अथवा त्रासदी की किसी महत्त्वपूर्ण परिभाषा का उद्‌घाटन करना साहित्यालोचन का विश्लेषण है। तुलनात्मक साहित्य के प्रारंभिक विद्वानों ने आलोचना को इसके क्षेत्र से बाहर रखा था क्योंकि उनके अनुसार आलोचना मूल्यांकन के लिए बाध्य करती है और साहित्य के तुलनात्मक ऐतिहासिक तथ्यों के निष्पक्ष विवेचन में बाधा उपस्थित होती है। मगर साहित्येतिहास का कोई भी विवेचन आलोचना से कट कर नहीं हो सकता क्योंकि साहित्य में कोई अनाविष्ट अथवा निरपेक्ष तथ्य नहीं होता, सभी प्रासंगिक होता है। रेने वेलेक का कहना है कि साहित्य के इतिहास के लिए तथ्यों का चयन भी अपने आप में एक आलोचनात्मक क्रिया है तथा वह मूल्यांकनपरक भी है (1970 : 20)। दर्शन की एक शाखा मानकर सौंदर्यशास्त्र को इस अध्ययन में स्थान नहीं दिया गया है। मगर साहित्य को आधार बनाकर निगमनिक (a priori) सिद्धांतों को स्पष्ट किया गया है। वस्तुतः जहाँ सैद्धांतिक आलोचना की बात होगी वहाँ अंतर्विद्यावर्ती स्तर पर सौंदर्यशास्त्र का समावेश स्वाभाविक है। और फिर कोई भी चिंतनहीन अभिव्यक्ति एक दार्शनिक असंभाव्यता है और इसीलिए ज्ञान के दूसरे क्षेत्रों के साथ साहित्य का संबंध जुड़ता है। हमारी चिंतन-धारा के पीछे एक परंपरा रहती है जिसे हम सामाजिक संदर्भ कहते हैं जो एक सामाजिक परिवेश (milieu) से संबंधित संस्कृति का एक हिस्सा होता है इसीलिए साहित्य को उसके सामाजिक या सांस्कृतिक एवं दार्शनिक आधार तथा ऐतिहासिक संदर्भ से काटना असंभव है इसीलिए साहित्य का अध्ययन अनायास ही अंतर्विद्यावर्ती बन जाता है। साहित्य की तुलना ज्ञान के दूसरे क्षेत्रों के साथ संभव है और इसीलिए वह तुलनात्मक साहित्य का विषय भी है मगर ज्ञान के इन क्षेत्रों के सुसंगत होने पर ही और साहित्य से भिन्न एक स्वतंत्र तथा निश्चित अनुशासन के रूप में प्रतिष्ठित रहने पर ही इस प्रकार का अध्ययन संभव हो पाता है। अंदाल, मीराबाई तथा लाल देद की धार्मिक विचारधाराओं का विश्लेषण करते हुए जब अद्वैत रहस्यवाद के स्वतंत्र विवेचन के साथ इनके साहित्य की तुलना की जाती है तब निश्चय ही यह अध्ययन तुलनात्मक साहित्य के अंतर्गत स्थान पा जाता है। दरअसल इस प्रकार का अंतर्विद्यावर्ती तुलनात्मक अध्ययन प्रारंभ में काफी प्रभावित करता है। मगर इस प्रकार के अध्ययन से एक स्वतंत्र विद्यानुशासन के रूप में तुलनात्मक साहित्य के विकास में बाधा पहुँच सकती है। तुलनात्मक साहित्य का अध्ययन खास तौर पर साहित्य को एक संस्था के रूप में प्रकाश में लाना है और इसलिए साहित्येतर विषयों के साथ जोड़कर इसके अध्ययन की बहुत अधिक सार्थकता नहीं है मगर साथ ही एक स्वतंत्र अकादमिक प्रतिष्ठान

के रूप में अपनी साख जमाने के लिए ज्ञान के दूसरे क्षेत्रों की अवहेलना भी ठीक नहीं। आखिरकार अंतर्राष्ट्रीयवाद की वैचारिकी से संबद्ध तुलनात्मक साहित्य का अध्ययन ऐसे भी वियुक्त होकर संभव नहीं है। इसलिए अंतर्विद्यावर्ती सौंदर्य शास्त्र समन्वित काव्यशास्त्रीय दृष्टि ही ठीक बैठती है मगर ऊपर उल्लिखित चेतावनी को ध्यान में रखते हुए ही अमरीकी स्कूल की इस दृष्टि को स्वीकारना है। निष्कर्षतः रेमाक की परिभाषा को आधार बनाकर तुलनात्मक साहित्य की निम्नलिखित परिभाषा प्रस्तुत की जा सकती है :

तुलनात्मक साहित्य एक स्वतंत्र विषय है जिससे विभिन्न भाषाओं में रचित साहित्यों की एक संपूर्ण इकाई के रूप में व्यापक पहचान की और अधिक संभावना बनती है। यह काम केवल विभिन्न भाषाओं में रचित साहित्यों की तुलना से ही नहीं वरन् मानवीय ज्ञान तथा प्रतीतियों, विशेष रूप से कलात्मक तथा वैचारिक क्षेत्रों के साथ तुलना से ही संभव हो सकता है। तात्पर्य है कि तुलनात्मक साहित्य के अध्ययन में क्षेत्रीयता अथवा भौगोलिकता (geographically) तथा वैचारिक जातिगतता (generically) के आश्रय से साहित्य के विश्लेषण का प्रसार होता है।

तुलनात्मक साहित्य का स्वरूप

तुलनात्मक साहित्य के मुख्य दो संप्रदायों—फ्रांसिसी-जर्मन स्कूल तथा अमरीकी स्कूल—ने तुलनात्मक साहित्य के स्वरूप को व्याख्यायित करते हुए उसकी नाना विशेषताओं का उल्लेख किया है। दोनों संप्रदायों के विद्वान इस बात से सहमत हैं कि तुलनात्मक साहित्य साहित्यिक समस्याओं का अध्ययन है जहाँ एक से अधिक साहित्यों का उपयोग किया जाता है। तुलनात्मक साहित्य के अध्ययन के लिए सचेतन तुलनात्मक पद्धति इसकी मौलिक पद्धति है परंतु नरेश गुहा का कहना है कि तुलना इसकी मुख्य पद्धति नहीं है (1977 : 33)। वस्तुतः तुलनात्मक साहित्य के अंतर्गत जहाँ विधा, मोटिफ तथा कथावस्तु के स्थानांतरण या किसी विदेशी लेखक के प्रभाव या स्वीकृति या साहित्य में किसी दूर की तस्वीर के अध्ययन की बात होती है वहाँ तुलना गौण हो जाती है। और ऐसे भी रेमाक के शब्दों को उद्धृत करते हुए कहा जा सकता है कि तुलनात्मक साहित्य के अध्ययन को प्रत्येक अध्याय या पृष्ठ में तुलनात्मक होने की आवश्यकता नहीं वरन् उसकी दृष्टि, उद्देश्य तथा कार्यान्वयन को तुलनात्मक होना चाहिए। ऑगस्ट विलेहम वॉन श्लेगल के 'लेक्चर्स ऑन ड्रैमेटिक आर्ट एंड लिटरेचर' को उदाहरण के रूप में ग्रहण किया जा सकता है। पहले भाषण में वे न केवल यूनानी तथा लैटिन नाटकों की तुलना करते हैं वरन् क्लासिकी तथा रोमानी नाटकों की तुलना करते हुए स्पेनी, पुर्तगाली तथा जर्मन नाटकों को भी अध्ययन की परिधि में ले आते हैं। इतालीय तथा फ्रांसिसी साहित्य की बात करते हुए वे बार-बार क्लासिकी साहित्य का हवाला देते हैं और अवसर मिलते ही वे यूरोप के

विभिन्न नाट्य साहित्य की सामान्य तुलना करते हैं और इस तरह नाटकों के सामान्य ध्रुवत्वों को भी अपने ध्यान में रखते हैं। अपने अध्ययन में वे ललित कलाओं की ओर भी अपनी दृष्टि डालते हैं। इन सब तथ्यों से संबद्ध उनका यह अध्ययन निश्चय ही तुलनात्मक है परंतु उनके प्रत्येक अध्याय को 'तुलनात्मक' करार नहीं दिया जा सकता। और कदाचित् उसकी जरूरत भी नहीं है।

सैद्धांतिक दृष्टि से तुलना या तो आंतरभाषिक परिप्रेक्ष्य से जुड़ी हो सकती है जहाँ तुलनीय विभिन्न साहित्यिक कृतियाँ एकक साहित्यानुशासन से संबद्ध होती हैं। नहीं तो यह तुलना अंतःभाषिक परिप्रेक्ष्य से संबद्ध होती है जहाँ तुलना एकक साहित्यानुशासन की परिधि को पार कर दूसरी भाषाओं में लिखित साहित्यों को अपने में समेट लेती है। तुलनात्मक साहित्य मूलतः अंतःभाषिक परिप्रेक्ष्य से जुड़ा हुआ तुलनात्मक अध्ययन है।

आलोचना के साथ तुलनात्मक अध्ययन की सगोत्रता पर सामान्यतः बल देना बहुत ही आवश्यक है क्योंकि तुलनात्मक साहित्य के कई आलोचक अपनी गतिविधियों के द्वारा तुलनात्मक साहित्य को एक स्वतंत्र तथा अस्वाभाविक विशिष्टता-युक्त विद्यानुशासन बनाए रखना चाहते हैं। इस प्रकार की वैशिष्ट्यमय स्वकीयता को स्थापित करने की इच्छा से तुलनात्मक साहित्य से संबंधित कई निष्फल तथा अमूर्त अध्ययन हुए हैं जिनका कोई महत्त्व नहीं। दूसरी ओर एक और खतरा भी है कि तुलनात्मक साहित्य के प्रतिपक्षी विद्वान इसे मात्र विभिन्न साहित्यों की सादृश्यता या एक का दूसरे पर प्रभाव का अध्ययन मानते हुए यही प्रमाणित करते हैं कि यह कोई आलोचनात्मक क्रिया है ही नहीं। इसका संबंध तो साहित्येतिहास की संवर्गी (Categorizing) चेतना से है। मगर इस संबंध में पहले भी विवेचन किया गया है कि साहित्येतिहास का कोई भी विवेचन आलोचना की सहायता के बिना संभव नहीं क्योंकि साहित्य में केवल मृत तथ्य नहीं होते, प्रासंगिक तथ्य होते हैं। और फिर साहित्येतिहास को मात्र संवर्गों में बाँटना भी एक आलोचनात्मक क्रिया है जिसके साथ मूल्यांकन जुड़ा रहता है। इसलिए तुलनात्मक साहित्य के अध्ययन में तुलनात्मक आलोचना का योग स्वाभाविक है और आवश्यक भी। इलियट का तो यहाँ तक कहना है कि तुलना तथा विश्लेषण किसी भी आलोचक के महत्त्वपूर्ण औजार हैं। मगर तुलनात्मक साहित्य सुस्पष्ट ढंग से तुलनात्मक होता है। यह सारसंग्रही हुए बिना क्रमबद्ध ढंग से अध्ययन को आगे बढ़ाता है और इसकी यह एकनिष्ठ दृष्टि इसकी एक पद्धति का संकेत देती है। हालाँकि बुद्धदेव बोस का कहना है कि यह विभिन्न दर्शनग्राही अध्ययन होता है (1973 : 92)।

तुलनात्मक साहित्य राष्ट्रीय साहित्य के इतिहासों के झूठे अलगाव के खिलाफ लड़ता है। इसका अर्थ यह भी नहीं कि इस तुलनात्मक प्रक्रिया का उद्देश्य तारतम्यता का विवेचन है यानी एक को दूसरे के प्रतिद्वंद्वी के रूप में विश्लेषित करना है।

वस्तुतः तुलनात्मक साहित्य एक ओर जहाँ एकक साहित्याध्ययन को एक ऐसी पद्धति प्रदान करता है जिससे परिप्रेक्ष्य का विस्तार हो सके वहाँ दूसरी ओर राष्ट्रीय परिधि की संकीर्णता को तोड़ता हुआ विभिन्न राष्ट्रीय संस्कृतियों में प्रभावित प्रवृत्तियों और आंदोलनों की खोज करता है एवं मनुष्य की दूसरी ज्ञानात्मक क्रियाओं के साथ साहित्य के संबंधों को तोलता है। तुलनात्मक साहित्य का प्रारंभिक अध्ययन सन् 1800 में मॉडम द स्तयाल (Mme de Stael) ने शुरू किया। इन्होंने मूलतः साहित्येतिहास और साहित्य तथा समाज के संबंध-सूत्रों का अध्ययन किया। इससे दो साल पहले (1798) फ्रेडरिक श्लेगल ने 'यूनिवर्सल पोयज़ी' की अवधारणा में तुलनात्मक साहित्य की सार्वदेशीयता को जोड़कर सौंदर्यबोधक काव्यशास्त्रीय दृष्टि का प्रसार किया था। उनके शब्दों में स्वच्छंदतावादी काव्य प्रगतिशील विश्वजनीन काव्य है। मगर विश्वजनीनता का अर्थ प्रत्येक लेखक के द्वारा एक ही प्रकार के समतुल्य दृष्टिकोण का अनुभव नहीं है बल्कि ऐसा विस्तृत विषय जिसमें मानवानुभव के लगभग सभी अंग सम्मिलित हुए हों। उसके उपरांत गोयते ने विश्व साहित्य (Welt literature) की बात कही जिसका अर्थ था एक ऐसी सामान्य विरासत जिसकी अभिव्यक्ति श्रेष्ठ कवियों और सौंदर्यबोध के लेखकों द्वारा होती है और जो मानवता में निहित सार्वजनीनता को प्रकाश में लाती है (फ़िट्ज़स्ट्राइच : 1946 : 13-27)। दरअसल तुलनात्मक साहित्य साहित्यिक अध्ययन की ऐसी शाखा है जो प्रत्येक देश और काल की साहित्यिक अभिव्यक्ति की मूलभूत संरचना से संबद्ध है। इसीलिए किसी भी साहित्यिक घटना की सार्वजनीनता से इसका सरोकार है। यही कारण है कि रवींद्रनाथ ठाकुर ने भी इसको 'विश्व-साहित्य' कहा था (बुद्धदेव बोस : 1973 : 92)।

विभिन्न साहित्यिक अध्ययन में तुलना का प्रयोग मूलतः सादृश्य संबंध, परंपरा विवेचन तथा प्रभाव-सूत्रों की खोज के लिए किया जाता है। सादृश्य संबंधी विवेचन में दो कृतियों का शैलीगत, संरचनागत, मूड या विचारगत विश्लेषण किया जाता है। साम्यमूलक इस विवेचन में और किसी प्रकार की तथ्यपरक सादृश्यता की खोज नहीं होती है (आलड्रिच 1969 : 3)। उदाहरण के रूप में 'हेमलेट' के साथ रूसी नावल 'आवलोमोव' की सादृश्यपरक तुलना को ले सकते हैं। इन दोनों में ही मानव-चरित्र की अनिश्चयता और दीर्घसूत्रता का चित्रण मिल जाता है। परंपरा या रीति से तात्पर्य है ऐतिहासिकता की दृष्टि से अथवा, कालानुसार या कालगत दृष्टि से संबद्ध एक ही वर्ग के समतुल्य कृतियों की साम्यमूलक तुलना। उदाहरण के रूप में गोयते के 'डाइ लाइडेन देस जुनगेन वेदर' की रिचर्डसन या रूसो के पत्रात्मक नॉवेल के साथ तुलना करते हुए तीनों में ही प्रथम पुरुष परिप्रेक्ष्य तथा भावावेग की निःसंकोच अभिव्यक्ति का विश्लेषण परंपरा विवेचन कहा जाएगा। रामायण की सीता के साथ 'कौड़ियों से खरीदा' की नायिका की तुलना अथवा उपनिषद् की दार्शनिक अभिव्यक्ति के साथ रवींद्रनाथ के पूजा-विषयक गीतों की तुलना क्रमशः सादृश्य संबंधी अथवा

परंपरा विवेचन का तुलनात्मक अध्ययन स्वीकार किया जाएगा। इसी तरह प्रभाव-सूत्रों का विवेचन भी तुलनात्मक होता है। निराला पर रवींद्र का प्रभाव अथवा रवींद्र पर शेली, उपनिषद् तथा कबीर का प्रभाव तुलनात्मक प्रभाव विवेचन है, अथवा इतालीय नॉवेल आइ प्रॉमेसी स्पासी (I Promessi Sposi) पर अंग्रेजी उपन्यासकार वाल्टर स्कॉट के सीधे प्रभाव विवेचन को तुलनात्मक अध्ययन स्वीकारा जाएगा। कभी-कभी वैषम्यमूलक तुलना को भी इसके अंतर्गत स्थान दिया जाता है।

तुलनात्मक साहित्य के अध्ययन को मूल रूप से ऐतिहासिक अथवा कालक्रमिक (Diachronic) न मानकर एक कालिक (Synchronic) अथवा कलात्मक दृष्टि से एक स्वतंत्र संपूर्ण प्रणाली (Gestalteinheit) ही माना जाता है और तभी तुलनात्मकतावादी आलोचक तुलनात्मक साहित्य को जाति, परिवेश तथा काल के उत्पाद के स्थान पर एक संस्था के रूप में प्रकाशित कर पाता है। इसका तात्पर्य यह नहीं कि तुलनात्मक साहित्य साहित्येतर आयामों यानी साहित्य के ऐतिहासिक, सांस्कृतिक, राजनीतिक तथा आर्थिक पक्षों को नकारता है वरन् इसके लिए विशुद्ध कलागत (aesthetic) आयामों का ही महत्त्व अधिक है। वस्तुतः किसी भी तुलनात्मक साहित्य के लिए मध्यम मार्ग को अपनाना ही ज्यादा उपादेय है अर्थात् रूढ़ कलावादिता अथवा चौंधियाने वाली इतिहासवादिता के बीच से अपना मार्ग तय करते हुए विशुद्ध साहित्यिकता के आश्रय से जब तुलनात्मक साहित्य का प्रसार होता है तभी एक स्वतंत्र विद्या शाखा के रूप में इसकी प्रामाणिकता स्वीकृत होती है।

तुलनात्मक साहित्य के विरोधी आलोचक तुलनात्मकतावादी आलोचक से यह सुनने के लिए तैयार बैठे रहते हैं कि साहित्य के संदर्भ में तुलनात्मक साहित्य की भूमिका अप्रधान है। उदाहरण के तौर पर रेमाक ने एक स्थान पर यह कहा था कि तुलनात्मक साहित्य को हम एक स्वतंत्र विषय की अपेक्षा पूरक विषय के रूप में अधिक स्वीकार करते हैं जिसे अपने दृढ़ नियम अवश्य स्थिर कर लेने चाहिए। मगर जब यह विभिन्न राष्ट्रीय साहित्यों में एक संबंध सूत्र की स्थापना करता है तथा मौलिक रूप से संबद्ध एवं भौतिक दृष्टि से असंबद्ध मानस की नाना सृजनशीलताओं के बीच सेतु-बंधन का काम करता है तब वह निश्चय ही साहित्य को एक संपूर्ण इकाई के रूप में प्रस्तुत करता है। और साथ ही एक स्वतंत्र विद्याशाखा के रूप में भी अपने को प्रतिष्ठित कर पाता है। रेमाक की तरह दूसरी ओर नरेश गुहा ने यह कहा था कि साहित्य अध्ययन की तुलनात्मक दृष्टि मौजूदा अनुशासनों को हटाकर अपना स्थान नहीं बनाना चाहती मगर वह विभिन्न साहित्यानुशासनों के बीच संपूरक का काम करना चाहती है। दरअसल तुलनात्मक साहित्य का काम चालाकी से अपना स्थान बनाना नहीं है मगर साथ ही पूरक विषय के रूप में संपूरक होकर रहना भी उसका

उद्देश्य नहीं है। एक विस्तृत अनुशासन के लिए तुलनात्मकतावाद भले ही एक दृष्टिकोण के रूप में स्वीकृत हो मगर अपने बूते पर एक स्वतंत्र विद्याशाखा बनने का अधिकार वह रखता है इस बात से इनकार नहीं किया जा सकता।

तुलनात्मक साहित्य की स्वतंत्र एवं सम्मानित स्थिति का उल्लेख करते हुए डेविड एच. मेलोन कहते हैं कि तुलनात्मकतावादी आलोचक इसलिए तुलनात्मकतावादी आलोचक नहीं है क्योंकि वह एक के स्थान पर दो-तीन साहित्यों को लेकर काम करना चाहता है बल्कि वह एक के स्थान पर दो-तीन साहित्यों को लेकर इसलिए काम करना चाहता है क्योंकि वह तुलनात्मकतावादी आलोचक है।

संकल्पनात्मक शब्द

तुलनात्मक साहित्य, ऐतिहासिक अर्थविज्ञान, तुलनात्मकता, बहुभाषिक साहित्य, साहित्येतिहास, काव्यशास्त्रीय सौंदर्यमूलक, तथ्यानुपरक संपर्क, साहित्यिक सुरक्षा, द्विआधारी, एक साहित्य, संश्लेषणात्मक अध्ययन, सिद्धांताभिमुखी काव्यशास्त्र, पाठाभिमुखी आलोचना, निगमनिक सिद्धांत, क्षेत्रीयता, जातिगतता, आंतरभाषिक परिप्रेक्ष्य, अंतःभाषिक परिप्रेक्ष्य, संवर्गी चेतना, विभिन्न दर्शनग्राही, कालक्रमिक, एककालिक, तुलनात्मकतावाद।

संदर्भ

1. In 1906 Tagore used the term विश्व साहित्य for comparative Literature. His words were. ''I have been called upon to discuss a subject to which you have given the English name Comparative Literature. Let me call it world Literature in Bengali....Just as this earth is not sum of patches of land belonging to different people, and to know the earth is sheer rusticity, so literature is not mere total of works composed by different hands..... We must strive to see the work of each another as a whole that whole as a part of man's universal creativity, and that universal spirit in its manifestations through world literature. Now it is time to do so.''
2. Literature is 'Literary production in general' or 'the body of writings in a period, country, or region.' रेने वेलेक, Discriminations, (1970), p.3
3. 'Italian of Considerable Literature.' Life of Samuel Johnson, सं. जी. बी. हिल तथा रेवेरेंड एल. एफ. पावेल (छटा भाग), 1934, p.302
4. 'The Criticism of Comparison.' Contemporary Criticism (सं. मैलकॉम ब्रैडबरी तथा डेविड पामर), 1970, p.107
5. The practice of defining one artist of work by another is fundamental to it.—क्लाइब स्कॉट, Modern Language Review, जुलाई 1969
6. ''Comparative Literature is the study of literature beyond the confines of one particular country, and the study of the relationships between literature on the one hand and other areas of knowledge and belief, such as the arts (e.g. painting, sculpture, architecture, music), philosophy, history, the social sciences (e.g., politics, econom-

ics. sociology), the sciences, religion etc., on the other." रेमाक 'Comparative Literature : Its Definition and Function,' 'Comparative Literature : Method and perspective.' सं. न्यूटन पी. स्टॉकनेक्ट तथा हॉर्स फ्रेंज, p.1

7. The French desire for 'Se' curite' is detrimental to the unfolding of innovative topics and methods.' रेमाक, p.2
8. 'The Object of Comparative Literature is essentially the study of diverse literatures in their relations with one another' or 'the history of international relations' or 'a branch of literary history.' वाँ टिगहेम, 'La litterature Comparee' (1931), p.57, 7, 5
9. A modern science which centers on research into the problems connected with the influences exercised reciprocally by various literature.—रेविनास, 'problemi ed orientamenti : Notizie introductive' (1949), p.430

2

तुलनात्मक साहित्य, राष्ट्रीय साहित्य, विश्व साहित्य तथा सामान्य साहित्य

साहित्य के अध्ययन के कुछ विषय और क्षेत्र ऐसे हैं जो **तुलनात्मक** साहित्य के निकटस्थ हैं या फिर परस्पर अतिछादित हैं। उदाहरण के रूप में **राष्ट्रीय** साहित्य (National Literature), **विश्व** साहित्य (World Literature) तथा **सामान्य** साहित्य (General Literature)। साहित्य के इन विभिन्न रूपों के अर्थ का स्पष्टीकरण बहुत ही आवश्यक है जिससे कि **तुलनात्मक** साहित्य के विषय को ठीक ढंग से सीमांकित किया जा सके।

राष्ट्रीय साहित्य

राष्ट्रीय साहित्य तुलनात्मक साहित्य की उन इकाइयों का संकेत देता है जिनकी सहायता से तुलनात्मक साहित्यानुशासन की बुनियाद तैयार होती है। तुलनात्मक साहित्याध्ययन के लिए विभिन्न राष्ट्रीय साहित्य का व्यापक ज्ञान एक निर्णायक आवश्यकता है। यहाँ तक कि आर. ए. साइसी (R. A. Sayce) ने तुलनात्मक साहित्य की परिभाषा देते हुए कहा था कि तुलनात्मक साहित्य विभिन्न राष्ट्रीय साहित्यों का एक-दूसरे के आश्रय से तुलनात्मक संबंधों का अध्ययन है (1966 : 63)। **गोयते** ने **विश्व** साहित्य (Welt Literatur) के संदर्भ में **राष्ट्रीय** साहित्य की स्थिति को स्पष्ट करते हुए कहा है कि वेल्टलितरातुर अपनी साहित्यिक परंपराओं से इतर दूसरी परंपराओं का बोध है। इस तरह विभिन्न राष्ट्र एक-दूसरे को पहचान या समझ सकते हैं तथा एक-दूसरे से यदि प्यार नहीं भी कर सकें तो कम से कम एक-दूसरे को बरदाश्त करना सीख पाते हैं (उलट्रिच वाइन्स्टाइन : 18)। गोयते का यह स्थिर विश्वास रहा है कि इस तरह पारस्परिक आदान-प्रदान तथा अभिज्ञान के माध्यम से विभिन्न राष्ट्रीय साहित्य

अपनी विलक्षणता को बनाए रख सकेंगे। इसका अर्थ यह नहीं कि विभिन्न राष्ट्र एक जैसा ही सोचना शुरू कर देंगे बल्कि इस प्रकार के विश्वव्यापी संबंध ज्ञान के आधार पर एकक साहित्य के अध्ययन में समस्वरता स्थापित हो सकेगी। समस्वरता का अर्थ समतलीय बराबरी नहीं वरन् हारमोनाइजेशन है। **राष्ट्रीय** साहित्य तथा **तुलनात्मक** साहित्य के अध्ययन की प्रविधि में कोई मूलभूत अंतर नहीं है यद्यपि तुलनात्मक साहित्य के अंतर्गत अध्ययन के कतिपय विषय ऐसे हैं जो **राष्ट्रीय** साहित्य के अध्ययन के क्षेत्र को पार कर जाते हैं : (क) विभिन्न संस्कृतियों का आपसी संबंध या टकराहट का सामान्य अध्ययन, (ख) अनुवाद से संबंधित समस्याओं का विशेष अध्ययन, (ग) राष्ट्रीय साहित्य के अध्ययन के अंतर्गत कतिपय महत्त्वपूर्ण विषय ऐसे हैं जिनका तुलनात्मक साहित्याध्ययन तथा शोधकार्य में महत्त्व कहीं अधिक है और यहाँ उनके अध्ययन का स्वरूप भी अलग है जैसे साहित्यिक रूढ़ियों (vogue) का अध्ययन, साहित्यिक कृतियों की सफलता की तुलनात्मक छानबीन, किसी एक साहित्यिक कृति का दूसरे भाषा-भाषियों के द्वारा अभिग्रहण (reception) का अध्ययन अथवा किसी एक साहित्य के दूसरे साहित्य पर प्रभाव-सूत्रों (influence) का विश्लेषण, साहित्यिक वस्तु, मोटिफ, मिथक आदि की एक देश से दूसरे देश की यात्रा का विवेचन अथवा उन बिचवइयों (intermediaries) का अध्ययन जिनके फलस्वरूप किसी एक देश की साहित्यगत विशेषताएँ दूसरे देश तक पहुँच जाती हैं।

भौगोलिक दृष्टि से **राष्ट्रीय** तथा **तुलनात्मक** साहित्याध्ययन में कोई स्पष्ट विभेदक रेखा खींचना मुश्किल है। उदाहरण के रूप में हम उन साहित्यकारों का अध्ययन कौन-से क्षेत्र के अंतर्गत करें जो विभिन्न देशों के होते हुए भी एक ही भाषा में लिखते हैं जैसे ऑस्ट्रेलियन अथवा भारत के अंग्रेजी में लिखने वाले लेखक। दूसरी स्थिति में एक ही देश के बहुत से साहित्यकार हो सकते हैं जो विभिन्न भाषाओं या बोलियों में लिखते हैं। यहाँ भारतवर्ष के लेखकों के नाम गिनवाए जा सकते हैं। इस दृष्टि से मात्र यही कहा जा सकता है कि तुलनात्मकतावादी आलोचक अपने अध्ययन में इस बात का स्पष्ट प्रमाण देते हैं कि विभिन्न भाषाओं, राष्ट्रीयता या परंपराओं के महत्त्वपूर्ण अंतरों से ही उनका अध्ययन संबद्ध है। पॉल वां टिगहेम का कहना है कि **राष्ट्रीय** साहित्य का अध्ययन मात्र एक ही साहित्य से संबंधित प्रश्नों से अपना सरोकार रखता है और तुलनात्मक साहित्य का अध्ययन दो साहित्यों से जुड़ी हुई समस्याओं का विश्लेषण करता है (1921 : 1-27)। क्रेग ला द्रयेर (Craig La Driere) तो इस अंतर को और भी स्पष्ट रूप से प्रकट करते हुए कहते हैं कि **राष्ट्रीय** साहित्य की चारदीवारी के भीतर साहित्य का अध्ययन **राष्ट्रीय** साहित्य है और इस चारदीवारी के परे साहित्य का अध्ययन **तुलनात्मक** साहित्य है। टिगहेम ने इस संबंध में उदाहरणों के द्वारा भी अपनी बात स्पष्ट की है। यदि हम रूसो के उपन्यास 'हेलबाज़' (Heloise) का साहित्य में स्थान निर्धारित करने के लिए

अध्ययन करते हैं तो वह **राष्ट्रीय** साहित्य है और इसके विपरीत यदि हमारे अध्ययन का विषय है 'रूसो के उपन्यास हेलबाज़ पर रिचर्डसन का प्रभाव', तो वह **तुलनात्मक** साहित्य है। भारतीय संदर्भ में हम कह सकते हैं कि बंगला साहित्य में रवींद्रनाथ के काव्य का स्थान निर्धारण के लिए अध्ययन **राष्ट्रीय** साहित्य है परंतु उस पर कबीर, शेली तथा उपनिषद् के प्रभाव का अध्ययन **तुलनात्मक** साहित्य है। दरअसल **राष्ट्रीय** साहित्य और **तुलनात्मक** साहित्य का अंतर काफी स्पष्ट है और इनमें परस्पर अतिछादित होने की संभावना बहुत कम है। केवल **राष्ट्रीय** साहित्य के विद्वानों को यह समझ लेना चाहिए कि अपने परिदृश्य के विस्तार के लिए बीच-बीच में दूसरे साहित्य या ज्ञान के क्षेत्र में उनकी पहल अनिवार्य है और **तुलनात्मक** साहित्य के विद्वानों के लिए यह जरूरी है कि बीच-बीच में **राष्ट्रीय** साहित्य के सीमित क्षेत्र में वापस आकर इस बात से आश्वस्त हों कि वे जड़ से कटे हुए नहीं हैं।

विश्व साहित्य

उन्नीसवीं शती में यूरोपीय दृष्टिकोण के आश्रय से जब **विश्व** साहित्य की अवधारणा का प्रसार हुआ तब इसकी परिधि के अंतर्गत मात्र उसी साहित्य को स्थान दिया गया जिसका जन्म यूरोप में हुआ था। इस प्रकार **विश्व** साहित्य का प्रारंभिक अर्थ था एक निश्चित क्षेत्र का साहित्य। यूरोपीय परंपरा अपनी ही संस्कृति के संश्लेषित रूप तथा सेमेटिक संस्कृति के आश्रय से धीरे-धीरे विकसित हुई थी। इसीलिए बाइबिल में दक्षिण-पश्चिम एशिया का जो साहित्य सम्मिलित है वह भी यूरोपीय **विश्व** साहित्य का एक अंग बना हुआ था। इसी संदर्भ में यूरोप में **तुलनात्मक** साहित्य का विकास हुआ। वस्तुतः विभिन्न यूरोपीय भाषिक क्षेत्रों में विकसित होने वाले साहित्य से संबंधित साहित्यिक विधाएँ, आलोचना तथा सिद्धांत, साहित्यिक आंदोलन या फिर दो या तीन कृतियों या कृतिकारों के विशिष्ट अध्ययन को **तुलनात्मक** साहित्य स्वीकारा गया। गोयते के 'वेल्ट लितरातुर' का अर्थ भी यही है। इस प्रकार बीसवीं शती के प्रारंभ तक **विश्व** साहित्य और वह भी यूरोपीय साहित्य की परिधि के भीतर ही **तुलनात्मक** साहित्य अपने आप में सीमित रहा। बीसवीं शती में **विश्व** साहित्य के अर्थ में एक क्रांतिकारी परिवर्तन आया। विश्व के बारे में जो यूरोप केन्द्रित जातिगत विशिष्ट अवधारणा थी उसके अर्थ में एक खास तरह की व्यापकता आई और उस अवधारणा के अंतर्गत विश्व के दूसरे क्षेत्रों के साहित्य तथा उनके तुलनात्मक अध्ययन को स्थान दिया गया। अब **विश्व** साहित्य का तात्पर्य है पृथ्वी के किसी भी साहित्य का अध्ययन अर्थात् सार्विक स्तर पर साहित्य के इतिहास को ही **विश्व** साहित्य माना जाने लगा है। इस प्रकार के साहित्येतिहास के ग्रंथों में विभिन्न **राष्ट्रीय** साहित्यों को विभिन्न अध्यायों में बाँट कर या एक-दूसरे के सान्निध्य में रखकर अध्ययन किया जाता है या फिर **विश्व** साहित्य के विभिन्न आंदोलनों, प्रवृत्तियों या कालों का विवरण देते

हुए विश्लेषण होता है। इस प्रकार रचे गए विश्व साहित्येतिहास की संभावनाओं एवं खतरों का कॉरस्टियस (J. Brandt Corstius) ने विस्तार से विवेचन किया है (1963 : 5-14)। **तुलनात्मक** साहित्य में **विश्व** साहित्य के अनुरूप 'देश' का तत्त्व जुड़ा रहता है मगर अधिकतर स्थिति में देश का यह तत्त्व सीमित होता है यद्यपि इस मामले में कोई बाध्यता नहीं है। आम तौर पर **तुलनात्मक** साहित्य दो देशों के साहित्यों या दो विभिन्न राष्ट्रों के लेखकों के तुलनात्मक संबंधों (तुलना में अर्थ-विस्तार है यानी बिना किसी प्रतीयमान संबंध के भी तुलना हो सकती है) का अध्ययन करता है। **विश्व** साहित्य का एक और अर्थ है कि केवल देश ही नहीं 'काल' के संदर्भ में भी जो महान है अर्थात् काल की कसौटी में जिसे श्रेष्ठ करार दिया गया है संसार के उस श्रेष्ठ साहित्य (classics) को भी **विश्व** साहित्य कहा जाता है। जैसे, 'डिवाइन कॉमेडी', 'डान कोहाटे', 'पैराडाइज़ लॉस्ट', 'शकुंतला', 'कुमार संभव' आदि। इस तरह देश और काल के आश्रय से योग्यता के आधार पर जिन कृतियों या लेखकों की श्रेष्ठता को निर्विवाद स्वीकार कर लिया गया है वही मूल रूप से **विश्व** साहित्य है। केवल योग्यता ही नहीं अपने-अपने राष्ट्रों की परिधि के बाहर महती प्रसिद्धि के आधार पर विशेष रूप से आज की कृतियों या कृतिकारों के अध्ययन को भी **विश्व** साहित्य कहा जाता है। उदाहरण के तौर पर फौकनर (Faulkner), कामू (Camus), रवींद्रनाथ ठाकुर, प्रेमचंद आदि का अध्ययन। मगर **विश्व** साहित्य का यह गौण अर्थ है। **तुलनात्मक** साहित्य का अध्ययन न तो, एक ओर, योग्यता और महत्त्व के आधार पर किया जाता है और न ही, दूसरी ओर, आज की कृति या कृतिकारों का गौण रूप से अध्ययन होता है। **तुलनात्मक** साहित्य के लिए प्राचीन या आधुनिक अथवा सांप्रतिक का कोई मतलब ही नहीं। जो भी तुलनीय है वही तुलनात्मक साहित्य का विषय है। साथ ही केवल क्लासिकी साहित्य या साहित्यकार ही नहीं, आवश्यकता पड़ने पर देश-काल का विशेष रूप से प्रतिनिधित्व करने वाले मगर द्वितीय श्रेणी के लेखकों को भी **तुलनात्मक** साहित्य का विषय बनाया जाता है जिससे साहित्यिक प्रभाव के सूत्र या प्रवृत्तियाँ प्रकाश में आ सकें। इसके साथ ही ऐसे भी प्रथम श्रेणी के लेखकों को, जिन्हें विश्व के स्तर पर अभी प्रसिद्धि नहीं मिली है, **तुलनात्मक** साहित्य के अंतर्गत स्थान दिया जाता है जैसे डन (Donne), निराला, हैरोल्ड पिंटर, विजय तेंदुलकर, अज्ञेय आदि। दरअसल इस प्रकार के अध्ययन के द्वारा विश्वसाहित्य में उन्हें स्वीकृति मिल जाती है। देश, काल, योग्यता अथवा महत्त्व के तत्त्वों के आपसी अंतर की मात्रा के आधार पर **विश्व** साहित्य तथा **तुलनात्मक** साहित्य के पार्थक्य को प्रकट किया जाता है। गोयते ने जिसे 'वेल्ट लितरातुर' कहा है दरअसल **विश्व** साहित्य का वह रूप ही तुलनात्मक साहित्य के सर्वाधिक नज़दीक बैठता है। अपने **राष्ट्रीय** साहित्य की परंपरा के साथ ही दूसरे **राष्ट्रीय** साहित्यों की परंपराओं से परिचित होना या फिर दूसरे देशों या भाषाओं में लिखित साहित्य के

प्रति खुलापन रखना, विभिन्न साहित्यों में यातायात या पारस्परिक विनिमय का मौका देना, जो साहित्यगत व्यावसायिक यातायात या विनिमय के समानांतर या पूरक प्रमाणित होते हैं, 'वेल्ट लितरातुर' है (फिट्ज़स्ट्राइच : 13-27)। आँद्र जिद (Andre Gide) ने पहले महायुद्ध के दौरान 'यूरोपीयनाइजेशन' की बात कही थी (1889-1947 : 257-8) मगर गोयते ने यूरोप की परिधि को पार करके विश्व के स्तर पर **विश्व** साहित्य की अवधारणा को प्रतिष्ठित किया। कतिपय तुलनात्मकतावादी आलोचकों के अनुसार अतीत की साहित्यिक कृतियों का, जिन्हें कालातीत प्रसिद्धि मिली है, जब तुलनात्मक अध्ययन होता है तब उस अध्ययन को **तुलनात्मक विश्व साहित्य** कहना ठीक है। इससे कम से कम एक बात स्पष्ट होती है कि अपने अध्ययन के लिए गोयते के 'वेल्ट लितरातुर' के संदर्भ में तुलनात्मकतावादी आलोचक नाना प्रकार के विषय चुन सकते हैं। मिसाल के तौर पर क्लासिकी लेखकों के चुनाव का 'नियम' क्या है? क्लेयोपेट्रा और सीता की समानता कहाँ है? मध्ययुगीन महाकाव्य का मॉडल रामायण है या रघुवंश अथवा महाभारत? हिंदी के छायावादियों को बायरन से ज्यादा शेली और वर्ड्सवर्थ क्यों प्रिय रहे हैं? मध्ययुगीन काव्य की तुलना में संस्कृत साहित्य क्यों अधिक अलंकृत है? अथवा प्राकृत काव्य में निहित जीवन के यथार्थ को रीति-साहित्य उसी रूप में क्यों नहीं स्वीकार कर पाया? इस प्रकार के प्रश्नों के समाधान के लिए सामाजिक तथा सांस्कृतिक क्षेत्रों में प्रवेश करना पड़ता है और वहाँ जाकर **विश्व** साहित्य और **तुलनात्मक** साहित्य में अंतर स्पष्ट हो जाता है।

अमरीकी स्कूल तुलनात्मक साहित्य के अध्ययन के अंतर्गत मानवीय ज्ञान के दूसरे क्षेत्रों के साथ साहित्य के संबंध की तुलनात्मक छानबीन करता है। **विश्व साहित्य** के अंतर्गत इस प्रकार के अध्ययन की कोई संभावना नहीं। **विश्व** साहित्य के अंतर्गत प्रकाशित पुस्तकों के शीर्षकों से ही यह बात स्पष्ट हो जाती है जैसे लेयार्ड के द्वारा संपादित, 'The World through Literature' अथवा रिपले के द्वारा संपादित 'Dictionary of World Literature' अथवा 'Encyclopaedia of literature' आदि। फ्रांसिसी-जर्मन स्कूल तुलनात्मक साहित्य के अध्ययन को साहित्येतिहास के अध्ययन तक ही सीमित रखता है और **विश्व** साहित्य की भी यही स्थिति है मगर यहाँ भी **तुलनात्मक** साहित्य एक पद्धति का अनुसरण करती है जो उसकी अपनी ही सुव्यवस्थित पद्धति होती है। ऐसा कुछ **विश्व साहित्य** के अध्ययन में नहीं होता है क्योंकि वहाँ अध्ययन की कोई तुलनात्मक पद्धति होती ही नहीं है। रेमाक ने इसको स्पष्ट करते हुए कहा है कि **तुलनात्मक** साहित्य के लिए किसी भी साहित्यिक कृति, लेखक, प्रवृत्ति या थीम अथवा ज्ञान के दूसरे क्षेत्रों के साथ वास्तविक तुलना आवश्यक है मगर इसके विपरीत **विश्व साहित्य** के अंतर्गत उदाहरणतया तुर्गनेव हाथोर्न, थैकरे अथवा मोपासां के निबंधों के संकलन को आसानी से फिगर्स ऑफ वर्ल्ड लिटरेचर का नाम दिया जा सकता है। जिसमें तुलनात्मक अध्ययन या तो होता ही नहीं अथवा न के

बराबर होता है और इस तरह दोनों का अंतर स्पष्ट हो जाता है। तुलनात्मक साहित्य में जैसा कि वैब्स्टर ने कहा है तथ्यों की सुव्यवस्थित तुलना होती है। 'अंतर्राष्ट्रीय साहित्य' एवं शाश्वत साहित्य जैसे पद **विश्व** साहित्य के लगभग समानार्थक हैं मगर आलोचना के क्षेत्र में अभी तक ये पद प्रतिष्ठित नहीं हो पाए हैं। यह सही है कि कॉरस्टियस ने **विश्व** साहित्य के अध्ययन के स्वरूप का बहुत ही सुंदर विवरणात्मक तथा आलोचनात्मक विवेचन किया है (1957 : 149-70) मगर **तुलनात्मक** साहित्य की विश्लेषणात्मक गंभीरता उसमें नहीं है। अलबत्ता आधुनिक पूर्व यूरोप में मार्क्सीय दृष्टि की सहायता से किए जाने वाले साहित्य-अध्ययन में **विश्व** साहित्य को **तुलनात्मक** साहित्य के निकटस्थ स्वीकार करते हुए **तुलनात्मक** साहित्य की तुलना में **विश्व** साहित्य को अधिक उपयुक्त स्वीकारा जाता है। मार्क्सवादी विचारधारा में निःसंदेह 'तुलनात्मक' के स्थान पर 'विश्व' शब्द का महत्त्व अधिक है।

भारतवर्ष में रवींद्रनाथ ठाकुर ने सन् 1907 में तुलनात्मक साहित्य के लिए 'विश्वसाहित्य' शब्द का प्रयोग किया था। अपने एक भाषण में उन्होंने कहा था कि यदि हमें उस मनुष्य को समझना है जिसकी अभिव्यक्ति उसके कर्मों, प्रेरणाओं तथा उद्देश्यों में होती है तो संपूर्ण इतिहास के माध्यम से हमें उसके अभिप्रायों से परिचित होना है। मनुष्य लगातार अपने उद्देश्यों की पूर्ति के लिए काम करता रहता है और अपने को सबके साथ संबद्ध करने के लिए प्रयत्नशील होता है। मनुष्य इतिहास में स्थानीय या व्यक्ति की अपेक्षा शाश्वत या सार्विक मनुष्य को देखना चाहता है। **विश्व** साहित्य में मनुष्य अपनी आत्मा के आनंद को शब्दों के माध्यम से व्यक्त करता है। चाहे मनुष्य का वर्णन अस्वस्थ रूप में या भोगी अथवा योगी रूप में हुआ हो उसकी अंतःप्रेरणा एक ही होती है कि विश्व के साथ उसके संबंध के आनंद को प्रकट करे। इस संबंध सूत्र की उपलब्धि के लिए ही साहित्य में हम प्रवेश करते हैं। रवीन्द्रनाथ ने इसे स्पष्ट करते हुए आगे कहा है कि जिस प्रकार यह विश्व जमीन के टुकड़ों का योगफल नहीं है उसी प्रकार साहित्य विभिन्न लेखकों द्वारा रचित कृतियों का योगफल नहीं। हमें राष्ट्रीयता की संकीर्ण मनोवृत्ति से अपने को मुक्त करना है। प्रत्येक कृति को उसकी संपूर्ण इकाई में देखना है और इस संपूर्ण इकाई या मनुष्य की शाश्वत सृजनशीलता की पहचान **विश्व** साहित्य के द्वारा ही हो सकती है (रचनावली VII : 372-387) इस प्रकार **तुलनात्मक** साहित्य और **विश्व** साहित्य में अंतर दिखाई नहीं पड़ता। रवींद्रनाथ के अनुसार **तुलनात्मक** साहित्य के अध्ययन के लिए हमें यह मानकर चलना होगा कि विश्व की विभिन्न भाषाओं में रचित साहित्य एक संपूर्ण इकाई है क्योंकि असंख्य ऐतिहासिक तथा आध्यात्मिक अंतःसंबंधों से रचित **विश्व** साहित्य में इनकी खोज और अध्ययन ही तुलनात्मक साहित्य का कार्य है। यह बात सही है कि तुलनात्मक पद्धति के आधार पर इन दोनों में अंतर स्पष्ट है मगर इस अंतर को चाहे हम कितना भी परिभाषित करें, अध्ययन के ऐसे विस्तृत क्षेत्र हैं जहाँ विश्वसाहित्य और तुलनात्मक साहित्य परस्पर अति छादित हो जाते हैं।

सामान्य साहित्य

सामान्य साहित्य और **तुलनात्मक** साहित्य के अंतर को स्पष्ट करते हुए आर. ए. साइसी कहते हैं कि किसी भाषिक सीमा की परवाह किए बिना साहित्य का अध्ययन सामान्य साहित्य है और पारस्परिक संबंधों के आधार पर **राष्ट्रीय** साहित्यों का अध्ययन **तुलनात्मक** साहित्य है (1966 : 63)। यह अंतर अपने आप में बहुत ही अस्पष्ट है फिर भी दूसरे विद्वान प्रावर ने इसे स्वीकार करते हुए इनके उद्देश्यों के आधार पर अंतर को स्पष्ट करने की कोशिश की है। उनका कहना है कि पेतरार्क के समय से प्रचलित सॉनेट की विकास धारा का अध्ययन तो **सामान्य** साहित्य है। अधिराष्ट्रीय संदर्भ में साहित्यालोचन, काव्यशास्त्र तथा साहित्य-सिद्धांत के प्रश्नों के समाधान के लिए इस प्रकार का अध्ययन किया जाता है। मगर इस प्रकार के अध्ययन के दौरान जब हम पेतरार्क के द्वारा लिखे गए सॉनेट की शेक्सपियर के सॉनेट के साथ तुलना करते हैं तो वह अध्ययन **तुलनात्मक** साहित्य है (1973 : 3)। प्रावर को पता था कि इस प्रकार का अंतर अपने आप में बहुत ही अस्पष्ट है क्योंकि उद्धरणों के द्वारा जो प्रभेदक रेखा खींचने की कोशिश की गई है वह ठीक ढंग से खिंच भी नहीं पायी है। इसीलिए बाद में चलकर उन्हें वेलेक के शब्दों में कहना पड़ा है कि अपने मूल विषय को स्वतंत्र रूप से परखने के स्थान पर सहचारी भाषिक पदों की सहायता से विश्लेषित करना ज़्यादा ठीक होता है अर्थात् **सामान्य** साहित्य, **तुलनात्मक** साहित्य आदि सहचारी भाषिक पदों के साथ मिलाकर ही **तुलनात्मक** साहित्य का अर्थ स्पष्ट हो पाता है।[1] इस प्रकार के विवेचन से कम से कम एक बात स्पष्ट होती है कि **सामान्य** साहित्य का प्रारंभिक अर्थ था, काव्यशास्त्र अथवा साहित्य-सिद्धांत का अध्ययन। रेने वेलेक ने जेम्स मॉनट्गमरी का उल्लेख किया है जिन्होंने सन् 1833 में **सामान्य** साहित्य तथा काव्य आदि पर भाषण देते हुए **सामान्य** साहित्य के अंतर्गत काव्यशास्त्र अथवा सामान्य सिद्धांत पर ही अपना विचार प्रस्तुत किया था (1970 : 14)। इरविन कोपेन ने तो यहाँ तक कह दिया कि **सामान्य** साहित्य के अंतर्गत साहित्य-सिद्धांत का उल्लेख करना द्विरुक्ति दोष है क्योंकि **सामान्य** साहित्य मूलतः साहित्य सिद्धांत ही है (1957 : 10) हॉर्स्ट फ्रेंज़ का भी कहना है कि **सामान्य** साहित्य से तात्पर्य है साहित्यिक प्रवृत्तियों, समस्याओं एवं सिद्धांतों का सामान्य अध्ययन अथवा सौंदर्यशास्त्र का अध्ययन। **तुलनात्मक** साहित्य भी साहित्य सिद्धांत अथवा काव्यशास्त्र का अध्ययन करता है मगर उसके अध्ययन की पद्धति तुलनात्मक होती है। **सामान्य** साहित्य इस प्रकार की किसी पद्धति का निर्धारण नहीं करता।

सामान्य साहित्य पद का प्रयोग अमरीकी विश्वविद्यालयों में उन विदेशी साहित्य के पाठ्यक्रमों या प्रकाशनों के लिए किया जाता है जो अंग्रेजी अनुवादों में उपलब्ध हैं या फिर **राष्ट्रीय** साहित्य के पाठ्यक्रमों के अंतर्गत उन सब विषयों के लिए स्वतंत्र

रूप से किया जाता है जिनको विभागीय पाठ्यक्रम में शृंखलित रूप से फिट करना संभव नहीं होता। कभी-कभी नाना साहित्यों की कृतियों के संग्रह, आलोचनात्मक अध्ययन या विवरणों को इसी वर्ग में स्थान दिया जाता है। मगर इस प्रकार के साहित्यिक संग्रहों के लिए **विश्व** साहित्य पद भी स्वीकार्य है। **सामान्य** साहित्य से संबंधित इन सारे पाठ्यक्रमों या प्रकाशनों का **तुलनात्मक** साहित्यिक अध्ययन संभव है मगर ये अपने आप में तुलनात्मक नहीं होते। वाँ टिगहेम के अनुसार **तुलनात्मक** साहित्य दो साहित्यों के आपसी संबंधों के अध्ययन तक सीमित है, जबकि **सामान्य** साहित्य का संबंध उन आंदोलनों और फैशनों से है जो अनेक साहित्यों से प्रभावित दिखाई पड़ते हैं। रेने वेलेक के अनुसार यह अंतर निःसंदेह अयुक्ति-युक्त और अव्यावहारिक है। उदाहरण के लिए वाल्टर स्कॉट का फ्रांस के साहित्य पर प्रभाव **तुलनात्मक** साहित्य का विषय कैसे निर्धारित हो सकता है जबकि रोमांटिक युग के दौरान ऐतिहासिक उपन्यास का अध्ययन **सामान्य** साहित्य का विषय है। हेन पर बायरन के प्रभाव का अध्ययन और जर्मनी में बायरनवाद का अध्ययन इन्हें क्यों अलगाया जाए (1963 : 283)? अथवा निराला पर वेदांत का प्रभाव या छायावादी कवियों का वेदांतवाद—इन दोनों अध्ययनों में सीमारेखा कैसे खींची जाए? वस्तुतः ये दोनों अध्ययन परस्पर अति छादित हैं। रेने वेलेक का तो दावा है कि **सामान्य** साहित्य कम से कम अंग्रेजी में कदाचित् इसलिए चल नहीं पाया है क्योंकि काव्यशास्त्र और सिद्धांत का पुराना अर्थ इसमें जुड़ा है (290)। फिर भी क्रेग आदि विद्वानों ने दृश्य रूप से इन तीनों साहित्यिक अध्ययनों को स्पष्ट करने का प्रयत्न किया है। उनका कहना है कि **राष्ट्रीय** साहित्य की चारदीवारी के भीतर जो अध्ययन है वह **राष्ट्रीय** साहित्य है और इस चारदीवारी के परे साहित्य का अध्ययन **तुलनात्मक** साहित्य है तथा दीवारों के ऊपर जो साहित्यिक अध्ययन है वह **सामान्य** साहित्य है। पता नहीं इस प्रकार के सीमा-निर्धारण से इनमें अंतर निश्चित हो पाता है या नहीं यद्यपि इनके पारस्परिक संबंध अपने आप में बहुत स्पष्ट हैं। **तुलनात्मक** साहित्य के अध्ययन में **राष्ट्रीय** साहित्य अंतर्राष्ट्रीय प्रवृत्तियों के उदाहरण प्रस्तुत करने के लिए उपयोग में लाए जाते हैं। टिगहेम ने इस संबंध में उदाहरणों के द्वारा इन तीनों की स्वतंत्र स्थिति को प्रकट किया है। रूसो के उपन्यास 'हेलवाज़' का साहित्य में स्थान-निर्धारण के लिए अध्ययन **राष्ट्रीय** साहित्य है और इसी उपन्यास पर रिचर्डसन के प्रभाव का अध्ययन **तुलनात्मक** साहित्य है तथा यूरोपीय भावप्रवण (Sentimental) उपन्यासों का सर्वेक्षण **सामान्य** साहित्य है। मगर क्या यह विवेचन निरंकुशता तथा यांत्रिकता का परिचायक नहीं क्योंकि **तुलनात्मक** अध्ययन को केवल दो देशों के साहित्यों में सीमित करना तथा दो से अधिक देशों के साहित्यों के अध्ययन को **सामान्य** साहित्य में स्थान देना किसी भी दृष्टि से ठीक नहीं है। **तुलनात्मक** साहित्य में क्या इतनी विस्तृति नहीं है कि नाना देशों के साहित्यों का संश्लेषणात्मक अध्ययन प्रस्तुत कर

सके? वस्तुतः **सामान्य** तथा तुलनात्मक साहित्य में अंतर इतना महीन है कि आम तौर से ये एक-दूसरे में अंतर्भुक्त हो जाते हैं। विशेष रूप से टिगहेम आदि विद्वानों की परिभाषाओं से तो इनका अंतर एकदम ही खत्म हो जाता है : **तुलनात्मक** साहित्य दो साहित्यों के आपसी संबंधों के अध्ययन तक सीमित है, जबकि **सामान्य** साहित्य का संबंध उन आंदोलनों और फैशनों से है जो अनेक साहित्यों में प्रवाहित दिखाई पड़ते हैं (1921 : 290)।

वस्तुतः **राष्ट्रीय** साहित्य तथा **तुलनात्मक** साहित्य का पारस्परिक अंतर स्पष्ट है। साथ ही देश, काल, योग्यता और महत्त्व के आधार पर **विश्व** साहित्य की अपनी स्वतंत्र स्थिति भी लगभग स्थिर ही है मगर फिर भी **तुलनात्मक** साहित्य **राष्ट्रीय** साहित्य तथा **विश्व** साहित्य में कोई सुनिश्चित तथा ठोस अंतर करना संभव नहीं क्योंकि इससे जिस आनुमानिक व्यावहारिकता का परिचय दिया जाएगा वह न तो संभव है और न ही वांछनीय है। **सामान्य** साहित्य अपने आप में अनिश्चित विषय है। यद्यपि यह सही है कि अपने मूल विषय (**तुलनात्मक** साहित्य) को स्वतंत्र रूप से परखने के स्थान पर सहचारी भाषिक पदों की सहायता से विश्लेषित करने पर इसका अर्थ हमारे लिए सुस्पष्ट हो जाता है।

संकल्पनात्मक शब्द

राष्ट्रीय साहित्य, विश्व साहित्य, सामान्य साहित्य, साहित्यिक रूढ़ियाँ, अभिग्रहण, प्रभाव-सूत्र, मध्यस्थ, श्रेष्ठ साहित्य, यूटोपीकरण, भावप्रवण उपन्यास।

संदर्भ

1. In complete or even slightly incorrect in its detail, this history of the terms in the main languages could become more meaningful if treated in the context of competition with rival terms,—रेने वेलेक, Discriminations, p.13

3

तुलनात्मक साहित्य का क्षेत्र, भारतीय परिप्रेक्ष्य तथा भारतीय तुलनात्मक साहित्य

तुलनात्मक साहित्य की सर्वमान्य स्थूल परिभाषा यही हो सकती है कि यह साहित्यिक समस्याओं का अध्ययन है जहाँ एक से अधिक भाषाओं के साहित्य का उपयोग किया जाता है। फ्रांसिसी-जर्मन तथा अमरीकी स्कूल के अनुसार इस प्रकार के अध्ययन के दो रूप हैं। एक में साहित्येतिहास को अध्ययन का प्रमुख आधार माना जाता है तथा दूसरे में कलापरक काव्यशास्त्रीय सौंदर्यमूलक तथा विश्लेषणात्मक अंतर्दृष्टि के आश्रय से अध्ययन का प्रसार होता है। तुलनात्मक साहित्य के फ्रांसिसी संप्रदाय ने पारंपरिक रूप में निम्नलिखित विषयों का अध्ययन किया है :

(क) विचार संप्रेषण/पारेषण की विधियाँ

(ख) अभिग्रहण तथा प्रभाव

(ग) साहित्यिक कथ्यों की विदेश-यात्रा

(घ) विभिन्न स्रोत

(ङ) किसी देश के साहित्य में दूसरे देश का चित्रण

इस प्रकार का अध्ययन वस्तुतः तथ्यात्मक, सचेतन होने के साथ-साथ विभिन्न राष्ट्रों के लेखक, कृति, पाठक तथा द्रष्टा के निश्चेय संपर्क या कारण-संबंध यानी प्रभाव-सूत्रों, आपसी आदान-प्रदान, संशोधन आदि का अध्ययन होता है। इसीलिए रेविनास ने तुलनात्मक साहित्य के बारे में कहा था कि विभिन्न साहित्यों के अन्योन्य प्रभावों से युक्त शोध ही तुलनात्मक साहित्य है—यह अंतर्राष्ट्रीय साहित्यिक तथा सांस्कृतिक संबंधों का अध्ययन है (1948 : 430)। पॉसनेट के अनुसार यह साहित्यिक क्रम विकास का अध्ययन है जो जीव-विज्ञान के अनुसार साहित्य के प्रारंभ, पराकाष्ठा तथा पतन का विश्लेषण करता है (1886 : 86)। कई आलोचकों के लिए ऐतिहासिक

सापेक्षवाद का अध्ययन ही तुलनात्मक साहित्य है अर्थात् जहाँ अतीत की परंपराओं की पटभूमिका में वर्तमान का विवेचन किया जाता है, अथवा जैसा कि रेनेवेलेक इस संप्रदाय के विद्वानों की मतधारा का सार प्रस्तुत करते हुए कहते हैं कि यह अंतर्राष्ट्रीय परिप्रेक्ष्य के आश्रय से सभी साहित्यों का अध्ययन है जिसका मूल सचेतन उद्देश्य साहित्यिक सृजन तथा अनुभवों में ऐक्य का संचार करना है (1970 : 19)। फ्रांसिसी स्कूल के इन सब विद्वानों की विचारधाराओं से दो तत्त्व स्पष्ट उभरकर सामने आते हैं। एक, यह सामान्य रूप से साहित्येतिहास का संपूर्ण अध्ययन है तथा दो, पारस्परिक प्रभाव-सूत्रों का मूल्यांकन तुलनात्मक साहित्य के अध्ययन का एक महत्त्वपूर्ण घटक है। दूसरे शब्दों में साहित्य के इतिहासपरक अध्ययन के अंतर्गत प्रभाव-अध्ययन ऐतिहासिक तुलनात्मकतावादी आलोचकों की मुख्य दिलचस्पी है। इस अध्ययन में उत्सर्जक, प्रापक तथा मध्यस्थ की खोज और विश्लेषण की ओर ध्यान दिया जाता है। उदाहरण के रूप में दक्खिनी हिंदी में प्राप्त 'तूतीनामा' का विश्लेषण करते हुए संस्कृत की 'शुक सप्तशती' का उस पर स्पष्ट प्रभाव दिखाई पड़ता है परंतु यह प्रभाव फारसी भाषा में लिखी गई पुस्तक 'तूतीनामा' के माध्यम से पड़ा है। यहाँ दक्खिनी हिंदी में लिखा गया है 'तूतीनामा' प्रापक है, संस्कृत की 'शुक सप्तशती' उत्सर्जक तथा फारसी का 'तूतीनामा' मध्यस्थ है। इसी तरह गोयते पर इंगलैंड के प्रभाव का विवेचन करते हुए मध्यस्थ रूप में उनके अंग्रेज दोस्तों या अंग्रेज पसंद जर्मन दोस्तों के पत्र-व्यवहार का उल्लेख करना आवश्यक हो जाता है। आलड्रिच का कहना है कि तुलनात्मक साहित्य में प्रभाव अध्ययन पर जोर देने के पीछे वैज्ञानिकता-अभिमुखी उन्नीसवीं शती उत्तरदायी है। इस युग में आनुवंशिकी की ओर विद्वानों का ध्यान विशेष रूप से आकर्षित हुआ था (भूमिका)। आलोचक साहित्य को वैज्ञानिक अवयव-संस्थान के रूप में ग्रहण करने लगे थे जिसके विकास और उत्सर्जन को जीववैज्ञानिक निदर्शन के अनुरूप देखा जाता था। दूसरे शब्दों में साहित्य के तुलनात्मक वैज्ञानिक अध्ययन (literatur wissenschaft) ने इस समय जीववैज्ञानिक अध्ययन (Natur wissenchaft) की पद्धतियों को स्वीकार कर लिया था।

विकासवाद के आश्रय से साहित्य का अध्ययन काफी प्रामाणिक है जिसे पॉसनेट ने समझाते हुए कहा था कि साहित्य को निश्चय ही प्रारंभ, पराकाष्ठा तथा पतन की स्थितियों में से गुजरना पड़ता है। साहित्यिक विकासवाद तथा साहित्येतिहासवाद की दृष्टियों में सामान्यतः अंतर बहुत ही कम है क्योंकि इतिहासवाद तथा विकासवाद में अंतर वास्तविक की अपेक्षा शास्त्रीय अधिक है। नगेन्द्र ने शास्त्रीय दृष्टि के आधार पर इनके अंतर को स्पष्ट करते हुए लिखा है कि विकासवाद की दृष्टि साहित्य के जीववैज्ञानिक संदर्भ की ओर हमारा ध्यान आकर्षित करती है जिसका अर्थ है साहित्य में आध्यात्मिक तथा मनोवैज्ञानिक तत्त्वों की खोज। दूसरी ओर इतिहासवाद की दृष्टि साहित्य के समाजशास्त्रीय पक्ष की ओर संकेत करती है यद्यपि ये दोनों दृष्टियाँ परस्पर

संबंधित हैं (1977 : 117)। मगर साहित्य का विकासवादी अध्ययन साहित्य के प्रारंभ, पराकाष्ठा तथा पतन का अध्ययन ही अधिक ग्राह्य प्रतीत होता है जो दूसरे शब्दों में ऐतिहासिक नैरंतर्य का अध्ययन है। यहाँ एक आशंका यह उठती है कि सामान्यतः तुलनात्मक अध्ययन साहित्य के ऐतिहासिक नैरंतर्य का विवेचन नहीं होता क्योंकि इसके अध्ययन की गति समस्तरीय होती है। (तुलनात्मक साहित्य ऐतिहासिक नैरंतर्य तथा साहित्य के भौतिकवादी आधार पर इतना महत्त्व नहीं देता जितना कि साहित्य की ऐतिहासिक पद्धति देती है।) परंतु यह इतिहास को नकारता नहीं। साहित्यिक विकासवाद तथा ऐतिहासिक सापेक्षवाद (अतीत की साहित्यिक परंपराओं के साथ वर्तमान की तुलना किसी भी गंभीर तुलनात्मक अध्ययन के लिए अत्यावश्यक है) तुलनात्मक साहित्य के महत्त्वपूर्ण घटक हैं। यह अध्ययन उन विलक्षण ऐतिहासिक स्थितियों की ओर अवश्य ध्यान देता है जिनके आश्रय से साहित्य का विकास होता है। अंदाल तथा मीराबाई के अर्थपूर्ण तुलनात्मक अध्ययन के लिए उनके ऐतिहासिक परिवेश को जानना बहुत ही ज़रूरी है। तुलनात्मक अध्ययन में ऐतिहासिक दृष्टि के पक्षधरों के लिए दो महायुद्धों का बीच का समय तुलनात्मक साहित्य का स्वर्णयुग था। इस समय कृतियों के साहित्यिक संबंधों का बहुत ही ठोस तथा निश्चित उल्लेख किया गया और इनके समर्थन में सटीक संदर्भगत प्रमाण दिए गए। महत्त्वपूर्ण कृतियों के साथ अप्रधान कृतियों को भी अध्ययन का विषय बनाया गया तथा अध्ययन की आधारभूत सामग्री के रूप में इनकी सामाजिक तथा दार्शनिक भूमिकाओं का निरंतर प्रयोग किया गया।

अमरीकी स्कूल के प्रभावस्वरूप तुलनात्मक साहित्य का काव्यशात्रीय सौंदर्यमूलक तथा कलापरक परिप्रेक्ष्य काफी महत्त्वपूर्ण बनता चला जा रहा है। इस प्रकार के तुलनात्मक अध्ययन में प्रभाव-विवेचन के स्थान पर सादृश्य संबंध का विवेचन अधिक होता है। तुलनात्मक पद्धति से समभाव रखने वाली पॉलीजेनेटिक पद्धति के आश्रय से इस अध्ययन में बिना संबंध के सादृश्यता का विवेचन किया जाता है। इस प्रकार के अध्ययन में महत्त्वपूर्ण कृतियों पर ही ध्यान केंद्रित करते हुए काव्यशास्त्रीय सौंदर्यमूलक तथा कलापरक विश्लेषण का प्रसार होता है। इस प्रकार के विश्लेषण से कलात्मक सृजन की प्रक्रिया के बारे में तुलनात्मकतावादी आलोचकों को एक सही अंतर्दृष्टि प्राप्त होती है। 'काव्यशास्त्र' तथा 'साहित्यालोचन' अर्थात् सिद्धांत-अभिमुखी काव्यशास्त्र तथा कृति-अभिमुखी साहित्यालोचन भी इस अध्ययन के प्रामाणिक अंग होते हैं। रेने वेलेक, हैरी लेवीन, डेविड मेलोन जैसे अमरीकी तुलनात्मकतावादी आलोचकों के द्वारा निर्मित अमरीकी तुलनात्मकतावाद, इस प्रकार से, सादृश्य-संबंध, मोटिफ, शैलीविज्ञान, काव्यरूप, आंदोलन तथा परंपराओं के तुलनात्मक अध्ययन की दिशा में विशेष आग्रही है। इस अध्ययन का उद्देश्य ही है कि किसी भी साहित्यिक कृति में निहित कलात्मक स्वरूप को अंततः प्रकाश में लाना। परंपरा या परिपाटी

से तात्पर्य है समरूप तत्त्वों से युक्त उन साहित्यिक कृतियों का अध्ययन जो कृतियाँ उसी प्रकार की अन्य कृतियों के एक बड़े वर्ग का हिस्सा होती हैं जो सर्व-सामान्य ऐतिहासिक या कालक्रमिक या कलागत बंधनों से बँधी रहती हैं। उदाहरण के रूप में गोयते के डाल लाइडेन डेसजुनगन (Die leiden desjugen) के साथ प्रथम पुरुष परिप्रेक्ष्य से युक्त रिचर्डसन या रूसो के पत्रात्मक उपन्यासों की तुलना। प्रथम पुरुष परिप्रेक्ष्य के अतिरिक्त इन कृतियों में भावावेग का भी अबाधित परिचय मिलता है। इस अध्ययन में कृतियों, आंदोलनों या मोटिफों (कथनिक रूढ़ियों) के जननिक संबंध को बहुत आवश्यक नहीं माना जाता है। उदाहरणतया डोनॉल्ड कीन ने जब प्राच्य तथा पाश्चात्य में उल्लिखित 'हिप्पोलिटस ट्रायंगल' का अनुसंधान किया तब उनको यह पता था कि इस थीम की पूर्व से पश्चिम या पश्चिम से पूर्व की ओर यात्रा का कोई संकेत नहीं मिलता है। मगर इस तथ्य से परिचित रहते हुए भी उनके अध्ययन में कोई रुकावट नहीं आयी क्योंकि जननिक संबंध को यह संप्रदाय महत्त्व नहीं देना चाहता।

इन दोनों संप्रदायों के आधार पर तुलनात्मक साहित्य के अध्ययन का (1) पहला क्षेत्र है, काव्यशास्त्र एवं साहित्यालोचन तथा साहित्य में काव्यशास्त्रीय सौंदर्यमूलक मूल्यों का प्रयोग और उनका कलापरक विश्लेषण। (2) दूसरे क्षेत्र में साहित्यिक आंदोलनों का अध्ययन करते हुए मनोवैज्ञानिक, बौद्धिक या शैली-वैज्ञानिक प्रवृत्तियों का विवेचन होता है। ये प्रवृत्तियाँ निश्चित कालक्रम से युक्त युगों में कभी-कभी इतना अधिक महत्त्वपूर्ण बन जाती हैं कि पूरे एक युग को अपनी विशेषताओं से परिभाषित करने लगती हैं। (3) साहित्यिक विषयों के अध्ययन का एक तीसरा क्षेत्र है जहाँ साहित्य में अभिव्यक्त व्यक्तित्व या अमूर्त विचारों के विभिन्न रूपांतरों की विभिन्न दृष्टियों से प्रयोग का विश्लेषण होता है। राम, कर्ण, कृष्ण, फाउस्ट या डॉन जुआन (Don Juan) का अध्ययन व्यक्तित्व का अध्ययन है तथा साहित्य में 'मृत्यु' पर दिए गए विचार को अमूर्त विचार से जुड़ा हुआ विषय कहा जा सकता है। (4) काव्य रूपों का अध्ययन तुलनात्मक साहित्य का चौथा क्षेत्र है। सत्रहवीं या अठारहवीं शती तक साहित्यिक अभिव्यक्ति के लिए जिन काव्य रूपों का प्रयोग होता था उनको कठोर नियमों का अनुसरण करना पड़ता था। वर्तमान काल में काव्य-रूपों के नियम इतने कठोर नहीं हैं मगर फिर भी इन काव्य-रूपों की संरचना, जैसे नाटक, उपन्यास आदि की संरचनाओं के विश्लेषण तथा उनके नियमों में परिवर्तन या नियमहीनता के अध्ययन की अभी भी संभावना बनी हुई है। (5) साहित्यिक संबंधों का अध्ययन तुलनात्मक साहित्य का पाँचवाँ क्षेत्र है। तुलनात्मक साहित्य की नाना पद्धतियों के सहारे इस अध्ययन का प्रसार होता है जिनमें स्रोत या प्रभाव विवेचन अथवा साहित्य एवं मानवीय ज्ञान के दूसरे क्षेत्रों के पारस्परिक संबंधों का विश्लेषण किया जाता है।

कंपैरेटिव एंड जनरल लिटरेचर की 'इयरबुक' में तुलनात्मक साहित्य की

संदर्भिका को देखने से निम्नलिखित शीर्षकों के अंतर्गत तुलनात्मक अध्ययन की व्यवस्था दिखाई पड़ती है :

—विषयवस्तु तथा काव्य-रूढ़ि/अभिप्राय
—काव्य-रूप, प्रकार, विधा तथा विभिन्न तकनीक
—युग, धारा तथा आंदोलन
—बाइबिल, अभिजात प्राचीनता, विस्तृत भौगोलिक तथा भाषिक इकाई
—अनुवाद, विषय-यात्रा-केंद्र तथा मध्यस्थ
—विशिष्ट देश
—विशिष्ट लेखक

सौभाग्य से तुलनात्मक साहित्य के इन दो संप्रदायों में अर्थात् साहित्येतिहासवादी और काव्यशास्त्रीय सौंदर्यमूलक विश्लेषणात्मक दृष्टियों में अंतर होने के बावजूद इनका प्रसार बिलकुल स्वतंत्र ढंग से नहीं हुआ है। समसामयिक काल में इन दोनों दृष्टियों के अंतर को पाटने की विशेष कोशिश दिखाई पड़ती है। कम से कम फ्रांसिसी विद्वान रेने यात्यम्बल (Rene Etiemble) ने काव्यशास्त्रीय सौंदर्यमूलक दृष्टि को तुलनात्मक साहित्य की इतिहास-अभिमुखी दृष्टि के साथ सार्थक रूप से संघटित किया है।

जॉन फ्लेचर ने अपने निबंध 'The Criticism of Comparison' में तुलनात्मक साहित्य के क्षेत्र को निर्धारित करते हुए लिखा है कि इसके अंतर्गत निम्नलिखित विषय-क्षेत्र सम्मिलित किए जा सकते हैं—

(क) सांस्कृतिक देशांतरण का विशेष अध्ययन जैसे महायुद्धों के दौरान फ्रांसिसी उपन्यासों पर अमरीकी उपन्यासों का प्रभाव अथवा साहित्य में प्रकट होने वाली कोई एक सर्वव्यापी अभिव्यक्ति जैसे 'अजनबीपन' की अभिव्यक्ति। (ख) विभिन्न लेखकों के पारस्परिक प्रभावों का विवेचन। यह प्रभाव विवेचन है मगर अध्ययन का यह क्षेत्र इसी में ही अपने को सीमित नहीं रखता। (ग) अनुवाद और गलत अनुवादों का विवेचन। अनुवादों के माध्यम से ही संस्कृति और चिंतन तथा रूपों का आदान-प्रदान संभव हुआ है। अनुवादक और मूल कृति के बीच स्कॉट के अनुसार 'एक विस्फोटक संबंध' बनता है जिससे कभी तो मूलकृति को लक्ष्यभाषा में अनुवादक की चिंतनधारा के अनुकूल नए ढंग से सँवारा जाता है तो कभी अनुवादक अनुवाद को अपने तत्कालीन परिवेश के प्रभाव से बचा नहीं पाता और उस पर अनुवादक के युग का प्रभाव दिखाई पड़ता है। एक तुलनात्मकतावादी आलोचक के लिए अनुवाद के संदर्भ में इन सब स्थितियों का अध्ययन विशेष महत्त्वपूर्ण है। (घ) साहित्य तथा दूसरी कलाओं के पारस्परिक प्रभावों का विवेचन। यहाँ किसी एक कला के दूसरे कलारूप पर पड़े हुए प्रभाव का विश्लेषण होता है जैसे रविवर्मा की चित्रकला में निहित पुनरुत्थानवादी तथा स्वच्छंदतावादी दृष्टि के तत्कालीन साहित्य पर प्रभाव का विवेचन तुलनात्मक साहित्य का विषय है। इस तरह कृतियों एवं लेखकों के बीच के संबंध-सूत्रों का

पता लग पाता है। पैनोफ्स्की (Panofsky) ने चित्रकार पूसीन (Pussin) के प्रभाव का विवेचन करते हुए यह लिखा है कि किस तरह नैतिकतावाद के हल्के आवरण में छिपे हुए मुहावरे (et in arcadia ego) को अपने चित्रों के प्रभाव से उन्होंने 'स्पष्ट करुण मनोभाव' में बदल डाला और इस तरह यूरोपीय सभ्यता से जुड़े हुए एक विषय को नए ढंग से विश्लेषित करने के लिए विद्वानों को बाध्य किया। इसी क्षेत्र के अंतर्गत समानांतर कलात्मक अभिव्यक्तियों का भी विवेचन होता है। उदाहरण के लिए गॉमब्रिच (Gombrich) ने यह स्पष्ट किया है कि किस प्रकार कार्टुनिस्ट दॉमियेर (Daumier) ने उन्हीं उपकरणों का प्रयोग किया है जिनको व्यंग्यकार स्विफ़्ट साहित्य में प्रयोग करते हैं। यह स्पष्ट है कि विभिन्न कलात्मक अभिव्यक्तियाँ एक-दूसरे से प्रभावित होती हैं। फ़्लेचर का तो यहाँ तक कहना है कि अपने संगीत को स्वरबद्ध करते हुए लित्ज (Liszt), दांते, मैलार्म तथा वालेरी से प्रभावित हुए थे तथा बेकेट का 'गोदो' (Waiting for Godot) सिनेमा के लॉरिल तथा हार्डी से प्रभावित रहा है। (128)। (ङ) पाँचवें क्षेत्र के अंतर्गत साहित्य तथा विचारों के अशृंखलित संबंध का विवेचन होता है जैसे पंत पर अरविंद-दर्शन का प्रभाव या प्रेमचंद पर गाँधीवाद या मार्क्सवादी विचारधारा का प्रभाव अथवा धर्मवीर भारती पर फ्रांसिसी अस्तित्ववाद का प्रभाव। (च) भारतीय संदर्भ में इनके अतिरिक्त समस्तरीय के स्थान पर अनुलंबीय ढंग से भारतीय साहित्येतिहास का अध्ययन तुलनात्मक साहित्य का एक बहुत ही प्रमुख क्षेत्र है। अभी तक भारतीय साहित्य के इतिहास की कोई एकक अवधारणा नहीं बन सकी है। कालक्रम के स्थान पर समस्वार्थता के तत्त्वों (elements of solidarity) के आधार पर विवेचन करने पर ही यह संभव हो सकता है।

फ्रांकॉय जोस्ट (Francois Jost) ने तुलनात्मक साहित्य के क्षेत्र की चार कोटियाँ बनाई हैं। उनके अनुसार यह विद्यानुशासन चार-आयामी अनुशासन है (भूमिका)। (1) प्रथम कोटि के अंतर्गत उन कृतियों का तुलनात्मक अध्ययन अपेक्षित है जिनमें जैवीय सादृश्यता मौजूद है। इसी कोटि के अंतर्गत विभिन्न कृतियों के पारस्परिक प्रभाव सूत्रों, समानांतरता तथा एक ही कृति के विभिन्न भाषाओं में अनुवादों के आधार पर विचार-विश्लेषण होता है। इसके अतिरिक्त तुलनात्मक साहित्य के अंतर्विद्यावर्ती रूप का अध्ययन भी इसी कोटि के अंतर्गत किया जाता है। साहित्य तथा मानवीय ज्ञान के दूसरे क्षेत्र जैसे दर्शन, मनोविज्ञान, समाजशास्त्र, भाषाविज्ञान, संगीत, चित्रकला आदि के बीच असंख्य संबंध मौजूद हैं जिनका विश्लेषण करने से तुलनात्मक साहित्य के अंतर्विद्यावर्ती रूप को हम स्पष्ट कर पाते हैं। (2) दूसरी कोटि के अंतर्गत आंदोलनों तथा प्रवृत्तियों जैसे भक्तिकाल, स्वच्छंदतावाद, नवजागरण, यथार्थवाद, नई कविता आदि का अध्ययन शामिल है। इन अध्ययनों के द्वारा भारतीय तथा पाश्चात्य सभ्यता तथा साहित्य के क्रम विकास के सूत्रों से परिचित होना संभव होता है। जोस्ट का यह कहना है कि लेखक चाहे कितना ही महान एवं प्रसिद्ध क्यों

न हो, उसकी कृतियों में साहित्यिक युगचेतना की अभिव्यक्ति निश्चित है क्योंकि संस्कृति से जुड़ी हुई इसी चेतना के द्वारा ही लेखक का बौद्धिक तथा कलात्मक व्यक्तित्व का विकास होता है (भूमिका)। (3) तीसरी कोटि के अंतर्गत साहित्यिक कृतियों की आंतरिक तथा बाह्य संरचना तथा उनके काव्यरूपों का विश्लेषण होता है। (4) चौथी कोटि के अंतर्गत साहित्यिक विषयवस्तु (themes) तथा अभिप्रायों (motifs) का विश्लेषण अपेक्षित है। व्यक्तित्व से जुड़ी हुई विषयवस्तुओं के साथ अमूर्त तथा विशुद्ध वैचारिक विषयवस्तुओं जैसे मित्रता देशप्रेम, मृत्यु का विश्लेषण किया जाता है। इन चार कोटियों के अतिरिक्त एक पाँचवीं कोटि भी है (5) सिद्धांत-अभिमुखी काव्यशास्त्र तथा कृति-अभिमुखी साहित्यालोचन का अध्ययन। इन अध्ययनों में तुलनात्मक तथा व्यतिरेकी औजारों की ज़रूरत पड़ती है।

इन सब क्षेत्रों से संबद्ध तुलनात्मक साहित्य का अपना संसार प्रसारित है। वस्तुतः अपने अध्ययन के द्वारा तुलनात्मक साहित्य सृजन-प्रक्रिया के नाना पक्षों को उद्‌घाटित करता है। विशेष रूप से उन पक्षों को जो किसी कलात्मक कृति की उत्पत्ति अथवा दूसरों के संपर्क से प्रभावित निषेचन से संबद्ध है। तुलनात्मकतावाद साहित्य को एक संस्था के रूप में प्रकट करता है। मगर टेन की तरह जाति, परिवेश तथा काल के उत्पाद रूप में नहीं मगर, एक ऐसी संस्था के रूप में जो अपने बल पर ही अपने आप प्रतिष्ठित है, विकास के जिसके अपने ही नियम हैं तथा जिसकी कार्य-पद्धति (प्रविधि) उसके भीतर से ही प्रकट हुई है और इस तरह किसी निश्चित सामाजिक परिवेश से किन्हीं अंशों में यह स्वतंत्र है। साहित्य का तुलनात्मक अध्ययन अपने अंतिम रूप में साहित्य को एक सार्विक संवृत्ति के रूप में प्रकट करता है।

भारतीय परिप्रेक्ष्य

भारतीय या संस्कृत काव्यशास्त्र में साहित्य का अर्थ है, शब्द और अर्थ का सहभाव। 'साहित्य' केवल शब्द और अर्थ की एकता को ही प्रकट नहीं करता वरन् इनके अविच्छेद्य संबंध का भी संकेत देता है। मगर मात्र एकता से काम नहीं चल सकता। शब्द और अर्थ का यह सहभाव विशेष प्रकार का सहभाव है जिससे काव्यभाषा का यह विशिष्ट सौंदर्य प्रकट होता है जो उसे सामान्य भाषा से अलग करता है। इसीलिए संस्कृत काव्यशास्त्र में यह कहा जाता है कि साहित्य मात्र भाषिक अभिव्यक्ति नहीं है यह एक सुंदर अभिव्यक्ति है और इसीलिए शब्द और अर्थ के 'साहित्य' को विशिष्ट होना पड़ता है। कुंतक का कहना है, "विशिष्टम् इव साहित्यम् अभिप्रेतम्।" इस 'विशेष' के रूप को निर्धारित करना एवं साहित्य में यह कैसे प्रकट होता है इसका विवेचन करना ही काव्यशास्त्र की मूल समस्या है। 'साहित्य' इस प्रकार से वस्तु और अभिव्यक्ति के बीच एक मनोहारी सम्मेयात्मक स्थिति है और जो अंततः साहित्य का समअर्थक होता है। कवि की अभिव्यक्ति उसकी आत्मा की अभिव्यक्ति होती

है और वह उन्हीं आत्माओं पर अपना प्रभाव डालती है जो सगोत्रीय हैं एवं जो उस अभिव्यक्ति को ग्रहण करने लिए तैयार हैं। किसी एक कृति के मूल्यांकन के लिए यह आवश्यक है कि आलोचक अपने को कवि की स्थिति में प्रस्तुत करे अथवा उसके दृष्टिकोण को ग्रहण करे। अगर कवि सृजन करता है तो आलोचक उसका पुनःसृजन करता है और चूंकि मूल्यांकनपरक क्रिया पुनःसृजनात्मक होती है इसीलिए वह अनिवार्य रूप से सृजनात्मक क्रिया के समरूप होती है। इनमें अंतर परिस्थितियों की असादृश्यता पर निर्भर है क्योंकि सृजनात्मक साहित्य निश्चयात्मक एवं आलोचना ग्रहणशील होती है। इसी को समझाने के लिए संस्कृत काव्यशास्त्र में यह कहा गया है कि सृजनशील अंतश्चेतना प्रतिभा है और पुनःसृजनात्मक प्रतिभा ही आस्वाद है। जो आस्वाद करता है वही सहृदय है। अभिनवगुप्त ने यह स्पष्ट कहा था कि भाषा (संस्कृत) एवं शास्त्रीय ज्ञान के अतिरिक्त सहृदय में वह शक्ति अवश्य होनी चाहिए जिसकी सहायता से वह काव्यात्मक सृजन के साथ अपना तादात्म्य कर सके। इस तरह संस्कृत काव्यशास्त्र साहित्यालोचन के बारे में मूलरूप से यह स्वीकार करता है कि साहित्य में अभिव्यक्त कवि की आत्मा ही पाठक की आत्मा में आदर्शात्मक पुनः प्रतिष्ठा ही आलोचना कार्य है। वस्तुतः संस्कृत काव्यशास्त्र ने सृजनात्मक प्रक्रिया के विशुद्ध अलौकिक चरित्र को महत्त्व देते हुए काव्यशास्त्रीय सौंदर्यपरक प्रतिभा का परिचय दिया है और इस प्रकार काव्यजगत को साररूप में स्वायत्त तथा बौद्धिकता, नैतिकता एवं उपयोगिता से स्वतंत्र करार दिया है। आजकल पाश्चात्य दृष्टि से भी साहित्य 'अदरनेस आफ रियलिटी' होता है इसीलिए उसमें उस यथार्थ को ढूँढ़ना बेमानी है जिसे हम जीते हैं। साहित्य उन्मुक्त आत्मा की अंतश्चेतनात्मक क्षेत्र की क्रिया है और काव्य सृजन के अ-लौकिक चरित्र के कारण कवि-व्यक्तित्व का प्रश्न बड़ा महत्त्वपूर्ण हो जाता है। कवि-व्यक्तित्व के नाम पर संस्कृत काव्यशास्त्र में जिस सहभाव (एकता) पर बल दिया जाता है वह व्यक्तित्व में निहित विभिन्न तत्त्वों का एक विशृंखलित सहभाव नहीं वरन् कृति का एक ऐसा आंतरिक सहभाव है जो कलात्मक व्यक्तित्व की संश्लिष्ट अभिव्यक्ति होता है।

संस्कृत काव्यशास्त्र की सबसे बड़ी न्यूनता यही रही है कि इसने कवि व्यक्तित्व के विश्लेषण के प्रति संपूर्ण निश्चेष्टता दिखाई जिसके फलस्वरूप उसका काव्यशास्त्रीय सौंदर्यपरक शास्त्र के रूप में सर्वतोमुखी विकास नहीं हो सका। वस्तुतः कवि-व्यक्तित्व से ही कृति अपना विशिष्ट रूप या स्वतंत्र चरित्र प्राप्त करती है। वाँ टिगहेम के अनुसार तुलनात्मक साहित्य के अध्ययन में कवि व्यक्तित्व की सृजनात्मक क्रियाओं तथा प्रभावों का विवेचन होता है। इस प्रकार संस्कृत काव्यशास्त्र तुलनात्मक आलोचना को नकारता है जहाँ कोई एक कृति दूसरी कृति से क्यों भिन्न है अथवा क्यों एक ही लेखक की दो कृतियों में विभिन्नता आ जाती है आदि का विवेचन होता है। दरअसल संस्कृत काव्यशास्त्र मानकीय आवश्यकताओं से जुड़े हुए सार्विक मानदंडों

में अधिक विश्वास करता है। ठोस विशिष्टता की अवहेलना करते हुए संस्कृत काव्यशास्त्र ने अमूर्त सार्विकता को स्वीकृति दी है। यह मानो प्रत्येक पैर के लिए एक ही माप या प्रत्येक शरीर के लिए एक ही वस्त्र को निर्दिष्ट करना है। इसी के फलस्वरूप भारत में संस्कृत काव्यशास्त्र के आश्रय से तुलनात्मक साहित्य के अध्ययन का विकास नहीं हो सका।

भारतीय तुलनात्मक साहित्य

संस्कृत काव्यशास्त्र ने तुलनात्मक भारतीय साहित्य के उद्भव या विकास में जहाँ कोई योगदान नहीं दिया वहाँ दूसरी ओर हमारी पारंपरिक संस्कृत पांडित्य की कतिपय अद्भुत विशेषताओं के कारण भी संस्कृत-साहित्य के इतिहास में इस ओर कोई सचेष्टता नहीं दिखाई पड़ी। संस्कृत के सृजनशील कृतिकारों ने देशी भाषा में लिखित साहित्य के प्रति कोई रुचि नहीं दिखलाई और इसीलिए इस साहित्य की संस्कृत पटभूमिका को लेकर कोई रचना उपलब्ध नहीं है। हमारी आधुनिक भाषाओं के उद्भव के साथ-साथ इस दिशा में तुलनात्मक अध्ययन की संभावनाएँ दिखाई पड़ीं मगर फिर भी ब्राह्मणवाद से जुड़े हुए हमारे संस्कृत पांडित्य ने इस ओर कोई कदम नहीं बढ़ाया। सन् 1753 में अपनी 'ऑक्सफोर्ड लेक्चर्स ऑफ पोयट्री' में जब राबर्ट लाउथ (Robert Lowth) ने हिब्रू कविता के साथ यूनानी कविता की तुलना की तब भारतवर्ष में देवभाषा संस्कृत की कविताओं के साथ देशी या विदेशी भाषाओं में रचित कविता की तुलना एक अभावनीय व्यापार थी। इसीलिए भारतवर्ष में भारतीय फ़ारसी तथा अरबी कविताओं के तुलनात्मक अध्ययन का अवकाश नहीं था। यद्यपि अठारहवीं शती में संस्कृत, देशी भाषा अथवा अरबी, फ़ारसी जानने वाले विद्वान इस देश में मौजूद थे। इसलिए उन्नीसवीं शती के अंत में जब इस देश में आधुनिक साहित्यिक पांडित्य का प्रसार हुआ तब हमारे यहाँ तुलनात्मक साहित्यिक अध्ययन की कोई परंपरा ही नहीं थी। अन्यान्य कार्यों के लिए अरबी, फ़ारसी के ज्ञान की जरूरत तो थी मगर दूसरी एशियाई भाषाओं में रचित साहित्य के ज्ञान की हमने कोई आवश्यकता ही महसूस नहीं की। दूसरी एशियाई भाषाओं के साहित्य पर भारतीय साहित्य दर्शन एवं धर्म के प्रभाव का तुलनात्मक विवेचन भारतीय विद्वानों के स्थान पर यूरोपीय विद्वानों ने शुरू किया। अंग्रेजी साहित्य के संपर्क में आने पर ही भारत में साहित्य के प्रति तुलनात्मक दृष्टि का वास्तविक प्रसार हो सका और इस कार्य में अंग्रेजी के माध्यम से दूसरे यूरोपीय साहित्य से भी हम परिचित हो सके। मगर बीसवीं शती के प्रारंभ में जब विभिन्न आधुनिक भारतीय भाषाओं में रचित साहित्य की ओर हमारा रुझान बढ़ा तब आलोचना कार्य में तुलनात्मक दृष्टि को स्वीकार करने पर भी तुलना के लिए दूसरी भारतीय भाषाओं में रचित साहित्य के स्थान पर अंग्रेजी साहित्य की ओर ही हमारा ध्यान गया। कदाचित् इसका एक कारण, जैसा कि आर.

के. दासगुप्त कहते हैं, हमारी वह औपनिवेशिक मनोवृत्ति थी जिसके फलस्वरूप दूसरी भाषाओं के स्थान पर अंग्रेजी साहित्य के प्रति हमारा पूरा ध्यान केंद्रित रहा (1977)। साधारण पाठक यह समझते थे कि विभिन्न भारतीय भाषाओं में रचित मध्ययुगीन साहित्य की एक जैसी विषयवस्तु और अभिप्रायों का साम्यमूलक तुलनात्मक अध्ययन काफी महत्त्वपूर्ण हो सकता है। मगर विद्वानों ने इस ओर ध्यान न देकर अंग्रेजी साहित्य की तुलना में भारतीय भाषाओं में रचित किसी एक साहित्य के अध्ययन को अधिक महत्त्व दिया क्योंकि उनके अनुसार बौद्धिक दृष्टि से यह ज्यादा लाभदायक था। यह निश्चित है कि अंग्रेजी साहित्य के प्रति हमारे आग्रह के फलस्वरूप हमारी साहित्यिक दृष्टि का विकास हुआ और हमने एक बृहत्तर परिप्रेक्ष्य में साहित्य को ग्रहण करने की कोशिश की। हमारे आधुनिक साहित्यकारों ने पाश्चात्य साहित्य के संदर्भ में आधुनिक भारतीय साहित्य के विकास की बात की और इस तरह तुलनात्मक दृष्टिकोण का प्रसार किया। बंगाल के विख्यात कवि माइकेल मधुसूदन दत्त (1824-1873) ने एक ऐसे समन्वित साहित्य-जगत् की कल्पना की थी जिसमें यूरोप तथा भारत के कवियों को एक ही मंच पर स्थान दिया गया था। अपने एक मित्र को पत्र (1-7-1860) लिखते हुए उन्होंने कहा था कि मैं वाल्मीकि, व्यास, कालिदास, होमर, वर्जिल, दांते, टेसो तथा मिलटन के अतिरिक्त दूसरे किसी भी कवि की कविता नहीं पढ़ता हूँ। यह महत्त्व की बात है कि सन् 1860 में जब माइकेल ने यह सब बातें कहीं तब यूरोप में उसी वर्ष 'वाट इज़ ए क्लासिक?' निबंध में सेंत ब्यूव कविता की सार्विक दृष्टि का प्रसार कर रहे थे। माइकेल मधुसूदन ने, दरअसल, साहित्य-अध्ययन की एक नई आलोचनात्मक पद्धति की ओर संकेत किया था जो एक राष्ट्रीय साहित्य के अध्ययन से जुड़ी हुई आलोचनात्मक पद्धति से भिन्न थी। कहने को भारत में पहली दफा तुलनात्मक आलोचना के नए मॉडल का संकेत देनेवाले माइकेल ही थे। अपने एक पत्र में उन्होंने लिखा था कि यूरोपीय नाटक में जहाँ जीवन के कठोर यथार्थ, उदात्त आवेग तथा वीर रस का परिचय मिलता है वहाँ भारतीय नाटक में प्रेम और कोमलता का। यह बात दूसरी है कि माइकेल भारतीय नाटक में उल्लिखित थियेटर के यथार्थ को ठीक ढंग से नहीं समझ पाए तथा यथार्थ और भ्रम की द्वांद्विक रीति का विश्लेषण नहीं कर पाए मगर इसमें से जो महत्त्वपूर्ण बात उभरकर आयी वह यह कि माइकेल भारत में एक ऐसे आलोचनात्मक फ्रेमवर्क की स्थापना कर रहे थे जिसके अंतर्गत विभिन्न भाषाओं में लिखित देशी तथा विदेशी साहित्य को आपस में मिलाकर तुलनात्मक अध्ययन के प्रसार की संभावना दिखाई पड़ने लगी थी। बंगला साहित्यकारों पर इसका तात्कालिक प्रभाव पड़ा था जिसका प्रमाण सन् 1873 में बंकिमचंद्र चटर्जी द्वारा रचित एक निबंध था जिसका शीर्षक था 'शकुंतला, मिरांडा तथा डेसडोमना' (बंकिम रचनावली, II) । इस प्रकार के तुलनात्मक अध्ययन से एक लाभ यह भी पहुँचा कि राष्ट्रवादी चिंतन से मुक्त होकर सार्विक स्तर पर

साहित्य के मूल्यांकन की ओर हमारा रुझान दिखाई पड़ा। बंकिम बाबू ने इस प्रकार की तुलनात्मक आलोचना का प्रसार करते हुए शेक्सपियर को कालिदास से ज्यादा महत्त्वपूर्ण नाटककार स्वीकार किया और बायरन तथा शेली की प्रकृतिपरक कविताओं के साथ वैदिक ऋचाओं की तुलना की। यहाँ भी यह बात स्पष्ट करनी है कि बंकिम बाबू की आलोचना के आधार-वाक्यों को हम स्वीकार करें या न करें, महत्त्वपूर्ण बात तो यह है कि जिस समय यूरोप में तुलनात्मक साहित्य का प्रसार हो रहा था, उस समय भारत में बंकिम बाबू जैसे साहित्यकार यूरोपीय साहित्यिक ऐतिह्य को अपने ऐतिह्य का अंग स्वीकारते हुए 'विश्व-नागरिक' बनने का अधिकार प्राप्त कर रहे थे और तुलनात्मक साहित्य की ओर भारतीय विद्वानों का ध्यान आकर्षित कर रहे थे। बंकिम बाबू ने जब अपने निबंधों में चरित्र-चित्रण की दृष्टि से भवभूति और शेक्सपियर की तुलना की अथवा अतिप्राकृत के विश्लेषण की दृष्टि से 'कुमारसंभव' तथा 'पैराडाइज़ लॉस्ट' का विवेचन किया, अथवा भक्ति एवं शृंगारिकता के आश्रय से विद्यापति और जयदेव की तुलना की तब उन्होंने विभिन्न साहित्यिक दुनिया को खंडित न मानकर एक इकाई के रूप में उसे स्वीकार किया और इस तरह से एक ऐसी चेतना का प्रसार किया जिसके फलस्वरूप ,आगे चलकर भारत में व्यवहार्य अनुशासन के रूप में तुलनात्मक साहित्य का प्रसार हो सका (शिशिर कुमार दास : 1977)।

भारतीय साहित्यकारों या विद्वानों से पहले प्राच्य विद्या में रुचि रखने वाले यूरोपीय विद्वानों ने भारतीय तुलनात्मक साहित्य की नींव रखी थी। चार्ल्स विलकिंस (1750-1836) द्वारा अनूदित भगवद्गीता (1785) की भूमिका लिखते हुए भारतवर्ष के प्रथम गवर्नर-जनरल वारेन हेस्टिंग्स ने गीता के धर्मत्व की ईसाई मुक्ति-भावना से तुलना की थी और साहित्यिक मूल्यांकन की दृष्टि से गीता के वजन पर इलियड, ओडेसी तथा पैराडाइज़ लॉस्ट का उल्लेख किया था।[1] यद्यपि यूरोपीय विद्वानों की प्रारंभिक प्रचेष्टाएँ तुलनात्मक भारतीय साहित्य के स्थान पर तुलनात्मक व्याकरण, धर्म तथा दर्शन के अध्ययन से जुड़ी थीं। उदाहरण के रूप में राबर्ट काल्डवेल की पुस्तक, 'A Comparative Grammar of the Dravidian or South Indian Family of Languages', (1856) अथवा जॉन बीम्स की पुस्तक 'A Comparative Grammar of the Modern Aryan Languages of India' (3 भाग), (1872-1879)। साहित्येतिहास के क्षेत्र में भारतीय साहित्य को एक इकाई के रूप में स्वीकार नहीं करने पर भी भारत की विभिन्न आधुनिक भाषाओं के स्वतंत्र इतिहास का अध्ययन करते हुए इन यूरोपीय विद्वानों ने आवश्यकता के अनुसार यूनानी, लातिनी तथा यूरोपीय साहित्य के साथ इनकी तुलना की और अध्ययन के परिप्रेक्ष्य को विस्तार दिया। आलब्रेख बेवर ने अपने ग्रंथ 'द हिस्ट्री ऑफ इंडियन लिटरेचर' (1852) में संस्कृत ड्रामा पर यूनानी प्रभाव की छानबीन की है। और ईसाई धर्मसंगीत के साथ संस्कृत

धार्मिक श्लोक की तुलना की है (1882 : 207-209)। सन् 1859 में मैक्सम्यूलर द्वारा रचित 'ए हिस्ट्री ऑफ एन्शेंट संस्कृत लिटरेचर' में सांस्कृतिक इतिहास की दृष्टि से संस्कृत तथा यूनानी साहित्य के इतिहास के अध्ययन की बात कही गई है और दोनों के दृष्टिकोण को क्रमशः निवृत्ति और प्रवृत्तिमूलक कहा गया है (1912 : 9)। इस प्रकार की मतधारा पर आलोचनात्मक टिप्पणी की काफी गुंजाइश है मगर महत्त्वपूर्ण बात यह है कि इस प्रकार के अध्ययन से तुलनात्मक साहित्य की नींव गहरी होती जा रही थी। मैक्सम्यूलर की विचारधारा का बाद के यूरोपीय विद्वानों पर काफी प्रभाव पड़ा था जैसा कि आलबर्ट स्वाइट्जर (Albert Schweitzer) ने अपनी पुस्तक 'इंडियन थॉट एंड इट्स डेवलपमेंट' में लिखा है कि भारतीय आर्यों में जीवन और दुनिया को त्यागने का आग्रह ज्यादा प्रकट हुआ है जबकि ईरानी तथा यूरोपीय आर्यों ने जीवन तथा दुनिया को स्वीकार करने में अधिक तत्परता दिखाई है (1936 : 3)। इसी बात को आगे बढ़ाते हुए ए. बी. कीथ ने अपनी पुस्तक 'द संस्कृत ड्रामा' (1924) में यह लिखा है कि कालिदास अथवा दूसरे संस्कृत नाटककारों की मनोवृत्ति ही ऐसी थी कि वे यथार्थ नाटक रच ही नहीं सकते थे। (1924 : 60)। कीथ ने यह बात विक्टोरियन युग के प्रकृतवाद के प्रभाव में कही थी। दरअसल नाटक अपने आप में यथार्थ नहीं होता–स्टेज ही उसे जीवन से काट देता है–वह एक भ्रांति (illusion) की रचना करता है : भ्रांति यथार्थता का निषेध नहीं करती बल्कि यथार्थता की अभिव्यंजना की व्याख्याएँ करती है। कलाकार इस तरह यथार्थता के एक 'संशोधित' बिंब का अनुभव करके यथार्थता की पूरकता करता है। इसीलिए पंक से पंकज की सृष्टि भारतीय दृष्टि से आर्ट है जो पंकज को प्रस्फुटित करता हुआ पंक में डूब जाता है वह शिल्पी नहीं। द ट्रू रियलिज़्म लेखक का होता है। अनुकरण के स्थान पर इमैजिनेटिव क्रियेशन के आधार पर नाटक और यथार्थ का संबंध आँका जाता है। नाटककार एक ऐसे जीवन की कल्पना करता है जो रियल की कॉपी से कहीं ज्यादा यथार्थ प्रतीत होता है। नाटक में यथार्थ का सत्याभास होता है–जानबूझकर हमारे अविश्वास को खत्म करना ही नाटककार का काम होता है तो यह सवाल उठाना ही गलत है कि यह रियलिस्टिक नहीं, कालिदास सोशल रियलिज़्म का दावा भी तो नहीं करता। कीथ ने दूसरी ओर अपनी दृष्टि के अनुसार संस्कृत ड्रामा के भावात्मक पक्षों की ओर भी हमारा ध्यान आकर्षित किया है (जॉन ब्रो, भूमिका)। वस्तुतः भारतीय तुलनात्मक साहित्य की प्रारंभिक अवस्था में यूरोपीय विद्वानों ने यूरोपीय साहित्य की तुलना में भारतीय साहित्य का मूल्यांकन करते हुए अधिकतर द्वैधवृत्ति का परिचय दिया है। कभी भारतीय साहित्य के पक्ष में तो कभी विपक्ष में ये विद्वान अपना विचार देते रहे हैं। कालिदास के 'शकुंतला' नाटक के बारे में गोयते की प्रसिद्ध उक्ति से हम सभी परिचित हैं।[2] मगर दूसरी ओर अपने एक मित्र को पत्र में उन्होंने कहा था कि भारतीय वस्तुओं से मुझे अरुचि है मगर

उनसे मैं डरता भी हूँ क्योंकि ये वस्तुएँ मेरी कल्पना को छितराती हैं और रूपहीन की ओर ले जाती हैं। (हमबोल्ट को 22-10-1826 को लिखा पत्र)। इस द्वैधवृत्ति से मुक्त होकर 'विश्वसाहित्य' के प्रति एक स्वस्थ धारणा का प्रसार बहुत ही आवश्यक था जो तुलनात्मक साहित्य के द्वारा ही संभव हो सकता था एवं जिसकी ओर पहले-पहल मोनियर विलियम्स (1819-1899) ने विद्वानों का ध्यान आकर्षित किया था। उनका कहना था कि यूरोपीय अथवा एशियाई कविताओं में एक जैसी विशेषताओं का पाया जाना स्वाभाविक है क्योंकि कोई भी कविता तब तक प्रसिद्ध नहीं हो पाती जब तक कि वह मानवीय अनुभूति और आवेग को आकर्षित नहीं करती, जो आवेग और अनुभूति भारतीय या अंग्रेज कवियों में बराबर पायी जाती है (1863 : 1-2)।

मध्ययुगीन भारतीय साहित्य के अध्ययन में यूरोपीय विद्वानों ने सही मायने में भारतीय भाषाओं के विभिन्न साहित्यों के आश्रय से तुलनात्मक पद्धति का परिचय दिया था। चार्ल्स ई. ग्रोवर ने अपनी पुस्तक 'द फ़ोक सौंग्स ऑफ़ सदर्न इंडिया' (1871) में तमिल साहित्य के साथ-साथ कन्नड़, तेलुगु, मलयालम तथा कूर्ग भाषाओं में रचित गीतों का उल्लेख करते हुए इन्हें एक ही वर्ग की कविता प्रमाणित किया है। इस प्रकार के आलोचनात्मक फ्रेमवर्क के आधार पर जी. यू. पोप कुरल के अनुवाद की भूमिका में यह कहते हैं कि तमिल कविता में छोटे-छोटे श्लोकों की सूक्तिनुमा संक्षिप्तता के साथ यूनानी सूक्तिबद्ध कविताओं की विषयवस्तु, अनुभूति तथा जिस सामाजिक परिवेश में ये कविताएँ लिखी गई हैं उस परिवेश की तुलना की जा सकती है। इन कविताओं की शैली की तुलना पोप ने यूनानी सूक्तिबद्ध कविताओं तथा लातिनी शोकगीतों के साथ की है (जी. यू. पोप, 1858 : 22)। तिरुवाचकम तथा 'नालडियार्' के अनुवाद की भूमिका में वे तमिल भाषाभाषी विद्वानों से यह आग्रह करते हैं कि तमिल की कविताओं के वास्तविक आस्वाद के लिए अंग्रेजी में लिखित धार्मिक कविताओं से परिचित होना जरूरी है क्योंकि कोई भी साहित्य अपने-आप अलग खड़ा नहीं हो सकता ('तिरुवचकम' की भूमिका : 1908)। वस्तुतः 1908 में कही गई इस प्रकार की उक्तियों से ही भारतीय तुलनात्मक साहित्य की बुनियाद तैयार हुई थी। इससे एक साल पहले सन् 1907 में रवींद्रनाथ ठाकुर ने 'विश्वसाहित्य' का उल्लेख करते हुए साहित्य के प्रति तुलनात्मक दृष्टि का प्रसार किया। इतिहास की धारा या प्रतिकूल धारा के आश्रय से रवि बाबू ने तुलनात्मक साहित्य के अध्ययन पर बल दिया था (VII : 372-387)। इस बीच भारतीय विश्वविद्यालयों की स्थापना के साथ-साथ इस शताब्दी के तीसरे दशक से भारतीय भाषाओं के साहित्य से संबद्ध शोधकार्य में तुलनात्मक साहित्य-पद्धति की ओर भारतीय विद्वानों का ध्यान आकर्षित हुआ और प्रियरंजन सेन जैसे विद्वानों का 'इन्फ़्लूएंस ऑफ़ वेस्टर्न लिटरेचर इन द डेवलपमेंट ऑफ़ बेंगाली नॉवेल' (1932) जैसी तुलनात्मक शोध की पुस्तकें प्रकाशित होने लगीं। मगर इस प्रकार के अधिकतर शोधकार्य तुलनात्मक न होकर योगात्मक

रूप ही धारण करने लगे हैं। दरअसल तुलनात्मक साहित्य की आलोचनात्मक पद्धति से अपरिचित रहने के कारण अधिकतर भारतीय विद्वान इसके वास्तविक रूप को उभारने में असमर्थ रहे हैं फिर भी इस दिशा में बुद्धदेव बोस, नरेश गुह, नगेन्द्र, आर. के. दासगुप्त, बी. आलफान्सो कारकला, वी. के. गोकाक, डा. हरभजन सिंह, एडवर्ड सी. डिमॉक, जी. नोली., के. आर. श्रीनिवास आयंगार, सी. डी. नरसिम्माह, सुजित मुखर्जी, शिशिर दास, नवनीता देवसेन, फादर आंतोया, अमिय देव, इंद्रनाथ चौधुरी आदि विद्वानों का कार्य सराहनीय रहा है।

आज तुलनात्मक साहित्य का प्रसार-प्रचार पश्चिम से कहीं अधिक भारत में दिखाई पड़ता है। भारत का बहुभाषिक देश होना इसका एक बहुत बड़ा कारण है। इसके अतिरिक्त उत्तर-आधुनिक युग में अपनी भाषा के प्रति हरेक की सचेतनता का प्रसार होने से विभिन्न भाषाओं के साहित्य को विस्तार मिला है और विश्वविद्यालयों में भाषाओं का अध्ययन एकक के साथ तुलनात्मक रूप लेने लगा है। ऐसे भी भारत एक तुलनात्मक साहित्य क्षेत्र है और साहित्य के अध्ययन का तुलनात्मक होना भारत में एक स्वाभाविक प्रवृत्ति है। उत्तर-आधुनिक देसीवाद से जुड़ी सचेतनता के विस्तार के फलस्वरूप भारत के विभिन्न विश्वविद्यालयों के अंग्रेजी विभागों में भी तुलनात्मक साहित्य पद्धति के आश्रय से भारतीय साहित्य के अध्ययन अध्यापन को बल मिला है।

संकल्पनात्मक शब्द

ऐतिहासिक सापेक्षवाद, ऐतिहासिक तुलनात्मकतावाद, उत्सर्जक, प्रापक, मध्यस्थ, आनुवंशिकी, साहित्यिक विकासवाद, इतिहासवाद, ऐतिहासिक नैरंतर्य, सादृश्य-संबंध अध्ययन, परंपरा अध्ययन, नैतिकतावाद, समस्तरीय अध्ययन, अनुलंबीय अध्ययन, आंतरिक संरचना, बाह्य संरचना, काव्यरूप, विषयवस्तु, अभिप्राय, सार्विक संवृत्ति, सृजनात्मक, निश्चयात्मक, सृजनशील अंतश्चेतना, पुनःसृजनात्मक प्रतिभा, अमूर्त सार्विकता।

संदर्भ

1. It will not be fair to try its relative worth by a comparison with the original texts of the first standards of European Composition; but let these be taken even in the most esteemed of their prose translations; and in that equal scale let their merits be weighed, I should not fear to place, in opposition to the best French versions of the most admired passages of the Iliad or Odyssey, or of the lst and 6th Books of our own Milton. भूमिका, p.10
2. Wouldst thou the young year's blossoms and the fruits of its decline, And all by which the soul is charmed, enraptured feasted fed, Wouldst thou the earth and heaven itself in one sole name combine.

   I name thee, O Shakuntala, all at once is said.

4

तुलनात्मक साहित्य का पद्धति-विज्ञान और उसका विश्लेषण

विश्व के विभिन्न विश्वविद्यालयों में तुलनात्मक साहित्य के अध्ययन को महत्त्व दिए जाने पर भी आलोचकों का एक बड़ा वर्ग उसकी वैधता के बारे में सशंक है क्योंकि उनके अनुसार तुलनात्मक साहित्य अपनी कोई ऐकान्तिक प्रविधि निर्मित नहीं कर सका है। पद्धति-विज्ञान के अभाव में किसी भी विद्यानुशासन को स्वतंत्र रूप में प्रतिष्ठित करना नामुमकिन है मगर जब आलोचक यह सोचते हैं कि आलोचनात्मक पद्धति के स्थान पर अंतर्दृष्टि तथा ज्ञान के प्रसार के लिए एक संदर्भ-स्थल के रूप में तुलनात्मक साहित्य की स्थापना हुई है तब वे एक गलत निष्कर्ष निकालते हैं क्योंकि तुलनात्मक साहित्य का, निस्संदेह, अपना एक पद्धति-विज्ञान है। इसको स्वीकार करने पर भी आलोचक यह कहते हैं कि विश्लेषण की पद्धति मूलतः वही है जिसका प्रयोग एकक साहित्य या तुलनात्मक साहित्य के अध्ययन के लिए किया जाता है। यह भी कहा जाता रहा है कि सादृश्य अथवा संबंधात्मक अध्ययन या फिर आंदोलन प्रवृत्ति, काव्यरूप, कथ्य या अभिप्राय से संबद्ध अध्ययन से एकक साहित्यानुशासन के विद्वान भी परिचित रहते हैं और उसका प्रयोग भी करते हैं। फ्रांकॉय जोस्ट ने तो बड़े ही स्पष्ट शब्दों में कहा है कि विश्व के पुस्तकालय में एक भी पुस्तक या निबंध 'प्रायोगिक तुलनात्मक साहित्य विज्ञान' का उपलब्ध नहीं है जिसके द्वारा 'सैद्धान्तिक तुलनात्मक साहित्य विज्ञान' के नाना निबंधों एवं पुस्तकों में किए गए दावों को प्रमाणित किया जा सके कि केवल विषयवस्तु ही नहीं, प्रविधि की दृष्टि से भी एकक साहित्यानुशासन एवं तुलनात्मक साहित्य-अध्ययन में महत्त्वपूर्ण अंतर है (1974 : भूमिका)। यह भी कहा जाता है कि दोनों प्रकार के अध्ययनों में ही कालक्रमिक तथा समकालिक पद्धतियों का प्रयोग होता है। जोस्ट ने अपने वक्तव्य

के निष्कर्ष में यह कहा है कि निगमन या आगमन पद्धति का अनुसरण करते हुए अथवा दस्तावेजों के आश्रय से अथवा सादृश्य संबंधों के आधार पर जिस तुलनात्मक साहित्य अध्ययन का हम प्रसार करते हैं उसमें तथ्यगत एवं उपकरणगत अथवा कारण एवं तकनीक की दृष्टि से चाहे कितना ही फर्क क्यों न हो, उसकी अपनी कोई विशिष्ट एवं स्वतंत्र तुलनात्मक कार्यपद्धति नहीं होती (वही)। इसी प्रकार की विचारधारा को प्रकट करते हुए ओयने ए. आलड्रिच ने कहा है कि सिद्धांत रूप से एकक साहित्य-अध्ययन एवं तुलनात्मक साहित्य-अध्ययन में कोई अंतर नहीं सिवाय इसके कि तुलनात्मक साहित्य की विषयवस्तु बहुत विस्तृत होती है क्योंकि एक से अधिक साहित्यों में से इसकी विषयवस्तु का चयन होता है (1969 : भूमिका)। विक्टर एम. झुरमुनूस्की के अनुसार इन दोनों साहित्यानुशासन की कार्यपद्धति की समरूपता तथा एकात्मता अपने आप में विवक्षित है। उन्होंने यह भी कहा है कि एक ही राष्ट्रीय साहित्य की परिधि के भीतर अथवा उसके बाहर दूसरे साहित्यों के आश्रय से तुलनात्मक साहित्य के अध्ययन को साहित्यिक शोध के मूलभूत सिद्धांत के रूप में स्वीकार करना चाहिए। दूसरे शब्दों में, प्रत्येक साहित्य-अध्ययन को, चाहे उसका कोई भी विषय हो, तुलनात्मक होना पड़ता है और इसलिए तुलनात्मक कार्यपद्धति की सहायता आवश्यक है। दरअसल तुलनात्मक साहित्य साहित्यालोचन या साहित्य का ही पर्याय है (वी. आरलिच : रशियन फॉरमलिज़्म : 1965)। इस प्रकार झिरमुंशकी तुलनात्मक साहित्य की कार्यपद्धति को कोई स्वतंत्र पद्धति विज्ञान मानने के लिए तैयार नहीं।

दूसरी ओर विद्वानों का और एक वर्ग झिरमुंशकी की विचारधारा से एक कदम आगे बढ़के यह कहता है कि तुलनात्मक साहित्य को साहित्य के दूसरे अध्ययनों का अनुसरण करते हुए सिद्धांत रूप में प्रत्येक आलोचनात्मक दृष्टि से संबद्ध कार्यपद्धतियों को ग्रहण करना चाहिए (रेमाक : 20)। रेमाक ने यह भी कहा है कि आलोचक इस बात के लिए बड़ा ही आग्रही होता है कि प्रत्येक साहित्य-अध्ययन के लिए वह सन्निकट कार्य पद्धति का संकेत दे जैसे उपन्यास के अध्ययन के लिए अनुकूल समाजशास्त्रीय पद्धति को स्वीकार किया जाए परंतु गीतकाव्य के लिए इसके स्थान पर स्वन-प्रक्रियात्मक पद्धति की अनुकूलता को आधार माना जाए। साधारण रूप से पद्धतियों के इस प्रकार के वर्गीकरण के आधार पर स्थूल मगर सटीक अध्ययन संभव पर है मगर साहित्य-अध्ययन में हर प्रकार की संभावना बनी रहती है। उदाहरण के रूप में कालिदास के 'मेघदूत' का समाजशास्त्रीय विवेचन (बांग्ला में नीरेंद्र राय ने ऐसा किया है) अथवा जैनेंद्रकुमार की कहानी 'अपना-अपना भाग्य' अथवा 'तत्सत्' का स्वन-प्रक्रियात्मक अध्ययन संभव है और इसे असंतुलित चेष्टा मानने का कोई कारण भी नहीं है। हाँ, हम सिर्फ इतना ही कह सकते हैं कि अध्ययन की विषय-सामग्री को देखते हुए कोई एक पद्धति अधिक विश्वसनीय हो सकती है। तात्पर्य यह है कि तुलनात्मक साहित्य की न तो कोई स्वतंत्र पद्धति है और न ही उसकी आवश्यकता

है (वही : 21)। साहित्यिक शोध को संचालित करने वाले प्रमाणों का संकलन, छानबीन या विश्लेषण के आधारभूत नियम जैसे तुलनात्मक साहित्य के लिए लागू हैं उसी प्रकार दूसरे साहित्य अध्ययन में भी लागू होते हैं। मगर इसका अर्थ यह नहीं कि तुलनात्मक साहित्य की अपनी कोई स्वतंत्र सत्ता या पद्धति ही नहीं। हालाँकि रेने वेलेक ने कहा है कि तुलनात्मक साहित्य की स्पष्ट विषयवस्तु अथवा निश्चित कार्यपद्धति (प्रविधि) अभी तक स्थापित नहीं हो सकी है। बालडेन स्पयरजर, वाँ टिगहेम, कारे अथवा गूइयार्द की कार्यक्रमात्मक घोषणाएँ इस सारभूत कार्य में असफल रही हैं। इन्होंने तुलनात्मक साहित्य पर जड़पद्धति-विज्ञान को लाद दिया है और उन्नीसवीं शती के तथ्यवाद (Factualism), विज्ञानवाद (Scientism) और ऐतिहासिक सापेक्षवाद (Historical Relativism) के मृत हाथ को इस पर धर दिया है (कॉनसेप्ट्स ऑफ क्रिटिसिज़्म : 282)। वस्तुतः रेने वेलेक के अनुसार तुलनात्मक साहित्य साहित्य का ही एक अंग है और साहित्यिक पांडित्य तब तक पद्धति-विज्ञान की दृष्टि से प्रगति नहीं कर पाता है जब तक यह साहित्यिक अध्ययन को एक समूचे विषय के रूप में नहीं लेता और साहित्य मानव की अन्य क्रियाओं और उत्पादनों से भिन्न है एवं इसके अध्ययन का एक ही विषय है, साहित्यिकता की पहचान। मगर तुलनात्मक साहित्य की अपनी समस्याएँ हैं जिनके अध्ययन के लिए विशिष्टयोग्यता एवं कार्य-पद्धतियों के विशिष्ट संयोजन की ज़रूरत होती है और इस प्रकार के अध्ययन के माध्यम से स्वतंत्र कार्य-पद्धति का निर्माण अनायास ही हो जाता है। कैलिफोर्निया विश्वविद्यालय, बर्कले के तुलनात्मक साहित्य की विवरण-पत्रिका में यह कहा गया है कि तुलनात्मक साहित्य का पाठ्यक्रम विद्यार्थियों को (क) उनकी योग्यता के विकास का अवसर प्रदान करता है जिससे कि वे साहित्य का आलोचनात्मक ढंग से एवं उत्तरदायित्व के साथ अध्ययन कर सके; तथा (ख) किसी एक साहित्य को तो गहराई के साथ एवं दूसरे एक और साहित्य, जो उनके अध्ययन के क्षेत्र से संबद्ध तथा उद्देश्य एवं रुचि के लिए प्रासंगिक है, के अध्ययन का भी अवसर प्रदान करता है। इस तरह विद्यार्थी साहित्येतिहास तथा परंपरा के बारे में एक ऐसी उदार दृष्टि अर्जित करता है जो एकक साहित्य अध्ययन से संभव नहीं है। यह उदार दृष्टि अंततः एक से अधिक साहित्यों से संबद्ध समस्याओं के क्रमबद्ध अनुसंधान के लिए विद्यार्थी को तैयार करती है। मगर आलोचक यह कहते हैं कि विषय-वस्तु की विस्तृति एवं समस्याओं की विविधता के कारण तुलनात्मक साहित्य का कोई आदर्श पद्धति-विज्ञान अथवा अध्ययन का प्रतिमान नहीं है।

तुलनात्मक साहित्य की तीन दृष्टियाँ

वस्तुतः दृष्टि एवं पद्धति तथा पद्धति एवं तकनीक के बीच में निकट का संबंध है। संघटनात्मक मूल भाव यह है कि तकनीक ही पद्धति को कार्य रूप प्रदान करती

है और यह दृष्टि के समरूप होती है। किसी भी अध्ययन के साथ संबद्ध दृष्टि मूलरूप से एक दृष्टिकोण (a point of view) को प्रकट करती है। यही परिप्रेक्ष्य होता है जो अध्ययन के क्षेत्र को परिभाषित करता है। कार्य-पद्धति अध्ययन के क्षेत्र की सुव्यवस्थित समझ की सामग्रिक योजना होती है। यह दृष्टि के द्वारा अभिप्रेरित होती है एवं अध्ययन के क्षेत्र के अभिगृहीतों से रूपांकित होती है (देखिए, एडवर्ड एम. एन्थॉनी, 'एप्रोच, मेथड एंड टैकनीक : इंगलिश लैंगवेज टीचिंग')। रेने वेलेक का कहना है कि तुलनात्मक साहित्य को उसके परिप्रेक्ष्य एवं भाव के द्वारा ही परिभाषित तथा समर्थित किया जा सकता है। तुलनात्मक साहित्य की तीन परस्पर संबंधित दृष्टियाँ या परिप्रेक्ष्य हैं : पहली, फ्रांसिसी-जर्मन स्कूल का अंतर्राष्ट्रीयता के आश्रय से साहित्य का कालक्रमिक अध्ययन जहाँ साहित्यिक विकासवाद, ऐतिहासिक सापेक्षवाद तथा ऐतिहासिक परिस्थितियों को तुलनात्मक अध्ययन के महत्त्वपूर्ण घटक माना जाता है, दूसरी, अमरीकी स्कूल की रूपवादी दृष्टि जहाँ काव्यशास्त्रीय सौंदर्यात्मक, कलापरक तथा विश्लेषणात्मक अंतर्दृष्टि को महत्त्व दिया जाता है अर्थात् जहाँ सिद्धांत अभिमुखी काव्यशास्त्र तथा कृति-अभिमुखी साहित्यालोचन के आधार पर तुलनात्मक साहित्य के अध्ययन का प्रसार होता है। तीसरी, रूसी स्कूल की समाजशास्त्रीय संस्कृतिपरक यथार्थवादी दृष्टि जहाँ अंशतः विभिन्न सामाजिक जीवनों में घटित होने वाले समस्तरीय ऐतिहासिक परिवर्तनों एवं अंशतः उनके आपसी सांस्कृतिक तथा साहित्यिक अन्योन्य-क्रिया के आश्रय से तुलनात्मक साहित्य का अध्ययन किया जाता है। वस्तुतः ये तीनों दृष्टियाँ एक-दूसरे की पूरक हैं तथा सुव्यवस्थित रूप से परस्पर संबद्ध होकर उन दो मूलभूत नियमों की ओर संकेत करती हैं जिनकी सहायता से तुलनात्मक साहित्य की सामग्रिक योजना या कार्य-पद्धति निर्धारित होती है। ये दो मूलभूत नियम हैं :

1. साहित्येतिहास का अंतर्राष्ट्रीय संदर्भवाद तथा
2. तुलनात्मक आलोचना।

इस प्रकार से इन तीनों परस्पर संबद्ध दृष्टियों से अभिप्रेरित उपर्युक्त दो मूलभूत नियमों के आश्रय से एक सुव्यवस्थिति कार्य-पद्धति की सृष्टि होती है, जिससे इस पाँच-आयामी अनुशासन को ठीक ढंग से समझना संभव होता है।

साहित्येतिहास का अंतर्राष्ट्रीय संदर्भवाद दो साहित्यिक कृतियों अथवा घटनाओं के बीच विद्यमान 'द्वि-आधारी तथा अन्योन्य' संबंध को संस्थापित करता है। भारतीय संदर्भ में साहित्य के इस द्वि-आधारी अध्ययन का अर्थ भारत की किन्हीं दो आधुनिक भाषाओं के साहित्य का अध्ययन लिया जा सकता है। जहाँ राष्ट्रीय परिधि को पार करने की आवश्यकता नहीं मगर तुलनात्मक भारतीय साहित्य के संदर्भ में भी राष्ट्रीय परिधि को पार करना अथवा अंतर्राष्ट्रीय संदर्भवाद को स्वीकार करना लाजिमी है क्योंकि इसके बिना आधुनिक भारतीय साहित्य के पश्चिमी प्रभाव को सही रूप से आँकना संभव नहीं। साहित्येतिहास का अंतर्राष्ट्रीय संदर्भवाद दो कृतियों या साहित्यिक

घटनाओं के द्वि-आधारी तथा अन्योन्य संबंध को संस्थापित करता है। दूसरे शब्दों में ऐतिहासिक कालक्रम या काव्यशास्त्रीय कला या सौंदर्यपरक या समाजशास्त्रीय संस्कृतिपरक यथार्थवादी दृष्टि या दृष्टियों की सहायता से एक से अधिक साहित्यों के प्रभाव-सूत्रों, परंपरा तथा सादृश्य संबंधों का (द्विआधारी तथा अन्योन्य संबंध के अध्ययन के ये तीन आधार हैं) अंतर्राष्ट्रीय संदर्भवाद के आश्रय से तुलनात्मक अध्ययन होता है। एकक साहित्य अध्ययन में भी दूसरे साहित्य के साथ तुलना का सहारा लिया जाता है मगर वहाँ एकक साहित्य की किसी विशेषता को उजागर करने के लिए अचेतन या यांत्रिक रूप से इसका प्रयोग किया जाता है मगर तुलनात्मकतावादी आलोचक के लिए तुलना एक सचेतन एवं मूलभूत पद्धति है। साहित्यिक उदाहरणों की अव्यवस्थित विस्तृत सूची को समेटने के लिए जब तुलनात्मक पद्धति के अंतर्गत तुलना का प्रयोग किया जाता है तब अध्ययन से निकलने वाले निष्कर्षों के इस हद तक तनूकृत होने की संभावना रहती है जहाँ यह अवधारणा अपनी शक्ति काफी खो देती है। अवधारणा को तनूकृत करने की यह प्रवृत्ति अगर एक निश्चित सीमा को पार कर जाए जहाँ प्रत्येक संभाव्य तुलना 'तुलनात्मक शोध' का अंग मान ली जाती है, तब इस पद्धति की अपनी विवेचक शक्ति भी खत्म हो जाती है। उदाहरण के लिए, आधुनिक बोध को प्रकट करने वाले प्रत्येक हिंदी, बांग्ला या मराठी नाटक में विसंगति-बोध को ढूँढ़ निकालना मानो आधुनिक-बोध एवं विसंगति-बोध को एक-दूसरे का पर्याय मान लेना है अथवा हर नई कविता को अस्तित्ववादी विचारधारा के साथ जोड़ना तुलनात्मक पद्धति के साथ अन्याय करना है। आधुनिक साहित्य के प्रत्येक पक्ष, विधा, कथ्य या प्रवृत्ति में कुछ तुलनीय अंश अवश्य विद्यमान रहते हैं मगर तुलनात्मक पद्धति के लिए यह आवश्यक है कि तुलनात्मक विश्लेषण एवं तुलनात्मक विवरण के अंतर को प्रकट करते हुए अध्ययन का प्रसार करें। प्रत्येक विवरण कहीं-न-कहीं अप्रत्यक्ष रूप से तुलनात्मक होता है मगर किसी एक पद्धति, ढाँचे या प्रतिमान के आश्रय से किया गया प्रत्येक विश्लेषण ऐसा नहीं होता। इसलिए तुलनात्मक साहित्य की समस्याओं को समझते हुए पद्धति के रूप में तुलना के प्रयोग में बहुत ही सावधानी बरतनी पड़ती है। उपर्युक्त दो नियमों (मॉडल या सिद्धांत) के आश्रय से एक से अधिक साहित्यों की तुलना करना तुलनात्मक अध्ययन है जिससे कि तुलनात्मक विश्लेषण के द्वारा इन साहित्यों के सादृश्य संबंध, परंपरा तथा प्रभाव-सूत्रों का पता लग सके। अंतर्राष्ट्रीय संदर्भवाद एवं तुलनात्मक आलोचना के मॉडल के आश्रय से तुलनात्मक अध्ययन का प्रसार करते हुए इनमें रूपांतरण करना ही अध्ययन की सिद्धि होती है अर्थात् कोई भी मॉडल अपने आप में आत्यंतिक नहीं होता। तुलना या तो 'साम्यमूलक' अथवा 'वैषम्यमूलक' हो सकती है मगर दोनों ही स्थितियों में अध्ययन का 'गहन' तथा 'सुव्यवस्थित' होना आवश्यक है।

अध्ययन की सादृश्य संबंधात्मक प्रविधि

अंतर्राष्ट्रीय संदर्भवाद के आश्रय से दो कृतियों का साहित्यगत शैली, संरचना, मूड या विचार का सादृश्य संबंधात्मक अध्ययन होता है।[1] इसके अतिरिक्त किसी भी एक पक्ष को लेकर सादृश्यमूलक अध्ययन किया जा सकता है। यह अध्ययन साम्यमूलक या वैषम्यमूलक हो सकता है। मगर इस प्रकार का तुलनात्मक विश्लेषण नियमानुसार प्रासंगिक विवृत्ति पर विचार करता है।[2] इसका अर्थ यह है कि तुलनीय कृतियाँ एक-दूसरे के प्रभाव से मुक्त होती हैं और उनमें कोई कार्य-कारण संबंध नहीं होता इसीलिए सादृश्य संबंधात्मक अध्ययन में तुलनात्मकतावादी आलोचक 'पॉलीजेनेटिक' पद्धति का सहारा लेता है जहाँ उसकी सांश्लेषिक दृष्टि के पीछे कोई तथ्यात्मक औचित्य विधान नहीं होता। किसी भी दो बेमेल विषयवस्तु की सादृश्यमूलक अध्ययन प्रविधि को पॉलीजेनेटिक पद्धति कहते हैं। हरभजनसिंह के द्वारा 'ओडेसी', 'रामायण', 'सेवासदन' तथा 'त्यागपत्र' में 'सीता सिन्ड्रोम' का विवेचन अथवा इंद्रनाथ चौधुरी के द्वारा होरी (गोदान), इंद्रनाथ (श्रीकान्त), शशि (पुतुल नाचेर इति कथा) तथा रिउ (प्लेग) जैसे चरित्रों के आधार पर 'ड्रॉपआउट्स' का विवेचन इसी प्रकार का अध्ययन कहा जाता है। जेम्स जे. वाई. लिउ ने 'एलिजाबेथ एंड यॉन' (1955) पुस्तक में एलिजाबेथीय युग के नाटकों के साथ सुदूर-पूर्व के नाटकों का सादृश्यमूलक विवेचन करते हुए यह स्पष्ट किया है कि दोनों में ही 'मायावाद' का विरोध है तथा जीवन का वह यथार्थ भी नहीं जो रंगमंच से 'चौथी दीवार' को हटाकर दिखाया जाता है। यतम्बल्ल के लिए इस प्रकार के अध्ययन का विशेष महत्त्व है क्योंकि यहाँ प्रभाव-सूत्रों के विवेचन के स्थान पर समानांतरता के आश्रय से नाटकों में अंतर्निहित उनकी संभाव्य शक्ति तथा उस प्रक्रिया को उद्घाटित किया गया है जिसके द्वारा जीवन एक कलारूप में परिवर्तित हो जाता है (1963)। सादृश्यमूलक अध्ययन का एक और रूप है जहाँ एक जैसी ऐतिहासिक तथा सामाजिक पटभूमिका के आश्रय से दो लेखकों या कृतियों का विवेचन किया जाता है। झुरमुनूस्की ने फ्रांसिसी Chansons de geste (हँसी के गीत) तथा रूसी लोकगाथाओं के नायकों का सादृश्यमूलक अध्ययन किया है। यहाँ किसी प्रकार के कार्य-कारण संबंध के बिना ही सामाजिक संरचना की सादृश्यता के आधार पर 'ऐतिहासिक प्रारूपिक सादृश्यता' प्रकट हुई है। आर. डब्ल्यू. लेविस ने अपनी पुस्तक 'द पिकारेस्क सेंट' में चार संस्कृतियों से संबद्ध मगर एक विशिष्ट पीढ़ी के कई उपन्यासकारों (मोराविया, कामू, सिलोन, फॉकनार, ग्राहम ग्रीन, मालरो) की समांतरता तथा विरूपता का विश्लेषण किया है। साहित्यिक कृतियों की इन समरूप प्रवृत्तियों के तुलनात्मक अध्ययन से ही साहित्यिक विकास तथा सामाजिक पूर्वावस्था के साधारण नियमों का अनुधावन एवं प्रत्येक साहित्य के ऐतिहासिक एवं जातीय चरित्र को समझ पाना संभव होता है (देखिए, झुरमुनूस्की,

Oxford Slavonic Papers 13 : 1970 : 2)। सादृश्यमूलक तुलनात्मक अध्ययन में कृतियों को एक-दूसरे के विरोध में खड़ा नहीं किया जाता। यहाँ तुलनात्मकतावादी आलोचक का विश्रांति का मूड होता है एवं उससे ही चिंतन का प्रसार संभव होता है एवं अध्ययन की सारी दृष्टि सृजनात्मक विधिगत (deutero-creative) बन जाती है। ऑस्कर वाइल्ड की भाषा में आलोचक स्वयं ही कलाकार बन जाता है क्योंकि यहाँ आलोचक हमें इस बात को अच्छी तरह समझा देता है कि सबसे अधिक महत्त्वपूर्ण आलोचनात्मक क्रिया मूल्यांकन करना नहीं अभिज्ञान है। इस अध्ययन के विरोध में यह कहा जाता है कि इसमें व्यक्तिवादिता एवं प्रभाववादिता को बहुत अधिक महत्त्व दिया जाता है और इस तरह यह कोई पद्धति ही नहीं बन पाती। यह कुछ हद तक सही है मगर यह पद्धति नहीं ऐसी बात नहीं। इससे साहित्य अध्ययन का स्वरूप संकुचित नहीं होता है बल्कि इस तरह के अध्ययन से साहित्य के बारे में एक विस्तृत दृष्टिकोण बन पाता है और साहित्य अध्ययन से संबंधित नए-नए प्रश्न उभरते हैं जिनके अध्ययन से तुलनात्मक साहित्य की स्वकीयता का परिचय मिलता है। सादृश्यमूलक पद्धति की सहायता से विभिन्न समाज तथा परिस्थितियों में अभिव्यक्त होने वाले साहित्य का विवेचन होता है और इस विवेचन से उभरने वाले प्रश्नों, जैसे इन अभिव्यक्तियों में समानता का क्या कारण है अथवा कैसे ये एक-दूसरे से भिन्न हैं, का उत्तर दिया जाता है। इस प्रकार के अध्ययन से और भी बहुत सारे प्रश्न उठते हैं, जैसे साहित्य में क्या आवर्ती प्रतिकृतियाँ होती हैं और इस प्रकार के आवर्तन की प्रकृति क्या है? लेखकों का परिवेश (milieu) क्या अंतर्राष्ट्रीय समाज का एहसास कराता है तथा क्या वह उस समाज से जहाँ वह रहता या काम करता है, से अधिक सत्य होता है (जॉन फ्लेचर : 1970 : 108)। इस प्रकार की धारणा से क्या कुछ फायदा है? वस्तुतः लेखकों के अंतर्राष्ट्रीय समाज की कल्पना निश्चय ही एक ऐसा निर्देश आधार प्रदान करती है जिसकी सहायता से व्यक्तिवादिता एवं प्रभाववादिता से मुक्त होकर सादृश्य संबंधात्मक अध्ययन किया जा सकता है।

अध्ययन की परंपरा प्रविधि

अंतर्राष्ट्रीय संदर्भवाद के आश्रय से 'परंपरा' अध्ययन भी दो कृतियों का सादृश्यमूलक अध्ययन होता है जहाँ कृतियाँ इस प्रकार की समानधर्मी कृतियों के एक बड़े वर्ग का अंश होती हैं और जो समान ऐतिहासिक, कालानुक्रमिक तथा रूपात्मक बंधनों से बँधी होती हैं। इसके अंतर्गत भाषाओं तथा साहित्यों में प्रतिफलित राष्ट्रीय 'चेतना' का समांतरीय अध्ययन किया जाता है। प्रावर का कहना है कि इस प्रकार का अध्ययन तभी लाभदायक हो सकता है जब अध्ययन के क्षेत्र को सीमित करके किसी एक ऐतिहासिक काल अथवा ऐतिहासिक दृष्टि से उभरते हुए किसी एक काव्यरूप का दो साहित्यों के संदर्भ में अध्ययन किया जाता है (1973 : 18)। उदाहरण के रूप

में भारतीय साहित्य की भारतीयता एवं अमरीकी ब्लैक पोयट्री की मूलचेतना के अध्ययन के स्थान पर दूसरे महायुद्ध (ऐतिहासिक काल) के समय रचित भारतीय एवं ब्लैक पोयट्री का अध्ययन निश्चय ही अधिक तात्पर्यपूर्ण हो सकता है। अथवा विश्व साहित्य के संदर्भ में रवींद्रनाथ ठाकुर या सॉल बेलो जैसे बहुज्ञतायुक्त लेखकों का अध्ययन करते हुए विभिन्न सामाजिक तथा सांस्कृतिक परंपराओं का प्रभावविवेचन भी महत्त्वपूर्ण हो सकता है। रेने वेलेक ने इस प्रकार के अध्ययन का विरोध करते हुए कहा है कि इसकी कीमत साहित्यिक पांडित्य को सामाजिक मनोविज्ञान और साहित्यिक इतिहास में विलीन करके अदा करनी पड़ती है। (1963 : 285)। वस्तुतः तुलनात्मक साहित्य की दृष्टि से इस प्रकार के अध्ययन से साहित्य में वर्णित नाना राष्ट्रीय परंपराओं के बारे में सही अथवा गलत धारणाओं का पता लग पाता है। मैथिलीशरण गुप्त ने 'मेघनाद वध' का अनुवाद करते हुए यह गलत धारणा फैलायी थी कि माइकेल ने राम और लक्ष्मण की तुलना में रावण को, पाश्चात्य परंपरा के व्यक्तिवादी प्रभाव के कारण, अधिक महत्त्व दिया है। आर्तुरो बारिया ने अपने निबंध 'नाट स्पेन बट हेमिंगवेए' में उनके उपन्यास 'फॉर हूम दा बेल टॉल्स' में वर्णित स्पेनीय चरित्रों की सामाजिक स्थिति, उनके मनोविज्ञान और प्रेरणा तथा भाषा की नाना त्रुटियों का विस्तार से वर्णन किया है (1965 : 198-210)। परंपरा अध्ययन में राष्ट्रीयता तथा अंतर्राष्ट्रीयता जटिल ढंग से एक-दूसरे के निकट आ जाती है। उन्नीसवीं शती के प्राच्य विद्वानों के द्वारा किए गए संस्कृत साहित्य (उपनिषदादि) के अनुवादों के फलस्वरूप इयेट्स, इलियट आदि अंग्रेजी कवियों की कविता में भारतीय परंपरा के अनुप्रवेश का अध्ययन इसी के अंतर्गत किया गया है। इसी परंपरा के नए रूप, जहाँ दर्शन के स्थान पर भक्ति पक्ष का महत्त्व ज्यादा है, का प्रभाव सांप्रतिक यूरोपीय तथा अमरीकी धार्मिक परंपराओं पर दिखाई पड़ रहा है और वैष्णव भक्ति के परंपरा अध्ययन की गुंजाइश बढ़ती जा रही है। परंपरा अध्ययन के अंतर्गत काव्य रूपों, संस्थितियों (topoi) आदि का भी अध्ययन होता है। करंटियस ने अपनी पुस्तक 'यूरोपियन लिटरेचर एंड द लैटिन मिडल एजेज़' में एक संस्थिति (topos) —बच्चे के भीतर वृद्ध व्यक्ति के सारे गुणों के मौजूद रहने की धारणा—का उल्लेख किया है जिसके संदर्भ वर्जिल, सिसिरो, बाइबिल, रेनासाँ साहित्य यहाँ तक कि चीनी साहित्य में भी उपलब्ध है और जैसा कि विदित है, चीनी साहित्य का हिब्रू या रोमी स्रोतों से कोई संबंध ही नहीं।

प्रभाव प्रविधि

अंतर्राष्ट्रीय संदर्भ में प्रभावसूत्रों के तुलनात्मक विवेचन के बारे में सामान्यतः दो धारणाएँ प्रचलित हैं : एक, जहाँ एक शक्तिशाली व्यक्तित्व का प्रभाव बाढ़ की तरह होता है और जिसके फलस्वरूप उत्सर्जक के प्रभाव में डूबने वाले प्रापक लेखक की असहाय वश्यता प्रकट होती है। दो, जहाँ प्रभाव सान की तरह प्रभाव ग्रहण करने वाले व्यक्ति

की प्रतिभा को और चमका देती है। (रुथवेन : 1979)। कई आलोचकों के लिए प्रभाव का पहला अर्थ ही ज्यादा ठीक बैठता है और इसीलिए इस तरह का प्रभाव अध्ययन नकारने के योग्य ही होता है क्योंकि इस तरह के अध्ययन में प्रापक हमेशा कोई अप्रधान लेखक होता है और तुलनात्मक साहित्य के अध्ययन में उसे भी स्थान मिल जाता है। अध्ययन की इस पद्धति को अनम्य पद्धति कहा गया है और इसको प्रत्यक्षवादिता के साथ जोड़कर इस आधार पर इसका विरोध किया गया है (मैलोन : 1954 : 13-20)। कुछ आलोचकों के लिए किसी लेखक की ऋणग्रस्तता की बात करने का अर्थ उसकी मौलिकता को कम करना है। दरअसल प्रत्यक्षवादियों की कार्य-कारणवादिता के आश्रय से किए गए प्रभाव-सूत्रों के अध्ययन में 'कारण' मुख्य हो जाता है। यह निश्चित है कि कोई भी कृति दूसरी कृति के 'कारण' निर्मित नहीं होती। प्रभाव को 'अनुकरण' न मानकर 'प्रेरण' मानने से प्रभाव-अध्ययन के विरोध में की गई आलोचना का उत्तर दिया जा सकता है। अंततः तुलनात्मक साहित्याध्ययन में 'प्रभाव-सूत्रों' का अध्ययन उसकी केन्द्र पद्धति है (साइमन ज़ियून : 1968 : 39)। प्रभाव सूत्रों के अध्ययन में तुलनात्मक पद्धति मात्र स्रोतों या मॉडलों की खोज नहीं करती है। इसका मुख्य कार्य यह विश्लेषित करना है कि प्रापक लेखक ने अपने मॉडल का प्रयोग कैसे किया है; अपने कलात्मक अभिप्रायों को अप्रधान बनाते हुए कैसे उसने अपने मॉडल को नया रूप दिया है तथा कौन-सी नयी काव्यात्मक क्रिया को उसमें जोड़ा है। आखिरकार साहित्यिक पांडित्य के व्यवस्थित ढंग से प्रसारित होना तभी संभव होता है जब साहित्यिक कृति की 'साहित्यिकता' की खोज को आलोचना का मुख्य केंद्र बिंदु स्वीकार कर लिया जाता है। कभी-कभी प्रापक प्रभाव सूत्रों को इस प्रकार से आत्मसात् कर लेता है कि उत्सर्जक का लेश मात्र भी पता नहीं चलता। इसीलिए क्लॉद गुइएँ ने प्रभाव सूत्रों के अध्ययन को मनोवैज्ञानिक प्रतिभास (phenomenon) कहा है। इसको स्पष्ट करने के लिए गुइएँ प्रत्यक्ष और अप्रत्यक्ष की बात उठाते हुए कहते हैं कि पेट्रार्कीय सॉनेट लिखने के लिए रेनासाँ कवि को पेट्रार्क पढ़ने की ज़रूरत नहीं थी मगर इससे पेट्रार्क के अप्रत्यक्ष प्रभाव को अमान्य ठहराया नहीं जा सकता। एक साहित्यिक परंपरा में जीते हुए 'कवियों के द्वारा ग्रहण किया गया यह प्रभाव' 'सामूहिक साझेदारी प्रभाव' है (1971 : 61)। फ्लेचर का कहना है कि यदि हम प्रापक को ऋणी प्रमाणित कर सकें तो उससे उत्सर्जक का थोड़ा ही परिचय मिलता है मगर प्रापक की मनोशरीरी दृष्टि के बारे में हमें विस्तार से पता लग पाता है और उसकी सृजन प्रक्रिया से भी हम परिचित हो पाते हैं (1970 : 115)। यदि हम एक दफा यह पता लगा सकें कि निराला की कविता में ऐसे बहुत सारे तत्त्व हैं जो रवींद्र की कविता से मेल खाते हैं तो हम यह प्रमाणित कर सकेंगे कि निराला बांग्ला रचनाकारों की काव्य स्थितियों एवं चरित्रों को स्वीकारते थे तथा उन्हें उद्धृत करते थे तथा निराला पर रवींद्र के माध्यम से उपनिषद का प्रभाव पड़ा

था। इस तरह रवींद्र को उत्सर्जक तथा निराला को प्रापक प्रमाणित करने पर भी इस प्रकार का अध्ययन रवींद्र की अपेक्षा निराला की काव्य-प्रतिभा को ज्यादा उजागर करने के लिए होगा क्योंकि यह पद्धति यांत्रिक ढंग से मात्र तथ्यों का हवाला नहीं देगी मगर गहराई से रवींद्र की पटभूमिका पर निराला की सृजन प्रक्रिया की आलोचना करेगी। वस्तुतः प्रत्येक साहित्यिक आलोचना के अनुरूप प्रभावसूत्रों की आलोचना भी सूक्ष्मग्राहिता की माँग करती है। लिओन एडेल का कहना है कि इस अध्ययन में प्रापक की कल्पना शक्ति का महत्त्व उस खाद्यपदार्थ की अपेक्षा कहीं अधिक है जिस पर वह शक्ति निर्भरशील है (1973 : 134-135)। प्रभावसूत्रों का अध्ययन तुलनात्मक आलोचना के क्षेत्र में तब तक चलता रहेगा जब तक हमारी यह धारणा बनी रहेगी कि आलोचनात्मक क्षण के लिए ऐतिहासिक चेतना आवश्यक है क्योंकि 'वर्तमान' को 'अतीत' के साथ जुड़ी हुई प्रक्रियाओं के उत्पाद के रूप में आँकने पर ही वह बोधगम्य बन पाता है। यह काल क्रमिक दृष्टि उत्सर्जक तथा प्रापक की सृजनात्मक प्रक्रिया के प्रति हमें असंवेदनशील नहीं करती क्योंकि तुलनात्मक साहित्य में प्रभाव अध्ययन जहाँ विस्तार की दृष्टि से ऐतिहासिक है वहाँ गुरुत्व की दृष्टि से सामूहिक है और जहाँ लेखकों की काव्य क्रिया के विश्लेषण के साथ-साथ युग (सांस्कृतिक वर्गों का सामाजिक परिवेश) की विशिष्ट शैली, जिसे बार्थ ने 'एकरित्युर' (ecriture) कहा है–(1953) का भी ध्यान रखा जाता है।

अध्ययन की स्वीकृति तथा संचारण प्रविधि

प्रभावसूत्रों के अध्ययन के साथ-साथ तुलनात्मक पद्धति के अंतर्गत 'स्वीकृति' अध्ययन का भी प्रसार हुआ है। उलरिच वाइस्टाइन के अनुसार प्रभावसूत्रों का अध्ययन मूलतः परिपूर्ण दो साहित्यिक कृतियों को लेकर किया जाता है मगर स्वीकृति अध्ययन का क्षेत्र काफी विस्तृत होता है जहाँ कृतियों के पारस्परिक संबंधों से लेकर उनके आस-पास की परिस्थितियों, लेखक, पाठक, समीक्षक, प्रकाशक तथा प्रतिवेशी परिवेश सब कुछ अध्ययन का विषय बन जाता है। इस तरह स्वीकृति अध्ययन साहित्यिक समाजशास्त्र अथवा मनोविज्ञान की दिशा में ही अग्रसर होता है (1973 : 48)। वाइनस्टाइन इस संदर्भ में काफ्का का उदाहरण देते हुए कहते हैं कि उनकी चिट्ठियाँ अथवा डायरियाँ पढ़ने से यह पता चलता है कि काफ्का का गुस्तव फ्लोवर के साथ व्यक्तिगत संबंधों के कारण एक मनोवैज्ञानिक निकटता थी। स्वीकृति अध्ययन में प्रभावसूत्रों की खोज के स्थान पर इस दिशा में अध्ययन का प्रसार होता है। फिर किसी एक विदेशी लेखक का दूसरे देश में विख्यात हो जाने से उस देश की साहित्यिक प्रवृत्ति को मोड़ देने में लेखक के योगदान से लेकर अनुवादक के योगदान की सीमाओं और शक्तियों के विश्लेषण के साथ-साथ समीक्षकों के द्वारा की गई आलोचनाओं का विवेचन और फिर बिक्री के आधार पर जनरुचि की दिशा का परिचय आदि साहित्यिक समाजशास्त्र

के साथ जोड़कर इस अध्ययन का प्रसार होता है। जापानी हाइकू ने किस प्रकार हिंदी कविता जगत् के मनोविज्ञान को उभारा उसका विश्लेषण स्वीकृति अध्ययन के अंतर्गत ही किया जा सकता है। इसके अतिरिक्त इस प्रकार का अध्ययन द्विवेदी युग की एक खास मनोदृष्टि को लेकर भी किया जा सकता है। द्विवेदी कालीन नैतिकता केवल रीतिकाल के प्रति प्रतिक्रिया नहीं थी वरन् संपूर्ण विक्टोरियन युग के साहित्य की स्वीकृति भी थी जिसके फलस्वरूप जीवन के प्रति हमारी पारंपरिक स्वस्थ धारणा पलट गई और अनैतिकता के नाम पर हिंदी के लेखकों ने संकुचित दृष्टि का परिचय देना शुरू किया। द्विवेदी युगीन साहित्य के श्लील और अश्लील के प्रश्न को लेकर इस अध्ययन को आगे बढ़ाया जा सकता है। फ्रेडरिक गुडोल्फ ने जर्मनी के द्वारा शेक्सपियर की स्वीकृति को लेकर विस्तार से विवेचन किया है : किस तरह जर्मन के लेखक—लेसिंग, गोयते, शीलर आदि की विचारधाराओं को शेक्सपियर ने प्रभावित किया तथा शेक्सपियर के विभिन्न अनुवादों के दोषों के विवेचन के साथ ही शेक्सपियर के द्वारा प्रयुक्त छंद ने कैसे जर्मनी के ब्लैंक वर्स को रूप प्रदान किया—आदि सब कुछ अपने अध्ययन में समेट कर तुलनात्मक आलोचना को एक विशिष्टता प्रदान की है। गडोल्फ ने अपने अध्ययन में जर्मनी में शेक्सपियर के विस्तार का ही नहीं वरन् जर्मन साहित्य के विकास में शेक्सपियर की विभिन्न विशिष्टताओं को कब कैसे ग्रहण किया गया—उसका भी विवेचन किया है। और साथ ही जर्मनी में शेक्सपियर की स्वीकृति के लिए उत्तरदायी अनुवादकों और मध्यस्थों (अंग्रेज हास्य अभिनेतागण जिन्होंने 17वीं शती में शेक्सपियर के कॉमेडियों के जर्मन रूपांतरणों का अभिनय करना शेक्सपियर की स्वीकृति में विशेष योगदान दिया) का भी आलोचनात्मक विवेचन किया (1911)। वस्तुतः स्वीकृति अध्ययन के साथ संबद्ध अंतर्राष्ट्रीय मध्यस्थों (international mediators) का अध्ययन भी आजकल काफी महत्त्वपूर्ण होता जा रहा है। प्रावर ने इसे 'संचारण अध्ययन' कहा है (38) और रेमंड विलियम्स का हवाला देते हुए इसकी परिभाषा दी है, ''संचारण संस्थाओं एवं रूपों के सदृश है जिसके माध्यम से विचार, सूचना तथा अभिवृत्तियाँ स्थानांतरित अथवा स्वीकृत होती हैं'' (1962 : 9)। पंचतंत्र, हितोपदेश अथवा शुकसप्तशती की विदेश में यात्रा के विभिन्न मार्गों की खोज एवं 'एसेप्स फेबल' या तूतीनामा के रूप में भारत में वापसी का संचारण अध्ययन तुलनात्मक साहित्य की दृष्टि से काफी महत्त्वपूर्ण है। टी. आर. हेन ने अपनी पुस्तक 'द एपल एंड द स्पेकट्रोस्कोप' में यूरोप में विचार और साहित्य के संचारण के यात्रा-मार्ग का एक विस्तृत मानचित्र तैयार किया है (1951 : 99-100)। आधुनिक काल में विश्वविद्यालय के विद्वान या अनुवादक बड़ी ही सफलता के साथ मध्यस्थ का काम कर रहे हैं। हिंदी के आलोचकों ने पाश्चात्य-काव्यशास्त्र, साहित्यिक या मार्क्सवादी सौंदर्य शास्त्र की ओर सृजनात्मक लेखकों का ध्यान आकर्षित करते हुए हिंदी साहित्य में पाश्चात्य प्रभाव के संचारण

अध्ययन का मार्ग सुगम किया है। विदेश में आर्थर वेले (Arthur Waley) ने यूरोपीय तथा सुदूर पूर्व साहित्य का अध्ययन करते हुए एक ऐसे मध्यस्थ का रूप धारण किया है कि ब्रेश्ट या एजरा पाउंड की अपनी सृजनात्मक रचनाओं में भी इसका लाभ पहुँचा है (1973 : 44)। संचारण अध्ययन से समाजशास्त्री एवं सांस्कृतिक ऐतिहासिकों को भी लाभ पहुँचता है।

अध्ययन की सौभाग्य प्रविधि

स्वीकृति अध्ययन के अंतर्गत संचारण विश्लेषण के अतिरिक्त किसी एक लेखक या कृति का 'सौभाग्य' विश्लेषण भी किया जाता है। किसी एक विदेशी लेखक या कृति की दूसरे देश में किन्हीं कारणों से, नोबेल पुरस्कार मिलने से या आकस्मिक मृत्यु होने से या किसी सत्ता का विरोध करने (सोजेनित्सिन) से ख्याति के बढ़ जाने पर वह कैसे दूसरे लेखकों या साहित्यिक परिवेश को प्रभावित करता है इसका अध्ययन ही सौभाग्य अध्ययन है। वाल्टर मुश्ग (Walter Musehg) ने अपने निबंध 'स्टडीज इन द ट्रैजिक हिस्ट्री ऑफ लिटरेचर' में जर्मन साहित्य को प्रभावित करते हुए अपने सौभाग्य का प्रसार करने वाले 'हेमलेट' का सौभाग्य अध्ययन किया है। सारांश में पाश्चात्य तुलनात्मक साहित्य के विद्वान वाँ टिगहेम (1946), आंद्र मोरिजे (1922) तथा गुस्तव रुडलर (1923) आदि ने स्वीकृति अध्ययन का विवेचन किया है मगर इसके लिए अलग-अलग पदावलियों–'सौभाग्य', 'संचार', 'स्वीकृति'–का भी प्रयोग किया है एवं साथ ही प्रभाव सूत्रों का विवेचन करते हुए अधिकतर स्थितियों में प्रभाव एवं स्वीकृति के अर्थ को गड़बड़ा दिया है। वस्तुतः प्रभाव एवं स्वीकृति अध्ययनों को अलग नहीं मानना चाहिए। ये एक-दूसरे पर आश्रित तथा एक-दूसरे के पूरक भी होते हैं।[3] कुल मिलाकर इसको प्रभाव सूत्रों का अध्ययन कहना ही ठीक है यद्यपि इस प्रकार के अध्ययन में दोनों लेखकों को पहले उनकी ज़मीन पर तथा उनकी राष्ट्रीय परंपराओं में परखना चाहिए, बाद में प्रभाव सूत्रों की खोज करते हुए प्रापक को दूसरी ज़मीन तथा परंपरा की सहायता से विश्लेषित करना चाहिए। इस प्रकार के तुलनात्मक अध्ययन में कल्पनाहीनता या यांत्रिकता की संभावना को देखते हुए इस पद्धति की काफी आलोचना (जोस्ट : 1974 : भूमिका) हुई है मगर सही दिशा में प्रसारित इस प्रकार के अध्ययन की संभाव्य शक्ति को नकारना संभव नहीं है। डिमत्री शाइज़वेस्की (Dmitry Cizevsky) ने इसे 'जननिक पद्धति' कहकर इसके प्रति आलोचकों के उदासीन होने की बात की है और हेनरी पेयर (Hanri Peyre) ने प्रभाव सूत्रों की अपेक्षा सादृश्य संबंधों के अध्ययन को ज्यादा प्रभावशाली ठहराया है (शाइज़वेस्की : 1952 : 134) तथा (पेयर : 1952 : 7)। वस्तुतः प्रभाव को यदि प्रापक सान की तरह ग्रहण न कर सके वहाँ उसकी साहित्यिक प्रतिभा बेकार हो जाती है और जहाँ प्रतिभा प्रभाव से और तेज हो उठती है वहाँ प्रभाव सूत्रों को

स्वीकारते हुए भी तुलनात्मक अध्ययन क्रमशः सादृश्य संबंधों के अध्ययन में बदल जाता है क्योंकि अंततः इस बदलाव से हम यह जान पाते हैं कि कब प्रापक प्रभाव मुक्त होकर अपनी मौलिकता को प्रमाणित कर सका है। तुलनात्मकतावादी आलोचक के लिए इस पद्धति का प्रयोग करते हुए प्रभाव और मौलिकता के इस सूक्ष्म संतुलन से परिचित रहना बहुत जरूरी है।

संबंधात्मक द्वंद्वात्मक प्रविधि

अंतर्राष्ट्रीय संदर्भवाद साहित्य को मानवीय ज्ञान के दूसरे क्षेत्रों के साथ भी जोड़ता है जैसे दर्शन, इतिहास, मनोविज्ञान, राजनीतिशास्त्र, धर्म, समाजशास्त्र, तथा ललित कलाएँ। वस्तुतः तुलनात्मक साहित्य जब हमें साहित्य के बारे में नाना प्रकार के प्रश्न पूछने के लिए उत्तेजित करता है तो ये प्रश्न हमें संस्कृति, संरचना, भाषिक क्रम, समाज के साथ साहित्य का संबंध तथा मानवीय कल्पना और बौद्धिक इतिहास से संबद्ध दूसरे प्रश्नों तक पहुँचा देते हैं और इस तरह साहित्य और ज्ञान के दूसरे क्षेत्रों के आपसी संबंध, पारस्परिक प्रभाव तथा समांतरीय अध्ययन का प्रसार हो पाता है। हिंदू पौराणिक तथा संस्कृति साहित्य का प्रभाव रवि वर्मा की चित्रकला में स्पष्ट दिखाई पड़ता है और इस आधार पर इसका अध्ययन किया जा सकता है। अध्ययन की इस कार्य-पद्धति को 'संबंधात्मक द्वंद्वात्मक पद्धति' का एक क्षेत्र माना जाता है जो अंतर्राष्ट्रीय संदर्भवाद पर आधारित रहता है। रेमाक के अनुसार यह पद्धति समस्तरीय सक्षमता की जगह आंशिक रूप से अनुलंबीय सक्षमता को स्वीकारती है। इस प्रकार के अध्ययन के प्रसार के लिए निश्चय ही कार्यपद्धति में परिमार्जन आवश्यक हो जाता है।

तुलनात्मक आलोचना की प्रविधि

अंतर्राष्ट्रीय संदर्भवाद के साथ तुलनात्मक आलोचना के आश्रय से तुलनात्मक पद्धति का निर्माण होता है। तुलनात्मकतावादी आलोचक सुव्यवस्थित ढंग से तुलनात्मक आलोचना के अंग रूप में तुलना के तकनीकों का प्रसार करता है और व्यक्तिगत लेखकों के द्वारा किए गए प्रयासों (उनके कार्य तथा प्रभाव) का अध्ययन करता है। तुलनात्मक तथा व्यतिरेकी पद्धति तुलनात्मक आलोचना के मूल अंग हैं। यह साधारणतः कालक्रमिक के स्थान पर समकालिक अध्ययन होता है क्योंकि यह पद्धति देश-काल की सीमा को पार कर जाती है। यद्यपि कालक्रम को नकारना संभव नहीं फिर भी उसका अंधानुकरण करने पर देशकाल के परे के महत्त्वपूर्ण समानंतरीय तथा विभेदीय स्थितियों से हम अपरिचित रह जाते हैं। इस संबंध में एक महत्त्वपूर्ण उदाहरण बुद्धदेव बोस के द्वारा रचित 'महाभारतेर कथा' है जहाँ वे एक महाकाव्य के अनुरूप महाभारत का अध्ययन नहीं करते वरन इस महान इतिहास का कथ्यपरक अध्ययन करते हुए

होमर, यूनानीड्रामा, वर्जिल, दान्ते यहाँ तक कि तालस्तॉय के कथ्यों के साथ दूसरे महत्त्वपूर्ण विषयों की तुलना करते हैं (1974)। यहाँ काव्यशास्त्रीय सौंदर्यपरक तुलनात्मक पद्धति का प्रयोग है जो एक परिपक्व अंतर्दृष्टि तथा संपूर्ण विश्लेषण पर आधारित है। चूंकि रूपात्मक, शैलीवैज्ञानिक या ऐतिहासिक अथवा समाजशास्त्रीय दृष्टि से तुलना की जाती है इसीलिए यह आलोचना पद्धति अप्रत्यक्ष ढंग से दूसरी पद्धतियों में प्रवेश कर जाती है और कदाचित् इसलिए दूसरी पद्धतियों का एक उपभाग प्रतीत होती है। मगर इसका एक अपना क्षेत्र है और 'आलोचना' के साथ जुड़ा हुआ 'तुलनात्मक' एक ऐसी आलोचना की ओर निर्देश करता है जो राष्ट्रीय अथवा प्रांतीय सीमाओं को पार कर जाती है। जैसा कि पहले कहा गया है कि एकक राष्ट्रीय साहित्य के अध्ययन में तुलना आनुषंगिक होती है मगर यहाँ तुलना व्यवस्थित है। इसके अतिरिक्त तुलनात्मक आलोचना एक विस्तृत साहित्यिक अध्ययन से जुड़ी होती है और मानवीय ज्ञान के दूसरे क्षेत्रों को अपने में समेटकर एक वृहत् परिप्रेक्ष्य को प्रकट करती है। इस प्रकार की आलोचना स्वाभाविक रूप से ऐतिहासिक सामान्यीकरण की ओर अग्रसर होती है जो 'जाइटगाइस्ट' कालचेतना को उसके क्रियारूप में पकड़ने का प्रयत्न है। उदाहरण के रूप में 'जाइटगाइस्ट' इस बात के लिए उत्तरदायी है कि जिन लोगों ने कभी फ्रायड की पुस्तक 'द इंटरप्रेटेशन ऑफ ड्रीम्स' (1900) नहीं पढ़ी वे भी युगचेतना के कारण फ्रायडीय प्रतीकों से परिचित हो सके। यह आलोचना दूसरी ओर काव्यशास्त्रीय सौंदर्यपरक सिद्धांत की ओर भी ले जाती है। सैद्धांतिक धरातल पर 18वीं शती की तुलनात्मक आलोचना से ही आधुनिक सौंदर्यशास्त्र का जन्म हुआ है। दरअसल सिद्धांत-अभिमुखी काव्यशास्त्र और कृति-अभिमुखी साहित्यालोचन को तुलनात्मक तथा व्यतिरेकी औजारों की जरूरत होती है जिससे कि काव्यशास्त्र के द्वारा आगमनात्मक सामान्यीकरण तथा साहित्यालोचन के द्वारा कृति में अंतर्निहित विशेषताओं का गंभीर अभिज्ञान हो सके।

इसके अतिरिक्त साहित्यिक सिद्धांत (काव्यशास्त्र) के ऐसे कतिपय प्रश्न हैं (आगे चलकर भी इसका उल्लेख किया जाएगा) जिनका उत्तर तुलनात्मक आलोचना की इस पद्धति से ही प्राप्त होता है। बहुत-सी स्थितियों में अनुवादों का अध्ययन स्रोत भाषा के ज्ञान के अभाव में भी तुलनात्मक आलोचना की दृष्टि से महत्त्वपूर्ण हो सकता है। साहित्य के बुद्धिमान आलोचक जयदेव के 'गीत गोविंद' के सात महत्त्वपूर्ण अनुवादों की व्यवस्थित तुलना से बहुत ही लाभान्वित हो सकते हैं। ये सात अनुवाद करने वाले विद्वानों के नाम हैं, विलियम जोन्स, 1792, एडविन आर्नल्ड, 1895, जार्ज कीट्स, 1940, लक्ष्मीनारायण शास्त्री, 1956। डनकन ग्रीनलिज, 1962, मोनिका वर्मा, 1968 तथा बारबरा स्टोलर, 1977। इसके अतिरिक्त तुलनात्मक आलोचना की सहायता से साहित्यिक मूल्यांकन तथा साहित्य के समाजशास्त्रीय अध्ययन की नान समस्याओं का उत्तर दिया जा सकता है। विभिन्न संस्कृतियों और

परंपराओं के आपसी संघर्ष या संश्लेषण के अध्ययन के लिए यह पद्धति तुलनात्मकतावादी आलोचक से भाषिक तथा सांस्कृतिक तैयारी और ज्ञान की विविधता की माँग करती है जो 'साधारण' साहित्यालोचक से अपेक्षा नहीं की जाती और साधारणतया जो उसमें होती भी नहीं।

तुलनात्मक भारतीय साहित्य के सुव्यवस्थित काव्यशास्त्रीय कला या सौंदर्यपरक तथा आलोचनात्मक विश्लेषण के लिए भारतीय तुलनात्मकतावादी आलोचक इस कोशिश में हैं कि वे अपनी ही तुलनात्मक आलोचना का प्रसार तथा 'अधिभाषा' का निर्धारण करें। संस्कृत तथा पाश्चात्य काव्यशास्त्र के तुलनात्मक पर्यवेक्षण के द्वारा ही एक लाभदायक सर्वभारतीय आलोचनात्मक सिद्धांत भाषा का निर्माण किया जा सकता है जिससे ऐतिहासिक, समाजशास्त्रीय तथा काव्यशास्त्रीय सौंदर्यपरक दृष्टि की सहायता से तुलनात्मक भारतीय साहित्य के नाना आयामों का मूल्यांकन संभव है। मगर मूल्यांकन के लिए तुलनात्मक पद्धति का अंतर्विद्यावर्ती होना ज़रूरी है। इस पद्धति विज्ञान का यह विश्वास है कि औचित्य ही सर्वमान्य सिद्धांत है। संस्कृत काव्यशास्त्र के साथ पाश्चात्य काव्यशास्त्र को जोड़कर निर्मित 'अधिभाषा' की अंतर्विद्यावर्ती दृष्टि की सहायता से मूल्यांकन ही तुलनात्मक भारतीय साहित्य के अध्ययन का वास्तविक प्रसार कर सकता है। यह कोई बद्ध पद्धति नहीं और साथ ही कोई सुस्पष्ट नयी आलोचनात्मक पद्धति विज्ञान भी नहीं। मगर इसके बारे में केवल इतना ही कहा जा सकता है कि यह पद्धति कतिपय महत्त्वपूर्ण आलोचनात्मक प्रश्नों को उभारती है तथा बहुत ही चित्ताकर्षक ढंग से उसका उत्तर देने का प्रयत्न करती है जो एकक साहित्याध्ययन की पद्धति के द्वारा संभव नहीं। यदि तुलनात्मक साहित्य का यह पद्धति विज्ञान अंतर्राष्ट्रीय संदर्भवाद तथा तुलनात्मक आलोचना के नियमों के आधार पर निर्मित तुलनात्मक और व्यतिरेकी तकनीकों के द्वारा साहित्य को एक सार्विक संवृत्ति के रूप में (जैसे महाकाव्यिक परंपरा में काम करने वाले दूसरे देश-विदेश के लेखकों की तुलना में तुलसीदास का अध्ययन) प्रकाशित कर सके तो निश्चय ही इस कार्य पद्धति को उचित ठहराया जा सकता है अथवा, जैसा कि हैरी लेविन ने 'रिफ्राक्शन' में कहा है कि यदि यह पद्धति मनुष्य की सहजात प्रादेशिकता को प्रभावहीन करके प्रासंगिक तुलनात्मक अध्ययन के द्वारा मनुष्य जो कुछ जानता है अथवा जो वह जान सकता है उसको एक भावात्मक रूप प्रदान कर सके तो इसके अस्तित्व को न्यायसंगत प्रमाणित करना बहुत ही सरल है। साहित्यों की तुलना एक संभाव्य स्वतंत्रतादायक व्यापार है। यह मात्र विशिष्ट सुपुर्दगियों का ही अध्ययन नहीं सामान्य सुपुर्दगियों का भी अध्ययन करती है। तुलनात्मक साहित्य की इस पद्धति ने सांस्कृतिक वरिष्ठता को चुनौती दी है और साहित्य को एक सार्विक धरातल पर ला खड़ा किया है। इस पद्धति विज्ञान की सार्थकता स्पष्ट है भले ही विभिन्न कार्य पद्धतियों के अपखंडनों की सहायता से इसका निर्माण हुआ हो।

संकल्पनात्मक शब्द

कार्य-पद्धति या प्रविधि, समाजशास्त्रीय पद्धति, स्वनप्रक्रियात्मक अध्ययन, तथ्यवाद, विज्ञानवाद, ऐतिहासिक सापेक्षवाद, दृष्टि पद्धति तकनीक, अंतर्राष्ट्रीय संदर्भवाद, आधुनिक बोध, साहित्य संबंधात्मक, पॉलीजेनेटिक, सृजनात्मक विधिगत, व्यक्तिवादिता, परंपरा प्रविधि, ऐतिहासिक काल, संस्थिति, मनोवैज्ञानिक प्रतिमास, स्वीकृति, संचारण प्रविधि, सौभाग्य प्रविधि, संबंधात्मक द्वंद्वात्मक प्रविधि, तुलनात्मक आलोचना, काव्यशास्त्रीय सौंदर्यपरक।

संदर्भ

1. आलड्रिच ने सादृश्य संबंध को परिभाषित करते हुए कहा है, 'analogy' or 'affinity' as resemblances in style, structure, mood or idea between works which have on other connection, Comparative Literature : Matter and Method (1968), p.3
2. 'Comparative analysis as a rule deals with contextual explanations' अमिताइ एतजियोनी तथा फ्रेडरिक एल. डूबो, Comparative Perspectives Theories and Methods, (1970), भूमिका, p.11
3. *Wirkung* (effect) and *Rezeption* are processes that depend on and supplement each other, हॉर्स्ट रूडीगर, Definitionem : Essays znr Literatur सं. ए. फ्रिस (1963), पृ. 47

5

तुलनात्मक आलोचना और उसका नया रूप अंतर्विद्यावर्ती आलोचना का स्वरूप विश्लेषण

तुलनात्मक साहित्य के अध्ययन में तुलनात्मक आलोचना का प्रयोग बहुत ही आवश्यक है, नहीं तो इस अध्ययन का अर्थ साहित्येतिहास के विभिन्न तथ्यों का आकलन मात्र रह जाता है। यद्यपि इतिहास के विभिन्न तथ्यों का चयन भी अपने आप में एक आलोचनात्मक कार्य है (रेने वेलेक : 1970 : 20)। फिर भी इस चयन-कार्य में आलोचनात्मक विश्लेषण पद्धति का अभाव रहता है। दरअसल तुलनात्मक साहित्य के इतिहासपरक या काव्यशास्त्रीय कला या सौंदर्यपरक अथवा समाजशास्त्रीयपरक अध्ययन में तुलनात्मक आलोचना अपने दो औजारों तुलनात्मक और व्यतिरेकी अध्ययन के आश्रय से अध्ययन की एक प्रविधि का प्रसार करती है। इस प्रविधि के अनुसार एक भाषिक संस्कृति से जुड़ी हुई कृति को प्रदीपक संदर्भ के रूप में ग्रहण करते हुए किसी दूसरी आलोच्य कृति से जुड़े हुए हमारे अभिज्ञान को और भी अधिक प्रखर बनाया जाता है अथवा विभिन्न साहित्यों में विकसित नाना साहित्यिक रूपों या प्रसंगों के अध्ययन के द्वारा अंतर्राष्ट्रीय संदर्भवाद को प्रतिष्ठित किया जाता है। परंतु जब टी. एस. इलियट यह कहते हैं कि तुलना और विश्लेषण आलोचक के प्रधान औजार होते हैं तो आलोचना के दूसरे प्रकारों के साथ तुलनात्मक आलोचना के अप्रत्यक्ष संबंध को स्वीकार करते हुए उसे विभिन्न आलोचनात्मक विधियों का एक उपवर्ग मानने के लिए हम बाध्य हो जाते हैं। मगर यह स्पष्ट है कि तुलनात्मक आलोचना का अपना एक क्षेत्र है जो आलोचना को विभिन्न राष्ट्रीय सीमा रेखाओं के पार ले जाकर अपनी स्वतंत्र स्थिति को प्रमाणित करती है। एकक साहित्य अध्ययन में तुलना प्रासंगिक होती है मगर तुलनात्मक साहित्य अध्ययन में यह सुव्यवस्थित योजना बद्ध होती है। दरअसल अमरीकी 'नई आलोचना' ने सामान्य विचार के क्षेत्र

से निकालकर आलोचना को विद्या क्षेत्र में प्रतिष्ठित किया था। नए आलोचकों के ही प्रयत्नों से ज्ञानात्मक अध्ययन के लिए आलोचना को एक गंभीर विधा के रूप में स्वीकारा गया और विद्वत्ता के स्थान पर मुख्य कृतियों के गहरे अध्ययन को इसके लिए महत्त्वपूर्ण माना गया। नई आलोचना ने आलोचनात्मक जनतंत्रीकरण को प्रोत्साहित करते हुए आस्वाद और योग्यता को रुचि के 'आधिपत्य' के स्थान पर प्रभावी प्रशिक्षण पर आधारित माना था और इसके फलस्वरूप तुलनात्मकतावादी अध्ययनकर्ताओं के लिए तुलनात्मक आलोचना को साहित्यिक अध्ययन की प्रणाली (Method) के रूप में प्रतिष्ठित करना संभव हो सका। इस पद्धति में आलोचना एक विस्तृत साहित्यिक क्षेत्र को अपने में समेट लेती है और साथ ही ज्ञान के दूसरे क्षेत्रों को भी स्वीकार करती है जिससे एक बड़े परिप्रेक्ष्य में साहित्य का अध्ययन हो सके। कदाचित् फ्रांसीसी संरचनावादियों को इससे यह सुराग मिला कि साहित्य के अध्ययन में इतिहासवाद का एक जटिल रूप उभरकर आता है जिसमें कृति के आंतरिक विश्लेषण के साथ संपूर्ण संस्कृति का सामान्य विश्लेषण समक्रमिक रूप में प्रकट होता है। रोलां बार्थ ने इसे स्पष्ट करते हुए कहा कि साहित्य के अध्ययन में आलोचना का प्रयोग तर्कशास्त्र का प्रयोग है और इसीलिए आलोचना प्रचलित तार्किक साधनों पर निर्भरशील रहती है। बार्थ के अनुसार ये साधन अस्तित्ववाद, मार्क्सवाद, मनोविश्लेषणवाद तथा संरचनावाद के दर्शनों से संबद्ध हैं। तुलनात्मक आलोचना जब ज्ञान के विस्तृत क्षेत्र को अपने में समेटती है तब ऐतिहासिक सामान्यीकरण का आग्रह बढ़ जाता है जिससे युग चेतना (Zeitgeist) को आलोचना के द्वारा क्रियात्मक रूप देना संभव हो जाता है अथवा काव्यशास्त्रीय कला या सौंदर्यपरक सिद्धांतों के विकसित होने की संभावना बढ़ जाती है। ऐसे भी सैद्धांतिक स्तर पर अठारहवीं शती में तुलनात्मक आलोचना के आश्रय से ही आधुनिक सौंदर्यशास्त्र का जन्म हो सका था। तुलनात्मक तथा व्यतिरेकी अध्ययन के आधार पर निर्मित आनुभविक काव्यशास्त्र की सहायता से ही इस आलोचना का विकास होता है। इस प्रकार आनुभविक काव्यशास्त्र आदेशात्मक होने के स्थान पर विवरणात्मक भी होता है क्योंकि ऐसा होने पर ही नाना साहित्यों की विभिन्नता तथा नवाचार को यह स्वीकार कर पाता है।

तुलनात्मक आलोचना, इस प्रकार से, अनेकवादी आलोचनात्मक दृष्टि है जो नाना साहित्यों के वैविध्यमय रूप का विश्लेषण करती हुई साहित्य के 'संपूर्ण' दृश्य को प्रकट करती है। परंतु इस प्रकार की अनेकवादिता की एक समस्या यह है कि आनुभविक काव्यशास्त्र भी कभी-कभी सब कुछ विश्लेषित करने में असमर्थ हो जाता है या फिर काव्यशास्त्र को विभिन्न दर्शनग्राही होना पड़ता है जिसकी कोई पूर्वनिर्धारित प्राक्कल्पनाएँ नहीं होतीं मगर फिर भी कृतियों के आधार पर प्राक्कल्पना निर्मित करने के साधन जुटाने में वह समर्थ होता है। दरअसल आनुभविक अथवा भाषिक या

सांस्कृतिक सिद्धांतों के आश्रय से निर्मित सिद्धांताभिमुखी काव्यशास्त्र (Theory oriented poetics) तथा कृति अभिमुखी साहित्यालोचन (Textoriented criticism) दोनों के लिए ही तुलनात्मक तथा व्यतिरेकी औजारों की आवश्यकता होती है जिससे कि एक और काव्यशास्त्र आगमिक सामान्यीकरणों का हवाला दे सके तथा दूसरी ओर साहित्यालोचन कृति में निहित आंतरिक विशेषताओं के अभिज्ञान को प्रखर बना सके।

साहित्यिक सिद्धांत (काव्यशास्त्र) के ऐसे कतिपय प्रश्न हैं जिनका उत्तर देना तुलनात्मक आलोचना की सहायता से संभव है :

1. अनुवाद-सिद्धांत—बहुत-सी स्थितियों में अनुवादों का अध्ययन तुलनात्मक तथा आलोचनात्मक व्यापार की दृष्टि से महत्त्वपूर्ण प्रमाणित होता है भले ही आलोचक स्रोतभाषा से परिचित न हो। सचेतन पाठक के लिए बांग्ला के ज्ञान के बिना ही रवींद्रनाथ ठाकुर की 'गीतांजलि' के विभिन्न हिंदी अनुवादों का योजनाबद्ध तुलनीय अध्ययन काफी महत्त्वपूर्ण सिद्ध हो सकता है अथवा यूनानी भाषा से अपरिचित रहते हुए भी ड्राइडन, पोप तथा कूपर के द्वारा किए गए होमर के अंग्रेजी अनुवादों का व्यवस्थित अध्ययन उसी प्रकार महत्त्वपूर्ण हो सकता है।

2. साहित्यिक मूल्यांकन का प्रश्न अथवा

3. साहित्यिक समाजशास्त्र की नाना समस्याओं का समाधान भी तुलनात्मक आलोचना के द्वारा संभव होता है।

चॉम्स्की की आभ्यंतर संरचना की अवधारणा ने तुलनात्मक आलोचना को एक नयी प्रेरणा दी है क्योंकि इससे उन कृतियों की तुलना संभव हो जाती है जिनकी बाह्य संरचना भिन्न है। उदाहरण के रूप में वाल्मीकि की 'रामायण' और बिमल मित्र के 'एकक दशक शतक' में वस्तु की दृष्टि से काफी अंतर है। मगर जहाँ इन दो महान् कृतियों की मूल समानता को 'थीम' के आश्रय से संपूर्णरूप में समझना कठिन है वहाँ 'जेनेरेटिव ग्रामर' के आधार पर इनकी समानता को विश्वासोत्पादक ढंग से विश्लेषित करना संभव हो जाता है। साहित्य के प्रति जेनेरिक दृष्टि समरूप कृतियों को वर्गीकृत करने में सहायता करती है और उस फिजूल गतिविधि से हमें बचाती है जहाँ अविचारित ढंग से विलोपन प्रक्रिया के आश्रय से महत्त्वपूर्ण कृति के सामने अच्छी कृति और महान् कृति के सामने महत्त्वपूर्ण कृति तेजहीन हो जाती है। वस्तुतः तुलनात्मक आलोचना की सबसे बड़ी बात यह है कि बहुलवादिता के आश्रय से साहित्य के सार्विक रूप को प्रकट करके वह साहित्य के अध्ययन को व्यापक धरातल पर ला खड़ा करती है। यद्यपि इस काम में विचारों के इतिहास या धार्मिक और राजनीतिक धारणाओं और भावनाओं को तूल देते हुए साहित्य को मानव इतिहास के समान नहीं मान लेना चाहिए। साहित्यिक पांडित्य जब तक, मानव की अन्य क्रियाओं और उत्पादनों से जुड़े होने पर भी, अंतिम लक्ष्य के रूप में साहित्यिक

कृतियों को ही आलोचना की केंद्रीय समस्या नहीं मानता तब तक साहित्यिकता का विश्लेषण नहीं हो पाता है। यह बात सही है कि सार-संग्रहवादिता साहित्यालोचन के क्षेत्र में बहुत पुरानी बात है मगर जहाँ साहित्यिक कृति के विश्लेषण के द्वारा साहित्येतर उद्देश्य की पूर्ति की जाती है वहाँ आलोचना तुलनात्मक नहीं रहती, 'मेटा-आलोचनात्मक' बन जाती है। यद्यपि यह भी सही है कि अर्थ के आलोचनात्मक रसास्वाद के लिए प्रासंगिक महत्त्व का 'मेटा-आलोचनात्मक' अध्ययन अभिप्रेत है मगर स्वतंत्र अध्ययन के रूप में नहीं (इंद्रनाथ चौधुरी : 1977 : 161-62)। दरअसल 'नई आलोचना' की रूपवादी दृष्टि के प्रभाव के कम हो जाने पर साहित्य के एक छोर पर स्थित इतिहास और दूसरे छोर पर दर्शन यानी ज्ञान के दूसरे क्षेत्रों की सहायता से साहित्य की जो आलोचना फिर जोर-शोर से शुरू हुई है वही तुलनात्मक आलोचना थी जिसको बाद में चलकर अंतर्विद्यावर्ती आलोचना भी कहा गया। वास्तविक बहुलवादिता का एक लाभ यह है कि विभिन्न साहित्यों एवं ज्ञान के क्षेत्रों के पारस्परिक तुलनात्मक एवं व्यतिरेकी अध्ययन से साहित्य के प्रति एक स्वस्थ दृष्टि का प्रसार होता है। जिससे एक ओर विचारों का आदान-प्रदान तो दूसरी ओर निश्चित तर्कसंगत आधार पर मत-वैभिन्न्य का पता लग पाता है।

अंतर्विद्यावर्ती आलोचना तुलनात्मक आलोचना का नया स्वर है। विभिन्न अनुशासनों के बौद्धिक आविष्कार के आश्रय से इसकी बुनियाद रखी गई है, विशेष रूप से समाज-विज्ञान के क्षेत्र में हुई सांप्रतिक प्रगति के फलस्वरूप जो विभिन्न प्रकार की दृष्टियाँ हमने प्राप्त की हैं उससे इस आलोचना का प्रसार हुआ है। सामान्य रूप से अंतर्विद्यावर्ती आलोचना अपने नाम के अनुरूप इस विश्वास के बल पर आगे बढ़ती है कि किसी भी कृति की व्याख्या या विश्लेषण और मूल्यांकन विभिन्न अनुशासनों के आश्रय से भली प्रकार हो सकता है। किसी एक कविता को विशुद्ध कलाकृति के रूप में पढ़ा जा सकता है तथा कला सिद्धांत के आश्रय से उसका विश्लेषण किया जा सकता है मगर इसी कविता को यदि धर्मशास्त्र या मानवविज्ञान, इतिहास या दर्शन तथा राजनीतिशास्त्र या मनोविज्ञान तथा समाज-विज्ञान से प्राप्त दृष्टियों अथवा आलोच्य कविता जिस दृष्टि से प्रभावित है उसकी सहायता से विश्लेषित किया जाए तो निश्चय ही अधिक लाभ की संभावना होती है। ये दृष्टियाँ निश्चय ही आलोचना कार्य में जुट जाने से एक विशिष्ट सीमा में बँध कर हमें सहायता पहुँचाती हैं जैसे 'कामायनी' की आलोचना करते हुए हम दर्शनशास्त्र के स्थान पर मात्र प्रत्यभिज्ञा दर्शन अथवा मुक्तिबोध की कविता का विवेचन करते हुए राजनीतिशास्त्र के स्थान पर मार्क्सीय विचार-बोध से ही अपना काम चला लेते हैं मगर अंतर्विद्यावर्ती आलोचना में ऐसी बहुत सारी विशिष्ट दृष्टियों की सहायता ली जाती है।

इस प्रकार की एक व्यापक परिभाषा से खतरा यह है कि किसी भी अच्छे आलोचक को अंतर्विद्यावर्ती आलोचक मानने के लिए हम बाध्य हो जाते हैं और

शायद यह गलत भी नहीं है। वस्तुतः विदेश में 20वीं शती के प्रारंभ में इंग्लैंड के विश्वविद्यालय में एकाडेमिक आलोचना का प्रसार हुआ था। इस आलोचनात्मक धारा के प्रसार करने वाले विद्वानों में सेंट्सबरी, डाउडन, कार्टहोप, ब्रेडले आदि का नाम उल्लेखनीय है। इनके आलोचनात्मक विश्लेषण में जिस परिणाम में संचय-संग्रह है, उस परिणाम में श्रेष्ठ समालोचक प्रतिभा का परिचय नहीं है। पांडित्यपूर्ण गवेषण तथा निपुण विश्लेषण की दृष्टि से इनके ग्रंथ सार्थक हैं। इस आलोचनात्मक धारा के फलस्वरूप अंतर्विद्यावर्ती आलोचना की ओर विद्वानों का रुझान दिखाई पड़ा। एकाडेमिक आलोचना के अतिरिक्त फ्रांस में ऐतिहासिक आलोचना के प्रसार के फलस्वरूप भी अंतर्विद्यावर्ती आलोचना के बीज के पनपने का मौका मिला क्योंकि कृति पर वस्तुगत पूर्व हेतु, ऐतिहासिक कालक्रम तथा सामाजिक परिवेश के दबाव को स्वीकार करने पर ही अंतर्विद्यावर्ती चेतना का प्रसार हो सकता था। सन् 1920 में काशी में हिंदी विभाग की स्थापना के बाद यहाँ भी शास्त्रीय आलोचना का प्रसार हुआ और उससे अंतर्विद्यावर्ती दृष्टि तो मिली मगर सर्जनात्मक साहित्य से दो कदम पीछे रहने के कारण एवं संतुलन एवं निष्पक्षता के फेर में आलोचना को नुकसान भी पहुँचा। दरअसल यहाँ सार-संग्रहवादी दृष्टि एवं अंतर्विद्यावर्ती दृष्टि के अंतर को समझना जरूरी है। सार-संग्रहवादिता साहित्यालोचन के क्षेत्र में बहुत पुरानी बात है मगर वह 'मेटा-क्रिटिसिज्म' कहलाता है, अंतर्विद्यावर्ती आलोचना नहीं। मेटा-क्रिटिसिज्म को बाह्यवर्ती आलोचना कहते हैं जहाँ साहित्यिक कृति के विश्लेषण के द्वारा साहित्येतर उद्देश्य की पूर्ति की जाती है जैसे कृति के माध्यम से लेखक के व्यक्तित्व, उस युग के पाठक अथवा समाज के बारे में जानकारी प्राप्त करना अथवा नीतिशास्त्र, धर्म तथा मनोविज्ञान या और किसी अध्ययन का विस्तार करना[1]। 'मेटा-क्रिटिसिज्म' जब बहुत अधिक साहित्येतर तथ्यों पर (Extra schematicism) बल देने लगा तब प्रतिक्रिया-स्वरूप रूपवादी नई आलोचना सामने आई मगर दो दशकों के गुजरते न गुजरते सार्त्र, पूले आदि ने फिर से दर्शनशास्त्र के आश्रय से आलोचना शुरू की। यह सभी स्वीकारते हैं कि चिंतनहीन अभिव्यक्ति एक दार्शनिक असंभाव्यता है इसीलिए दर्शनादि की सहायता से ही आलोचना हो सकती है। प्रारंभ में बर्गसां का जीवनवाद तथा हुस्सेरल का साशय प्रपंचवाद को मिलाकर, समन्वय के एक कठिन रूप की सहायता से, साहित्यिक आलोचना के क्षेत्र में भावुकता, सचेतनता तथा अल्पकालिकता के प्रवर्गों का प्रयोग संभव हो सका। धीरे-धीरे समाज विज्ञान ने दर्शन का स्थान ले लिया मगर किसी एक समाजवैज्ञानिक दृष्टि को तूल नहीं दिया गया। कभी लूकाच की सामाजिक दृष्टि तो कभी लेवी स्त्रौस की मानव-वैज्ञानिक दृष्टि तो कभी भाषाविज्ञान तो कभी नव्य-फ्रॉयडवादियों की दृष्टि आदि की सहायता से आलोचना का जो रूप आज उभरा है वह निःसंदेह अंतर्विद्यावर्ती दृष्टि का ही प्रसार करता है। यहाँ विभिन्न दृष्टियों में कोई विवाद नहीं है वरन् समीकरण की कोशिश ही प्रतिफलित होती है।

ऐसे भी कोई भी अच्छा आलोचक कविता में निहित एक अंतर्दृष्टि को इसलिए नहीं नकारेगा क्योंकि वह दृष्टि एक विरोधी सिद्धांत का प्रसार करती है। यहाँ तक कि नए आलोचकों ने यह अस्वीकार नहीं किया कि कविता का एक सांस्कृतिक संदर्भ होता है। अंतर्विद्यावर्ती आलोचना के अंतर्गत अध्ययन के नाना क्षेत्रों, आंदोलनों को भी स्थान दिया जा सकता जैसे 'विचारों का इतिहास' या 'बौद्धिक इतिहास' की दृष्टि निःसंदेह अंतर्विद्यावर्ती है। लोक साहित्य का समूचा अध्ययन अंतर्विद्यावर्ती है। कला आलोचक बड़े आराम से दो-तीन अनुशासनों के आश्रय से कला-विवेचन करते हैं। तुलनात्मक साहित्य के बारे में तो स्पष्ट कहा जाता है कि उसे अंतर्विद्यावर्ती होना है। यद्यपि तुलनात्मक साहित्य के संदर्भ में यह चेतावनी दी गई है कि मूल्यांकन करते हुए तुलनात्मक प्रणाली को अंतर्विद्यावर्ती तो होना पड़ेगा मगर यह कार्य अपने-आप में बहुत ही दुष्कर है क्योंकि यदि आलोचक में 'तन्मयीभावन-योग्यता' नहीं है तो वह आलोच्य कृति की आलोचना में अपने को जोड़ कर नहीं रख पाएगा और 'मेटा-क्रिटिसिज्म' के आश्रय से साहित्यिक कृति के द्वारा साहित्येतर उद्देश्य की पूर्ति की दिशा में जुट जाएगा। यद्यपि यह सही है कि अर्थ के आलोचनात्मक रसास्वाद के लिए प्रासंगिक महत्त्व का 'मेटाआलोचनात्मक अध्ययन' अभिप्रेत है मगर स्वतंत्र अध्ययन के रूप में नहीं (फाउलर : 42)। वस्तुनिष्ठ अध्ययन के रूप में उसे कृति के संपूर्ण विश्लेषण का एक हिस्सा होना है। जब विभिन्न साहित्य जीवन के बारे में विभिन्नधर्मी दृष्टि का प्रसार तथा विभिन्न रूपों को अभिव्यक्त करते हुए तुलनात्मक साहित्य के घेरे में आ जाते हैं तब उनमें एक 'कामन आइडिंटिटी' ढूँढ़ने के लिए अंतर्विद्यावर्ती आलोचना बहुत ही प्रासंगिक प्रतीत होती है। आलोचना के प्रारंभिक इतिहास में साहित्यिक विद्वत्ता तथा साहित्यिक इतिहास को आलोचना के अंतर्गत स्थान देकर उसकी परिधि का विस्तार किया गया था मगर उससे अंतर्विद्यावर्ती आलोचना के स्थान पर अराजकता फैली। इसी तरह सिद्धांत अभिमुखी काव्यशास्त्र को भी आलोचना से जोड़कर आलोचना को विस्तार देने की कोशिश ठीक नहीं है। काव्यशास्त्रीय विश्लेषण एक दार्शनिक प्रक्रिया है जिससे आलोचना की बुनियाद खड़ी हो सकती है मगर उसे आलोचना नहीं कहा जा सकता।

यह सोचना संगत है कि आलोचना कभी मृत तथ्यों पर आधारित नहीं होती, वह सर्वदा प्रासंगिक तथ्यों के आश्रय से प्रसारित होती है। प्रासंगिकता काल के उस असीम आयाम से जुड़ी हुई है जो सतत वर्तमान है। इसलिए आलोचना के बारे में यह कहा जाता है कि यह एक बुद्धि संगत काल्पनिक क्रिया है जो कृति की आलोचना करती हुई उसके एक छोर में विद्यमान दर्शन और दूसरे छोर में विद्यमान इतिहास को अपने में समेटती हुई वर्तमान के संदर्भ में उसकी व्याख्या, विश्लेषण तथा मूल्यांकन करती है। आलोचना के प्रति इस दृष्टि के कारण क्रमशः अंतर्विद्यावर्ती आलोचना का सूत्रपात हुआ है (इंद्रनाथ चौधुरी : 1977 : 191-92)। इलियट ने जब कहा

कि आलोचक का उद्देश्य है, शिल्पकर्म की उज्ज्वल व्याख्या तथा रुचिमार्जन तब आर्नल्ड की बात को स्वीकार करते हुए यह कहने के लिए हम बाध्य हो जाते हैं कि व्याख्या-विश्लेषण के लिए ज्ञानार्जन आवश्यक है। और फिर जब रिचर्ड्स कहता है कि आलोचना का अर्थ है एक अभिज्ञता और दूसरी अभिज्ञता के बीच तारतम्य का विचार और उनका मूल्यांकन, तब भी यही प्रमाणित होता है कि तारतम्य के विचार के लिए ज्ञान की आवश्यकता है। एजरा पाउंड ने तो स्पष्ट कहा कि आलोचना का अर्थ है ज्ञान का विन्यास जिससे कि परवर्ती ज्ञानार्थी को कृति के जीवंत अंश को ढूँढ़ने में कोई कठिनाई न हो। इस संबंध में लेविस एक कदम और आगे बढ़े और कहा कि आलोचक में दार्शनिक अनुशीलन होना ज़रूरी है तभी तात्पर्यज्ञान, संपर्कज्ञान एवं मूल्यनिरूपण के विषय में उसकी दृष्टि निश्चित और गहरी हो सकेगी। आधुनिक अर्थ में आलोचना और मूल्यांकन समार्थक है। मूल्य का अर्थ है आपेक्षिक गुणारोप। समय और स्थानानुसार मूल्य घट या बढ़ भी सकता है। इस मूल्यांकन के मूल में है, प्रचुर ज्ञान। आलोचना मात्र ही कोई-न-कोई सिद्धांत अर्थात् भावयित्रीज्ञान, कोई-न-कोई दार्शनिक ज्ञान के साथ संपृक्त है।. आलोचक स्वयं दार्शनिक न भी हो किंतु उसके मूल्यांकन में जो सदसत् ज्ञान, सुंदर-असुंदर के तारतम्य की बात रहती है वह ज्ञान या तारतम्य मूलतः दार्शनिक चिंतन से ही उद्भूत होता है। आलोचना में दार्शनिक पश्चात्पट सुस्पष्ट है यद्यपि उद्देश्य कारयित्री सौंदर्य का ही अनुभव है। वस्तुतः साहित्यिक आलोचना के प्रसार के प्रारंभ से ही किसी कृति की व्याख्या और मूल्यांकन करते हुए रसग्राहिता (रस ग्रहण की शक्ति) एवं रसवेदिता (या भावयित्री शक्ति) पर बल दिया जाता रहा है। क्योंकि रस से परिपालित होने पर भी आलोचक का अपना सृजन क्षेत्र है। कविकर्म आलोचना कर्म का उपलक्ष्य है। आलोचक की प्रशस्त एवं प्रशिक्षित संवेदना में काव्यवस्तु नित्यनव रूप परिग्रहण करती है। वह जब साहित्य का पाठ करता है, तब वह पाठ ऋणात्मक नहीं होता, जितना उसे साहित्य से मिला है उतने का 'अपनी मनमाधुरी से मिलाकर' अर्थात् भावयित्री शक्ति द्वारा विस्तार करता है। बहिरंग में कवि की कविता एक स्थगित गति रूप है, परंतु सहृदय आलोचक के मनमुकुर में वह कविता दिन-प्रतिदिन नए रूप में उद्भासित होती है। जहाँ कवि ने दी है एक कविता, आलोचक वहाँ आविष्कार करता है नित्य नवोन्मेषशालिनी असीमित वैविध्य। इसीलिए आलोचना का कोई स्थिर रूप नहीं। आलोचना वहीं तक स्थिर है जहाँ तक कृति के मूल स्वर की बात है मगर मूल स्वर के साथ उसमें अनंत संभावनाएँ छिपी रहती हैं और उस अनंत संभावनाओं के व्याख्या-विश्लेषण में 'विविधता' उभर कर आती है। साहित्य के इतिहास और रुचि-परिवर्तन के साथ समन्वित करके आलोचना के विवर्तन की ऐतिहासिक धारा एवं इसके सामाजिक तात्पर्य को समझा जा सकता है मगर संस्कृत आलोचकों के काव्यशास्त्र के केंद्र में कोई कवि नहीं है। आलोचना के नाम पर संस्कृति में या तो टीका है अथवा बहुत

ही समृद्ध काव्य शास्त्र, मगर संस्कृत काव्यशास्त्रियों ने अपने प्रिय कवियों के समर्थन में भाष्य या शास्त्र की रचना नहीं की। अपने समय के किसी साहित्यिक आंदोलन या काव्यरीति को परिचित करवाने के लिए आलोचना नहीं की। काव्यरीतियों का वर्णन है मगर किसी विशेषकाल, समाज या रुचि-विवर्तन के साथ संपर्कित होकर उनका वर्णन नहीं हुआ है—हमेशा ही किसी अमूर्त आदर्श से गृहीत होकर निगमनात्मक पद्धति में उनका निर्माण हुआ है। इसीलिए अलंकारवादी, रीतिवादी, औचित्यवादी समालोचक हैं मगर अलंकारवादी, रीतिवादी आदि काव्य नहीं हैं। ये भिन्न-भिन्न काव्यास्वाद का नाम नहीं, चिरंतन स्वाद का भिन्न-भिन्न व्याख्यान मात्र है। यह आलोचना काव्य और कवि से कटकर थी। मगर दर्शन आदि की सहायता से सैद्धांतिक आलोचना का जो रूप प्रसारित हुआ वह निःसंदेह 'मेटा-क्रिटिसिज़्म' नहीं था क्योंकि संस्कृत काव्यशास्त्रियों का उद्देश्य साहित्य के मूलभूत तत्त्वों को उजागर करना था, साहित्येतर विषयों का प्रतिपादन नहीं। किंतु इसे अंतर्विद्यावर्ती आलोचना कहना भी ठीक नहीं है।

यही सही है कि आलोचना के लिए प्रचुर ज्ञान की जरूरत है। संस्कृत काव्यशास्त्रियों में यह स्थिति स्पष्ट है मगर प्रचुर ज्ञान से आलोचना के क्षेत्र में सार संग्रहवाद का प्रसार होता है जिसके परिणामस्वरूप दार्शनिक अनियतता फैलती है अथवा ज्ञानसापेक्षवाद के विस्तार की संभावना बन जाती है और अंतर्विद्यावर्ती आलोचना के लिए ज्ञानसापेक्षवाद अभिशाप है। वस्तुतः इस संदर्भ में हमारे सामने मूल प्रश्न यही है कि अंतर्विद्यावर्ती आलोचना किस प्रकार से अ-दार्शनिक है क्योंकि वह किसी एकक दर्शन को नकारती है एवं साथ ही दार्शनिक भी है क्योंकि वह सारसंग्रहवाद का खंडन करती है। अंतर्विद्यावर्ती दृष्टि विविधता को प्रश्रय देती है और इसीलिए किसी एक दार्शनिक दृष्टि को वह संदेह की दृष्टि से देखती है मगर यह दृष्टि यह सोचती है कि सत्वमीमांसीय संदर्भ में कई दर्शन ग्रहणीय हैं क्योंकि वे मात्र वर्णनात्मक नहीं होते एवं इस तरह कोई भी निर्दिष्ट दर्शन वस्तुनिष्ठ रूप में विद्यमान यथार्थ की प्रकृति को स्पष्ट कर सकता है। साथ में यह दृष्टि यह भी विश्वास करती है कि यह वस्तुनिष्ठ यथार्थ रूप जिसका हम निरीक्षण और विश्लेषण करते हैं हमेशा एक जैसा बना नहीं रहता। यह यथार्थ रूप अपने को थोड़ा आभासित कर ओझल हो जाता है और इसीलिए किसी एकक दर्शन की प्रणाली या आलोचना की परिधि में उसे बाँधना नामुमकिन है। इसीलिए अंतर्विद्यावर्ती आलोचना दर्शन-केंद्रिक वहीं तक है जहाँ वस्तुनिष्ठा यथार्थ रूप को सही ढंग से समझने में वह एक योजना प्रदान करती है। साथ ही यह अ-दार्शनिक है जहाँ वह एकक सिद्धांत या प्रणाली का विरोध करती है। इस विरोध के फलस्वरूप इस आलोचना पद्धति में कोई सर्वमान्य सिद्धांत नहीं है जिसकी सहायता से यह पता लग सके कि अमुक विचार वस्तुनिष्ठ है और दूसरा नहीं, अमुक सिद्धांत की वैधता तो यह है और कमियाँ ये हैं। एवं

सबसे बड़ी बात इस आलोचना में ऐसे किसी मानदण्ड को स्वीकृति नहीं दी जाती है जिससे यह पता लग सके कि किसी सत्वमीमांसीय वस्तु को कौन-से अवसर पर कैसे स्वीकार किया जाए। इसीलिए इस आलोचना दृष्टि में सिद्धांत की अपेक्षा कार्यपद्धति को महत्त्व दिया जाता है एवं उन सब दार्शनिक संप्रदाय के नामोल्लेख से यह दृष्टि कतराती है जिसकी वह सहायता लेता है, भले ही हमेशा नहीं। दूसरे शब्दों में किसी दर्शन को स्वीकार करने का मतलब उसे परिभाषित करना नहीं है। एवं इस दृष्टि को पहचानने का सबसे अच्छा उपाय यही है कि साहित्येतर आच्छादन से ढका होने पर भी अंतर्विद्यावर्ती आलोचक उसमें से एक अर्थ ढूँढ़ निकालता है। इसका मतलब यह नहीं कि ऐसे आलोचक का काम केवल किसी भी कृति से कोई भी दार्शनिक अर्थ या फ्रायडीय प्रतीक या धार्मिक मिथकीय प्रतीक अथवा अस्तित्ववादी गूढ़ार्थ को ढूँढ़ निकालना है। उसका विश्वास है कि औचित्य ही सर्वमान्य सिद्धांत है। (आलोचना और शोध के अंतर को यहाँ स्पष्ट जान लेना है, देखिए, नगेंद्र; शोध और सिद्धांत : पृ. 18)। एवं उसका उद्देश्य यही कि कृति को पहले समझा जाए। उसकी कार्यपद्धति की विशेषता ही यह है कि कृति में निहित किसी विचार या बिंब में निहित दार्शनिकता को विभिन्न अनुशासनों के आश्रय से विश्लेषित किया जाए। इस दृष्टि के अनुसार भाषिक विश्व के शृंखलित संगठन के साथ जुड़ने के लिए भाषा-विज्ञान, इतिहास, समाज-विज्ञान, दर्शनशास्त्र तथा मानवविज्ञान के साथ आलोचक का परिचय होना चाहिए। दूसरे शब्दों में अंतर्विद्यावर्ती आलोचना की कार्यपद्धति का फ्रेमवर्क 'सोशलॉजी ऑफ़ नौलेज' है जिससे कृति में निहित महत्त्वपूर्ण साहित्येतर सामग्री का विश्लेषण हो पाता है।[2] यह आलोचना दृष्टि बार-बार इस भ्रामक धारणा पर विधिपूर्वक आघात करती है कि साहित्यिक चेतना कोई विशिष्ट चेतना है और उसकी भाषा रोजमर्रे की दुरंगापनी भाषा के प्रयोग से मुक्त है। हम यह जानते हैं कि हमारी सामाजिक भाषा वाग्मिता विषयक उपायों से जुड़ी एक जटिल प्रणाली है क्योंकि मन में उपस्थित मानसिक इच्छाओं की सीधी अभिव्यक्ति से मानव हमेशा बचना चाहता है। ऐसे भी बिना सोचे-समझे अभिव्यक्ति असंभव है और साहित्य की भाषा भी बिलकुल ऐसी नहीं है और इसको समझने के लिए 'सोशलॉजी ऑफ़ नॉलेज' का सहारा लेकर अंतर्विद्यावर्ती आलोचना का प्रसार होता है। अंतर्विद्यावर्ती आलोचना की कार्यपद्धति में किसी निश्चित सिद्धांत का आश्रय नहीं लेने के फलस्वरूप जहाँ सिद्धांत निरूपण से यह दृष्टि बची रही वहाँ बिना किसी 'लेबुल' के यह दृष्टि विशिष्ट आलोचकों की आलोचनात्मक अंतर्दृष्टि से हमें परिचित कराती रही। भले ही उस दृष्टि में व्यवस्था का अभाव रहा हो मगर किसी कृति के विश्लेषण के माध्यम से इस दृष्टि ने आलोचना को जो 'चरित्र' प्रदान किया है उसका महत्त्व काफी अधिक है। इस संदर्भ में आचार्य रामचंद्र शुक्ल का उदाहरण दिया जा सकता है। हिंदी जगत् के दो-एक आलोचकों में से वे एक ऐसे आलोचक हैं जिनको हम किसी लेबुल में

बाँध नहीं सकते। इंद्रनाथ मदान के अनुसार उनकी आलोचनात्मक दृष्टि रोमांटिक बोध के समाज मंगलीय पक्ष से जुड़ी है। मगर रोमांटिक बोध को स्वीकार करने वाला व्यक्ति कभी भी वैज्ञानिक समीक्षा का हिमायती नहीं होगा, मगर शुक्ल जी ने बार-बार इसका समर्थन किया। उनका कहना था, वैज्ञानिक या विचारात्मक समीक्षा ही कलानिरूपिणी समीक्षा है। मगर जब आलोचना में 'दिव्य शक्ति', 'दिव्य संगीत', 'दिव्य सौंदर्य', 'मर्मस्पर्शी अनूठापन' आदि शब्दों का प्रयोग करते हैं तो उससे उनका रोमानी भाव बोध उभर आता है। दूसरी ओर रस को स्वीकार किया मगर मनोविज्ञान का आश्रय लिया। साहित्य को जगत् और जीवन से मुक्त अनिर्वचनीय नहीं कहा। दरअसल उनमें रोमांटिक बोध था, विचार लोक मंगल से जुड़ा था और रस तथा मनोविज्ञान को भी उन्होंने स्वीकार किया था। साथ ही वैज्ञानिक पद्धति का पक्ष लिया मगर किसी निश्चित सिद्धांत को ओढ़े नहीं रखा। वस्तुतः वे अंतर्विद्यावर्ती आलोचक रहे हैं। उनका कहना था कि सामंजस्य बुद्धि से काम लेकर आलोचना के क्षेत्र में अपना स्वतंत्र मार्ग निकालना चाहिए। मगर इसका अर्थ यह नहीं कि नाना प्रकार के सिद्धांतों का सहारा लेने पर ही अंतर्विद्यावर्ती आलोचना का प्रसार हो सकता है। आचार्य नंददुलारे वाजपेयी में भी रोमांटिक बोध है आलोचना में उन्होंने सौष्ठववादी पक्ष को स्थान दिया। कथा साहित्य की आलोचना में जीवन चेतना तथा उसके परिदृश्य का आकलन किया। रस के स्थान पर व्यक्तित्व और परिवेश से परिचित होकर कृति के संश्लिष्ट चित्र को प्रस्तुत किया। मगर ये सब कुछ उनके सारसंग्रहवाद का परिचय देते हैं, इसको अंतर्विद्यावर्ती आलोचना नहीं कहा जा सकता।

अंतर्विद्यावर्ती आलोचना अपने में बहुत ही विस्तृत है। यह नाना सिद्धांतों को स्वीकारती है मगर अपने आप में कोई सिद्धांत नहीं बनाती। कदाचित् इसीलिए इसको कोई आलोचनात्मक धारा न मानकर आलोचनात्मक पद्धति मानना ही ठीक प्रतीत होता है। मगर, इस पद्धति ने आलोचना को, निःसंदेह, एक विलक्षण 'चरित्र' प्रदान किया है जिसके फलस्वरूप इतिहास की तरह किसी भी कृति में या नाना कृतियों के तुलनात्मक अध्ययन में हमें वस्तुनिष्ठ समग्रता के दर्शन के साथ-साथ जब वैचारिक धरातल पर अपार वैविध्य के दर्शन होते हैं तब परंपरावादी और ज्ञान सापेक्षवादी को भी यह समझने में गलती नहीं होती कि इतिहास और दर्शन-चिंतन के बीच ही साहित्य का अपार जगत् फैला हुआ है। साहित्य-आलोचना की विभिन्न दृष्टियाँ कृति के किसी एक पक्ष पर बल देती हैं अथवा लेखक से एक निश्चित सीमा में दूरत्व या नैकट्य बनाए रखते हुए मूल्यांकन करती हैं। अंतर्विद्यावर्ती आलोचना की अनेक पदग्राही दृष्टि इन सब दृष्टियों से सहायता लेकर एक संपूर्ण वीक्षण शक्ति का प्रसार करती है। (ब्रैडबरी : 1970 : 35-36)। इसीलिए कोई पूर्वनिर्धारित काव्यशास्त्र इसका आधार नहीं है वरन् हर तरह के काव्यशास्त्रों की सहायता से कृत-कृतियों के माध्यम से यह एक कार्य-पद्धति का निर्माण करती है जो कृतियों की नाना प्रकार की संभावनाओं से परिचित कराती हुई काव्य-विश्व के दिगंत को आलोकित करती है।

संकल्पनात्मक शब्द

युग चेतना, ऐतिहासिक सामान्यीकरण, सार-संग्रहवादिता, मेटा-आलोचना, साहित्येतर तथ्य, तन्मयी-भावन-योग्यता, तात्पर्यज्ञान, संपर्क ज्ञान, निगमनात्मक पद्धति, आगमनात्मक पद्धति, ज्ञान सापेक्षवाद, जीवनवाद, साशय प्रपंचवाद।

संदर्भ

1. One of the benefits of a true pluralism, one would think, would be healthy and productive interchange on views, informed agreement to differ and certitude on what it is one is differing about. रॉजर फाउलर 'the structure of Poetry : An approach through language', Contemporary Criticism, पृ. 174
2. In our view the Sociology of knowledge may provide the theoretical frame work research into the semantic world of wealth of extra—textual material, D. W. Fokkema, Elrud Kunneilesch, theories of literature in the 20th century, पृ. 18

6

तुलनात्मक भारतीय साहित्य और साहित्य के इतिहास की संकल्पना

भारतीय संदर्भ में भारतीय साहित्य की अवधारणा ही अपने आप में तुलनात्मक साहित्य है क्योंकि यहाँ एक से अधिक साहित्यों की ओर संकेत है। मगर विभिन्न भारतीय साहित्यों के तुलनात्मक अध्ययन की एक स्वतंत्र स्थिति है। यहाँ फ्रांसिसी-जर्मन संप्रदाय की तरह कृतियों के तथ्यपरक संपर्कों (Rapports de fait) की छानबीन नहीं हो सकती क्योंकि विभिन्न भारतीय भाषाओं में रचित साहित्यों का पारस्परिक संपर्क उस रूप में 'बाह्य' नहीं है जैसे कि पाश्चात्य तुलनात्मक साहित्य में जर्मन-फ्रांसिसी या रूसी साहित्य के संबंधों को बाह्य कहा जाता है। वहाँ इनमें संपर्क चेतनता के स्तर पर नहीं होता वरन् संपर्क स्थापित करना पड़ता है और एक सुनिश्चित स्थिति बन जाने पर तथ्यों के रूप में उनका विश्लेषण हो पाता है। बहुभाषिक देश होने के नाते हम एक जटिल चेतनता में जीते हैं भले ही हम 'एक ही भाषा (जैसे हिंदी)' बोलते हों। बहुभाषिक स्थिति (Multi lingual situation) बहुभाषिया अवस्थिति (Polyglot orientation) से भिन्न एक विशिष्ट चेतनता है। और इस स्थिति में पनपने वाले साहित्यों (जैसे हिंदी, बांग्ला, मराठी आदि) के अध्ययन के लिए उन मूल ऐतिहासिक तथा साहित्यिक स्रोतों से परिचित होना पड़ता है जिनकी प्रेरणा से इन साहित्यों में लगभग एक ही प्रकार की आवेगात्मक तथा बौद्धिक अनुभूतियों का प्रसार हुआ है। भारतीय तुलनात्मक साहित्य की यह पहली विशेषता है जिसके फलस्वरूप पाश्चात्य तुलनात्मक साहित्य से इसकी स्वतंत्र स्थिति स्पष्ट हो जाती है। भारतीय तुलनात्मक साहित्य एक बहुभाषिक स्थिति में प्रसारित स्वाभाविक रूप से तुलनात्मक है और इसके विपरीत पाश्चात्य तुलनात्मक साहित्य नाना भाषाओं की एक असदृश दुनिया है जहाँ तुलना को रूप देना पड़ता है।

एक ही प्रकार के ऐतिहासिक तथा साहित्यिक स्रोतों से प्रभावित होने के कारण यहाँ सादृश्यमूलक अध्ययन के लिए अधिक अवसर है। इसका तात्पर्य कोई सार्विक अनुभूति का सादृश्यमूलक अध्ययन नहीं वरन् एक निश्चित ऐतिहासिक स्थिति में उभारनेवाली घटनाओं से प्रभावित साहित्यों का अध्ययन है जिनमें आपस में और कोई दूसरा प्रतीयमान संबंध नहीं है जैसे देश-विभाजन की ऐतिहासिक स्थिति के आश्रय से शरणार्थियों की अनुभूतियों को लेकर हिंदी के यशपाल और बांग्ला के प्रबोध कुमार सान्याल के उपन्यासों का अध्ययन।

मगर तुलनात्मक भारतीय साहित्य के अध्ययन के लिए हमारे पास भारतीय साहित्य की कोई एकक अवधारणा नहीं है। अलग-अलग भाषाओं में रचित साहित्यों के आश्रय से अनुलंबीय ढंग से भारतीय साहित्येतिहास का अध्ययन भारतीय तुलनात्मक साहित्य का एक बहुत ही प्रमुख क्षेत्र है। एकक व्यवस्था स्तर पर एकल साहित्य के रूप में भारतीय साहित्य के इतिहास की अवधारणा का निर्माण बहुत ही ज़रूरी है। भारतीय साहित्य की बात करते हुए हम सांप्रतिक काल में भी इसे विभिन्न भाषाओं में अभिव्यक्त नाना साहित्यों का मात्र संग्रह ही मानते हैं। हमारी साहित्यिक परंपरा के ऐतिहासिक पुनर्निर्माण को हम अभी तक पूरा नहीं कर पाए हैं। एकक साहित्य के रूप में भारतीय साहित्य की अवधारणा का निर्माण तुलनात्मक साहित्य के अध्ययन के आश्रय से ही पूरा किया जा सकता है। हालाँकि पिछली शताब्दी के अंतिम दशक में शिशिर कुमार दास के द्वारा आधुनिक भारतीय साहित्य पर दो जिल्दों में तैयार इतिहास को इसका सबसे बड़ा उदाहरण माना जा सकता है। इस इतिहास में भारतीय साहित्य की विविधता के आश्रय से उसकी एकता की पहचान की गई है।

आधुनिक संदर्भ में भारतीय साहित्य पर एक ओर पश्चिम का प्रभाव पड़ा और दूसरी ओर नयी रोशनी में प्राचीन के पुनर्निर्माण की ओर लोगों का ध्यान आकर्षित हुआ। भारतीय तुलनात्मक साहित्य के संदर्भ में यह प्रभाव विवेचन, जैसा कि डा. अमिय देव कहते हैं, पाश्चात्य तुलनात्मक साहित्य के प्रभाव विवेचन के अनुरूप नहीं हो सकता। तीसरी दुनिया के देश होने के नाते एक औपनिवेशिक मनोवृत्ति के सहारे अंग्रेज़ी ज्ञान-विज्ञान हमारी चिंतनधारा में प्रवेश कर गया था (सेमिनार पेपर : 1981)। इसीलिए प्रभाव के प्रासंगिक तथ्यों का विवेचन करते हुए लेखकों की मनोवृत्ति के मनोविज्ञान से परिचित होना भी जरूरी है जिन्होंने अपनी प्रतिभा को और अधिक चमकाने के लिए प्रभाव का उपयोग मात्र सान के रूप में नहीं किया था। इसके अतिरिक्त इस प्रकार के प्रभाव अध्ययन में उस तनाव का विवेचन भी जरूरी है जिसमें पराधीन भारत का लेखक जी रहा था। एक ओर भारतीय साहित्य (संस्कृत) की सशक्त अविच्छिन्न धारा में पलने वाला लेखक और दूसरी ओर अंग्रेजी साहित्य के प्रति एक औपनिवेशिक आकर्षण और इस तरह इन दोनों के बीच जीने वाला

लेखक का तनाव। इस द्विआधारी संरचना के तनाव की ऐतिहासिक व्याख्या आवश्यक है। भारतीय साहित्य के इतिहास के निर्माण में इस द्विआधारी संरचना को ध्यान में रखना पड़ता है और पाश्चात्य प्रभाव का हमारी परंपरा से संघर्ष और उससे पैदा होनेवाला तनाव और उसका विश्लेषण जरूरी हो जाता है। भारतीय साहित्य के प्रभाव विवेचन के अंतर्गत इस तनाव का अध्ययन संपूर्ण भारतीय साहित्याध्ययन को तुलनात्मक बनाने के लिए बाध्य करता है।

किसी एक भारतीय भाषा में रचित एकक साहित्याध्ययन में कृतियों का अध्ययन, लेखक के व्यक्तित्व का अध्ययन और साथ ही काल, परिवेश और जातिगत संदर्भों के अध्ययन में कारण-कार्य संबंधों का ध्यान रखना जरूरी होता है मगर तुलनात्मक साहित्याध्ययन में कारण-कार्य संबंधों के दूसरे गहरे रूपों से परिचित होना बहुत ही आवश्यक है इसीलिए साहित्य के इतिहास (History of literature) से अलग तुलनात्मक साहित्यिक इतिहास (Comparative literary history) की रचना तुलनात्मक साहित्य की प्रविधि से ही संभव हो पाता है। उदाहरण के रूप में बांग्ला के कवि मधुसूदन दत्त ने पहले पहल अंग्रेजी में लिखना शुरू किया। साहित्य का इतिहास मात्र इसकी सूचना देगा मगर तुलनात्मक साहित्यिक इतिहास इसका कारण बताएगा और यह भी कहेगा कि उस समय भारतीय विद्वान अंग्रेजी में लिखना पसंद क्यों करते थे। साहित्य का इतिहास यह भी सूचना देगा कि मधुसूदन ने कब बांग्ला में लिखना शुरू किया और तुलनात्मक साहित्यिक इतिहास उसका कारण ढूँढ़ कर लाएगा। साहित्य का इतिहास उनकी अंग्रेजी कविता 'मैं आलवियाँ के सुदूर तट के लिए आहें भरता हूँ' में उल्लिखित दृष्टि का बांग्ला कविता 'माँ, इस दास को याद रखना' में परिवर्तित होने की सूचना देगा मगर तुलनात्मक साहित्यिक इतिहास इसका विश्लेषण करेगा और यह भी बताएगा कि बांग्ला रचना में 'आलवियाँ' को कवि किस प्रकार आत्मसात् करता है (अमिय देव : 1981)। वस्तुतः तुलनात्मक साहित्य के पद्धति-विज्ञान के आश्रय से भारतीय साहित्य के तुलनात्मक साहित्यिक इतिहास की एकक अवधारणा बन सकती है। कालक्रम के स्थान पर समस्वार्थता के तत्त्वों (Elements of solidarity) के आधार पर विवेचन करने पर ही यह संभव हो सकता है। मगर समस्वार्थता के तत्त्वों को चुनने के लिए भारतीय संदर्भ में उन कारण-कार्य संबंधों का ध्यान रखना होगा जिनके पीछे पाश्चात्य साहित्य का एक खास हाथ रहा है। दरअसल भारतीय साहित्य के तुलनात्मक साहित्यिक इतिहास की रचना में पाश्चात्य साहित्य के साथ भारतीय साहित्य के संबंधों तथा विभिन्न भारतीय भाषाओं में रचित साहित्यों के पारस्परिक संबंधों में पहला संबंध बिलकुल ऐतिहासिक है और दूसरा अंशतः ऐतिहासिक एवं अंशतः काव्यशास्त्रीय सौंदर्यपरक रहा है। स्वाधीनता के बाद तीसरी दुनिया की स्थिति बन जाने से पाश्चात्य साहित्य के साथ हमारे इस ऐतिहासिक संबंध में कोई खास अंतर नहीं आया है। मध्ययुगीन भारतीय साहित्य के साथ अरबी तथा फ़ारसी

साहित्य के ऐतिहासिक एवं काव्यशास्त्रीय सौंदर्यपरक संबंधों का अध्ययन भी इसमें जुड़ा हुआ है।

अब तक के विवेचन से एक बात स्पष्ट हो जाती है कि पाश्चात्य तुलनात्मक साहित्य से अलग भारतीय तुलनात्मक साहित्य के लिए भारतीय साहित्यिक इतिहास की संकल्पना की रचना अपने आप में एक महत्त्वपूर्ण विषय है। भारत के बहुभाषीय स्वरूप के कारण इस संकल्पना की रचना तुलनात्मक साहित्य के स्तर पर ही संभव है। तुलनात्मक साहित्य की प्रविधि के आश्रय से एकक व्यवस्था स्तर पर एकल साहित्य के रूप में भारतीय साहित्यिक इतिहास की अवधारणा का निर्माण हो सकता है। भारतीय साहित्यिक इतिहास से तात्पर्य है वैदिक, संस्कृत, पाली, प्राकृत आदि के साहित्यों के साथ उर्दू तथा आधुनिक प्रांतीय भाषाओं में रचित साहित्य। इसके अंतर्गत भारतीयों के द्वारा रचित अंग्रेजी साहित्य को भी सम्मिलित किया जाता है। वर्तमान समय में विस्तृत तुलनात्मक एवं आलोचनात्मक स्तर पर विभिन्न प्रांतीय भाषाओं के साहित्य का अध्ययन हो रहा है मगर उपयुक्त परिप्रेक्ष्य में एकक भारतीय साहित्य का अभी तक विकास संभव नहीं हो सका है। सुजित मुखर्जी का कहना है कि इस प्रकार के अध्ययन में साहित्यिक कृतियों का विवरणात्मक अध्ययन ही अधिक है जहाँ साहित्यिकता के स्थान पर ऐतिहासिकता पर ज्यादा बल दिया जाता है (1975)। प्रारंभिक काल में पाश्चात्य प्राच्यविदों ने भारतीय साहित्य के नाम पर वैदिक तथा संस्कृत या फिर मध्ययुगीन साहित्य के इतिहास के अध्ययन तक ही अपने को सीमित रखा। आलब्रेख वेबर (1852), विंटरनिट्ज़ (1907), एडविन आर्नल्ड (1884), आर. डब्ल्यू फ्रेज़र, आदि की पुस्तकों का नाम इस संदर्भ में लिया जा सकता है। इस प्राचीन साहित्य के विवेचन में भी इन विद्वानों की दृष्टि आलोचनात्मक के स्थान पर विवरणात्मक ही रही। आर. के. दासगुप्त ने मैक्सम्यूलर की पुस्तक 'हिस्ट्री ऑफ एनशेंट संस्कृत लिटरेचर' के संदर्भ में कहा है कि अधिकतर यूरोपीय इतिहासकारों ने प्राचीन साहित्य के प्रति आलोचनात्मक प्रतिक्रिया के प्रदर्शन के स्थान पर पुरातत्वीय दृष्टिकोण का ही प्रसार किया है (1972 : 430)। इन विद्वानों ने जब बाद में आधुनिक भारतीय साहित्य के इतिहास की रचना की ओर ध्यान दिया तब इन्होंने अपनी दृष्टि को भाषाविज्ञान, व्याकरण तथा शब्दकोशों तक ही सीमित रखा और साहित्य के विश्लेषण के प्रति अधिकतर उदासीनता ही दिखाई (सुजित मुखर्जी : 1975)। इस प्रकार 19वीं शती के अंत तक भारतीय साहित्य के इतिहास से तात्पर्य हिंदू-बौद्ध परंपरा में रचा जाने वाला प्राचीन संस्कृत (पाली, प्राकृत भी) साहित्य था। बीसवीं शती के प्रारंभ में जब विभिन्न भारतीय भाषाओं के साहित्य के इतिहास की रचना की ओर विद्वानों का ध्यान गया तब भारतीय साहित्य के बारे में प्रचलित धारणा यही थी कि भारत के विभिन्न प्रांतों या भाषा-भाषी विद्वानों द्वारा रचित विभिन्न भाषाओं के साहित्य के इतिहासों का यह कुल योग है। भारतीय साहित्य का इतिहास

विभिन्न प्रांतीय भाषाओं में रचित इतिहासों का संगठन है। अंग्रेजी साहित्य के विभिन्न इतिहासों के ढाँचे में इनकी रचना हुई है अर्थात् संपूर्ण साहित्य के इतिहास को ये इतिहासकार (क) कालों में विभक्त करते हैं, (ख) साहित्यिक प्रवृत्तियों का नामकरण करते हैं तथा (ग) प्रमुख कृतिकारों को ही चुनते हैं और एक ही प्रांत की भाषा के साहित्य का इतिहास होने के कारण यह कालक्रमिक अनुक्रम संभव भी है। मगर यह नीति इंग्लैंड के अनुरूप एक-भाषी साहित्यिक संस्कृति के लिए लागू हो सकती है। भारत की बहु-भाषिक साहित्यिक संस्कृति के लिए यह संभव नहीं।

वस्तुतः भारतीय साहित्य के इतिहास की अवधारणा के निर्माण में हमें यह मानकर चलना पड़ेगा कि किसी एक देश का साहित्य बहुत-सी भाषाओं में रचा जा सकता है। बहुभाषिकता इस देश की विशेषता है। इससे हमारे सामने दो कठिनाइयाँ उपस्थित हुई हैं, (क) भाषाओं की विविधता के फलस्वरूप किसी एक इतिहासकार के लिए संपूर्ण भारतीय साहित्य का प्रत्यक्ष ज्ञान असंभव है और इसीलिए एक सामान्य ऐतिहासिक निर्देश-आधार (General historical frame work) की सहायता से इसकी रचना नहीं हो सकती। दरअसल इतने बड़े साहित्य के लिए कोई सर्वमान्य मॉडल हमारे पास है भी नहीं। सुनीतिकुमार चैटर्जी ने ज्याँ बोडेल (Jean Bodel) के मॉडल पर भारतीय साहित्य की विषयवस्तु को तीन भागों में बाँटा है (1) प्राचीन भारत की विषयवस्तु, (2) इस्लामी दुनिया की विषयवस्तु। (3) विभिन्न भाषिक प्रांतों के साहित्य की विषयवस्तु। मगर इस वर्गीकरण में भारतीय साहित्य पर पाश्चात्य प्रभाव या पाश्चात्य विषयवस्तु को बिलकुल भुला दिया गया है। (ख) दूसरी कठिनाई है किसी एक आलोचनात्मक परिप्रेक्ष्य का अभाव जिसकी सहायता से विभिन्न भाषाओं में रचित साहित्यों का मूल्यांकन करते हुए भारतीय साहित्य के इतिहास की संकल्पना बनायी जा सके। इसका कारण भारतीय साहित्यिक आलोचना के सूक्ष्म आलोचनात्मक संयंत्र का अभाव नहीं वरन् भारतीय साहित्य को उसकी संपूर्णता में देखने की दृष्टि का अभाव रहा है (शिशिर कुमार दास : 1973) । भारतीय साहित्य या साहित्यकारों को लगातार पाश्चात्य साहित्य या साहित्यकारों, विशेषरूप से अंग्रेजी साहित्य की तुलना में तोलने की मनोवृत्ति के फलस्वरूप हमारी आलोचनात्मक दृष्टि का विकास नहीं हो सका है। या फिर साहित्य के इतिहास को किसी एक भाषा के साहित्य तक सीमित रखने के कारण अथवा उस एक भाषा के साहित्य के इतिहास की रचना में दूसरी प्रांतीय भाषाओं में रचित साहित्यों के द्विआधारी या अन्योन्य संबंधों या वैषम्यमूलक अध्ययन की ओर ध्यान न देने के कारण इतिहास रचना एक भाषीय इतिहास रचना बन गई है। और आलोचनात्मक दृष्टि तुलनात्मक पद्धति की सहायता से वंचित रह गई है। वस्तुतः इन दोनों कठिनाइयों से मुक्त होकर भारतीय साहित्य के इतिहास की रचना के लिए समस्वार्थता के तत्त्वों के आधार पर इतिहास की रचना का मॉडल तैयार करना होगा और दूसरी ओर तुलनात्मक पद्धति से जुड़ी हुई

आलोचना दृष्टि की सहायता लेनी होगी। भारतीय भाषिक परिवेश नाना प्रांतीय भाषाओं, साहित्यों एवं साहित्यिक संस्कृतियों की क्रियाओं एवं प्रतिक्रियाओं से संबद्ध एक खास विस्तृति का परिचय देता है और इसीलिए उसके इतिहास के निर्माण में अनुचिंतन के व्यापक धरातल पर निर्देश आधार (Frame of reference), तैयार करना होगा। भाषिकेतर वैचारिक धरातल, जीवन पद्धति का सामाजिक एवं सांस्कृतिक पक्ष, परंपरा और मिथकों के आश्रय से ही साहित्य के इतिहास का निर्माण किया जा सकेगा इसलिए साहित्य को भाषाओं का मात्र साहित्यिक प्रस्फुटन ही नहीं माना जाता बल्कि भाषिकेतर घटकों से निर्मित साहित्यिक परंपरा का उत्पाद भी स्वीकारा जाता है।

भारतीय विद्वानों में सर्वप्रथम श्री अरविंद ने अपनी पुस्तक 'इंडियन लिटरेचर' में समस्वार्थता के तत्त्वों के निर्देश आधार पर भारतीय साहित्य की अवधारणा के निर्माण का सफल प्रयत्न किया था। उन्होंने वैदिक काल से लेकर भक्तिकाल तक के भारतीय साहित्य के केंद्रीय स्वर, रूप तथा सौंदर्यात्मक मूल्य का पता लगाया और भारतीयों के सांस्कृतिक मन की अभिव्यक्ति के रूप में उसे स्वीकृति दी। श्री अरविंद के अनुसार भारतीय मन का मूल स्वर आध्यात्मिक, अंतर्दृष्टिपरक तथा मनोगत है (XIV : 307)। बाद में नगेन्द्र (1959), सुनीति कुमार चैटर्जी (1963), कृष्ण कृपलानी (1968) आदि ने इसी मूल स्वर को स्वीकारते हुए भारतीय साहित्य के दूसरे समस्वार्थता के तत्त्वों का उल्लेख किया जिसके द्वारा भारतीय साहित्य की एकता का पता लग सके। कृष्ण कृपलानी का कहना है कि विभिन्न भाषाओं एवं युगों में रचित भारतीय साहित्य के बदलते हुए प्रारूप के बावजूद कुछ तत्त्व दूसरों की अपेक्षा अधिक विशिष्ट प्रमाणित हुए हैं और जिन्हें काल नष्ट नहीं कर सका है। इनमें से एक है एक असीम सत्ता की प्रखर अनुभूति। यह अनुभूति बर्फ से ढके हुए हिमालय की तरह भारतीय साहित्य के दृश्य पट के साथ हमेशा जुड़ी रही है। (1968 : 120)। वस्तुतः एकता के इन तत्त्वों की सहायता से ही भारतीय साहित्य के एकक रूप का ढाँचा तैयार हो जाता है। इस ढाँचे का बाद में अरबी-फ़ारसी परंपरा तथा पाश्चात्य ज्ञान-विज्ञान के प्रभाव स्वरूप चिंतन और अभिव्यक्ति के नए स्वर से जुड़कर विस्तार हो पाता है। उदाहरण के लिए सूफी विचारधारा अथवा स्वच्छंदतावादी यूरोपीय दृष्टि आदि। मगर इससे भारतीय साहित्य के मूल स्वर की प्रामाणिकता और अधिक सिद्ध हुई है और अनिवार्य अपवर्तन, उत्क्रमण तथा रूपांतरण से भारतीय साहित्य का परिप्रेक्ष्य और अधिक विस्तृत हो सका है। भारतीय साहित्य का विश्लेषण करने पर हिंदू-बौद्ध तथा आर्य-द्रविड़ परंपरा अरबी-फारसी परंपरा को आत्मसात् करती दिखाई पड़ती है। पंजाब के सूफी कवि फरीद, लाल हुसैन, बुल्ले शाह सभी ने सूफी प्रेम तत्त्व को एक नया रूपक प्रदान किया है जो धर्मविज्ञान के धरातल पर हिंदू वैष्णवों के रहस्यात्मक प्रेम तत्त्व से भिन्न है परंतु साहित्यिक धरातल पर ईश्वरीय प्रेम की इन काव्यमय अभिव्यक्तियों में कोई अंतर नहीं है। और ऐसे भी सूफी प्रेमकाव्य का हिंदू भक्ति

काव्य में क्रमशः स्वाभाविक रूप में अंतर्भाव हो जाता है जिससे भारतीय साहित्य के परिप्रेक्ष्य को एक और नया आयाम मिलता है। बाद में पाश्चात्य प्रभाव का भी आत्मसात् होता है और इस तरह हमारी साहित्यिक परंपरा में एक अखंडित नैरंतर्य दिखाई पड़ता है और साथ ही हमारी आधुनिकता में प्राचीनता की प्राणशक्ति स्पष्ट उभरती हुई प्रकट होती है। आज नाना प्रकार के सामाजिक, आर्थिक तथा राजनीतिक कारणों से भारतीय साहित्य की प्राणशक्ति या उसके मूलस्वर पर दबाव पड़ा है परंतु फिर भी यह मूलस्वर अपने जटिल विन्यास में अब भी विद्यमान है। भारतीय साहित्य के इतिहास के निर्माण में अब एक ही प्रकार की जानी-पहचानी विभिन्न भाषाओं के साहित्य के कथ्यों की सहायता ली जा सकती है। यहाँ केवल एकता के तत्त्व नहीं वैविध्य के तत्त्वों को भी ध्यान में रखना पड़ेगा क्योंकि समस्वार्थता के तत्त्वों से निर्मित अखंडित भारतीय परंपरा को स्वीकार करते हुए विभिन्न भाषाओं में लिखने वाले हमारे लेखकों की स्वकीयता भी महत्त्वपूर्ण है। उदाहरण के रूप में महाकाव्य की परंपरा ने हमारे लेखकों को बहुत ही प्रभावित किया जिसके परिणामस्वरूप तुलसीदास, कंबन, कृत्तिबास, माधव कंदाली, मुक्तेश्वर, अभिनव पंपा आदि की रचनाओं में एकरूपता दिखाई पड़ती है मगर साथ ही इनका वैविध्य भी आकर्षित है। ये सारे लेखक एक ही परंपरा से जुड़े होने पर भी निराले ढंग से एक-दूसरे से भिन्न भी हैं। भारतीय साहित्य की एकता उसके इस वैविध्य के कारण और भी अधिक महत्त्वपूर्ण हो जाती है।[1] इस प्रकार भारतीय साहित्य के इतिहास की रचना में इस निर्देश आधार की सहायता से यानि एकता और वैविध्य के तत्त्वों के आश्रय से विभिन्न भाषाओं की रचनाओं के सर्वभारतीय संबंधों को आँकना सहज हो जाता है।

भारतीय साहित्य के इतिहास की रचना में दूसरा निर्देश आधार हमारी राष्ट्रीय अनुभूति के परिवर्ती आयाम हैं जिनको विभिन्न कथ्यों के द्वारा साहित्य में पुनः सृजित किया गया है। इससे साहित्य के काल-विभाजन की समस्या का बहुत ही अच्छा समाधान हो सकता है। राष्ट्रीय अनुभूति के परिवर्ती आयामों के आश्रय से ऐतिहासिक दृष्टि से विश्वासोत्पादक अविच्छिन्न साहित्यिक अभिव्यक्ति का आलेख प्रस्तुत किया जा सकता है।[2] उदाहरण के रूप में वीरकाव्यों की युद्धानुभूति और उथल-पुथल, भक्ति रीति तथा वैष्णवकाव्यों की आध्यात्मिक तथा रोमानी प्रेमानुभूति, नव-जागरण की अनुभूति, स्वच्छंदतावादी लोकोत्तर अनुभूति, राष्ट्रवाद की अनुभूति, प्रकृतवादी तथा यथार्थानुभूति, सामाजिक यथार्थ या परिवर्तनवादी अनुभूति तथा साम्प्रतिक काल में लेखकों की विघटित तथा मोहभंग की मनःस्थिति। कमोबेश ये सारी अनुभूतियाँ भारतीय भाषाओं में रचित विभिन्न साहित्यों में उपलब्ध हैं और भारतीय साहित्य के इतिहास की संकल्पना में अनुभूति की इस परिवर्ती आयामों को निर्देश आधार के रूप में स्वीकारा जा सकता है। इस अध्ययन में प्रांतीय भाषाओं में रचित साहित्य के विशिष्ट लक्षणों का तुलनात्मक प्रस्तुतीकरण भी अपेक्षित है। यहाँ भी अनुभूति की एकता

और विविधता के आश्रय से भारतीय साहित्य के इतिहास की रचना करनी है।

भारतीय साहित्य के इतिहास की संकल्पना के निर्माण में एक जैसे भारतीय स्रोतों का अध्ययन जरूरी है। प्राचीन वैदिक तथा संस्कृत साहित्य, पुराण, धर्मग्रंथ, रामायण, महाभारत, जातक ग्रंथ, कला, संगीत तथा लोक कथाएँ इन स्रोतों का उत्स रहा है। दूसरी ओर भारतीय लेखकों पर पड़ने वाले अरबी-फारसी तथा पाश्चात्य प्रभाव के फलस्वरूप एक जैसी प्रतिक्रियाओं का भी अध्ययन लाजमी है। यहाँ साहित्येतर एक जैसी सामाजिक, राजनीतिक तथा आर्थिक परिस्थितियों के अध्ययन को साहित्याध्ययन के साथ जोड़ने के लिए समाज-विज्ञान का आश्रय लेना होगा। यह हम सभी स्वीकार करते हैं कि कोई भी साहित्यिक कृति एक निश्चित देश और काल में घटित होने वाले मानवीय प्रयत्नों का एक निर्दिष्ट उत्पाद होता है और इसीलिए किसी भी मानवीय कृत्य को प्रभावित करने वाले प्रत्येक अनुकूलित घटक का अध्ययन ज़रूरी हो जाता है। इसीलिए भारतीय साहित्य के इतिहास की रचना में समकालीन सामाजिक तथा राजनीतिक संस्थाओं, विश्वास तथा विचार, नियम तथा मूल्य अर्थात् उन प्रत्येक वस्तुओं का अध्ययन ज़रूरी है जो किसी देश की जीवन धारा को नियमित करती है। इस प्रकार से विभिन्न भारतीय भाषाओं के साहित्य में प्रयुक्त मोटिफ, मिथक, बिंब, और प्रतीकों का, संरचना, बुनावट (शब्द विधान) तथा कथ्यों के संदर्भ में अध्ययन करने से साहित्यिक क्रियाओं के उन पैटर्नों का पता लग पाता है जिनसे एक सर्व-भारतीय निर्देश आधार का निर्माण और भारतीय साहित्य की संकल्पना की रचना संभव हो सके।

बुनावट और संरचना की दृष्टि से विभिन्न भारतीय भाषाओं में रचित साहित्यिक काव्यरूपों का अध्ययन इन साहित्यों की एकात्मता को प्रकट करने तथा इनके द्वारा भारतीय साहित्य के इतिहास की एकक अवधारणा के निर्माण में सहायक हो सकता है। सतत प्रयोग में लाए जानेवाले कतिपय कथ्यों (Themes) के विशिष्ट भारतीय चरित्र आज भी आधुनिक लेखकों को प्रेरित करते रहते हैं। यद्यपि आज जिन काव्यरूपों का प्रयोग हो रहा है वे लगभग सभी विदेशी काव्यरूप हैं। साथ ही विदेशी काव्यरूपों के ढाँचे पर हमारे पारंपरिक काव्यरूपों के पुनः निर्माण का सिलसिला भी जारी है। भारतीय साहित्य के इतिहास के लिए मोटिफ, मिथक, प्रतीक और बिंबों के साथ-साथ काव्यरूपों के अध्ययन में विभिन्न भाषाओं के साहित्य में पाए जाने वाली एकता और विविधता में एक सर्व-भारतीयता परिलक्षित होती है जो एकक भारतीय साहित्य की अवधारणा का मूल तत्त्व है। आधुनिक काल में इस सांस्कृतिक एवं साहित्यिक अविच्छिन्नता को तोड़ते हुए बहुत-से लेखकों ने मूल भारतीय परंपरा पर विदेशी विचारधाराओं को अध्यारोपित किया है। मगर संरचना, बुनावट तथा कथ्यों के आश्रय से परंपरा तथा संस्कृति की निरंतरता के अध्ययन के साथ पश्चिमीवाद के अधपका प्रभाव पर आधारित आत्म तथा व्यक्तित्व-विरोधी (Antiself तथा Antibeing)

रचनात्मकता का अध्ययन भी भारतीय साहित्य के इतिहास के सांश्लेषिक ढाँचा को निर्धारित करने के लिए महत्त्वपूर्ण हो सकता है।

भारतीय साहित्य के एकक इतिहास के निर्माण के लिए तुलनात्मक पद्धति की सहायता लेनी पड़ेगी। तुलनात्मक आलोचना इसका आधार नियम है जिसके अभाव में भारतीय साहित्य का उपयुक्त काव्यशास्त्रीय सौंदर्यमूलक तथा आलोचनात्मक विश्लेषण संभव ही नहीं। आजकल भारतीय काव्यशास्त्र के औजारों की अपेक्षा पाश्चात्य समीक्षाशास्त्र के औजार ही अधिक उपयोग में लाए जा रहे हैं। मगर भारतीय साहित्य के पारंपरिक तथा आधुनिक रूप के लिए किसी एक काव्यशास्त्रीय आलोचनात्मक पद्धति से काम नहीं चल सकता। उसके लिए हमें अपनी नयी साहित्यिक आलोचना या काव्यशास्त्र अथवा आलोचनात्मक अधिभाषा का निर्माण करना होगा। पाश्चात्य आलोचनात्मक परंपरा के साथ जोड़कर भारतीय काव्यशास्त्र की अवधारणाओं का, संगठन के एक स्तर पर, आलोचनात्मक विश्लेषण कम ही किया गया है। सुरेन्द्रनाथ दासगुप्त, सुधीरकुमार, नगेन्द्र, मार्ढेकर, पाटनकर, कृष्ण चैतन्य तथा कतिपय दूसरे विद्वानों ने भारतीय तथा पाश्चात्य सैद्धांतिक आलोचना के तुलनात्मक अध्ययन की सहायता से आधुनिक साहित्यिक स्थिति में भारतीय काव्यशास्त्र की प्रासंगिकता को प्रमाणित किया है। इस संबंध में कोई शक नहीं कि काव्यशास्त्रीय आलोचनात्मक भारतीय दृष्टि विदेशी समन्वेषण को नयी अर्थवत्ता से आलोकित कर सकती है और दूसरी ओर भारतीय आलोचना जिन क्षेत्रों में प्रयोगात्मक प्रतीत होती है वहाँ पाश्चात्य काव्यशास्त्र एक ठोस कार्यकारी प्रणाली दे सकता है। भारतीय एवं पाश्चात्य काव्यशास्त्र की तुलनात्मक छानबीन से ही एक लाभकारी सर्व-भारतीय आलोचनात्मक पद्धति का निर्माण और इस आलोचनात्मक पद्धति की सहायता से एकक भारतीय साहित्य के इतिहास के विभिन्न आयामों का विश्लेषण संभव हो सकता है। मगर इस प्रकार के विश्लेषण के लिए इस आलोचना पद्धति को अंतर्विद्यावर्ती होना पड़ेगा। साहित्येतिहास की विश्लेषण पद्धति अपने आप में द्विमुखी है। एक ओर साहित्येतिहास की साहित्यिकता का अध्ययन तो दूसरी ओर प्रासंगिक महत्त्व का 'मेटा-आलोचनात्मक' अध्ययन। इस प्रकार के अध्ययन से ही विभिन्न साहित्यों में एक सामान्य अस्मिता (Common identity) को ढूँढ़ निकालना तथा अंततः भारतीय साहित्य के एकक साहित्यिक रूप की अवधारणा का निर्माण संभव हो पाता है।

संकल्पनात्मक शब्द

बहुभाषिक स्थिति, बहुभाषिया अवस्थिति, द्विआधारी संरचना, तुलनात्मक साहित्यिक इतिहास, ऐतिहासिक निर्देश आधार, आलोचनात्मक संयंत्र, समस्वार्थता के तत्त्व, अंतर्दृष्टिपरक, रोमानी प्रेमानुभूति, लोकोत्तर अनुभूति, राष्ट्रवाद, प्रकृतिवाद, सामाजिक यथार्थ, मोहभंग की स्थिति, बुनावट, संरचना।

संदर्भ

1. The diversity of Indian Literature becomes more significant because of its unity, Sisir kumar Das, 'The Idea of an Indian Literature', Vagaratha (1973), पृ. 15
2. It is possible to delineate a historically convincing graph of continuous literary emergence in terms of varing dimension of our national experience, इंद्रनाथ चौधुरी Comparative Literature, पृ. 159

7

तुलनात्मक भारतीय साहित्य की ऐतिहासिक रूपबद्धता का निरूपण

साहित्य में 'सहित' का अर्थ अन्तर्निहित है और इसी कारण साहित्य में सबको साथ लेकर चलने का भाव पाया जाता है। सहित की यही स्थिति हमें एकाधिक साहित्य की ओर और अंततः तुलनात्मक भारतीय साहित्य के अध्ययन की ओर ले जाती है। 'साहित्य' शब्द की उत्पत्ति संस्कृत से हुई है तथापि संस्कृत में सब भाषाओं को इकट्ठा लेकर चलने की कोई परम्परा नहीं थी। संस्कृत-परंपरा में यही मान्यता रही कि ज्ञान का प्रवाह केवल एक ओर अर्थात् देवभाषा से भाषाओं की ओर यानी प्रमा से प्रतिमा की ओर होता है। प्रमा यानी मूल जो यहाँ संस्कृत भाषा और साहित्य जिससे प्रभावित प्रतिमाएँ यानी भारतीय भाषाएँ जिनको संस्कृत की प्रतिकृतियाँ मानी जाती रही हैं। यह प्रवाह ज्ञान के मूल रूपों से अनुवर्ती प्रतिरूपों तथा उन आदर्शों की ओर होता है जिनकी स्थापना संस्कृत-परंपरा में मूल की निष्पत्ति हेतु भारतीय भाषाओं में प्रयोग के लिए की जाती रही। इसमें मूल के साथ न्यूनाधिक अनुरूपता की प्रवृत्ति थी। प्रभुता के इस अन्वय के कारण संस्कृत-परंपरा ऐसे साहित्यिक क्षेत्र का सृजन नहीं कर पाई जहाँ सभी भारतीय भाषाएँ मिलकर साहित्यिक अध्ययन का एक अखिल भारतीय क्षेत्र बना सकें। अतः जब रॉबर्ट लाऊथ सन् 1753 में ऑक्सफर्ड में कविता पर अपने व्याख्यानों के अंतर्गत हिब्रू कविता की तुलना यूनानी कविता से कर रहे थे, उस समय भारत में संस्कृत कविता की तुलना अन्य भारतीय भाषाओं में लिखी कविताओं से करने का विचार भी अकल्पनीय था। मध्यकाल से संस्कृत दूसरी भाषा बन चुकी थी; यह संस्कृति की भाषा, एक अंतःप्रांतीय संपर्क भाषा, परंपराओं की संरक्षक तथा संवाहक, और विमर्श (डिस्कोर्स) की भाषा बन चुकी थी। विमर्श (डिस्कोर्स) में भाषा के माध्यम से प्रभुता की निष्पत्ति होती है।

यह समाज को स्थिर रखती है। किंतु एक समय आता है जब इस प्रकार के विमर्श (डिस्कोर्स की दुनिया) नितांत अपर्याप्त लगते हैं। ऐसी ही स्थिति में मध्य काल में भाषाओं के कवियों ने इस आम विमर्श (डिस्कोर्स) को चुनौती देते हुए अपनी मातृभाषाओं को सशक्त किया, सांस्कृतिक जगत में क्रांतिकारी परिवर्तन किया और दूसरी भाषा संस्कृत में प्रथम भाषाओं की कविता के काव्यशास्त्र की रचना होने दी। भाषाओं में रचित भक्ति साहित्य का काव्यशास्त्र संस्कृत में रचा गया। रचयिता रूप गोस्वामी और जीव गोस्वामी थे। इस प्रकार, उन्होंने एक ऐसा साझा क्षेत्र बनाया जहाँ सभी भारतीय भाषाएँ एक साथ मिलकर प्रेम और भक्ति के साझा विषय का आनंद और विवेचन कर सकती थीं।

किंतु, औपनिवेशिक शासन में आधुनिक काल के आगमन के साथ ही मधुसूदन दत्त जैसे लेखकों ने विरोध का खुला प्रदर्शन करते हुए संस्कृत काव्यशास्त्र को खारिज कर दिया और इलियड को निःसंकोच रामायण और महाभारत से श्रेष्ठ घोषित कर दिया। और, बंकिम चंद्र ने यद्यपि शकुंतला, मिरांडा तथा डेसडिमोना और अतिप्राकृत पर अपने लेखों के माध्यम से तीन साहित्यों—संस्कृत, अंग्रेज़ी और बांग्ला—की तुलनात्मक आलोचना की पहल की, तथापि इस क्रम में उन्होंने इन साहित्यों की एक श्रेणीबद्धता बना दी जो इनके बीच विद्यमान प्रभुता के अन्वय से संचालित थी। इस प्रकार यह स्थिति तुलनात्मक भारतीय साहित्य के विकास के अनुकूल नहीं थी। इस वातावरण में, जब टैगोर ने साहित्य के क्षेत्र में प्रवेश किया तो एक ओर तो उन्होंने लोगों को संस्कृत साहित्य की उत्कृष्ट कल्पनाशीलता, सुंदरता और शक्ति का आभास कराया और दूसरी ओर भाषाओं और लोक साहित्य की गहनता और सुंदरता का भी अन्वेषण किया। इस प्रकार, टैगोर ने 'देशी' भाषा और लोक साहित्य के प्रति 19वीं शताब्दी के कुलीन तथा पूर्वग्रही पाश्चात्य दृष्टिकोण को निष्प्रभावी बना दिया। साहित्य, उसकी प्रकृति तथा कार्यात्मकता के प्रति टैगोर की अवधारणा और परिणामतः उससे प्रभावित उनके साहित्यिक सिद्धांत की जड़ें भी 'साहित्य' शब्द की संकल्पना में गहरी बैठी हुई हैं, जिसमें 'सहित' होने का भाव मौजूद है। इस प्रकार, टैगोर एक से अधिक साहित्य के अध्ययन के लिए भूमि तैयार करते हैं। समकालीन अंग्रेजी साहित्य में उनकी गहन रुचि भी उनके लेखनी में खूब दिखाई देती है। और साहित्य के प्रति इस समग्रतावादी दृष्टिकोण के कारण ही उन्होंने 1907 में नेशनल कौंसिल ऑव एजुकेशन की ओर से आयोजित अपने भाषण में तुलनात्मक साहित्य के अध्ययन के लिए एक बहुत ही गंभीर अपील की थी। इस व्याख्यान का अनुवाद स्वयं टैगोर ने 'विश्व साहित्य' शीर्षक से किया था।

प्रारंभ में, तुलनात्मक साहित्य को एक सार्वभौमिक कोटि के रूप में स्वीकार किया जाता रहा, इसीलिए टैगोर ने इसे विश्व साहित्य का नाम दिया था। गोयते ने 1827 में जिस weltliteratur की व्याख्या दी थी टैगोर का 'विश्व साहित्य' एकदम

उसका स्मरण करा देता है। कई लोगों को टैगोर द्वारा विश्व साहित्य को तुलनात्मक साहित्य का समतुल्य मानना स्वीकार्य नहीं किंतु, यदि हम इन दोनों में अंतर रखना चाहते हैं तो हमें बुद्धदेव बोस के इस कथन को ध्यान में रखना होगा कि ऐसे अनेक क्षेत्र हैं जहाँ ये दोनों यदि विषय-क्षेत्र की दृष्टि से नहीं तो अभिप्राय की दृष्टि से एक-दूसरे में अति व्याप्त हो जाते हैं।" यदि कोई व्यक्ति तुलनात्मक साहित्य अर्थात् एक से अधिक साहित्यों का अध्ययन करना चाहे तो उसे तुरंत पीछे इतिहास में जाना होता है भले ही साहित्यिक कृति का रूपवादी अध्ययन तुलनात्मक अध्ययन को इतिहास से दूर रखना चाहता हो। व्यापक रूप में, साहित्यिक इतिहास के दो मुख्य दृष्टिकोण हैं : (1) पारंपरिक तथा सरलतावादी साहित्यिक इतिहास, जो साहित्यिक कृति और ऐतिहासिक पृष्ठभूमि के बीच एक स्पष्ट और निश्चित अन्वय की धारणा बनाकर चलता है, और (2) गैर संरचनावादी (deconstructionist) दृष्टिकोण जो अन्वय अथवा संबंध के औचित्य को ही स्वीकार नहीं करता। फ्रेडरिक जेमेसन जैसे मार्क्सवाद-उन्मुख सिद्धांतकारों, स्त्रीवादी विद्वानों और नव इतिहासवादियों की रचनाएँ इस दृष्टि से महत्त्वपूर्ण हैं कि उनमें इन दोनों ही चरम स्थितियों से बचने की प्रवृत्ति रही है। और फलस्वरूप इन विद्वानों के लिए इनमें अंतर्निहित अतिशय सरलीकरण के दोष को सही-सही देखना संभव हो पाया है।

जेमेसन का नारा है 'सदा इतिहासबद्ध बने रहो।' वह पाठों, उनमें वर्णित संसारों और पाठकों के आंतरिक रूप से निरूपित संसारों के बीच विद्यमान अन्वयों को महत्त्व देते हैं। वह विवेचना को कृति विशेष की रूपगत विशेषताओं और उसकी वैचारिक संरचना को उद्घाटित करने का प्रयास मानते हैं। इसमें निस्संदेह विवेचक की यह क्षमता भी निहित होती है जिसकी सहायता से वह किसी पाठ विशेष और उन अन्य अनेक वृत्तांतों के बीच अंतःसंबंध स्थापित करता है और जिनके माध्यम से हम इतिहास और समाज को जान पाते हैं। जेमेसन की इसमें एक रोचक बात यह दिखाई देती है कि वह पाठगतता (Textuality) के प्रश्नों की पूर्णतः उपेक्षा नहीं करते। उन्होंने यह सिद्धांत दिया कि इतिहास स्वयं पाठ नहीं है....किंतु इसे पाठ रूप में ही ग्रहण किया जा सकता है। साहित्यिक व्याख्या में विरचना (डिकंस्ट्रक्शन) की क्रिया का होना आवश्यक है। किंतु विरचना (डिकंस्ट्रक्शन) की यह क्रिया भाषिक विमर्श की अलंकारिकता के विश्लेषण से आगे इस यथार्थ की स्वीकार्यता तक जानी चाहिए कि पाठ, जैसा कि एडवर्ड सईद कहते हैं, 'सांसारिक' होते हैं और समाज इतिहास तथा राजनीति की जीवंत वास्तविकताओं के साथ जटिल रूप में जुड़े होते हैं।

इसके अतिरिक्त, एक साहित्यिक पाठ केवल समाज ही नहीं अपितु अतीत और वर्तमान के अन्य पाठों से और एक प्रबल परंपरा से भी जुड़ा होता है, और उनकी व्याख्या करते समय इस तथ्य को नहीं भूलना चाहिए कि विवेचक एक विशेष ऐतिहासिक संयोग की उपज होता है। इस प्रकार के दृष्टिकोण की सहायता से हम

इतिहास और साहित्यिक अर्थ और तुलनात्मक साहित्य की पारस्परिक जटिल क्रियाशीलता को और भी अधिक पूर्णता से समझ पाते हैं।

तुलनात्मक साहित्य के एक औपचारिक शैक्षणिक विषय के रूप में उभरने से बहुत पहले अनेक विद्वान यही सोचते थे कि साहित्यों का विकास एक दूसरे से पृथक रहकर नहीं होता और एकल साहित्य के अध्ययन के लिए भी प्रायः अपनी भाषा और साहित्यिक परंपरा से आगे जाकर देखना होता है। किंतु हमें भारतीय साहित्यिक आलोचना में लोकप्रिय रोमन पद्धति 'सनक्राइसिस' जैसा कुछ दिखाई नहीं देता। संस्कृत में सिद्धांतकार तो हुए हैं किंतु आलोचक नहीं। काव्य शास्त्र के विभिन्न सिद्धांतों का विकास किसी तत्कालीन साहित्यिक आंदोलन अथवा साहित्यिक शैली को चिह्नित करने के लिए नहीं हुआ था। 'रीति' की चर्चा तो हुई है, किंतु किसी विशिष्ट काल, समाज अथवा आस्वाद परिवर्तन के निरूपण के लिए नहीं। अमूर्त आदर्श उसका आधार है और उनका निरूपण निगमन पद्धति से हुआ है। इस प्रकार, हमारे यहाँ अलंकारिक, रीति अथवा औचित्य आलोचना तो है किंतु अलंकार अथवा रीति काव्य नहीं। ये भिन्न साहित्यिक आस्वाद के नाम नहीं हैं अपितु एक सार्वजनिक आस्वाद की भिन्न व्याख्याएँ हैं किंतु संस्कृत काव्यशास्त्र में शैली की चर्चा को 'इतिहास से जोड़ने' (इतिहासपरता) के कुछ प्रयास देखने को मिल जाते हैं। इस प्रकार 7वीं-8वीं शताब्दी के काव्यशास्त्री दंडी ने विभिन्न क्षेत्रों के संदर्भ में विभिन्न शैलियों का निरूपण किया है। उदाहरणार्थ अनुप्रास दक्षिण की रचनाओं की शैली है और भाषा का आडंबरपूर्ण प्रयोग बंगाल के लोगों की आदत है।

यदि आप तुलनात्मक साहित्य के अध्ययन को इतिहास से जोड़ना चाहते हैं उसे ऐतिहासिक रूप देना चाहते हैं तो आप शिशिर कुमार दास से सहमत हो सकते हैं और टैगोर के हवाले से यह कह सकते हैं कि टैगोर ने संस्कृत के लिए जो किया है वही यूरोपीय अभिजातवादियों ने ग्रीक और लैटिन के लिए किया था। अर्थात्, उन्होंने आधुनिक यूरोपीय भाषाओं के आलोचनात्मक विश्लेषण के माध्यम से आधुनिक संवेदना के लिए लैटिन और ग्रीक का नवीनीकरण किया था। किंतु, दास यह भी कहते हैं कि टैगोर ने पाठों को बिलकुल भी ऐतिहासिकबद्ध रूप में नहीं लिया है। उदाहरणार्थ, हम टैगोर की 'मेघदूत' की आलोचना को ले सकते हैं, जो इस बात का उदाहरण है कि कोई आलोचक जो कलाकार भी है किसी पाठ के साथ इतिहास मुक्त होकर क्या कर सकता है। ऑस्कर वाइल्ड जब एक कलाकार के रूप में आलोचक की बात करते हैं तो उनका यही आशय होता है। इसके विपरीत महान चित्रकार हेनरी मातीस कहते हैं कि हर कला पर उसके ऐतिहासिक युग की छाप होती है, किंतु उत्कृष्ट कला वह होती है जिसमें यह छाप अत्यधिक गहरी होती है। वैसे साहित्य के अधिकांश विद्यार्थियों को इसका उलटा ही सिखाया जाता है कि उत्कृष्टतम अथवा महानतम कला वह होती है जो कालातीत होती है और अपनी ऐतिहासिक स्थितियों

की सीमाओं को लाँघ जाती है। वस्तुतः सांदर्भिकता और संदर्भीकरण के प्रश्न मूलतः अर्थ और प्रतिरूपण अथवा प्रस्तुति के ही प्रश्न हैं और इसीलिए फ्रेडरिक जेमेसन प्रतिरूपण को अपनी पड़ताल के केंद्र में रखते हैं और यह कहते हैं कि साहित्यिक इतिहास का सरोकार आवश्यक रूप में अर्थ के सृजन की जटिल चिंताओं से संबद्ध होना चाहिए। हम यह समझ सकते हैं कि प्रारंभ में भारतीय साहित्य के तुलनात्मक अध्ययन का उद्देश्य औपनिवेशिक शासकों (अंग्रेजी आकाओं) की भाषा और साहित्य के वर्चस्व को बनाए रखना और पूरब के पिछड़ेपन, पतन और विषमता के दावों को सही साबित करने के लिए संस्कृत समेत समस्त भाषओं के बारे में निंदाजनक टिप्पणी करना था। यह सब इस तथ्य के बावजूद हुआ कि तुलनात्मक साहित्य का अध्ययन साहित्य के जनतंत्र का अध्ययन है, और इस हद तक है कि यह किसी संस्कृति विशेष की व्याख्या पर मूल्यपरक निर्णय देने से भी बचता है। इस प्रकार की प्रवृत्ति का संदर्भ चूंकि औपनिवेशिक है अतः भारत में आधुनिक साहित्यिक इतिहास-लेखन में संस्थापित (institutionalized) इतिहास बोध मुख्यतः पाश्चात्य मूल का है, और इसके परिणामस्वरूप विभिन्न भारतीय साहित्यों के इतिहासों की प्रकृति और इन इतिहासों की संरचना के लिए प्रयुक्त प्रमुख आख्यान (master narrative) के बीच एक अनिवार्य अंतराल विद्यमान है। दूसरी ओर, पुनर्जागरणावादी पुनरुत्थान की सोच वाले राष्ट्रवादियों ने विभिन्न भारतीय पाठों में पूजा (worship) का रूपक प्रवर्तित करने का साहसिक प्रयास किया, किंतु विश्व साहित्य के क्षेत्र में भारतीय साहित्य के लिए एक उचित स्थान तलाशने की दिशा में यह एक कमज़ोर प्रयास ही रहा। टैगोर की 'विश्व साहित्य' की अवधारणा ज़ोर नहीं पकड़ पाई और 19वीं शताब्दी तथा 20वीं शताब्दी के प्रारंभ में दो संस्कृतियों—विशेषकर भारतीय तथा आंग्ल-सैक्सन के पाठों के छिटपुट अध्ययन अधिकतर अन्य संस्कृतियों के उपनिवेशन के अनुभव पर आश्रित पाश्चात्य साहित्यिक इतिहास-लेखन की निर्भरता की पड़ताल बन कर रह गए।

उपनिवेशन यदि उपनिवेशक संस्कृतियों में इतिहास-लेखन को प्रोत्साहित करता है, तो यह उपनिवेशित संस्कृतियों के लिए इतिहास-लेखन संबंधी गंभीर विपर्यय भी पैदा करता है। जहाँ उपनिवेशन उपनिवेशकों के इतिहास में वृद्धि करता है वहीं यह उपनिवेशितों के इतिहास के कुछ हिस्से को आत्मसात कर लेता है। इतिहास वंचना की इस प्रक्रिया के उदाहरणों के तौर पर गणेश एन. देवी के अनुसार हम मानव-विज्ञान और प्राच्यविद्या जैसे विषयों को ले सकते हैं। मानव-विज्ञान 'आदिम' संस्कृतियों के अध्ययन का विज्ञान है। यूरोपीय मूल का यह विज्ञान अपनी विषय वस्तु को पहले इतिहास के प्रवाह से बाहर ले जाता है और फिर उसका एक मोहक (exotic) वस्तु के रूप में विश्लेषित करता है। प्राच्यविद्या एक ओर विज्ञान है जिसका विकास 'कभी सभ्य रही' संस्कृतियों के अध्ययन के लिए हुआ है, और यह ऐतिहासिक प्रवाह के

उन अंशों को जड़ीभूत कर देता है जिनका संबंध उसकी विषय-वस्तु से होता है। इसमें प्राचीन कालीन पूरब को समकालीन पूरब की अपेक्षा वरीयता दी जाती है। देवी कहते हैं कि दूसरे समाजों के इतिहास का दमन अथवा विपर्यय उपनिवेशवाद का ही एक गुण है क्योंकि यह अधिकृत भौगोलिक क्षेत्र में अंतःप्रवेश को तुलनीय बनाने का प्रयास करता है। इस प्रवृत्ति के कारण 19वीं शताब्दी का कुलीन तथा पश्चिमी रंग में रंगा इतिहास-लेखन लोक साहित्य के प्रति अत्यधिक पूर्वग्रह से ग्रस्त रहा। व्यक्तिगत स्तर पर जो कभी-कभार रुचि दिखाई गई वह अधिकतर मानव-विज्ञान के आश्रय से प्रतिफलित हुई। टैगोर ने लोक साहित्य में सौंदर्य तथा गहराई का अन्वेषण किया और गैर शास्त्रीय तथा हाशिये के इस साहित्य को अपने देशवासियों के समक्ष प्रस्तुत किया जो अपनी साहित्यिक विरासत के प्रति अधिकांशतः उदासीन और अज्ञानी थे। टैगोर ने इस मान्यता को स्थापित किया कि मार्ग (great) और देसी (little) परंपराएँ एक-दूसरे से अलग नहीं हैं, अपितु एक ही अटूट प्रक्रिया के दो ध्रुव हैं। क्योंकि भारत में उपांतीय (marginalised) अथवा देसी अथवा आंचलिक साहित्यिक परंपराएं प्रधान मार्ग अथवा मुख्यधारा के साथ अपनी स्थितियाँ बदलती रहती हैं। उपनिवेश काल के दौरान हमारे साहित्य में जब पहली बार भारतीय विचारों का इस प्रकार का ज्ञानमीमांसीय उद्‌घाटन हुआ, तो अन्यता (otherness) को समाप्त करने और स्वत्व (selfhood) के पुनरान्वेषण के माध्यम से मन को उपनिवेशन के प्रभाव से मुक्त करने की प्रक्रिया प्रारंभ हुई। इसी के साथ भारतीय साहित्य की ऐतिहासिक रूपबद्धता के (historicizing) निरूपण की प्रक्रिया एक वास्तविकता बन गई। इसमें तीसरी दुनिया के इतिहास में स्वत्व के आश्रय से अन्यता के मामले पर गहराई से ध्यान दिया जाने लगा।

इसी प्रकार, प्राच्यवाद की अवधारणा ने पाश्चात्य प्राच्यविदों को यह घोषणा करने का अवकाश दिया कि भारत का अतीत तो गौरवशाली था, किंतु वर्तमान कुछ नहीं। वर्तमान को बनाने के लिए भारत को पश्चिम की ओर जाना होगा और इस प्रकार यह अवधारणा प्रचलित हुई कि 'पश्चिमीकरण ही आधुनिकीकरण है।' भारत की बीती विरासत के समर्थक विलियम जोन्स जैसे विद्वान ने भी, 1786 में 'एशियाटिक सोसाइटी' (कलकत्ता) में अपने भाषण (discourse) में कहा था कि वह भारत की अतिप्राचीनता में तो प्रवेश करना चाहेंगे किंतु अपने अनुसंधानों को ग्यारहवीं शताब्दी तक ही सीमित रखेंगे। इस प्रकार जोन्स यह मत रखते हैं कि मध्यकालीन भारत और उसके बाद अंग्रेज़ों के यहाँ आने तक का काल अंधकार युग है और अध्ययन योग्य नहीं है। मध्यकालीन भारत के लिए 'ब्रिटिश पूर्व भारत' संज्ञा का प्रयोग करके जोन्स बड़ी चतुराई से ब्रिटिश भारत की श्रेष्ठता को सिद्ध कर देते हैं। किंतु, दूसरी ओर संस्कृत तथा विश्व साहित्य के बारे में प्रशंसापूर्ण टिप्पणियाँ देकर भारतविदों ने अपने अध्ययनों में साहित्य की आत्मा अर्थात् मूलार्थ की सार्वभौमिकता की पुष्टि

की तथा साहित्य के अध्ययन को मानवीय सृजनात्मकता की एकताकारी भावना को प्रकट करने का आधार मानकर उसका समर्थन किया। मानव जाति की मूल एकता की मान्यता निश्चित रूप में धर्म, पुराणशास्त्र (mythology) और साहित्य के तुलनात्मक अध्ययनों के विकास का एक मुख्य कारण है। यह ठीक ही कहा जाता है कि तुलनात्मक साहित्य प्रबोधन की परियोजना (enlightment project) का एक परिणाम है जिसकी पृष्ठभूमि में एक प्रच्छन्न सार्वभौमवाद का प्रभाव था।

अंग्रेजी शिक्षा के प्रसार और भारत में अंग्रेजी शिक्षा प्राप्त समुदाय के अस्तित्व में आने के साथ ही यहाँ एक नई आलोचनात्मक चेतना का भी विकास हुआ जिससे प्रोत्साहित होकर भारतीय विद्वानों ने उभरते भारतीय साहित्यों का और छिटपुट तौर पर संस्कृत अथवा तमिल में लिखे प्राचीन पाठों का, विशेषकर अंग्रेज़ी साहित्य और सामान्यतया यूरोपीय साहित्य के संदर्भ में मूल्यांकन शुरू किया। इसकी पहल आलब्रेख्त वेबर जैसे यूरोपीय विद्वान ने की थी। वेबर ने रामायण पर इलियड और संस्कृत नाटकों पर यूनानी प्रभाव की संभावना की बात कही। जी. यू. पोप ने तमिल कुरल और यूनानी सूक्ति काव्य में समानता दिखाते हुए यह निष्कर्ष दिया कि कोई भी साहित्य अकेला जीवित नहीं रह सकता। किंतु, जैसा कि मैंने पहले कहा है, इस प्रकार के अध्ययन का संदर्भ औपनिवेशिक था और उसमें अधिकतर अन्य संस्कृतियों के उपनिवेशन के अनुभव पर पाश्चात्य साहित्यिक इतिहास-लेखन की निर्भरता को ही खोजने का प्रयास हुआ था। किंतु इसमें कोई संदेह नहीं कि तुलनात्मक भारतीय साहित्य के अध्ययन में लोगों की रुचि बनी, और 1907 में 'विश्व साहित्य' के विषय में टैगोर की टिप्पणी आने के बाद कोलकाता विश्वविद्यालय के तत्कालीन कुलपति सर आशुतोष मुखर्जी ने 1919 में हावड़ा बंगीय साहित्य सम्मेलन में अपने अध्यक्षीय भाषण में तुलनात्मक भारतीय साहित्य की बात कही :

"हमें उन तरीकों के विषय में सोचना होगा जिनसे बंगाल, बिहार, उड़ीसा, मद्रास, गुजरात, राजपूताना और पंजाब सभी को एक ही माला में गूँथा जा सके और सभी को साहित्य-सागर के एक ही तट पर एकत्र किया जा सके।"

इसी दौरान श्री अरविंद 'भावी कविता' (1917-19) पर अपना विनिबंध (Tretise) लिख चुके थे जिसमें उन्होंने इस औपनिवेशिक धारणा पर प्रहार किया था कि उपनिवेशित देशों में साहित्य उसके सतत ह्रास की कहानी होती है।

प्रारंभ में तुलनात्मक भारतीय साहित्य का विकास एक सार्वजनिक धारणा के रूप में हुआ था और उसका स्वत्व (selfhood) के मुकाबले अन्यता (otherness) को लेकर गहराई से ध्यान देने का कोई अभिप्राय नहीं था। किंतु, स्वाधीनता के बाद स्थितियाँ बदल गईं। पिछली शताब्दी के पचास के दशक में लेखकों में मोहभंग की भावना प्रबल हो रही थी, वे अतीत की विरासत से नाता टूटने और समाज के विघटन के दबाव के कारण अत्यधिक पीड़ा का अनुभव कर रहे थे। पचास के दशक

में अधिकांश नए लेखक पाश्चात्य आधुनिकता के सूत्रों पर आधारित एक भयानक कृत्रिम जगत का चित्रण कर रहे थे। उसी दौरान जादवपुर विश्वविद्यालय में तुलनात्मक साहित्य का विभाग खुला, और लगभग उसी वर्ष साहित्य अकादमी की स्थापना हुई यद्यपि दोनों के उद्देश्य भिन्न थे। जादवपुर विश्वविद्यालय के तुलनात्मक साहित्य विभाग के प्रथम प्रोफेसर और अध्यक्ष बुद्धदेव बोस ने जादवपुर में तुलनात्मक साहित्य के पाठ्यक्रम के मुख्य बिंदुओं को परिभाषित किया :

"पाश्चात्य साहित्य के गहनतम पाठ, प्राचीन से लेकर वर्तमान काल तक" और देसी भूमि की शास्त्रीय परंपरा तथा जीवित आज का साहित्य।"

वैसे, इस पाठ्यक्रम में भारतीय की अपेक्षा पश्चिमी साहित्य की ओर रुझान अधिक था। जीवित साहित्य से तुलनात्मक साहित्य विभाग का आशय केवल बांग्ला साहित्य से था और इसीलिए विभाग ने अपने तरीके से भारतीय साहित्य के नाम पर बांग्ला साहित्य के अध्ययन की शुरुआत की। हाँ, इसमें 'देसी भूमि की शास्त्रीय परंपरा' के अंतर्गत संस्कृत के कुछ पाठों और महाकाव्यों को भी शामिल किया गया था। इस प्रकार, इस पाठ्यक्रम में भारतीय साहित्य के नाम पर संस्कृत के कुछ शास्त्रीय पाठों और एक प्रादेशिक साहित्य (बांग्ला) को ही रखा गया। इस भारतीय साहित्य के पाठ्यक्रम को पश्चिमी साहित्य के मुकाबले नहीं अपितु पश्चिम के मुकाबले में तैयार किया गया। पश्चिम कोई भाषाई सत्ता नहीं है, वह तो एक ढीली-ढाली सांस्कृतिक सत्ता है।

साहित्य अकादमी की शुरुआत इस वक्तव्य के साथ हुई कि भारतीय साहित्य एक है यद्यपि यह अनेक भाषाओं में लिखा जाता है। किंतु, साहित्य अकादमी ने उस भारतीय साहित्य का कोई प्रमाण प्रस्तुत नहीं किया जिसे वह अपने अस्तित्व का आधार बताती है। प्रारंभ में तो उसने हमें ऐसे उदाहरण देने का भरसक प्रयत्न किया था कि भारतीय साहित्य क्या नहीं है। हमने यह दावा किया कि एक भारतीय साहित्य है और इस तरह हमने स्वयं को आश्वस्त किया। हमने यह विश्वास किया कि सचमुच एक भारतीय साहित्य है; किंतु वास्तव में सदैव हम पश्चिम के मुकाबले एक प्रादेशिक साहित्य के विषय में ही सोचते रहे; उस पश्चिम के मुकाबले जो पूरब की तुलना में एक वास्तविकता है। हम यूनानी साहित्य विचार के मुकाबले संस्कृत अथवा हिंदी अथवा बाँग्ला साहित्य की बात सोचते हैं। यूनानी विचार एक वास्तविकता है, किंतु उसके मुकाबले हमने भारतीय विचार को स्थापित नहीं किया। यूनानी विचार के मुकाबले यदि हम एकक भारतीय विचार को खोजते तो हमें यह पता चलता कि इस पूरे कालक्रम में एक भारतीय विश्व-दृष्टि, एक आत्म-दृष्टि अथवा अस्मिता बोध का भी अस्तित्व रहा है। फिर, हमारे यहाँ काल और देश (स्थान) का एक भारतीय दृष्टिकोण भी है। 'अनंत' तो समय (काल) का प्रतीक है; यह अंतहीन है, तथापि ऐसा रूप है जो आगे बढ़ता है और इसकी एक चक्राकार गति है, तो दूसरी

रैखिक गति, एक कालातीत है, तो दूसरी ऐहिक या लौकिक। स्थान भी देश और 'क्षेत्र' दोनों है। भारत का इतिहास और संस्कृति सदैव सर्वभारतीयता (देश) और प्रादेशिक स्व-निश्चयात्मकता (क्षेत्र) के आदर्शों के बीच दोलामान रहा है। उसी प्रकार पारंपरिक भारतीय रंगमंच दोहरी अभिज्ञा, भ्रम (illusion) और भ्रमहीनता (non-illusion) को लेकर चलता है, जो भारतीय रंगमंच का अत्यधिक महत्त्वपूर्ण अंग है। और उसी प्रकार विभिन्न भारतीय भाषाओं में लिखे गए भारतीय साहित्य में कथ्य की एकता और सांस्कृतिक विशिष्टता और शैली की अनेकता देखने को मिल सकती है। लेखकों के निरंतर अन्वेषणों से जो कुछ सामने आता है वह है एक "विविध भारत जिसका गठन अनेक नस्लों, अनेक सभ्यताओं, अनेक प्रदेशों और अनेक भाषाओं से मिलकर हुआ है। प्रत्येक भाग का अन्वेषण दूसरे भाग के अन्वेषण की ओर ले जाता है और अंततः समग्रता की ओर।" अखिल भारतीयता और प्रादेशिकता का यही दोहरा अनुभव भारत के साहित्यिक जगत के केंद्र में है। इस भारतीय यथाथ की विवेचना पाश्चात्य साहित्यिक प्रतिमानों से नहीं की जा सकती, और इसी के परिणामस्वरूप स्वाधीनता के बाद एक नई अभिज्ञा का उदय हुआ जिसने हमारे सांस्कृतिक स्वत्व को समझने के लिए आधुनिकता की हमारी अपनी श्रेणियों के सृजन का मार्ग प्रशस्त किया।

पाश्चात्य प्रतिमानों पर अन्य कारणों से भी प्रहार हुआ। पिछली शताब्दी के छठे दशक में भारत में जो सामान्य सामाजिक-राजनीतिक स्थितियाँ थीं, उनसे प्रभावित सपनों और मूल्यों को रूमानी भावुकता कहकर अस्वीकार कर दिया गया था। राजनीतिक और सामाजिक हुक्मरानी, संस्थाओं और प्रतिष्ठानों के खिलाफ विरोध के स्वर उठे और प्रतिबंधित परिपाटियों का परित्याग अनिवार्य हो गया। बाध्यकारी स्थितियों ने युवा लेखकों को क्षुब्ध कर दिया—वे कुंठित और ठगा-सा महसूस करने लगे। यह वह समय था जब पाश्चात्य साहित्य में वियतनाम युद्ध, वुडस्टॉक, शांति जुलूसों, नस्लीय दंगों, प्रदर्शनों और हिंसा के बीच आधुनिकतावाद का बिखरना शुरू हो गया था। 1968 तक 'न्यूनतमवाद' की अंतिम आधुनिकवादी शैली भी दीर्घा के फर्श पर ढेर हो गई थी। उसके बाद आया नक्सलवादी आंदोलन और उसके साथ ही साहित्यिक परिदृश्य में प्रवेश हुआ उत्तर-आधुनिकता का। भारतीय संदर्भ में उत्तर-आधुनिकता ने पाश्चात्य आधुनिकता के सूत्रों के प्रति प्रतिक्रिया को जन्म दिया। उत्तर-आधुनिकता की नई साहित्यिक चेतना ने यूरोप-केंद्रित आधुनिकता के विचार को ही चुनौती दे डाली जिसमें प्रत्येक पाठ, प्रत्येक प्रवृत्ति की तुलना किसी यूरोपीय अमेरिकी उत्पाद से करने की प्रवृत्ति थी। अब यह एहसास हुआ कि आधुनिकता के तत्त्वों की खोज हमारी जड़ों और परंपराओं में होनी चाहिए। इस स्थिति में जादवपुर विश्वविद्यालय के तुलनात्मक साहित्य विभाग में एक सामान्य परिवर्तन हुआ। विभाग ने भारतीय भाषाओं को भी पाठ्यक्रम में शामिल कर लिया और जड़ों को खूब अच्छी

तरह से समझने का लक्ष्य रखा। किंतु, इस प्रक्रिया में विभाग ने पाश्चात्य की उपेक्षा नहीं की और एक ऐसा दृष्टिकोण अथवा परिप्रेक्ष्य तैयार किया जो नितांत भारतीय तो था ही उसमें किसी प्रकार की विचित्रता अथवा असंगतता भी नहीं थी। यह 'स्वदेशी' की नहीं 'स्वराज' की तलाश थी; यह तलाश थी आधुनिकता की श्रेणियों के सृजन की। उसी समय पार्थ चटर्जी ने अपना उत्कृष्ट निबंध लिखा—आधुनिकता क्या है? भारतीय साहित्य की परंपराओं की एकता और विविधता दोनों को समझने के लिए भारत के विभिन्न विश्वविद्यालयों में तुलनात्मक साहित्य के विभाग खोले गए। साहित्य अकादमी ने भारतीय साहित्य में केंद्रीयतामुखी प्रवृत्ति तथा प्रभुत्ववादी संरचना की अपनी खोज में क्रांतिकारी परिवर्तन करते हुए भारतीय जीवन की बहुलता को सामने रखा और जनजातीय भाषाओं में काम करना शुरू कर दिया। उसने यूरोप और अमेरिका में हमारी रुचि को खारिज करते हुए पड़ोसी देशों के साथ अधिकाधिक सांस्कृतिक संपर्क स्थापित किए। उसने भारतीय साहित्य की जटिलताओं को उजागर करने में प्रगति की, और इस प्रक्रिया में विशुद्ध रूप में भारतीय कहे जाने वाले मूल्यों को थोपा भी नहीं। साथ ही, अकादमी ने विभिन्नता के उस विचार का भी प्रतिरोध किया जिसके अनुसार संस्कृतियों की सामान्यताएँ और 'स्व' तथा 'पर' का पारस्परिक संबंध गौण हो जाता है। उसकी यह नई दृष्टि शिशिर कुमार दास रचित आधुनिक कालीन 'भारतीय साहित्य का इतिहास' के दो अनूठे खंडों के प्रकाशन से उल्लेखनीय रूप में सामने आई।

इस नई दृष्टि में प्रभावी तत्त्वों का स्थानांतरण करते हुए 'अभिज्ञा' की समस्याओं के स्थान पर अस्तित्व में बने रहने की समस्याओं को नाटकीय रूप दिया गया अर्थात् प्रभावी तत्त्वों ने अब ज्ञानमीमांसीय होकर सत्तामीमांसीय रूप धारण कर लिया अब "मैं इस संसार की क्या व्याख्या कर सकता हूँ जिसका मैं स्वयं एक अंग हूँ? और, इसमें मेरा क्या स्थान है?" जैसे आधुनिकतावादी प्रश्नों के स्थान पर ऐसे प्रश्न उठाए जाने लगे। "यह कौन-सी दुनिया है? इसमें क्या किया जाना चाहिए? मेरे किस स्व को यह करना है? संसार क्या है? किस प्रकार के संसार अस्तित्व में हैं?" यहाँ विचार यह है कि विश्व की तुलना में स्वयं को समग्रता में देखा जाए और समग्रता हमें दूसरे साहित्यों की ओर ले जाती है—केवल तुलनात्मक अध्ययन के अंग के रूप में नहीं। अपितु एक मान्य सांस्कृतिक अध्ययन के रूप में। और, यह विचार सांस्कृतिक अपधर्मिता अथवा अशास्त्रीयता और विभिन्न स्वदेशीय आत्म जागरूकता की स्थितियों से मुकाबला करने में हमारी रुचि में परिवर्तन का द्योतक है। लोग अब यह समझने लगे हैं कि अल्पसंख्यक संस्कृतियाँ वास्तव में बहुसंख्यक संस्कृतियाँ हैं और प्रभुताप्रदत्त पाश्चात्य (यूरोपीय-अमेरिकी) अध्ययनों को राजनीतिक कारणों से अनुचित रूप में विशेष महत्त्व दे दिया गया है। भारतीय साहित्य का विचार हमारे बहुलवादी संदर्भ में एक वास्तविकता बन गया है।

साहित्यिक परंपरा की अपनी एकता और विविधता से युक्त तुलनात्मक साहित्य ने एक सार्वभौमिक धारणा से हटकर एक राष्ट्रीय धारणा का रूप ले लिया है और अब यह तुलनात्मक भारतीय साहित्य के रूप में स्थापित हो गया है। अंततः इसमें प्रादेशिक भाषाओं और उपभाषीय प्रादेशिक दलित इतिहास-लेखन को शामिल कर लिया गया है, जिससे उसमें स्वदेशीय आत्म-जागरूकता के लिए जगह बन गई है और यह सिद्ध करना संभव हो गया है कि भारत में स्वत्व (selfhood) का स्वरूप समरूप नहीं है। यह 'स्वदेशी' की नहीं 'स्वराज' की तलाश है। यह तलाश यथार्थ को सोचने, देखने, समझने और अनुभव करने के भारतीय तरीके के संरक्षण और निरंतरता की है। अन्यता (otherness) अब एक औपनिवेशिक श्रेणी नहीं रही, अपितु यह उत्तर और दक्षिण की सांस्कृतिक संगति का एक हिस्सा है। इसकी उपलब्धि प्राथमिक रूप में पर्यावरण पर आई हुई आपदा के भय और विकसित दुनिया की भूमंडल पर वर्चस्व स्थापित करने की लालसा से उपजे तनाव के कारण संभव हुई है। तुलनात्मक भारतीय साहित्य 'अनेक नायकों' अथवा पुराकल्प का साहित्य है—यह इतिहास-लेखन का एक प्रकार है जिसकी व्याख्या ग्यारहवीं शताब्दी के काव्यशास्त्री राजशेखर ने की है, और यह अस्तित्व के विभिन्न आयामों को आत्मसात् करता है और इस प्रक्रिया में यह 'स्व' और 'पर' की और अखिल भारतीय प्रादेशिक तथा भाषाई आंचलिक अस्मिताओं की स्वायत्तता की अवहेलना नहीं करता।

8

भारतीय साहित्य की अवधारणा

भारतीय साहित्य की आधारभूत भारतीयता या एकता से परिचित होना तभी संभव होता है जब हम उसे अनेकता या भारतीय साहित्य की विविधता के संदर्भ में समझने का प्रयत्न करते हैं। पश्चिमी विचारधारा प्रत्येक समस्या को द्वि-आधारी प्रतिमुखता में बदल देती है और इसके विपरीत भारतीय मन जीवन की साकल्यवादी दृष्टि में विश्वास करता है और परिणामतः एकता-अनेकता जैसे विरुद्धों के समूह को एक-दूसरे के संपूरक के रूप में स्वीकार करना सहज हो जाता है और स्थानीय, प्रांतीय तथा सर्व-भारतीयता तथा राष्ट्रीय अस्मिता में एक सजीव संबंध स्थापित करना संभव हो पाता है। भारतीय साहित्य अपनी एकता विविधता को अंगीकार करते हुए प्रदर्शित करता है और यही विश्व को भारत की देन है। अनेकता से एकता की ओर ले जाने वाला यह मॉडल भारत की अनन्यता है।

भारतीय साहित्य के संदर्भ में इसलिए सबसे पहले एक मूलभूत प्रश्न उठता है कि क्या भारतीय साहित्य एकक है या अनेक। भारतीय साहित्य की एकता को प्रमाणित करने के उद्देश्य से सन् 1954 में साहित्य अकादमी की स्थापना हुई थी। डॉ. सर्वपल्ली राधाकृष्णन ने तब कहा कि भारतीय साहित्य एक है यद्यपि वह बहुत-सी भाषाओं में लिखा जाता है। यह वक्तव्य काफी महत्त्वपूर्ण है मगर इसमें वाक्पटुता अधिक है, इसमें भारतीय साहित्य की अनन्यता अनुपस्थित है। इसके विपरीत सुनीति कुमार चैटर्जी ने अपनी पुस्तक लैंगवेज़ेस एंड लिटरेचर्स ऑफ इंडिया में भारतीय साहित्य के लिए बहुवचन का प्रयोग किया है।

साधारणतया भारतीय साहित्य का उल्लेख हम एकवचन में करते हैं परंतु जब भारतीय भाषाओं की बात की जाती है तब बहुवचन का प्रयोग होता है। आज तो ऐसा लगता है कि भारतीय साहित्य की एकता की बात स्वीकार करने में लोग तैयार

नहीं। यहाँ तक कि द्रविड़ भाषाओं में रचित साहित्य की एकता को भी स्वीकारने में दक्षिण के लोग तैयार नहीं। हालाँकि दूसरे अवसरों पर जब हम भारतीय साहित्य पर एक नज़र डालते हैं तो किसी एक कालखंड में रचित साहित्यिक कृतियों की समान बानगी को देखकर उन्हें एकक संघटनात्मक धरातल (one single level of organisation) पर स्वीकार करने में बाधा नहीं लगती। फिर भी एक अनिश्चयात्मकता की स्थिति बनी रह जाती है। मगर क्या इस प्रकार की अनिश्चयात्मक प्रवृत्ति एकता के सपने के बारे में हमारे डर को ज़ाहिर करती है? क्या हम यह सोचते हैं कि ऊपर से थोपी गई केन्द्रीयता अंशों में (parts) विकसित साहित्य पर अधिकार जताना चाहती है? क्या यह साहित्यानुभूति के वैविध्य को लघु, उपेक्षित और महत्त्वहीन बनाती है?

यह सही है कि साहित्यानुभूति की एकता के बहाने साहित्यगत विविधता की उपेक्षा अपने को धोखा देना है। मगर यह भी सही है कि प्रादेशिकता का शिकार बनना ठीक नहीं है। मगर आश्चर्य की बात यह है कि इस देश में प्रादेशिकता कभी विचारगत भिन्नता का प्रतीक नहीं रही। शैलीगत भिन्नता को प्रकट करने के लिए प्रदेशों का उल्लेख होता रहा है। भारतीय काव्यशास्त्र में प्रादेशिकता को हमेशा शैली के आधार पर परिभाषित किया गया है और उसका अनुभूति के ढंग (mode of experience) और विषयवस्तु (content) के साथ कोई संबंध नहीं है। दंडी ने 7-8 वीं शती में ढंग (mode), विधि (manner) तथा शैली के लिए मार्ग शब्द का प्रयोग किया था और भारत के दो प्रदेशों के आधार पर वैदर्भी तथा गौड़ीय दो प्रकार की काव्य शैलियों की बात की थी :

उत्प्रेक्षा दाक्षिणात्येषु
अथवा गौडेष्वक्षरडम्बरः

अर्थात् दक्षिण के लोग उत्प्रेक्षा का अधिक प्रयोग करते हैं और बंगाल के लोग अतिशयोक्तिपूर्ण भाषा का। शैली प्रादेशिक भिन्नता को चिह्नित करती है और यह प्रादेशिक भिन्नता विषयवस्तु की नहीं शैली की भिन्नता है। परंतु विषयवस्तु में निहित प्रत्येक लेखक की कृति में पायी जाने वाली सांस्कृतिक विशिष्टता से इनकार नहीं किया जा सकता। मगर साथ ही विभिन्न भाषाओं में रचित साहित्यिक कृतियों में पायी जाने वाली एक तरह की आम अभिरचना साहित्य की एकता की एकक धारणा को भी जन्म देती रही है। परिणामतः भारतीय साहित्य के संदर्भ में विशेष तथा वैश्विकता, क्षेत्र और देश या प्रदेश तथा राष्ट्र (Nation State) के अंतर को, उनके तनाव को एक-दूसरे के परिपूरक (complementary) के रूप में स्वीकार करना पड़ता है।

भारतीय साहित्य के संदर्भ में एकता और विविधता के सारे सवाल को इसी ढंग से समझना होगा। यहाँ भारतीय साहित्य में क्षेत्र अपना अलग अस्तित्व बनाए रखते हुए भी देश में अभिसारित हो जाता है बिलकुल जगत् प्रसिद्ध चित्रकार वान

गॉग के प्रसिद्ध चित्र शूज़ (shoes) की तरह। चित्र में अंकित इन जूतों को देखने पर लगता है कि ये किसी किसान के जूते हैं जो अपने खेत में बहुत समय से काम कर रहा है और उसके जूते फटने लगे हैं। इन जूतों में उस किसान की मेहनत, पसीना, दुश्चिन्ता तथा यातना स्पष्ट दिखाई पड़ती है और यह अनुमान लगाया जा सकता है कि इन जूतों को उस किसान ने एक निश्चित खेत में काम करते हुए एक निश्चित कालावधि में तथा विशेष परिस्थितियों में पहने थे। फिर भी ये महान जूते हैं जिनकी एक वैश्विक अपील तथा महत्त्व है और जो सार्वभौम ढंग से विद्यमान है। भारतीय साहित्य की क्षेत्रीयता का अलग अस्तित्व होते हुए भी उसके वैश्विक अपील को स्वीकार करना पड़ता है। वस्तुतः भारतीय संदर्भ में देसी-मार्गी अंतर या लोक तथा शास्त्र का अंतर एक ही परंपरा की दो विभिन्न अभिव्यक्तियों के रूप में स्वीकार्य है। ये एक ही नैरंतर्य के दो स्तंभ हैं।

इस तरह भारतीय साहित्य में हमें विषयवस्तु की एकता मिलती है और शैली की विभिन्नता भी और साथ ही सांस्कृतिक विशिष्टताओं का एक वैविध्यमय संसार और साहित्यिक परंपराओं की एकता के अपार उदाहरण। लेखकों द्वारा लगातार छानबीन के द्वारा जो तथ्य उद्घाटित हुआ है कि भारत एक वैविध्यमय देश है जो बहुत-सी जातियों, सभ्यताओं, प्रदेशों, धर्मों तथा भाषाओं का समाहार है। इसके किसी एक हिस्से का आविष्कार दूसरे हिस्से की खोज के लिए हमें रास्ता दिखाते हैं (हिंदी का भक्ति काव्य हमें अंततः तमिल आलवारों तक पहुँचा देता है) और इस तरह एक संपूर्ण भारत का पता लगता है।

मध्ययुगीन भक्ति साहित्य का ही उदाहरण लेते हैं। यह सर्व भारतीय घटना 6-7वीं शती में तमिल के आलवारों द्वारा घटित होकर कर्नाटक, महाराष्ट्र, गुजरात, राजस्थान में प्रसारित होते हुए 13-14वीं शती में कश्मीर में फैल जाती है और 15-16 वीं शती तक मध्य देश को अपने घेरे में ले लेती है। श्री चैतन्य के फलस्वरूप भक्ति के इस रूप का नवरूपायण होता है और बंगाल, असम तथा मणिपुर में इस आंदोलन का प्रसार होता है। यह एक क्रांति थी, नवजागरण था जिसने भक्तों की कल्पना को झंझा की तरह झकझोर दिया। भक्ति साहित्य में अलग-अलग भाषाओं का प्रयोग है। सांस्कृतिक विशिष्टताओं की अभिव्यक्ति है तथा समुदाय के आश्रय से ऐतिहासिक क्रियात्मकता में प्रादेशिक अस्मिता का प्रसार है। विभिन्न भाषाओं में रचित इस साहित्य में दिखाई पड़ने वाली विविधता के बावजूद एक आम विश्वास, आस्था, मिथक तथा अनुश्रुतियाँ इनमें विषयवस्तु की एकता का पता देती हैं। विषयवस्तु का सर्व भारतीय रूप द्वंद्व और समझौता की स्थितियाँ पैदा करता है और क्षेत्र और देश की संपूरकता का एहसास कराता है।

भक्ति जोड़ने का काव्य है जो भक्त को ईश्वर से मिलाता है। मिलन का आधार है प्रेम मगर सांसारिक प्रेम बाँधता है, भक्ति सांसारिकता से मुक्त कर अनंतता

की ओर ले जाती है। भक्ति का आदर्श बंधनहीनता है। लौकिक प्रेम काम है, भक्ति ईश्वरीय प्रेम है, आनंदात्मक खुलेपन की अनुभूति है जो व्याख्यातीत यथार्थ की ओर इशारा करता है। भक्ति आंदोलन के कुछ ऐसे सर्वभारतीय तत्त्व हैं जो सब भाषाओं के भक्ति काव्य में दिखाई पड़ जाते हैं। उदाहरणतया, (1) ईश्वर का गृहस्थीकरण। अब देवता अगम्य नहीं है। अब भक्त ईश्वर पर अधिकार करना चाहता है और उसके द्वारा अधिकृत होना चाहता है। भक्त अपने ईश्वर को लेकर कविता कर रहा है, चित्र बना रहा है, स्थापत्य शिल्प का निर्माण कर रहा है, उसे हर तरह से सगुणात्मक रूप दे रहा है। (2) जब कोई मनुष्य ईश्वर से प्रेम करता है। उसकी भाषा तो अलग नहीं हो सकती, वह तो मानवीय भाषा ही रहेगी और इसीलिए लौकिक प्रेम और अलौकिक प्रेमाभक्ति में अंतर स्पष्ट करने के लिए इन सब कवियों ने भणति (signature line) का प्रयोग किया है। कवि का हस्ताक्षर कविता को स्थानीयता देता है, व्यक्तिगत बनाता है, फिर भगवान को कवि से जोड़ता है और कविता को श्रोता से और इस तरह लौकिक प्रेम अलौकिक में बदल जाता है। परिणामस्वरूप धर्म के प्रति एक काव्यमय दृष्टि तथा कविता के प्रति एक तापस दृष्टि का प्रसार हो सका था। प्रेम-काव्य परंपरा के सारे प्रपंच वैसे ही बने रहे, कमल, भौंरा, दक्षिण का मलयानिल, काली घटा, वृक्ष और उसमें लदे सुगंधित पुष्प, राही और राह में मिलने के संकेत स्थल मगर अब वे लौकिक प्रेम की अभिव्यक्ति के स्थान पर दिव्य भक्ति की अभिव्यक्ति करने लगते हैं। कामिनी की कवरी में गुँथा हुआ कुसुम और देवता के पादपीठ पर अर्पित कुसुम एक ही बने रहे—उसको देखने का तरीका और उसमें से उद्घाटित होने वाला अर्थ बदल गया। (3) भक्ति काव्य सशक्तिकरण का काव्य है। यह काव्य बोलने का काव्य है। अब यह श्रुति नहीं, स्मृति भी नहीं, पास में बैठ के सुनना भी नहीं। अब यह निष्क्रिय ग्रहणोन्मुख पद्धति भी नहीं। अब यह क्रियात्मक पद्वति है। (4) स्त्रियाँ, दलित सब को अब भाषा मिल गई है। आभिजात्य परंपरा की संस्कृत भाषा का प्रयोग नहीं अब कबीर, एकनाथ, माणिक्कवाचकर जन सामान्य की भाषा का प्रयोग कर रहे हैं। इन कवियों के अनुसार ईश्वर हमारे भीतर वैसे ही बसते हैं, जैसे मातृभाषा, हम ईश्वर में जीते हैं, जैसे भाषा में जीते हैं। अब आधिपत्य की भाषा का प्रयोग हो रहा है। अवतार का अर्थ है उतरना, जनता के साथ एकमेक होना। आधिपत्य की भाषा पहली भाषा हो सकती है, संस्कृत दूसरी भाषा है, संस्कृति की भाषा है। संस्कृत पितृ भाषा है, उसके साथ आप मनमानी नहीं कर सकते। इसलिए अपने भगवान के लिए अब मातृ भाषा का प्रयोग हो रहा है। (5) अब वैदिक यज्ञ के स्थान पर, जो केवल विशेषज्ञ कर सकते थे, पूजा का महत्त्व बढ़ जाता है, जो सब कर सकते हैं। अतएव जाति प्रथा का विरोध होता है क्योंकि यह छूने का काव्य है, यहाँ कोई अछूत नहीं है। यह एक नए प्रकार का काव्य था, जो औचित्य की परवाह नहीं करता, शिक्षा उसके पास नहीं है, जहाँ सब

कवि बन सकते हैं। कवि और संत जहाँ एक हैं। वह कवि है क्योंकि वह संत है। (6) यह सर्व-भारतीय काव्य है। यहाँ भगवान कृष्ण और राम उत्तर के हैं मगर उनकी कैसे पूजा की जा सकती है इसका पता दक्षिण के आचार्य दे रहे हैं। यह सारा काव्य इसीलिए एक-दूसरे से जुड़ा है और इसमें विषयवस्तु का सर्वभारतीय रूप प्रकट हुआ है।

आधुनिक काल में 19वीं शती के नवजागरण का उदाहरण भी लिया जा सकता है। 14वीं शती के यूरोपीय नवजागरण की विशेषताएँ थीं, वैज्ञानिक बुद्धिवादिता, व्यक्ति स्वाधीनता तथा मानवतावाद। भारत में समय की माँग के अनुसार इनके स्थान पर राष्ट्रवाद, सुधारवाद तथा पुनरुत्थानवाद का प्रसार हुआ। एक ही विषय वस्तु समाज सुधार को लेकर भारत की विभिन्न भाषाओं में पहला उपन्यास लिखा गया। तमिल में सैमुअल वेदनायकम पिल्लइ, तेलुगु में कृष्णम्मा चेट्टी, मलयालम में चंदु मेनन, हिंदी में लाला श्रीनिवास दास, बांग्ला में मेरी हैचिन्सन के उपन्यास की विषयवस्तु में समाज सुधार की ही प्रमुखता है। वस्तुतः इन्हीं सब कारणों से यह निष्कर्ष लिया जा सकता है कि कोई भी एक भारतीय साहित्य एक-दूसरे भारतीय साहित्य से कहीं-न-कहीं जुड़ा हुआ है अतएव भारतीय साहित्य का कोई भी अध्ययन एक साहित्य के संदर्भ में अध्ययन के प्रति न्याय नहीं कर सकता। लेखक के प्रति भी न्याय नहीं कर सकता जो एक सर्वनिष्ठ सांस्कृतिक परिवेश में जीता है।

भारतीय साहित्य की अवधारणा भाषा साहित्य के समीकरण पर आधारित नहीं क्योंकि यहाँ बहुत-सी भाषाएँ हैं। हमारी बहुभाषिक स्थिति में एक लेखक बहुत-सी भाषाओं में लिखता है। इसीलिए भारतीय साहित्य को किसी एक भाषा से संबद्ध करके उसे चिह्नित नहीं किया जा सकता। फिर उर्दू, सिंधी भारत और पाकिस्तान की भाषाएँ हैं और बांग्ला भारत और बंगलादेश की भाषा।

जब कोई भारतीय साहित्य की बात करता है तब एक भौगोलिक क्षेत्र और राजनीतिक एकता की बात उठती है। भारत एक भौगोलिक क्षेत्र है मगर हमारी राजनीतिक अभिरचना क्या है? विविधता पर हमारी एकता निर्भर है। भौगोलिक क्षेत्र की अपेक्षा भारतीयता का आदर्श हमारे लिए ज्यादा आवश्यक है। पंडित नेहरू कहते थे, यह एक नेशन स्टेट नहीं है मगर एक राष्ट्र निर्मिति की स्थिति में है। रवींद्रनाथ कहते थे कि हमारा राष्ट्र मात्र भौगोलिक सत्ता नहीं, मृण्मय नहीं। वह एक विचार का प्रतीक है, वह चिन्मय है। हमारा राष्ट्रवाद हमारे प्राचीन आदर्शों तथा गाँधीजी द्वारा प्रस्तुत बहुलवाद, आध्यात्मिक परंपरा, सत्य और सहिष्णुता के विचारों तथा नेहरू के समाजवादी तथा अंपक्ष ग्रहण (non-alignment) के विचारों पर आधारित है। और सबसे बड़ी बात हमारे साहित्य की अवधारणा जनता तथा साहित्य के संपर्क की पहचान पर आधारित है। वस्तुतः भारत के साहित्य को केवल भाषा, भौगोलिक क्षेत्र और राजनीतिक एकता से ही पहचाना नहीं जाता मगर कहीं अधिक उस देश

की जनता के आश्रय से पहचाना जाता है। और इस प्रकार एक समेकित सांस्कृतिक क्षेत्र का निर्माण होता है जो भारतीय साहित्य के पारस्परिक संबंधों पर निर्भर है जहाँ विविधता और एकता दोनों को स्वीकारा जाता है अर्थात् किसी एक भाषा में रचित साहित्य के विशिष्ट चरित्र तथा प्रकृति को स्वीकृति देने के साथ-साथ इनको पार करते हुए—धार्मिक, भाषिक तथा जातीय चारदीवारियों को पार करते हुए कुछ समरूप विशिष्टताओं की पहचान की जाती है और उन्हें भी स्वीकृति दी जाती है।

भारतीय साहित्य की इस एकता का परिज्ञान, हमारे लेखकों को एक ऐसे क्षेत्र के निर्माण करने के लिए प्रोत्साहित करता है जो नेशन स्टेट की राजनीतिक अवधारणा से कहीं अधिक स्थायी है, जो भारतीय जनता की आत्मा का हिस्सा है। महाभारत के भीष्मपर्व में इस सांस्कृतिक तथा भौगोलिक क्षेत्र सप्तद्वीप भारत देश का उल्लेख है। 14वीं शती में अमीर खुसरो ने नौ आसमानों का उल्लेख किया है जिसमें आसमान नुहसिफिर भारत देश है। 16वीं शती में असमिया के शंकरदेव एक समेकित सांस्कृतिक क्षेत्र का उल्लेख करते हैं। भौगोलिक दृष्टि से परिवर्तनों के बावजूद यह समेकित सांस्कृतिक क्षेत्र का पूर्ण अस्तित्व बना हुआ है। उदाहरण के रूप में अशोक का भारत, अकबर का भारत, ब्रिटिश इंडिया तथा वर्तमान भारत का भौगोलिक रूप एक नहीं है फिर भी यह समेकित सांस्कृतिक क्षेत्र बरकरार है।

भारतीय साहित्य भारतीय जनता की स्मरणीय अभिव्यक्तियों का समाहार है। यह सत्ता राजनीतिक अनिवार्यता से निर्धारित नहीं हुई वरन् समुदाय (communality) की भावना से निर्धारित हुई है जो भावना सदियों से हमारे भीतर मौजूद है। समुदाय की इस भावना से प्राप्त शक्ति भारतीय जनता और उसके क्रियाकलापों को समायोजित (unify) करती है और इसीलिए भारतीय साहित्य में लोक और शास्त्र दोनों एक-दूसरे से अन्योन्याश्रित रूप से संबद्ध दिखाई पड़ते हैं परिणामतः यहाँ शास्त्र का अनुशासन, आदर्श की अभिव्यक्ति और लोक की चुनौती और लोक से प्रेरित त्रासदी की अभिव्यक्ति सब इकट्ठे दिखाई पड़ती है। समुदाय की यह भावना न तो उपनिवेशवाद की प्रतिक्रिया है न ही राष्ट्रीय आंदोलन का परिणाम। यह एक सर्वकालिक यथार्थ है। समुदाय का भावना से प्रेरित literature के लिए यहाँ 'साहित्य' शब्द का प्रयोग किया जाता है जिसका अर्थ है, मानव मनों का मिलन (meeting of minds)। मन का मिलन प्रेम, सौहार्द, समझदारी का प्रसार करता है, समुदाय की भावना का प्रसार करता है।

भारतीय साहित्य का विचार भारत की बहुभाषिकता का स्वाभाविक परिणाम है। भारतीय साहित्य की एकता भाषागत एकता नहीं, विचारों और भावनाओं की एकता है। भारतीय साहित्य की वाईब्रेंट (vibrant) भारतीयता का पता उसके बहुलवादी संदर्भ में ही लगता है। इस संबंध में प्रोफेसर यू. आर. अनंतमूर्ति का वक्तव्य बहुत ही महत्त्वपूर्ण है :

If we take the popular slogan, unity in diversity one will understand that with overstressing diversity, one begins to see the unity. And if one insists on looking for unity in India, then what one sees is diversity.

विविधता का यह मॉडल जो एकता की ओर हमें ले जाता है भारत के लिए एक अनन्य मॉडल है और यह एकता जैसा कि कहा गया है भाषिक नहीं, वैचारिक है। उदाहरणतया, अशोक के शिलालेख कई बोलियों में उपलब्ध हैं परंतु उनमें एक ही बौद्ध धर्म के आदर्श विचारों की अभिव्यक्ति हुई है। कालिदास का नाटक शकुंतला में संस्कृत के अतिरिक्त शौरसैनी, महाराष्ट्री तथा मागधी प्राकृत का प्रयोग हुआ है परंतु एक ही वैचारिक दर्शन की अभिव्यक्ति हुई है कि मनुष्य के लिए किस प्रकार सांसारिकता से आध्यात्मिकता की यात्रा संभव हो पाती है। विद्यापति ने अपने काव्यगत विचार अवहट्ट, संस्कृत और मैथिली में प्रस्तुत किए हैं। और गुरुग्रंथ साहिब एक बहुभाषिक कृति है जिसमें एक सत् की अभिव्यक्ति हुई है। प्रेमचंद ने हिंदी-उर्दू में लिखते हुए यथार्थोन्मुख आदर्शवाद की अभिव्यक्ति की है। विभिन्न भाषाओं के आश्रय से एक साहित्यिक संसार की रचना हुई है। हर प्रकार की विविधता, भाषिक और गैरभाषिक के बावजूद पिछले एक हज़ार वर्षों में रूपकों, बिंबों, मिथकों, अनुश्रुतियों, परिपाटियों, नियमों का एक जैसे निकाय का विस्तार हुआ है और परिणामतः विभिन्न भाषाओं के साहित्य का एक दिशा से दूसरी दिशा में अभिसरण संभव हो पाया है जैसे कि एक परिवार की भाषाओं का होता है।

सर्वभारतीय तथा प्रांतीय द्विभाजन का प्रयोग विभेदन अथवा तादात्मीकरण की एक महत्त्वपूर्ण आलोचनात्मक कोटि के रूप में किया जा सकता है जैसा कि लोक और शास्त्र जैसी कोटियों का प्रयोग होता है और साथ ही ये एक-दूसरे की ओर अभिसरित (converge) भी होते हैं। लोक के भीतर शास्त्र प्रवेश करता है और फिर इसका विपरीत भी होता है।

भारत की भाषाओं के दो अस्तित्व हैं। एक, भाषिक और दो, सांस्कृतिक जो भाषा को पार कर प्रकट होता है। और यही कारण है कि फ़ारसी तथा अंग्रेजी भाषाएँ भारतीय नहीं होने पर भी इन भाषाओं में रचित साहित्य को भारतीय साहित्य में स्थान मिलता है। भारतीय साहित्य भारतीय जनता की संपूर्ण अभिव्यक्ति का इतिहास है। उनकी साहित्यिक परंपराओं, परिवर्तन और परिणति, अपसर्पण (recessions) तथा पुनरुत्थान, प्रभुत्व तथा अवनति का इतिहास है। उपनिषद् के विचार उत्तर से दक्षिण की ओर जा कर—शंकराचार्य और रामानुजाचार्य के द्वारा अद्वैतवाद तथा विशिष्टाद्वैतवाद के रूप में प्रकट होते हैं। इसी तरह भक्ति दक्षिण से उत्तर की ओर यात्रा करती है। काश्मीर का शैव सिद्धांत जाकर तमिल क्षेत्र में अपना स्थान बनाता है। गाँधी जी का सत्य और अहिंसा को लेकर प्रयोग सबका प्रयोग या रवींद्र की मनुष्य और प्रकृति में सौंदर्य की खोज सारे भारत की खोज बन जाती है। फकिर मोहन सेनापति

के द्वारा उपन्यासों में सर्वप्रथम प्रसारित सामाजिक यथार्थ प्रेमचंद के द्वारा प्रयुक्त होकर सर्वभारतीय स्थान ग्रहण कर लेता है। दलित साहित्य गुजरात, महाराष्ट्र से कर्नाटक होते हुए हिंदी क्षेत्र में प्रवेश कर जाता है। इस तरह कृति और उनके लेखक एक बृहत् साहित्यिक परंपरा का हिस्सा बन जाते हैं और तब उनका भाषिक अस्तित्व अपराभवनीय (insurmountable) बाधा नहीं लगता और उनमें निहित एकता के आधार पर उन्हें सहचारी (cohesive) वर्ग के रूप में चिह्नित करना संभव होता है। इस संदर्भ में भारतीय आधुनिकता का हवाला दिया जा सकता है।

भारतीय संदर्भ में कोई भी बड़ी कृति परंपरा और सांप्रतिक यथार्थ की अभिव्यक्ति होती है। इसको कुल और शील की अवधारणा के आश्रय से समझा जा सकता है। कुल का अर्थ है परंपरा, आनुवंश्य, उत्तराधिकार। शील आदमी का अस्तित्व है, उसका व्यक्तित्व और व्यवहार है। शील या आदमी का व्यक्तित्व कुल की सहायता से ही प्रकाशित होता है परंतु अपने विकास में मनुष्य कुल में से उन तत्त्वों को निकाल फेंकता है जिनकी कोई आवश्यकता नहीं और ऐसे तत्त्व जोड़ देता है जिनको वह जरूरी मानता है। इस तरह हमारी परंपरा एवं संस्कृति हमेशा गतिशील बनी रहती है और हमें नैरंतर्य का एहसास कराती है। यही गाँधी जी का स्वदेशी और स्वराज्य है। स्वदेशी परंपरा का संकेत है और स्वराज चिंतन के नए रूप खोलता है। स्वराज केवल स्वाधीनता नहीं, स्वाधीन चिंतन का प्रसार भी है। इस तरह कुल और शील के आश्रय से हमारी आधुनिकता की पहचान स्पष्ट होती है, जहाँ परिवर्त्तन और नैरंतर्य दोनों के महत्त्व को हम समझ पाते हैं। परिणामतः यह पश्चिम की आधुनिकता नहीं जो प्रतिष्ठित नियमों, परंपराओं तथा परिपाटियों से अपने को मुक्त रखना है और विश्व में मनुष्य की स्थिति तथा गतिविधियों के प्रति नयी दृष्टि का प्रसार करना है तथा कई स्थितियों में रूप तथा शैली का अभिनव प्रयोग है। हमारी आधुनिकता किसी को बहिष्कृत नहीं करती, प्रत्येक नयी दृष्टि और विचार को विकल्प के रूप में स्वीकारती है और इस तरह सारे विकल्प विचारों की निरंतरता तथा सृजनात्मकता के अंग बन जाते हैं। इसीलिए टैगोर कहते हैं कि वास्तविक आधुनिकता मन की स्वाधीनता है और सब को साथ लेकर विकसित होना है। इसीलिए हमारी चिंतनधारा शब्द केन्द्रित नहीं, अनन्य नहीं प्रतीकात्मक तथा सर्वग्राही है। पश्चिम स्थानापन्नता के आधार पर विकसित होता है और बार-बार अपने को प्रकट करता है। भारत सामंजस्य के आधार पर विकसित होता है। नये विचार पुराने की जगह लेते हैं मगर पुराने बने रहते हैं। इसीलिए भारत के बारे में सही कुछ कहने के साथ-साथ उसका विपरीत वक्तव्य भी वैसा ही सही होता है।

भारत एक ऐसे क्षेत्र का प्रतिनिधित्व करता है जहाँ नाना प्रकार के जीवन रूप (life forms) तथा जीवन के चुनाव उपलब्ध हैं। जो विकल्प भारत प्रदान करता है वह आध्यात्मिकता बनाम भौतिकता का विकल्प नहीं मगर दोनों का इकट्ठा चुनाव

बनाम किसी एक की अस्वाभाविक रूप से स्वीकृति। इस विचार को सत्यजित राय ने बहुत ही बखूबी से स्पष्ट किया है। वे कहते हैं :

अपनी फिल्मों में आप क्या दिखाएँगे और क्या आप छोड़ देंगे? क्या शहरों को छोड़कर आप गाँव की यात्रा करेंगे जहाँ अनगिनत खेतों में गाएँ चरती हैं और गड़रिया लड़का बाँसुरी बजाता रहता है। आप इन सबको लेकर फिल्म बना सकते हैं जो स्वच्छ और ताज़ा और अभिनव होगा और माझी के गाने की तरह उसमें एक कोमल लयात्मकता होगी।

अथवा आप समय के रास्ते से गुजरते हुए पीछे जाना चाहेंगे। महाकाव्यों के युग में जहाँ देवताओं और असुरों ने एक बड़े युद्ध में अलग-अलग पक्ष लिया। या जहाँ श्रीकृष्ण ने एक उदास युवराज को गीता के शब्दों से नव जीवन प्रदान किया। कोई भी यहाँ उत्तेजक काम कर सकता है—कथकली के माइमेटिक अनुकरणात्मक परंपरा की सहायता से जैसे कि जापान में काबुकी और नोह की सहायता से किया जाता है।

अथवा आप वहीं रहना पसंद करेंगे जहाँ आप रहते हैं बहुप्रसारी, विस्मयकारी दैत्य के समान शहर के केन्द्र में और विभ्रमकारी दृश्य और श्रव्य और परिवेश की विषमता को स्वरूप प्रदान करना चाहेंगे।

ये सारे अंतर—विभ्रमकारी वैषम्य इकट्‌ठे रहते हैं और विभिन्न जीवन चुनावों को, जो हमारे पास उपलब्ध हैं, उनका संकेत देते हैं। भारतीय साहित्यिक अवधारणाओं जैसे मार्गी-देसी, शास्त्राचार-देशाचार, नाट्यधर्मी-लोकधर्मी हमारी परंपरा में सुदृढ़ रूप से विद्यमान नैरंतर्य और परिवर्तन की द्वंद्वात्मकता को उजागर करते हैं। हमारी विषमजातीयता (heterogeneity) में, हमारे खुलेपन में हमारा गर्व है, हमारा अपमान नहीं। भारतीय साहित्य की भारतीयता का पता हमारे बहुलवादी संदर्भ में ही लग पाता है। एकता-अनेकता जैसे विरुद्धों के संपूरक समूहवाले मॉडल (unity-diversity set of complementary oppositions) के आधार पर ही भारतीय साहित्य की पहचान संभव है। इसमें कोई संदेह नहीं, हमारे यहाँ विचारों की विविधता है, बहु-भाषिकता है और अस्तित्व की नानाविध अर्थवत्ताएँ हैं। मगर यह भी सही है कि भारतीय भाषाओं में रचित साहित्य एक ऐसे दृष्टि क्षेत्र का निर्माण करता है जो विविधता के प्रत्येक अवरोध को पार कर हमें भारतीय साहित्य की मूलभूत एकता से भी परिचित कराता है।

वस्तुतः भारतीय लेखक तीन स्तरों पर जीता है। उदाहरणतया तमिल के लेखक का एक एकक भाषायी स्तर (monolingual) है और एक भाषा के लेखक के रूप में उसकी पहचान है। द्रविड़ भाषा समूह के लेखक के रूप में उसकी एक प्रांतीय (regional) पहचान है। और जब उसकी कृति का हिंदी या अंग्रेज़ी में अनुवाद हो जाता है और तब वह एक सर्वभारतीय लेखक के रूप में पहचाने जाते हैं और इस

तरह इन तीन स्तरों में एक सजीव जीवंत संबंध प्रकट होता है। एक ओर लेखक की स्वकीयता स्पष्ट होती है तो दूसरी ओर उसमें दूसरे भारतीय लेखकों के साथ विचारों की एकता भी। लेखक का एक अलग अस्तित्व है मगर साथ ही दूसरे लेखकों के साथ विचारों का संबंध भी। इस तरह एकता-अनेकता जैसे विरुद्धों के संपूरक समूह वाले मॉडल से जुड़ी हुई विभिन्न भाषा-साहित्यों के पारस्परिक संबंधों की समस्याएँ भारतीय साहित्य के अध्ययन को आधुनिक पाठक के लिए काफी संगीन और अर्थपूर्ण बना देती हैं।

निष्कर्ष में कहा जा सकता है कि भारतीय साहित्य का इतिहास भारतीय लोक के संपूर्ण साहित्यिक क्रियाकलापों का इतिहास है। साहित्यिक परंपरा की एकता और विविधता दोनों का इतिहास है। मगर एक-दूसरे से पृथक रहकर नहीं वरन् एक बृहत् तथा जटिल साहित्यिक स्थिति के संबंधित अंग के रूप में यह इतिहास प्रसारित है। भारतीय साहित्य में भारतीय राष्ट्रवाद का स्वर उद्घाटित है तो प्रांतीय तथा जातीय आकांक्षाओं की पूर्ति के लिए भी जगह है। हमारी बहुभाषिक स्थिति में दुविधा पैदा इसलिए हुई कि पश्चिमी दृष्टि जो रैखिक (linear) तथा द्वि-आधारी (binary) है हमने उसकी सहायता लेनी शुरू की और परिणामतः हमारी भाषिक और साहित्यिक समस्याएँ द्वि-आधारी प्रतिमुखता में बदल गईं और इसीलिए एकीकरणनात्मक हमारे हल बेकार प्रमाणित होने लगे। भारतीय मन जीवन की साकल्यवादी दृष्टि में विश्वास करता है और इसीलिए स्थानीय, प्रांतीय तथा सर्व भारतीय तथा राष्ट्रीय अस्मिता में एक सजीव संबंध स्थापित करना उसके लिए संभव हो पाता है।

9

संस्कृत तथा भारतीय साहित्य की एकता

प्रत्येक भारतीय भाषा में रचित साहित्य का अपना स्वतंत्र और प्रखर वैशिष्ट्य है जो अपने प्रदेश के व्यक्तित्व से मुद्रांकित है। तमिल का संगम साहित्य, तेलुगु के द्वि-अर्थी काव्य और उदाहरण तथा अवधान-साहित्य, मलयालम के संदेश काव्य एवं कीर-गीत (किलिप्पाट्टु) तथा मणिप्रवालम शैली, मराठी के पवाड़े, गुजराती के आख्यान और फाग, बांग्ला का मंगलकाव्य, असमिया के बड़गीत और बुरंजी साहित्य, पंजाबी के किस्से, उर्दू की ग़ज़ल और हिंदी का रीतिकाव्य तथा छायावाद आदि अपने-अपने भाषा साहित्य के वैशिष्ट्य के उज्ज्वल प्रमाण हैं। फिर भी यह पार्थक्य आत्मा का नहीं है। जिस प्रकार अनेक धर्मों, विचारधाराओं और जीवन प्रणालियों के रहते हुए भी भारतीय संस्कृति की एकता असंदिग्ध है, इसी प्रकार और इसी कारण अनेक भाषाओं और अभिव्यंजना-पद्धतियों के रहते हुए भी भारतीय साहित्य की मूलभूत एकता का अनुसंधान भी सहज संभव है। भारतीय साहित्य का प्राचुर्य और वैविध्य तो अपूर्व है ही, उसकी, यह मौलिक एकता और भी रमणीय है। दरअसल भारत में भाषाएँ अनेक हैं मगर साहित्यिक संसार एक है। एक ही प्रकार के रूपकों, प्रतीकों, मिथकों, अनुश्रुतियों, परिपाटियों तथा नियमों का एक सर्वसामान्य निकाय पिछले हजारों वर्षों में विकसित होकर भाषिक, गैरभाषिक तथा प्रादेशिक भिन्नताओं के बावजूद भारतीय भाषाओं में रचित साहित्य की एकरूपता को प्रकट करती रही है। संस्कृत भाषा और उसकी परंपरा को आश्रय से इस एकता का विस्तार हुआ है। संस्कृत के ऐश्वर्य और प्राचुर्य से कोई इनकार नहीं कर सकता। नाना प्रकार के सामाजिक, राजनीतिक, धार्मिक तथा दार्शनिक विचारों के स्रोत क. रूप में और उसके संचरण के द्वारा संस्कृत ने भारतीय साहित्य इतिहास को समृद्ध बनाया है और उसकी एकता को पुष्ट किया है। इसीलिए पंडित नेहरू कहते हैं कि एक ही सांस्कृतिक परिवेश

और जीवन के प्रति एक जैसी दृष्टि के फलस्वरूप भारतीयता का एक ऐसा स्वर विकसित हुआ है जो विविधता के बावजूद हमें एक सूत्र में बाँधे रखती है। मध्ययुगीन भक्ति आंदोलन की सहायता से इस बात को और भी स्पष्ट समझा जा सकता है। श्रीमद्‌भागवत पुराण, नारद तथा शांडिल्य भक्ति सूत्र और दूसरे नाना प्रकार की संस्कृत साहित्य परंपरा से जुड़े हुए विचार तत्त्वों और विशेष रूप से तमिल के आलवारों से प्रेरित भारतीय साहित्य का सर्वप्रमुख साहित्यिक आंदोलन भक्ति साहित्य 6-7वीं शताब्दी में तमिल क्षेत्र से प्रसारित होकर कनार्टक होते हुए महाराष्ट्र, गुजरात और राजस्थान में प्रकट होता है और फिर कश्मीर की प्रसिद्ध कवयित्री लालदेद इससे प्रभावित होती है और 15वीं शताब्दी तक पहुँचते-पहुँचते यह सारे मध्यदेश में फैल जाता है। इस आंदोलन ने संस्कृत साहित्य से ग्रहण किए गए एक जैसे विश्वासों, आदर्शों, मिथकों तथा शैलीगत विविधताओं के बावजूद विभिन्न भाषाओं में भक्ति के एक सर्वभारतीय रूप को प्रकट किया है। अब भगवान मंदिर में नहीं हैं, आपके परिवार के सदस्य बन जाते हैं, अब प्रत्येक भाषा में गीतगोविंद के कृष्ण के साथ आप गा रहे हैं, नाच रहे हैं, झगड़ रहे हैं और उनके विरह में रो रहे हैं और कह रहे हैं :

त्वमसि मम भूषणम् त्वमसि ममजीवनं
त्वमसि मम भवजलधिरत्नम्।

सूरदास कहते हैं हमें कृष्ण तुमसे कुछ नहीं चाहिए, धन नहीं, दीर्घायु नहीं, कुछ नहीं, हम तो सिर्फ यही चाहते हैं–छबीले मुरली नेकु बजाओ।

यह बात सही है कि इस आंदोलन ने जन-समुदाय के संदर्भ में भाषा के प्रयोग, सांस्कृतिक विशिष्टताओं की अभिव्यक्ति तथा ऐतिहासिक अभिलक्ष्य की दिशा में प्रादेशिक अस्मिता को महत्त्व दिया है परंतु साथ ही संस्कृत की परंपरा से प्रभावित भक्ति के वस्तु पक्ष की सर्वभारतीयता ने क्षेत्र और देश के बीच की अन्योन्याश्रित स्थिति को प्रकट कर दिया है। हमें यह नहीं भूलना चाहिए कि प्राचीन भारत में प्रादेशिक भिन्नता का अर्थ शैलीगत भिन्नता थी। इसका संस्कृत साहित्य से प्रभावित अनुभूति के विभिन्न रूपों या विचार अथवा वस्तु पक्ष के साथ कोई सरोकार नहीं था। दंडी के अनुसार दक्षिण के लोग उत्प्रेक्षा का प्रयोग करना पसंद करते हैं (उत्प्रेक्षा दक्षिणात्येक्षु) और गौड़वासी–अतिशयोक्ति पूर्ण भाषा को महत्त्व देते हैं (गौडेष्वक्षरडम्बरः)। इस प्रकार की प्रादेशिक अनेकरूपता शैलीगत रही है, वैचारिक नहीं; सांस्कृतिक विभिन्नता की परिचायक भी नहीं। ऐसी बात नहीं कि सांस्कृतिक और विचारगत भिन्नता नहीं रही परंतु कृतियों में पाए जाने वाले एक जैसे वैचारिक पैटर्न्स ने भारतीय साहित्य की एकता को ही अधिक मुखरित किया है और परिणामतः प्रादेशिकता और वैश्विकता, क्षेत्र और देश, प्रदेश और राष्ट्र का अंतर दिखाई देने पर भी इनको एक-दूसरे के परिपूरक के रूप में स्वीकार करने में कोई परेशानी नहीं हुई है। संस्कृत के विरुद्ध

लोकभाषा को महत्त्व तो दिया गया परंतु इस लोकभाषा में कृष्ण और राम की आराधना कैसे करनी चाहिए इसका पाठ वल्लभाचार्य, रामानुजाचार्य, निम्बार्क, मध्व, जीव गोस्वामी, रूप गोस्वामी ने संस्कृत में तैयार किया और फिर सारे भारत में विभिन्न भाषाओं में राम और कृष्ण भक्ति की धूम मच गई।

यह भी सही है कि सामाजिक आंदोलन के रूप में प्रकट होकर भक्ति ने जातिप्रथा का विरोध किया, शास्त्र के स्थान पर लोक को महत्त्व दिया मगर हमें यह नहीं भूलना चाहिए कि वर्णव्यवस्था में कालांतर में जो rigidity आ गई थी और परिणामतः जाति प्रथा का जो विरोध शुरू हो गया था उसकी शुरुआत संस्कृत परंपरा से ही हुई थी। कृष्ण यजुर्वेद का वह महत्त्वपूर्ण श्लोक है :

किं ब्राह्मणस्य पितरं किमु पृच्छसिमातरम्।
श्रुतं चेदस्मिन् वेद्य स पिता स पितामहः।।

दरअसल कबीर, बसवा, नाम्मलवार, तुकाराम, नामदेव, ज्ञानदेव आदियों ने ऐतिहासिक कारणों से संस्कृत के स्थान पर भाषाओं का आश्रय लिया था, नहीं तो संस्कृत में सुरक्षित वेदांत की दार्शनिक अंतर्दृष्टि का ही उनकी रचनाओं में प्रसार हुआ है और फिर उनकी रचनाओं में जातिप्रथा का जो विरोध हुआ है और मतांधता के विरोध में जो कुछ लिखा गया है अथवा आध्यात्मिकता को लेकर जो radicalism का प्रसार हुआ है उसके पीछे अद्वैत विवेक का ही सबसे बड़ा हाथ रहा है। हमें यह भी नहीं भूलना चाहिए कि भक्ति आंदोलन में भाषा लेखकों ने जो भी अस्त्र इस्तेमाल किए हैं वे सब संस्कृत की भट्ठी में ही तैयार हुए थे। संस्कृत परंपरा के संदर्भ में देसी-मार्गी वैषम्य या प्रादेशिक या क्लासिकी वैषम्य वस्तुतः एक ही परंपरा की दो अलग अभिव्यक्तियाँ हैं। ये दो अलग परंपराएँ नहीं हैं, दरअसल सांस्कृतिक नैरंतर्य के दो ध्रुव बिंदु हैं। इसीलिए भारतीय साहित्य में वस्तु की एकता है और शैली की विविधता भी और साथ ही सांस्कृतिक विशिष्टताओं का वैविध्य है और साहित्यिक परंपराओं का ऐक्य भी और ये सारे तत्त्व एक-दूसरे के संपूरक होकर विद्यमान रहते हैं जैसे ऋतु और समय अथवा नदी और सागर।

18वीं शती से ही विदेशी प्राच्यविदों ने orientalist perceptions की सहायता से संस्कृत की प्राचीन परंपरा और मध्ययुगीन सांस्कृतिक परंपरा के बीच एक विभेदक रेखा खींचने की पहल की थी जिससे कि सांस्कृतिक नैरंतर्य को अस्वीकार करते हुए भारत के मध्ययुग को यूरोपीय मध्ययुग की तरह अंधकारमय प्रमाणित किया जा सके और विशेषतः पाश्चात्य ज्ञान-विज्ञान के आधार पर तैयार किए गए नवजागरण को नए युग का अग्रदूत प्रमाणित किया जा सके। Sir William Jones ने 1786 में कलकत्ते में स्थित एशियाटिक सोसाइटी में अपने 'डिस्कोर्स' में यह घोषित किया था कि भारतीय इतिहास की तलाश करते हुए he would go to remote antiquity but restrict his researches downwards only upto the 11th century.

जोन्स के बाद लगभग सभी प्राच्यविदों ने इस तथाकथित ऐतिहासिक अंतर को मानते हुए संस्कृत की परंपरा को मध्ययुग और आधुनिक परंपरा से अलग ही नहीं रखा वरन् बड़ी चालाकी से मध्ययुग के लिए pre-British India पदनाम देकर उसे अंधकारमय सिद्ध करते हुए British India के गौरव को प्रकट करने का प्रयत्न किया मगर रवींद्रनाथ टैगोर, आनंद कुमारस्वामी, हजारी प्रसाद द्विवेदी, पंडित विद्यानिवास मिश्र, ए. के. रामानुजन, प्रोफेसर वी. के. गोकाक आदि विद्वानों ने यह स्पष्ट कर दिया है कि संस्कृत heritage मध्ययुग के भाषा साहित्य और संस्कृति के बीच से गुजरते हुए आधुनिक भारतीय चेतना में प्रवेश कर पाती है और इसीलिए संस्कृत और मध्ययुगीन भाषा heritage को single historic continuity के रूप में स्वीकार करना आवश्यक है।

साहित्यिक परंपरा की निरंतरता के आधार पर भारत को एक एकीकृत साहित्यिक क्षेत्र करार दिया जा सकता है जहाँ मूलतः संस्कृत की समृद्ध परंपरा ने सदियों से एक प्रकार की विशेषताएँ जुटाकर इस साहित्यिक संसार की रचना की है। दक्षिण भारत में वाल्मीकि रामायण और व्यास के महाभारत के आश्रय से इन दोनों महाकाव्यों के रूपांतरण का सिलसिला 9वीं शताब्दी से शुरू हो गया था। पेरन्तुवन्नर का महाभारत और कंबन की रामायण की रचना 10वीं शती तक हो चुकी थी। तेलुगु में महाभारत का अनुवाद 11वीं शती में ननैया ने शुरू किया और तिकन्ना ने 13वीं शती तक समाप्त किया। गोना बुद्ध रेड्डी ने उसी समय रंगनाथ रामायण की रचना की। कन्नड़ में 12वीं शती में पम्पा ने रामायण की रचना की। कुमार व्यास ने इस काम को आगे बढ़ाया। मलयालय में एडुउत्तचन ने 16वीं शती में रामायणम की रचना की। बंगाल में कृतिवास ने 15वीं शती में रामायण का रूपांतरण किया और 17वीं शती में काशीरामदास का महाभारत लिखा गया। उड़िया में यह काम सरलादास ने किया और बलरामदास ने रामायण लिखा। इसी तरह असमिया में माधव कंदली, मराठी में एकनाथ तथा रामदास, हिंदी में तुलसी और विष्णुदास ने रामायण और महाभारत की रचनाएँ कीं। और भी नाम गिनवाए जा सकते हैं। केवल रामायण और महाभारत की कहानियाँ नहीं कृष्ण, शिव, हरिश्चंद्र, नलदमयंती ने विभिन्न भाषाओं के लेखकों की कल्पना को जहाँ सँजोया है वहाँ संस्कृत से ग्रहण किए गए कपितय नैतिक मूल्य एवं ईशकेंद्रित विश्वदृष्टि ने साहित्यिक रचनाओं को रूप दिया है। 18वीं-19वीं शती में भी यह क्रम जारी रहा। कथकली नाटकों की अट्टकथाएँ तथा तुल्लाल नृत्य सर्वभारतीय संस्कृत परंपरा से जुड़े हुए हैं।

केरल के अपने चम्पू तथा दूत काव्य हैं। तेलुगु में शतकम् की लंबी परंपरा है। शतकम् के अतिरिक्त प्रबंध की रचना संस्कृत परंपरा के आधार पर हुई है। कन्नड़ के संगीत त्रिमूर्ति श्याम शास्त्री, मुतुस्वामी दीक्षितर तथा त्यागराज की भक्ति रचनाएँ संस्कृत से प्रभावित होते हुए भी भक्ति के नए दिगंतों का परिचय देती हैं।

मुतुस्वामी ने अधिकतर संस्कृत में लिखा और कभी-कभी मणिप्रवाल शैली का प्रयोग भी किया। श्याम शास्त्री की संस्कृत रचना जैसे "जननि नटजन परिपालिनि पाहि माम् भवानि" सर्वभारतीय प्रसिद्धि पा चुकी है। संस्कृत के अतिरिक्त तेलुगु में भी उनकी रचनाएँ हैं। त्यागराज ने भी यह मार्ग ग्रहण किया है। तमिल की टुटु संस्कृत का दूतकाव्य है। तमिल में शिव और मुरुगन के गौरवगान संस्कृत से उधार ली गई परंपरा है। गुजरात के अनपढ़ कवि धीरो की रहस्यात्मक पहलियाँ, काफी और अवलवाणी में मन, माया और तृष्णा पर विचार करते हुए संस्कृत में संरक्षित दार्शनिक विचारों की ही अभिव्यक्ति है। हिंदी का रीतिकाव्य संस्कृत काव्यशास्त्रीय परंपरा का विस्तार है। तमिल के काव्यसिद्धांत मेयाप्पतु में इस सिद्धांत का ही समावेश है। वस्तुतः भाषाओं में काव्य शास्त्रीय सैद्धान्तिक विवेचन के अभाव का मूल कारण भाषा विद्वानों का संस्कृत काव्यशास्त्र का अपार ज्ञान रहा है न कि ज्ञान की अल्पता। गुजराती में हेमचंद्र, फ़ारसी में अमीर खुसरो, पाली में संघरक्खित और कन्नड़ में नृपतुंग ने इन भाषाओं में स्वतंत्र काव्यशास्त्र का निर्माण किया मगर उसकी परंपरा आगे नहीं बढ़ सकी। कदाचित् संस्कृत काव्यशास्त्र में अंतर्निहित बहुभाषिकता के समाहार के कारण ऐसा हुआ हो। उदाहरण के रूप में, विश्वनाथ प्रशस्तिरत्नावली में 16 भाषाओं का प्रयोग करते हैं। काव्यशास्त्रीय ग्रंथों में दूसरी भाषाओं के उदाहरण प्रचुर उपलब्ध हो जाते हैं। बहुभाषिकता को आश्रय देने के कारण संस्कृत काव्यशास्त्र की अग्रगति में कभी भी कोई रुकावट नहीं आयी और आज भी उसका प्रभाव बना हुआ है। संस्कृत नाटकों में भी बहुभाषिकता का प्रचुर प्रयोग उपलब्ध है। कालिदास के शकुंतला नाटक में संस्कृत के अतिरिक्त शौरसेनी, महाराष्ट्री और मागधी प्राकृत का प्रयोग है। हिंदी के केशवदास, पद्‌माकर, उड़िया के उपेंद्र भंज, बलदेव रथ, बांग्ला के रामबसु आदि ने संस्कृत की साहित्य परंपरा को अपनी भाषाओं में गूँथ कर उसको प्रखर बना दिया है। फोर्ट विलियम कालेज में यूरोपीय छात्रों के लिए हिंदी ग्रंथों के निर्माण कार्य में जुटे हुए लल्लुजीलाल ने खड़ी बोली में प्रेम सागर की रचना की जो भागवत पुराण का अनुवाद था और इस प्रकार यह नयी प्रिंटिंग टेक्नॉलाजी के परम्परीकरण का महत्त्वपूर्ण उदाहरण है। दरअसल पाश्चात्यकरण के फलस्वरूप केवल राष्ट्रवाद का ही प्रसार नहीं हुआ संस्कृत परंपरा के आश्रय से पुनरुत्थानवाद का भी विस्तार हुआ था। मगर इसमें कोई संदेह नहीं कि संस्कृत परंपरा की अविच्छिन्न धारा से जुड़े हुए भाषाओं के लेखकों ने अपनी स्वकीयता को बरकरार रखते हुए भारतीय साहित्य के वैविध्य को उजागर किया है और इसीलिए भारतीय साहित्य की एकता उसकी विविधता से ही जुड़कर प्रकट होती है। यह बात और भी स्पष्ट हो जाती है जब भारतीय भाषाओं में रचित साहित्य पर संस्कृत के असमान प्रभाव का विश्लेषण करते हुए हमें यह दिखाई पड़ता है कि संस्कृत के मार्गी पक्ष के साथ लोक का देसी पक्ष से प्रभावित एकता और विविधता से जुड़कर भारतीय साहित्य

संसार का निर्माण हुआ है और फलस्वरूप कहीं संस्कृत का प्रभाव अधिक है तो कहीं कम। उदाहरण के रूप में बांग्ला का मंगलकाव्य, तमिल का तल पुराण तथा उड़िया का माहात्म्य संस्कृत की पुराण परंपरा से प्रभावित होने पर भी उनकी कथ्यसामग्री तथा narrative patterns पर लोक का निर्भ्रांत प्रभाव है।

प्राच्यविदों के उस orientalist perception से भी मुक्त होना जरूरी है जहाँ संस्कृत में रचित दर्शन और साहित्य और काव्यशास्त्र को एक अखंड monolith रूप में देखा जाता है और इस तरह संस्कृत की वैविध्यमय विचारधारा, अभिव्यक्ति की नाना प्रकार की शैली और अपार काव्यशास्त्रीय विभिन्नता को नकार कर हमारे rich और Varied inheritance के प्रति अन्याय करना होता है।

संस्कृत की समृद्ध साहित्य-परंपरा का विकास एक द्वंद्वात्मक स्थिति पर आधारित है : यहाँ संवादों की एक अविच्छिन्न धारा प्रवाहित है, अविराम वाद-विवाद का विस्तार है तथा विरोधात्मक स्थितियों के बीच लगातार बातचीत का सिलसिला जारी रहता है—ये ही इस धारा की मूल विशेषताएँ हैं। अगर यहाँ सुसंस्कृत नागर चेतना से जुड़ा हुआ एक कालिदास है तो ग्रामीण सामाजिक चेतना का चितेरा एक योगेश्वर भी है; अगर यहाँ राजाओं और अप्सराओं से संबंधित नाटक विक्रमोर्वशीय है तो साधारण जनता को लेकर लिखा गया नाटक मृच्छकटिक भी है। रस-ध्वनि का संसार रचने वाला आनंदवर्धन है तो दूसरी ओर वक्रोक्तिकार कुंतक भी है; अगर यहाँ लेखक केंद्रित सिद्धांत हैं तो दूसरी ओर अनुमान जैसे पाठक केंद्रित सिद्धांत भी उपलब्ध हैं, गौड़ीय वैदर्भी लाटीय आदि विभिन्न अभिव्यक्ति की शैलियाँ हैं; योग मीमांसा तथा वेदांत जैसे आस्तिक आदर्शवादी दर्शन की धाराएँ हैं तो बौद्ध, जैन तथा चार्वाक जैसी नास्तिक दार्शनिक प्रणालियाँ भी हैं और न्याय, वैशेषिक, सांख्य जैसे बीच की दार्शनिक धाराएँ भी हैं और फिर इन्हीं के आश्रय से मध्ययुग में नव्यन्याय का प्रसार भी है जिसने प्रमात्र, प्रमेय, प्रमाण तथा प्रमिति का एक ऐसा universal model दिया है जिसकी सहायता से कोई भी दार्शनिक विश्लेषण संभव हो पाता है। यहाँ यदि एक ब्राह्मण विश्व दृष्टि है तो दूसरी ओर श्रमण विश्वदृष्टि भी उपलब्ध है। यहाँ यदि गीता महात्मा गाँधी को अहिंसा के रास्ते ले जाती है तो तिलक को सशस्त्र आंदोलन के लिए प्रेरित करती है। यहाँ का कोई भी तर्क ले लीजिए तो उस तर्क के मुकाबले में एक प्रति तर्क भी आपका दिखाई पड़ जाएगा : संस्कृत की इस वैविध्यमय विश्वदृष्टि ने इसके रचना संसार को जीवंत बना रखा है और भारतीय भाषाओं के साहित्य पर इसके प्रभाव को इतना वैचित्र्यमय और इसीलिए भारतीय साहित्य की एकता संस्कृत से प्रभावित उसकी अनेकत्ववादी विचारधारा और लोक से आयी हुई नाना साहित्यिक परंपराओं से रची गई है। भारत की मार्गी-देसी, शास्त्राचार-देशाचार, नाट्यधर्मी-लोकधर्मी साहित्यिक अवधारणाएँ भारतीय परंपरा में निहित निरंतरता और परिवर्तन की द्वंद्वात्मकता को प्रकट करती हैं और विविधता और एकता के सह-अस्तित्व

को प्रमाणित करती हैं। भारतीय मन संपूर्णता में विश्वास करता है। एकता के साथ अनेकता को एक संपूर्ण इकाई के रूप में देखना उसके लिए स्वाभाविक है। भारतीय साहित्य की भारतीयता उसके बहुलवाद के संदर्भ में ही प्रकट होती है।

आधुनिकतावाद के आधार पर इस तथ्य को और भी अधिक स्पष्ट किया जा सकता है। पश्चिम में आधुनिकता पुराने नियमों, परंपराओं तथा रूढ़ियों को तोड़कर प्रकट होती है। इस प्रकार से मनुष्य की स्थिति, क्रियाएँ और प्रयोगों के प्रति ताज़ा और नए ढंग से देखने का इंगित किया जाता है। भारत में किसी भी वस्तु का बहिष्कार नहीं होता है, यहाँ नए विकल्प तैयार होते हैं जो पुराने के साथ मिलकर विचार और रचनात्मकता के संदर्भ में भारत के नैरंतर्य को प्रदर्शित और हमारी सामाजिक संस्कृति की बहुलवादी दृष्टि का प्रसार करते हैं। इसीलिए भारत की आधुनिकता में पाश्चात्य प्रभाव के रहते हुए भी संस्कृत की निरंतरता की धारा अविराम प्रवाहित है।

भारत की अधिकतर भाषाओं ने आधुनिककाल में संस्कृत से अपना संबंध जोड़े रखा है। संस्कृत से शब्दों को उधार में लेना लगातार जारी है और पाठकों के एक वर्ग में संस्कृत शैली का प्रयोग विशेष सम्मान का विषय है। वस्तुतः संस्कृत साहित्य, महाकाव्य, पुराण, जातक, लोक साहित्य, दार्शनिक साहित्य, कला एवं संगीत से प्रभावित भारतीय साहित्यिक परंपरा में एक अटूट नैरंतर्य दिखाई पड़ता है और साथ ही हमारी आधुनिकता में प्राचीनता की प्राणशक्ति स्पष्ट उभरी हुई प्रकट होती है। आधुनिक भारतीय साहित्य मात्र एक दृश्य नहीं, पैनारोमा है। ऊपर से नीचे तक इसमें बहुत से लैंडस्केप दिखाई देते हैं, मगर इन विभिन्न लैंडस्केपों के रहते हुए भी यानी अनेकता में भी एक सैद्धांतिक एकता है जो साहित्य में मिथकों, मोटिफ, बिंबों या प्रतीकों के प्रयोग में प्रतिफलित है जिसका स्रोत संस्कृत की संपन्न परंपरा है।

आधुनिक काल के प्रारंभ में नवजागरण के प्रभावस्वरूप राष्ट्रवाद का जनमानस में जो नया उभार आया था उसको भारतीय साहित्य की आध्यात्मिक परंपरा के साथ जोड़ कर पुनरुत्थानवादी दृष्टि और समाज सुधार भावना का प्रसार हुआ था। उस समय बहुसंख्यक भारतीय बुद्धिजीवियों के लिए हजार वर्षों से संचित संस्कृत का अपार साहित्य हमारा सांस्कृतिक मूलधन था और उसे उस समय भारतीय राष्ट्रीय अस्मिता का major legitimizing source के रूप में स्वीकारा गया था। उस समय रचित विभिन्न भाषाओं के प्रथम उपन्यासों में राष्ट्रवाद, पुनरुत्थानवाद और सुधारवाद की सारी विशेषताएँ दिखाई पड़ जाती हैं और काव्य की सर्वसामान्यता प्रमाणित होती है। तमिल में सैमुअल वेदानायकम पिल्लई का उपन्यास 'प्रताप मुदलियरचरितम्', तेलुगु में कृष्णम्माचेट्टी रचित 'श्री रंगराज चरित्र', मलयालम में लिखा गया चंदु मेनन का 'इंदुमति', हिंदी में लाला श्रीनिवास दास का 'परीक्षा गुरु', बांग्ला में मेरी हैचिन्सन का उपन्यास 'फूलमणि ओ करुणार काहिनी' आदि उपन्यासों के कथ्य के आधार पर यह निष्कर्ष निकाला जा सकता है कि लगभग एक ही प्रकार की आवेगात्मक

तथा बौद्धिक अनुभूतियों से प्रेरित किसी भी एक भारतीय भाषा का साहित्य अपने आप में एक संपूर्ण इकाई नहीं है और इसीलिए एक भाषा के साहित्य के आश्रय से भारतीय साहित्य के अध्ययन के प्रति न्याय नहीं किया जा सकता और न ही लेखकों के प्रति न्याय संभव है जो सर्वसामान्य सांस्कृतिक परिवेश में फलते और विकसित होते हैं। अतः भारतीय साहित्य का अध्ययन एक ऐसे आकार रूप में संभव है जो देश की जटिलताओं को समायोजित करता हो। इसके कई उदाहरण दिए जा सकते हैं। उपनिषदों के विचार किस प्रकार उत्तर से दक्षिण की ओर यात्रा करते हैं और फिर शंकराचार्य और रामानुजाचार्य के द्वारा अद्वैतवाद और विशिष्टाद्वैतवाद में परिवर्तित होकर उत्तर में प्रादुर्भाव होते हैं। इसी प्रकार संस्कृत के स्रोतों से फलीफूली भक्ति दक्षिण से उत्तर की ओर यात्रा करती है और हिंदी के स्वर्णयुग का निर्माण होता है। काश्मीर का शैवाद्वैत सिद्धांत तमिल प्रांत में अपना स्थान बना लेता है। उपनिषदों से प्रभावित रवींद्रनाथ ठाकुर द्वारा प्रकृति और मनुष्य में सौंदर्य की खोज और गीता से प्रभावित महात्मा गाँधी के सत्य और अहिंसा का प्रयोग भारत के कोने-कोने तक अपनी यात्राएँ पूरी करते हैं। जब कृति और कृतिकारों को बृहत् साहित्यिक परंपराओं से जुड़ा हुआ स्वीकार कर लेते हैं तब उनका भाषिक परिचय दुर्लंघ्य व्यवधान प्रतीत नहीं होता और सर्वसामान्यता के आधार पर सहचरी वर्गों के रूप में उनकी शिनाख्त संभव होती है।

आधुनिक भारतीय साहित्य में रवींद्रनाथ ठाकुर, जयशंकर प्रसाद, शंकर कुरुप, उमाशंकर जोशी आदि की कविताओं में एक अंतर्दृष्टिपरक आध्यात्मिकता का स्वर है जो उपनिषदों के 'ईशावास्यमिदम् सर्वम्' से लेकर रवींद्र की 'सीमारमाझे असीमतुमि' से गुजरते हुए निराला के स्वर में सुनाई पड़ता है :

उस असीम में ले जाओ
मुझे न कुछ तुम दे जाओ।।

यहाँ आध्यात्मिकता धर्मपरकता नहीं रहस्यात्मकता है। भारतीय साहित्य का एक बड़ा अंश रहस्यपरक है। यह योग और भोग का मिलन है इसीलिए यह दृष्टि, धर्म, अर्थ, काम, मोक्ष को स्वीकारती है। प्रसिद्ध समाज वैज्ञानिक सुधीर कक्कर के अनुसार भारतीय मानस का निर्माण पुरुषार्थ की भारतीय अवधारणा के द्वारा होता है। यह अवधारणा एक ऐसे सामाजिक, सांस्कृतिक वातावरण का प्रसार करती है कि इसमें पलने वाली हरेक भारतीय संतान पर कतिपय ऐसे मूल्यों, आदर्शों, आचारवृत्ति की छाप पड़ जाती है जिससे वह अपनी भारतीय अस्मिता को प्रकट कर पाता है। योग और भोग का मिलन अंततः साहित्य में एक रहस्यात्मक बिंबवाद का प्रसार करता है। ऋग्वेद के नासदीय सूक्त से लेकर आधुनिक युग में रवींद्रनाथ ठाकुर से सुब्रह्मण्य भारती आदि विभिन्न भारतीय भाषाओं के कवियों में इसका बार-बार प्रयोग दिखाई पड़ता है।

भारतीय साहित्य में वैचारिक धरातल पर तीन आद्यप्रारूपी बिंबों का प्रयोग हुआ है जिससे उसकी भारतीयता स्पष्ट होती है। इनमें से पहली वेदांतिक अवधारणा है जिसके अनुसार परमार्थिक सत्ता एकमात्र सत्ता है जिसे प्राकृतिक सत्ता के द्वारा समझा जाता है। ब्रह्म और प्रकृति की इस मायामयी दोहरी भावना को कभी स्रष्टा और सृष्टि, कभी सत्य और ऋत, कभी आत्मा और देह की लीला रूप में प्रकट किया जाता रहा है।

मलयाली कवि शंकर कुरुप का कहना है :

मैंने उसके पैरों में लगे आलता का लाल रंग देखा
मगर मुझे लगा कि उषा शरमाई हुई है।
वह आसमान में अपनी अँगूठी छोड़ गई है।
मगर मुझे लगा नहीं वह तो सूर्य है।।

यह लीला खेल आत्मा और प्रकृति के आश्रय से संपूर्ण वृत्त को प्रकट करता है। यह लीला तभी समाप्त होगी जब शरीर-आत्मा का मिलन हो जाएगा। इसीलिए निराला कहते हैं :

नवजीवन की प्रबल उमंग
जा रही मैं मिलने के लिए पार कर सीमा
प्रियतम असीम के संग।।

भारतीय साहित्य का दूसरा आद्यप्रारूप आदर्शवाद का है। यहाँ पत्ते का झरना अंकुर के फूटने से अलग देखा नहीं जाता इसीलिए यहाँ कालिदास के शिशिरवसंतौं के द्वारा मृत्युरूप जाड़े के साथ नवजीवन रूप वसंत को जोड़ दिया जाता है। भारतीय साहित्य में मानवतावादी आद्यप्रारूप भी बहुत ही भव्य और प्रखर है। उपनिषद की कल्पना है कि मनुष्य स्वयं ईश्वर है : अहं ब्रह्मास्मि। महाभारत में कहा गया है कि दुनिया का सबसे बड़ा रहस्य मनुष्य है। सुमित्रानंदन पंत कहते हैं : 'मनुष्य ईश्वर'। चंडीदास का कहना था कि 'सबार ऊपर मानुष सत्य ताहार ऊपर नाइ'। मानव इतना महान है कि सुरगण स्वर्गापवर्ग छोड़कर मनुष्य देह प्राप्त करने के लिए धरा पर उतर आते हैं—केवल उतरते ही नहीं, यहाँ आकर मनुष्य की तरह जीवन बिता कर अपने को धन्य मानते हैं। यहाँ के साहित्य में मनुष्य किस प्रकार देवत्व को प्राप्त कर सकता है उसी की गाथा वर्णित है चाहे वह वाल्मीकि की रामायण हो या शरत्‌चंद्र का श्रीकांत या प्रेमचंद की रंगभूमि।

यह सर्वभारतीय संवेदना भारतीय साहित्य की विशेषता है जो कतिपय आद्यप्रारूपों, मूल्यों, संस्कृति, इतिहास और विचारधाराओं की विरासत है। आधुनिक भारतीय साहित्य भले ही विभिन्न भाषाओं में लिखा जाता हो मगर उनमें एक सर्वभारतीय संवेदना दिखाई पड़ जाती है—ऐसी संवेदना जिसके मूल में संस्कृत के अपार समृद्ध साहित्य का प्रभाव है और विविधताओं के बीच इसकी एकता को प्रकट करती है

जिसे पंडित जवाहलाल नेहरू ने a kind of innate affinity between Sanskrit and Indian soul कहा है। हमें भूलना नहीं चाहिए कि हमारा आकाश काफी बृहत् है जो हर प्रकार की विविधता को अपने में समेट सकता है और हमारी पृथ्वी इतनी छोटी कि विभिन्न भाषाओं और प्रदेशों के लेखकों की साहित्यिक संवेदनाओं में अंतर्निहित एकता के बारे में हमें आश्वस्त कर सकती है।

10

तुलनात्मक साहित्य में अनुवाद की भूमिका

तुलनात्मक साहित्य का मूल उद्देश्य एक विस्तृत परिप्रेक्ष्य में साहित्य का अध्ययन करना है जिससे कि उसका उचित अभिज्ञान या रसास्वादन हो सके। इसके लिए आवश्यक है कि इस अध्ययन में एक से अधिक साहित्य को सम्मिलित किया जाए, विशेष रूप में उन साहित्यों को जो राष्ट्रीय परिधि के बाहर विकसित हो रहे हैं। अतएव विभिन्न भाषाओं के अनेक साहित्यों का विस्तृत ज्ञान इस अध्ययन की एक निश्चित आवश्यकता है। भारतवर्ष जैसे बहुभाषिक देश के लिए तुलनात्मक साहित्य के अध्ययन के दो महत्त्वपूर्ण तथा आधारभूत उद्देश्य हैं :

1. एकक व्यवस्था स्तर पर एकल साहित्य के रूप में भारतीय साहित्य के इतिहास की अवधारणा का निर्माण बहुत ही ज़रूरी है। इसके लिए भारतीय साहित्य के चित्रपट पर तुलनात्मक साहित्य की कार्यपद्धति का प्रयोग विशेष महत्त्वपूर्ण प्रमाणित हो सकता है। भारतीय साहित्य के इतिहास से तात्पर्य है, वैदिक, संस्कृत, पाली, प्राकृत आदि साहित्य के साथ उर्दू तथा आधुनिक प्रांतीय भाषाओं में रचित साहित्य। इनके अंतर्गत भारतीयों के द्वारा रचित अंग्रेजी साहित्य को भी सम्मिलित किया जाता है। इन सब साहित्यों के द्वारा भारतीय साहित्य के विशाल रूप का निर्माण हुआ है। यह रूप ऐतिहासिक दृष्टि से विश्वासोत्पादक एक ऐसा आलेख है जो राष्ट्रीय अनुभूति के विविध आयामों से संबद्ध एक अविच्छिन्न साहित्यिक धारा को स्पष्ट करता है। भारतवर्ष में यद्यपि विभिन्न भाषाओं में नाना प्रकार के साहित्य का उत्पाद हो रहा है, फिर भी संपूर्ण इकाई के रूप में भारतीय साहित्य की संकल्पना को हम अभी तक विकसित नहीं कर पाए हैं। वर्तमान समय में विस्तृत तुलनात्मक एवं आलोचनात्मक स्तर पर विभिन्न प्रांतीय भाषाओं के साहित्य का अध्ययन हो रहा है मगर उपयुक्त परिप्रेक्ष्य में एकक भारतीय साहित्य का अभी तक विकास संभव नहीं हो सका है

यद्यपि शिशिर कुमार दास द्वारा दो जिल्दों में 'आधुनिक भारतीय साहित्य का इतिहास' को इस दिशा में पहला कदम कहा जा सकता है। भारतीय साहित्य की बात करते हुए हम सांप्रतिक काल में भी इसे विभिन्न भाषाओं में अभिव्यक्त नाना साहित्यों का मात्र संग्रह ही मानते हैं। हमारी साहित्यिक परंपरा के ऐतिहासिक पुनर्निर्माण को हम अभी तक पूरा नहीं कर पाए हैं। एकक साहित्य के रूप में भारतीय साहित्य की अवधारणा का निर्माण तुलनात्मक साहित्य के अध्ययन के आश्रय से ही पूरा किया जा सकता है।

2. भारतवर्ष में तुलनात्मक साहित्य के अध्ययन का दूसरा उद्देश्य है, पाश्चात्य साहित्य के बारे में एक समुचित विचारधारा का विकास। बुद्धदेव बोस का कहना है कि भारतवर्ष में अंग्रेजी सर्वाधिक प्रचलित विदेशी भाषा है। इसकी असंगत एवं दुर्भाग्यपूर्ण परिणति यह हुई है कि तुलनात्मक साहित्य का भारतीय विद्यार्थी पाश्चात्य साहित्य या यूरोप को मात्र अंग्रेजी या इंग्लैंड के माध्यम से जान पाता है। इसके फलस्वरूप हम ब्रिटिश पूर्वाग्रहों को लेकर जीना सीखते हैं। हम राबर्ट ब्रिजेज़ की प्रशंसा तथा डी. एच. लारेंस को बदनाम करते हैं और बॉदलेयर या हायनी, दांते, ओविड, विटमैन या रूस के महान् लेखकों से परिचित हुए बिना हमारे अंग्रेजी अध्ययन को पूरा करते हैं (बुद्धदेव बोस : 1973 : 90)। इस असंगत स्थिति से मुक्ति पाने का एकमात्र उपाय यही है कि अंग्रेजी के अतिरिक्त दूसरी विदेशी भाषाओं में रचित पाश्चात्य साहित्य का अध्ययन-अध्यापन किया जाए। इस काम के लिए अर्थात् हमारी साहित्यिक प्रचेष्टाओं की नितांत आवश्यक जरूरतों के लिए तुलनात्मक साहित्य ही हमें सहायता पहुँचा सकता है।

भारत में तुलनात्मक साहित्य के प्रसार के लिए भूमिका के रूप में इस लंबे कथन से यही प्रमाणित किया जा रहा है कि तुलनात्मक साहित्य के साधनों एवं कार्य पद्धतियों की सहायता से हम भारतीय साहित्य के इतिहास की अवधारणा को संपूर्ण 'इकाई' के रूप में विकसित कर सकते हैं। और इसके अतिरिक्त पाश्चात्य साहित्य के हमारे अध्ययन को व्यापक तथा गंभीर बना सकते हैं। हमारे इन उद्देश्यों की प्राप्ति के लिए तुलनात्मक साहित्य के अंतर्गत नाना भाषाओं में रचित साहित्याध्ययन एवं उससे संबद्ध अनुवाद का महत्त्वपूर्ण मगर विवादास्पद मसला उठ खड़ा होता है। यह एक संयोगात्मक तथ्य है कि भारतीय सभ्यता बहुभाषिक है और शताब्दियों से यह ऐसी ही रही है और इसके परिणामस्वरूप साहित्य के भारतीय विद्यार्थी के लिए एक से अधिक भारतीय भाषाओं का ज्ञान अपने आप में बहुत ही स्वाभाविक रहा है। मगर प्रश्न है कि कोई भी विद्वान कितनी भाषाएँ सीख सकता है जब भारत में संविधान द्वारा मान्यता प्राप्त बाईस प्रधान भाषाएँ हैं तथा हम भारतीय साहित्य को एक संपूर्ण इकाई के रूप में प्रस्तुत करना चाह रहे हैं। इसी प्रकार पाश्चात्य साहित्य के रसास्वादन के लिए हमें कितनी विदेशी भाषाएँ सीखनी चाहिए? इसके

लिए स्वाभाविक है कि हम अनुवादों का आश्रय लें। यहाँ हम उस पुराने प्रश्न को उठाना नहीं चाहते कि अनुवादों के माध्यम से किए गए साहित्य के अध्ययन को क्या हम वास्तविक अध्ययन कह सकते हैं? इसके उत्तर में हम एक उतना ही पुराना जवाब भी देना नहीं चाहते कि मगर कोई एक व्यक्ति कितनी भाषाएँ सीख सकता है? कुछ लोगों का कहना है कि अनुवादों के माध्यम से साहित्याध्ययन पूरे तौर पर मिथ्याचार है। इसका उत्तर एक प्रश्नवाचक वाक्य के द्वारा दिया जा सकता है : अनुवाद विशेषज्ञ किन के लिए कृतियों का अनुवाद करते हैं? और फिर क्या हम यह स्वीकार कर लें कि यदि हमें संस्कृत, चीनी, स्पेनी, रूसी तथा नार्वे की भाषा नहीं आती तो कालिदास, लिपो, सर्वेन्तिस, दस्त्यावस्की तथा इबसन से परिचित होने का हमें कोई अधिकार नहीं। इस संबंध में आलफान्सो कारकाला ने यूरोपीय संदर्भ में एक बहुत ही अजीबोगरीब वस्तुस्थिति का परिचय दिया है। उनके अनुसार यूरोपीय विद्वानों के एक वर्ग की यह धारणा है कि अनुवादों के माध्यम से यूरोपीय साहित्य का तुलनात्मक अध्ययन शैक्षणिक दृष्टि से सम्माननीय है मगर अनुवादों के माध्यम से गैर-यूरोपीय साहित्य के अध्ययन के लिए इस कार्यपद्धति का प्रयोग अपर्याप्त है। गैरपश्चिमी जगत् के साहित्य यानि चीनी या संस्कृत साहित्य के अध्ययन के लिए तो चीनी या संस्कृत का ज्ञान आवश्यक है मगर इबसन, दांते, होमर या अरस्तू के अध्ययन के लिए अनुवादों का आश्रय लेना ठीक है (कारकाला : 1974 : 5)। इस दोहरे मानदंड को समझना मुश्किल है जबकि तुलनात्मक साहित्य के अध्ययन में दो भाषाओं के ज्ञान के अतिरिक्त साहित्य के विभिन्न पक्षों के विश्लेषण के लिए विभिन्न देशों की भाषाओं में किए गए अनुवादों को महत्त्व दिया जा रहा है। भारतवर्ष के संदर्भ में अनुवाद का प्रश्न और भी महत्त्वपूर्ण है। यदि हमें भारत की प्रधान भाषाओं का ज्ञान नहीं तो क्या तुलनात्मक साहित्य की कार्यपद्धति के आश्रय से भारतीय साहित्य के इतिहास की रचना के लिए हमें कोई प्रयत्न ही नहीं करना चाहिए? हम यह जानते हैं कि नाना भाषाओं का ज्ञान बहुत जरूरी है मगर साहित्यिक अवबोधन पर इसका कोई सीधा प्रभाव नहीं है। नोबेल कमेटी ने सन् 1913 में रवींद्रनाथ ठाकुर को 'गीतांजलि' के अनुवाद के आधार पर साहित्य का नोबेल पुरस्कार दिया था। यद्यपि कवि ने स्वयं उसका अनुवाद किया था। मगर फिर भी मूल बांग्ला से वह अनुवाद तो था ही। बुद्धदेव बोस के अनुसार निम्नलिखित दो विकल्पों में से किसी एक को चुनने के लिए कोई भी व्यक्ति स्वतंत्र है : व्याकरण को अध्ययन का मुख्य लक्ष्य मानते हुए मूल कृति के कतिपय पृष्ठों के बीच से संघर्ष करते हुए गुजरने का निष्ठुर संतोष अथवा आसानी से समझी जाने वाली एक ऐसी भाषा में रचित किसी लेखक की कृति की 'मूल संरचना' के बीच से तेजी से गुजरने की समृद्ध अनुभूति। साहित्य का विद्यार्थी निश्चय ही दूसरे विकल्प को स्वीकार करेगा। उसके लिए भाषा का ज्ञान जरूरी है मगर वह किसी भाषा-स्कूल का छात्र नहीं। यदि उसे

निर्विवाद रूप से साहित्य का अध्ययन करना है तो उसके लिए अनुवाद अपरिहार्य है (बुद्धदेव बोस : 1974 : 95)। मगर तुलनात्मक साहित्य के लिए आदर्श स्थिति यही हो सकती है कि अध्येता एक से अधिक भाषाओं से परिचित हो। कम से कम आर्नल्ड के नियमानुसार अपनी भाषा में रचित साहित्य के अतिरिक्त किसी दूसरी भाषा के साहित्य, जो ज्यादा बेहतर हो, से भली भाँति परिचित होना प्रत्येक आलोचक के लिए आवश्यक है (1865 : 39)। इस तरह दो-तीन भाषाओं में रचित साहित्यों की सहायता से आलोचक अध्ययन का एक सामान्य प्रतिरूप तथा उनके पारस्परिक संबंधों का पता लगा सकता है मगर अपने अध्ययन को संपूर्णता प्रदान करने के लिए उसे कहीं न कहीं अनुवादों पर निर्भर रहना ही पड़ेगा। अध्ययन की प्रारंभिक अवस्था में और बाद में अंतरिम निष्कर्ष में पहुँचाने के लिए उसे अनुवादों से सहायता मिलती है और अंततः मूल अध्ययन का संपूर्ण चरित्र उसके सम्मुख उद्घाटित हो जाता है (गिफर्ड : 1969 : 48)। बिलहेम वॉन हमबोल्ट ने अनुवाद-कार्य को साहित्य के लिए आवश्यक माना है। इससे एक देश के रहने वाले दूसरे देश की कला और मानवता से परिचय होते हैं तथा कोई एक भाषा-भाषी वर्ग अर्थ और अभिव्यक्ति के नए प्रयोगों से परिचित होकर अपने ज्ञान के क्षितिज का विस्तार कर पाता है (1905-1920 : VIII : 130)। बांग्ला के प्रसिद्ध उपन्यासकार शरत्चंद्र के उपन्यासों के अनुवाद भारत के दूसरे प्रांतों में इस प्रकार से 'देशीकृत' हो चुके हैं कि उत्तर प्रदेश, गुजरात, आंध्र आदि प्रांतों में उन्हें उसी भाषा का उपन्यासकार माननेवालों की संख्या अभी भी काफी है। रवींद्रनाथ ठाकुर के काव्यानुवादों से तीसरे तथा चौथे दशक के भारत के विभिन्न भाषा-भाषी कवि बहुत ही प्रभावित हुए थे। वस्तुतः तुलनात्मक साहित्य के लिए विशेष रूप से भारत के संदर्भ में, अनुवाद कला से परिचित होना नितांत आवश्यक है। दूसरे संदर्भों में भी तुलनात्मक साहित्य के सामान्य अध्ययन के लिए अनुवाद कला, उसका स्वरूप और सिद्धांत से परिचित होना आवश्यक है। तुलनात्मक साहित्याध्ययन में जहाँ 'अनुवाद और गलत अनुवाद' का विश्लेषण उसके क्षेत्र के अंतर्भुक्त है वहाँ तुलनात्मक पद्धति-विज्ञान अनुवाद कला के सैद्धांतिक विश्लेषण तथा अनूदित कृतियों के विवेचन के द्वारा सिद्धांताभिमुखी काव्यशास्त्र तथा कृति-अभिमुखी साहित्यालोचन के विभिन्न पक्षों को और लेखकों पर उसके प्रभाव को उजागर कर पाता है। ग्राहम हफ़ ने विस्तार से विवेचन करते हुए यह स्पष्ट किया है कि किस प्रकार नॉर्थ, पोप, एलफ्रेड, ट्यूडर तथा ऑगस्तन जैसे अनुवादकों ने अनुवादों के माध्यम से अंग्रेजी साहित्य क्षेत्र में साहित्यसिद्धांत, साहित्यालोचन तथा साहित्येतिहास को नया रूप दिया (1961 : 71)। ड्राइडन ने 'फेबल्स' की भूमिका में अनुवाद तथा रूपांतरण के इतिहास के साथ तुलनात्मक आलोचना के निकट संबंध को स्पष्ट किया है (1700)। गलत अनुवाद से कभी-कभी साहित्य-सिद्धांत के विश्लेषण में भ्रम पैदा हो जाता है। गॉतियर (Theophile Gautier) के द्वारा किए गए आरनिम

(Arnim) के गलत अनुवादों के आधार पर ब्रेटन (Breton) ने उसे अतियथार्थवाद का अग्रदूत मान लिया था (बैलाकियन : 1947 : 38-9)। अनुवादों का प्रभाव लेखकों की सृजन प्रक्रिया पर पड़ता है। बालज़ाक के 'Engenie Grandet' के अनुवाद को पढ़कर ही दस्त्योवस्की ने अपना साहित्यिक जीवन शुरू किया था। आर्थर वेले की चीनी तथा जापानी कविताओं के अनुवादों को पढ़कर ही ब्रेश्ट की काव्य संवेदना का विस्तार हुआ था। अनुवाद साहित्यिक आंदोलन और काव्य रूपों को भी प्रभावित करता है। नौवालिस ने श्लेगल को लिखे एक पत्र में जर्मन रोमांटिक आंदोलन के प्रसार में अनुवाद की भूमिका का विस्तार से विवेचन किया है (30.11 : 1797)।

स्रोतभाषा की पाठ-सामग्री को लक्ष्यभाषा की समानांतर पाठ-सामग्री से प्रतिस्थापन ही अनुवाद है (कैटफोर्ड : 1974 : 20)। कैटफोर्ड ने अनुवाद की इस परिभाषा को प्रस्तुत करते हुए आगे चलकर, यह कहा है कि प्रतिस्थापन का अर्थ स्थानांतरण नहीं क्योंकि स्थानांतरण में प्रतिष्ठापन की भावना निहित रहती है। प्रतिस्थापन का वास्तविक अर्थ है, स्रोतभाषा के व्याकरण और शब्द भंडार का लक्ष्यभाषा के व्याकरण और शब्द-भंडार से प्रतिस्थापन करना तथा इसके परिणामस्वरूप स्रोतभाषा की स्वनप्रक्रिया और, ग्राफोलॉजी का लक्ष्यभाषा की स्वनप्रक्रिया और ग्राफोलॉजी से प्रतिस्थापन होता है। यहाँ प्रतिस्थापन का अर्थ तुल्यमानों के द्वारा प्रतिस्थापन नहीं है (वही, पृ. 22)। क्योंकि भाषा का व्याकरण, शब्द भंडार, स्वनप्रक्रिया तथा ग्राफोलॉजी आदि एक सांस्कृतिक पैटर्न के आश्रय से विकसित होती हैं जो जाति, परिवेश तथा समय के द्वारा प्रभावित होता है इसीलिए अनुवाद तुल्यमानों का प्रतिस्थापन नहीं। अगर ऐसा होता तो अनुवाद सूत्रबद्ध समीकरण बन जाता। अनुवादक के लिए विषयवस्तु तथा दो भाषाओं का ज्ञान और लगातार अभ्यास आवश्यक पूर्वापेक्षाएँ हैं। किसी भी भाषा में अर्थ-भर (denotative meaning) नहीं होता। बल्कि सक्रिय अर्थ (connotative तथा evocative meaning) होता है। शब्दों में जितना आता है, उसके बीच में और आस-पास में, उससे कुछ अधिक ही हुआ करता है। उसको पकड़े और उतारे बिना अनुवाद परिपूर्ण प्रभावी नहीं हो सकता इसलिए यथातथ्य अनुरूपता (exact correspondence) संभव नहीं। विषय एवं स्रोत तथा लक्ष्य भाषाओं के ज्ञान के आधार पर अर्थ को हृदयंगम करके उसे लक्ष्य भाषा में ढालने एवं उसके लिए कोशगत संबंधों (formal relations) के साथ-साथ संदर्भगत संबंधों (contextual relations) का पता लगाने पर ही सही अर्थ या संदर्भगत अर्थ का पता लग पाता है। संदर्भगत अर्थ का पता लगाने के लिए भाषा की निम्नलिखित विशेषताओं का ज्ञान अत्यावश्यक है :

पहले भाषा की स्थानिक विशेषताओं (situational features) का ध्यान रखना पड़ता है। सरकारी फाइलों में अंग्रेजी में 'प्लीज स्पीक' का अभिटिप्पण रहता है तो उसका अनुवाद स्थानिक विशेषताओं को ध्यान में रखकर 'कृपया बोलिए' के स्थान

पर 'कृपया मिलिए' करना पड़ता है।

दूसरे, सांस्कृतिक संदर्भ का ध्यान रखना पड़ता है। अंग्रेजी में व्यक्तिगत सर्वनाम 'यू' को सम्मानित या बराबर के व्यक्ति यानी प्रत्येक के लिए प्रयोग में लाया जाता है मगर हिंदी में उसका अनुवाद करते हुए सांस्कृतिक संदर्भ के आधार पर सम्मानित व्यक्ति के लिए 'तुम' के स्थान पर 'आप' का प्रयोग करना होगा।

तीसरे, भाषा में द्विअर्थक शब्दों (shared exponence) का प्रयोग होता है। अनुवाद के लिए कौन-सा अर्थ प्रयोज्य है इसका पता लगाना भी ज़रूरी है।

भाषा की अस्वाभाविक व्यवस्था (unusual collocation) का पता लगाना कभी-कभी मुश्किल हो जाता है जैसे किसी भी भारतीय भाषाविद् पाश्चात्य विद्वान के लिए हिंदी का शब्द माथे की 'बिंदी' का अनुवाद करना कठिन है। इसके लिए अनुवाद-कार्य में टिप्पणी के द्वारा अर्थ स्पष्ट करना ज़रूरी हो जाता है।

अनुवाद सृजन नहीं, मात्र अनुकरण है—इस धारणा को लेकर पता नहीं कितने युगों से विद्वानों में मतभेद चलता आ रहा है। हेनरी गिफर्ड का कहना कि साहित्य एक सृजनात्मक क्रिया है मगर अनुवाद तैलचित्र के समान उस सृजन का सफेद-काले में पुनरुत्पादन के सिवाय और कुछ नहीं (1969 : 48)। दरअसल यह बात स्वीकार्य है कि जिस समय कवि-कल्पना अपनी पूरी सामर्थ्य के साथ—चाहे गीतिकाव्य, नाटक, कविता या उपन्यास हो—काम करती है उस समय विषयवस्तु का संपादन इस सूक्ष्मता और विचक्षणता के साथ होता है कि कोई भी अनुवाद उस सृजन की बराबरी नहीं कर सकता। कृति अपनी संपूर्णता में बहुसंख्यक अभिसारी ब्योरों को इस प्रकार से इकट्ठा समेटती है कि अनुवाद करते हुए आशुव्यवस्था अवश्यंभावी हो जाती है (वही)। अनुवादक के सामने दो समीकरण होते हैं जिनमें से उसे अनुवाद-कार्य के लिए एक को चुनना पड़ता है। पहला समीकरण है : क–ख=मूल के अधिक निकट। यहाँ 'क' से तात्पर्य है मूल कृति और 'ख' से तात्पर्य है अनुवाद करते हुए मूल के जो तत्त्व लोप हो जाते हैं। यह समीकरण मूल के अधिक निकट होता है। दूसरा समीकरण है : क–ख+ग=मूल से दूर। यहाँ 'ग' से तात्पर्य है अनुवाद करते हुए मूल में जो तत्त्व अनुवादक की ओर से संयोजित होते हैं। साहित्यानुवाद के लिए दूसरा और वैज्ञानिक अनुवाद के लिए पहला समीकरण अपेक्षित है। फिट्जल्र्ड ने उमर खैयाम की रुबाइयों के अंग्रेज़ी अनुवाद के लिए दूसरे समीकरण का समर्थन करते हुए कहा था कि भूसा भरे गिद्ध की अपेक्षा मैं जीवित गौरैया चाहूँगा। दरअसल अनुवादक का काम है बीज का पता लगाना। शेली ने कहा था कि पौधे को फिर से बीज में से फूटना पड़ता है, नहीं तो उसमें फूल नहीं खिल पाते। अनुवादक का काम न तो सृजनात्मक है और न ही वह अनुकरणात्मक कला है। अनुवाद में अनुवादक की प्रेरणा काम नहीं करती इसीलिए अनुवाद-कार्य सृजनात्मक नहीं होता। अनुवादक तो कृति के अनुरूप सृजन करता है मगर कृति में निहित विचारों को मात्र प्रस्तुत नहीं

करता, उसको रूपान्तरित करता है इसीलिए अनुवाद कार्य अनुकरणात्मक भी नहीं होता। अनुवादक एक इस प्रकार का स्रष्टा है जो लेखक के यथार्थ के सम्मुख अपने को समर्पित करता है। अनुवाद एक नया 'जेस्टाल्ट' होता है—एक कलात्मक प्रक्रिया होती है (हार्स फ्रेंज : 120)। दूसरे समीकरण को स्वीकार करने पर ही साहित्य का अनुवाद इस प्रकार से एक कलात्मक प्रक्रिया का रूप धारण कर पाता है। मगर अनुवादक के लिए दूसरे समीकरण पर नियंत्रण रखने का प्रशिक्षण बहुत ही आवश्यक है। यह स्रोतभाषा की रचना के संदर्भगत तथा गुणार्थक अर्थ के अर्थवैज्ञानिक विश्लेषण से संभव है तथा लक्ष्यभाषा में रचना को पुनः संरचित करने की प्रक्रिया से संबद्ध है।

यहाँ अनुवाद कला से जुड़ा हुआ एक दूसरा प्रश्न उभरता है कि दूसरे समीकरण का प्रयोग करते हुए अनुवादक अपनी तरफ से कितनी स्वतंत्रता ले सकता है। यह अपने-आप में स्पष्ट है कि अनुवाद करते हुए अर्थ में आंशिक लोप और संयोजन के आधार पर रूपांतरण अनिवार्य है। इस प्रक्रिया में से गुजरते हुए अनुवादक का कार्य मूल की अपेक्षा अच्छा या महान् बन सकता है। यहाँ तक कि मूल से श्रेष्ठ प्रमाणित हो सकता है। ऐसी स्थिति में वह अनुवाद नहीं रहता, प्रतिलेखन में बदल जाता है। अनुवादक कभी-कभी इस तथ्य से अपरिचित रह जाते हैं कि अनुवाद-कार्य व्याख्या-विश्लेषण का कार्य है। यह एक सृजनात्मक प्रक्रिया है जिसके द्वारा अनुवादक को लेखक की दुनिया को फिर से जीना होता है। मगर क्या इसका अर्थ यह है कि मूल के प्रति ईमानदार रहने की कोई ज़रूरत नहीं है? विलियम कूपर का कहना है कि पूर्ण ईमानदारी भी एक अयथार्थ स्थिति है। मगर मूल के साथ बहुत अधिक स्वेच्छाचारिता करना भी अननुज्ञेय है। वस्तुतः अनुवादक के द्वारा स्वतंत्रता लेने की बात सुगमता और आनंद के नाम पर उठायी गयी है। क्योंकि जब तक अनुवाद सुगम नहीं होगा और उससे आनंद नहीं मिलेगा तब तक वह पढ़ा नहीं जाएगा। मगर व्यावसायिक ईमानदारी भी एक चीज़ होती है। खतरा स्वच्छंदता की उस मात्रा के साथ जुड़ा होता है जिस मात्रा में अनुवादक उसे स्वीकारता है।

हमें यह मानना पड़ेगा कि मूल लेखक और अनुवादक में अंतर के दो कारण हैं : एक, अनुवादक का अभिव्यक्ति का अपना ही ढंग होता है, उसकी शैली अपनी होती है जो उसके व्यक्तित्व और युगबोध पर आश्रित होती है। दूसरा, स्रोतभाषा में रूप और अर्थ का विधान लक्ष्यभाषा के रूप और अर्थ के अनुरूप हो सकता है मगर वह कभी भी एक समान नहीं होता। इसके परिणामस्वरूप यथातथ्य तदनुरूपता संभव नहीं। अर्थ में लोप या संयोजन ही नियम बन जाता है। मगर अनुवाद करते हुए कोशिश यही होनी चाहिए कि लक्ष्यभाषा में एक ओर मूल का स्वाद बरकरार रहे और दूसरी ओर अनुवाद सुगमता और आनंद से पढ़ा जाए। मगर अनुवादक के व्यक्तित्व तथा युगबोध के कारण उसकी भाषा के प्रयोग में वैचारिक, जातिगत

तथा भाषिक शक्तियों का प्रभाव उभर आता है जिसके फलस्वरूप विभिन्न अनुवादों में हमें विभिन्न आस्वाद प्राप्त होते हैं।

रोनज़ार्ड (Ronsard) की कविता 'When you are old...' में कवि ने एक महिला को अमरत्व प्रदान करने की कोशिश की है मगर उसकी अदूरदर्शी नखरेबाजी के लिए निंदा की है। इयेट्स ने अपने अनुवाद में महिला की नखरेबाजी को समाप्त करते हुए कविता के मूल भाव को शांत में बदल दिया है और इस तरह मूल स्वर में एकदम परिवर्तन आ गया है। दूसरी ओर द्यू बैले (Du Bellay) की 'रोम' कविता का अनुवाद करते हुए एजरा पाउंड ने बिलकुल मूल का अनुसरण किया है, यहाँ तक कि भाषा के पुराने प्रयोग (Seek'st') का इस्तेमाल करते हुए मूल कविता में निहित 'कष्ट-कल्पना' को सही उभारा है (फ्लेचर : 1970 : 127)। बांग्ला में शेक्सपियर के सानेट की दो पंक्तियों का अनुवाद करते हुए बांग्ला के दो विख्यात कवियों ने क्रमशः मूल का प्रतिलेखन या मूल के निकट रहते हुए अनुवाद किया है। सानेट की पंक्तियाँ निम्नलिखित हैं :

Shall I compare thee to a summer's day ?
Thou art more lovely and more temperate.

इसका अनुवाद सुधींद्रनाथ दत्त के अनुसार :

बसन्त दिनेर सने करिब कि तोमार तुलना?
तुमि आरओ कमनीय, आर ओ स्निग्ध, नम्र, सुकुमार।

तथा विष्णु दे ने इसका अनुवाद किया है :

तोमार उपमा आमि देब नाकि बसन्तेर दिने?
तुमि आरो रमणीय, शीते-उष्णे आरो ये सुषम।

'लवली' के लिए सुधींद्रनाथ दत्त कमनीय, स्निग्ध, नम्र, सुकुमार जैसे शब्दों का प्रयोग करते हैं मगर 'टेमपरेट' की व्यंजना नहीं ला पाए हैं। विष्णु दे की कविता मूल के समांतराल है और 'टेमपरेट' के लिए उन्होंने 'शीते-उष्णे आरो ये सुषम' का प्रयोग किया है। इसी सानेट में आगे चलकर 'रफ़ बिंड' शब्द आया है जिसके लिए सुधींद्र नाथ दत्त 'कालवैशाखी' (North Wester) शब्द का प्रयोग करते हैं मगर विष्णु दे ने मूल के निकट रहते हुए 'चैतालीर रूढ़ वायु' का प्रयोग किया है। वस्तुतः सुधींद्र नाथ दत्त ने कविता का अनुवाद करते हुए 'प्रतिलेखन' किया है जबकि विष्णु दे ने 'अनुवाद' किया है। दत्त ने कविता में निहित 'सौंदर्य' को बनाए रखने की कोशिश की है जो 'ईमानदारी' का सर्वाधिक श्रेष्ठ रूप है और दे ने शब्दशः अनुवाद के स्थान पर आत्मलोप के माध्यम से आत्माभिव्यक्ति की है और इसीलिए मूल के निकट रहते हुए भी उसमें अनुवादक की स्वकीयता प्रकट हो सकी है।

आधुनिक आलोचना में जब यह कहा जाता है कि शब्द और अर्थ अविभाज्य है और शब्द एक विशेष संदर्भ में एक अनुपम तथा अतुलनीय अर्थ को प्रकट करता

है तो उसके अन्वयांतर का प्रश्न ही नहीं उठता। अन्वयांतर समानार्थकता पर निर्भरशील है और अनुवाद स्रोतभाषा के अर्थ को लक्ष्यभाषा के अर्थ में प्रतिस्थापित करता है और इस तरह सृजनात्मक साहित्य का न तो अन्वयांतर संभव है और न ही उसका अनुवाद। ऐसी स्थिति में हमें उन सैद्धांतिक पक्षों पर ध्यान देना पड़ता है जिनसे अनुवाद संभव एवं उसकी सार्थकता प्रमाणित होती है।

"कविता का अनुवाद एक सहानुभूत्यात्मक क्रिया है।" ड्राइडन ने यह बात कही और ओविड के 'एपिस्टल' के अनुवाद की भूमिका में यह कहा कि साहित्यिक अनुवाद तीन प्रकार के होते हैं। पहला, 'मेटाफ्रेज़' जहाँ शब्दशः अनुवाद किया जाता है। दूसरा, 'पैराफ्रेज़' जहाँ अनुवादक अपनी ओर से काफी छूट लेता है और तीसरा 'इमीटेशन' जहाँ अनुवादक मूल के मात्र कुछ संकेतों को ग्रहण करता हुआ पूर्ण स्वतंत्रता का प्रदर्शन करता है (1680)। वस्तुतः आदर्श अनुवादक शब्दों का मिलान नहीं करता, वह प्रतिपत्री भी नहीं होता। वह अधिवक्ता होता है। सफल काव्यानुवाद संपूर्ण रूप से आत्मसात्करण पर निर्भरशील होता है। रुबेन ब्रावर (Reuben Brower) ने ऐसकलस के 'ऐगामेमनन' के कतिपय अंग्रेज़ी अनुवादों की सहायता से यह प्रमाणित किया है कि पाठकों के द्वारा ही अनुवाद-कार्य का स्वरूप निर्धारित होता है। एक आम पाठक अपने युग की कविताओं से प्राप्त अनुभूति की समानांतर अनुभूति अनूदित कृति में चाहता है और अनुवादक उसी के अनुरूप अनुवाद करता है (ब्रावर : 1966 : 173-95)। आत्मसात्करण की प्रक्रिया इसीलिए युग और समय के साथ जुड़ी होती है। इसीलिए अनुवाद करते हुए केवल दो भाषाओं का ज्ञान ही नहीं, दो संस्कृतियों का ज्ञान भी ज़रूरी है।[1] हर भाषा के हर शब्द का अपना अर्थबिंब होता है जो सांस्कृतिक, भौगोलिक, सामाजिक पृष्ठभूमि से संबद्ध होता है। अंग्रेजी शब्द 'ऑटम' का हिंदी अनुवाद 'शरत' है मगर दोनों की अर्थ छायाओं में बहुत ही अंतर है। दरअसल अनुवाद में कोई भी चीज अंतिम नहीं[2] फिर भी अनुवादक अपनी ओर से उसमें विस्तृति ले आता है। कदाचित् इसीलिए नौवालिस ने कहा था कि काव्यानुवाद एक नयी कविता के निर्माण के अनुरूप है। अनुवादक की आत्मसात्करण की प्रक्रिया इतनी महत्त्वपूर्ण होती है कि वह पूरी सच्चाई के साथ अपनी ही बात कहता है और अनुवाद के नाम पर सचेतन रूप में अपने पाठकों से सीधा संचारण करता है। दरअसल अनुवाद में काव्य-सौंदर्य की अभिव्यक्ति ही सबसे बड़ी ईमानदारी है तथा असौंदर्यात्मक अभिव्यक्ति निष्ठाहीनता का ही दूसरा नाम है (पोगूगिओलि)। इसीलिए श्लेगल के द्वारा शेक्सपियर के अनुवाद में स्वच्छंदतावादी वृत्ति का प्रसार हुआ है क्योंकि उस युग और काल में जर्मनी के कवियों पर इसी का प्रभाव था। अमरीकी कवि बेयर्ड टेलर (Bayard Taylor) ने गोयते के 'फाउस्ट' के अनुवाद में विक्टोरियन मुहावरे और अलंकारों का प्रयोग किया है। फिट्ज़जर्ल्ड ने उमर खैयाम की रुबाइयों का अनुवाद करते हुए खैयाम की धार्मिक तथा दार्शनिक समस्याओं की ओर ध्यान ही नहीं दिया।

बल्कि अनूदित रुबाइयों में फिट्ज़जर्ल्ड के संदेहवादी विचार, मृत्यु के बाद जिंदगी के बारे में उनकी धारणा तथा आधुनिक जिंदगी की विषमता का उत्तर मिलता है। इस प्रकार के अनुवाद को ड्राइडन के शब्दों में 'पैराफ्रेज़' कह सकते हैं मगर कठिनाई तब होती है जब बिलकुल गलत अनुवाद के फलस्वरूप किसी एक लेखक के बारे में सारा दृष्टिकोण ही बदल जाता है। उर्कुहर्ट ने राबिले (Rabelais) का गलत अनुवाद करके अंग्रेजी जगत में उसे दर्शन का मज़ाक करने वाला व्यक्ति बना दिया (पुटनाम : 1946 : 5)। मैथिलीशरण गुप्त ने माइकेल मधुसूदन दत्त के बंगला काव्य 'मेघनादबध' का अनुवाद करके हिंदी जगत् में यह गलत धारणा फैला दी है कि राम और लक्ष्मण की तुलना में माइकेल ने रावण को महान् प्रमाणित किया है। गलत अनुवाद अज्ञानता अथवा लापरवाही का परिणाम होता है। काव्यानुवाद में साधारणतया अक्षरशः अनुवाद को नकारा जाता है। निराला ने 'चाबुक' में कहा था कि मूल का अक्षरशः अनुवाद ज़रूरी नहीं परंतु अर्थ भी बदलना जरूरी नहीं है।

काव्यानुवाद में अलंकारों का अनुवाद कठिन है। छंदों की स्थिति भी जटिल होती है। एडनासेंट विन्सेट मिले ने बॉदलेयर का अनुवाद उन्हीं के द्वारा प्रयोग में लाए गए काव्य छंद में किया है। उनका कहना था कि अनुवाद में वही छंद, लय और संगीत होना ज़रूरी है जिसका लेखक ने प्रयोग किया है। डारोथी सेयर्स ने भी दांते के अनुवाद में उसी टेरज़ा राइम का प्रयोग किया है (1954 : 54)। मगर जान सियार्डी की धारणा अलग थी। दांते का अनुवाद करते हुए उन्होंने कहा कि इतालीय छंद अंग्रेजी में चल नहीं सकता। उन्होंने अनुवाद में 'डेफिशियेंट' राइम का प्रयोग किया (1959)। ये सभी अनुवाद ईमानदारी के पक्ष में हैं मगर ईमानदारी की व्याख्या अलग-अलग की है। हमफ्रीज़ (Rolfe Humphries) के अनुसार अक्षरशः अनुवाद ईमानदारी नहीं। वही अर्थ ईमानदारी को प्रकट करता है जो अर्थ अनुवादक का होता है। इशरवुड ने 'गीता' के अनुवाद में अन्वयांतर नहीं किया है। मगर बहुत ही ईमानदारी के साथ मूल का अनुसरण किया है (1951 : 10-11)। अधिकतर अनुवादक जाति-केंद्रित हैं इसीलिए, जैसा कि पहले कहा गया है, फिट्ज़जर्ल्ड के अनुवाद में मध्ययुगीन फ़ारस और विक्टोरिया का इंग्लैंड एक हो जाते हैं। फिर भी एक बात को नकारा नहीं जा सकता कि मूल कृति नियंत्रक के रूप में काम अवश्य करती है। काव्यानुवाद में कृति में प्रयुक्त छंद के प्रयोग के सवाल के साथ यह प्रश्न भी उठाया गया कि क्या कविता का अनुवाद गद्य में हो सकता है? मैथ्यू आर्नल्ड का विचार था कविता का अनुवाद गद्य में हो सकता है। कारलाइल तथा ली हंट पद्य का अनुवाद पद्य में ही चाहते हैं। टाइटलर का कहना है कि अनेक कविताओं की मुख्य विशेषता उनकी संगीतात्मकता और लय होती है और इन विशेषताओं को गद्य में नहीं लाया जा सकता। फिर कविता और गद्य में कुछ आधारभूत अंतर है। उदाहरण के रूप में 'मैकबेथ' की कुछ पंक्तियों का हिंदी में क्रमशः गद्य और पद्य में अनुवाद

मिलता है। 'मैकबेथ' की पंक्तियाँ हैं :

More needs she the divine than the physician

हिंदी गद्य में इसका अनुवाद है :

उन्हें तो किसी महात्मा या संत की आवश्यकता है, डॉक्टर उसे ठीक नहीं कर सकता।

हिंदी पद्य में इसका अनुवाद है :

मैं तो खाली तन का रोग मिटा सकता हूँ,
इन्हें चाहिए मन का मैल छुड़ाने वाला।

वस्तुतः कविता में अलंकार, बिंब-विधान, कल्पना, रस-योजना, मधुरता और लय होता है और इसीलिए गद्य की अपेक्षा यह मन को अधिक आकर्षित करती है। कविता का गद्य में अनुवाद करने पर यह आशंका रहती है कि मूल रचना की ये विशेषताएँ लुप्त हो सकती हैं—फिर कविता पढ़ने का सारा प्रयोजन नष्ट हो सकता है क्योंकि कविता ज्ञान-लाभ के लिए नहीं रस-लाभ के लिए पढ़ी जाती है।

गद्य साहित्य के अनुवाद में भी ये ही प्रश्न उठते हैं। जार्ज बुल ने बेनवेनुतो सिलीनी के 'आटोबायोग्राफी' के अनुवाद की भूमिका में उसके फ्रांसिसी अनुवादक का उल्लेख करते हुए कहा कि मूल लेखक ने फ्लोरेनटाइन के लोगों की इतनी शुद्ध, मौलिक तथा मनोरंजक बोली का प्रयोग किया है कि उसका अनुवाद करना असंभव हो गया था (1956 : 13)। प्लेटो के 'रिपब्लिक' का अनुवाद करते हुए "मूल संवादों के संवादोचित परिवेश को बनाए रखनां अनुवादक ली के लिए कठिन हो गया था," विशेष रूप से लंबे अनुच्छेदों में। प्लेटो की पारिभाषिक शब्दावली के शाब्दिक अनुवाद से अर्थ या तो स्पष्ट नहीं हो पाया अथवा उनका अनुवाद बेढंगा-सा लगने लगा। ली के अनुसार प्लेटो की विचारधारा के तह में जाकर पहले उन्हें समझना ज़रूरी है तभी उनके विचारों को आज की भाषा में ढालना संभव हो पाता है (पेनगूइन क्लासिक्स : 1955 : 48)। दरअसल गद्य साहित्य के अनुवाद में पहले शैली की बात उठाई जाती है, खास तौर से प्राचीन साहित्य का अनुवाद करते हुए। अधिकतर अनुवादक पुरानी शैली तथा शब्द संग्रह को बचाते हुए आधुनिकता के प्रयोग के पक्ष में हैं मगर उतना ही जिससे कि प्राचीनता समाप्त न हो जाए। आधुनिकता का अर्थ मात्र यही है कि आज का पाठक अनुवाद को सरलता से पढ़ सके तथा वह बुद्धिसंगत प्रतीत हो।[3] नाटक में कथ्य और कथन-पद्धति का सायुज्य नाटक को उसकी शैली प्रदान करती है। और इसीलिए उसका अनुवाद एक समस्या बन जाती है। और फिर नाटक की शैली अभिनयात्मक एवं संवादात्मक ही होती है इसीलिए रंग परंपरा का ज्ञान आवश्यक है और साथ ही अनुवाद करते हुए समसामयिकता एवं प्रासंगिकता का ध्यान जरूरी है। यह मूल के प्रति गैर-ईमानदारी नहीं है वरन् पाठक के प्रति ईमानदारी है जो मात्र लक्ष्यभाषा और उसकी साहित्यिक शैली, शब्दभंडार

आदि से परिचित है। अनुवाद के संबंध में सबसे दुःखद मगर महत्त्वपूर्ण बात यही है कि इसकी जाँच वही कर सकता है जिसको इसकी आवश्यकता नहीं यानी जो स्रोत और लक्ष्यभाषा दोनों को भली भाँति जानता है इसीलिए अंततः पाठक को ध्यान में रखकर ही अर्थात् सहजता और बोधगम्यता के आश्रय से ही इसका वास्तविक मूल्यांकन किया जा सकता है। साहित्य का अनुवाद तभी संभव है जब इसको मूल के बिलकुल अनुरूप शब्दशः अनुवाद के बंधनों से मुक्त रखा जाए। इसका अर्थ यह है कि साहित्य के अनुवादक का मूल उद्देश्य संप्रेषण मूल्य के साथ संप्रेषण मूल्य का मेल कराया जाए (1975) अर्थात् स्रोतभाषा के पाठ के सामूहिक ढाँचे के अंतर्गत देश, काल तथा परंपरा के संरचनात्मक मूल्यों तथा विभिन्न शैलीगत क्षेत्रों में प्रयोग में लाए जाने वाले शब्दों पर विचार किया जाए। दूसरे शब्दों में मूल कृति से संबद्ध सांस्कृतिक परंपरा (Culture-bound) तथा दूसरी महत्त्वपूर्ण सूचनाओं को कृति की संपूर्ण संरचना (Structure-bound) के साथ जोड़कर देखा जाए और फिर लक्ष्यभाषा की तदनुरूप स्थिति में उसे ढाला जाए। ढालने की इस प्रक्रिया में स्रोतभाषा के विभिन्न शैलीगत क्षेत्रों में प्रयोग में लाए जाने वाले शब्दों से मेल खाते हुए लक्ष्यभाषा के विभिन्न शैलीगत क्षेत्रों के शब्दों का प्रयोग किया जाए। अनुवाद प्रक्रिया में मूल कृति की सुस्पष्ट शैली और अनुवादक की अपने युग की आधुनिक शैली के बीच एक तनाव बना रहता है। इसी तरह अनुकरण तथा पुनः सृष्टि, शाब्दिक तथा स्वाभाविक, रूप तथा अर्थ, छंद एवं गद्य में भी एक तनाव बना रहता है और यह तनाव ही अनुवादक को एक समझौते का मार्ग दिखाता है क्योंकि अंततः अनुवाद एक प्रकार का समझौता ही है। मगर यह समझौता तब तक सफल नहीं हो सकता जब तक उसके पीछे एक व्यवस्थित विधि का आधार न हो। व्यवस्थित विधि के लिए दूसरा शब्द है वैज्ञानिक विवृति। वैज्ञानिक दृष्टि से अनुवाद कार्य के पाँच सोपान होते हैं।

अनुवादक मूलतः स्रोतभाषा की मूल संरचना को लक्ष्यभाषा की मूल संरचना में बदलता है। इस कार्य में उसे अनुवाद के पाँच सोपानों का प्रयोग करना पड़ता है : (क) स्रोत तथा लक्ष्यभाषा का ज्ञान, (ख) पाठ या विषय का पूरा परिचय, (ग) विश्लेषण (घ) प्रतिस्थापन, तथा (ङ) अनुवाद की सहायता से पाठ का संरचनात्मक पुनः निर्माण। इस अनुवाद कार्य में प्रतिस्थापन बीज स्तर (kernel level) या बीज के लगभग निकटतम स्तर पर होता है। ऐसा करने पर विरूपीकरण की कम गुंजाइश रहती है। बीज-स्तर पर स्रोत और लक्ष्यभाषा में सबसे अधिक साम्य दिखाई पड़ता है। धरातलीय संरचनाओं में इतना नहीं दिखाई पड़ता। प्रतिस्थापना में अनिवार्य रूप से अर्थ का रूपांतरण होता है जिससे अर्थ का आंशिक लोप या संयोजन होता है। साहित्यिक अनुवाद में लोप या संयोजन का अंश सबसे अधिक दिखाई पड़ता है। विश्लेषण में पाठ के निर्देशात्मक अर्थ की व्याकरणात्मक तथा अर्थवैज्ञानिक (स्थानिक तथा सांस्कृतिक) विवेचन के साथ-साथ उसके संदर्भगत अर्थ (लाक्षणिक अर्थ आदि)

का भी विवेचन होता है। इस तरह विश्लेषण के द्वारा भाषिक एवं भाषा से जुड़े हुए संदर्भगत एवं सांस्कृतिक अर्थ का स्पष्टीकरण होता है। इससे मूल का क्या कुछ छोड़ना चाहिए या उसका कैसे रूपांतरण करना चाहिए इसका पता लगता है। विश्लेषण के बाद प्रतिस्थापन में कठिनाई उपस्थित होती है। भाषाओं की अलग भाषिक संरचनाओं के कारण (हिंदी-तेलुगु) तथा सांस्कृतिक विनिमय के अभाव में मूल संरचना तक पहुँचना कठिन हो जाता है। विषयवस्तु के कठिन होने पर भी प्रतिस्थापन में बाधा होती है। इसके उपरांत संरचनात्मक पुनर्निर्माण में भाषाओं के स्तर के साथ ही लेखक के मूल अभिप्राय का ध्यान रखना पड़ता है। यहाँ निदा (Nida) ने एक चेतावनी दी है कि लेखक के अभिप्राय या अर्थ के बारे में जब हमारे मन में पर्याप्त संदेह रहता है तब अनुवाद करते हुए स्वाभाविक रूप से हम साहित्यिक भाषा के स्तर को ऊँचा कर देते हैं। इससे बचने के लिए लेखक के मूल अभिप्राय से परिचित होने के साथ-साथ साहित्यिक अनुवाद में अति-सौंदर्यवादिता (Over-estheticized) के प्रयोग से बचना चाहिए। वस्तुतः अनुवाद करते हुए पहले मूल अभिप्राय का निकटतम समानार्थी अर्थ और बाद में मूल शैली के अनुरूप शैली के प्रयोग की ओर ध्यान रखना पड़ता है। मगर सबसे बड़ी बात जैसा कि पहले कहा जा चुका है कि अनुवाद करते हुए साहित्यिक सौंदर्य को प्रकट करना ही सबसे बड़ी ईमानदारी है। आखिरकार अनुवादक अनुवाद विशेषज्ञों के लिए अनुवाद नहीं करता वरन् उन पाठकों के लिए करता है जिनके लिए सुगमता, बोधगम्यता तथा साहित्यिक सौंदर्य अनुवाद की सबसे महत्त्वपूर्ण उपलब्धियाँ हैं। हालाँकि मूल का अंकुश अनुवादक पर रहता अवश्य है।

अनुवाद के संदर्भ में सीमाओं की जानकारी भी जरूरी है। अनुवादक के पास यदि पूरी सूचना न हो, बुद्धिगम्यता का अभाव हो अथवा अनुवादक की निजी व्यावसायिक वृत्ति का अनुवाद-कार्य पर हस्तक्षेप हो तो अनुवाद ठीक नहीं हो पाता। अथवा अशुद्धस्तर अर्थात् कृति में प्रयुक्त विभिन्न प्रयोक्ति अथवा शैली का लक्ष्य भाषा की गलत प्रयोक्ति अथवा शैली के द्वारा प्रतिस्थापन के फलस्वरूप भी अनुवाद ठीक नहीं हो पाता है (पिनचक : 219)। इन सीमाओं के परिहार के बावजूद अनूदित कृति मूल की यथातथ्य प्रतिकृति नहीं बन पाती है क्योंकि दोनों भाषाओं में पूर्ण अनुरूपता संभव नहीं मगर इस कारण से हमें अपने को अनुवाद-कार्य से अलग नहीं रखना चाहिए। हमें तो पहले से ही यह पता है कि हमारा अनुवाद एक पुनःसृष्टि है जहाँ मूल लेखक के ऋण को हम लगातार याद करते हैं। हमारे भीतर और चारों ओर विद्यमान विश्व के एक खंड की सूत्रबद्ध व्याख्या को एक दूसरी निकटतम समरूप सूत्रबद्ध व्याख्या के द्वारा प्रतिस्थापित करना ही अनुवाद है। इस प्रक्रिया में से गुजरते हुए मूल की रेखाएँ धूमिल हो जा सकती हैं मगर किसी एक और प्रक्रम के आधार पर, जिसको विश्लेषित करना कठिन है, यदि अनुवाद मूल कलाकृति का एक छोटा

मगर पूर्ण प्रतिकृत रूप ग्रहण कर सके तो उससे अनुवादक की सफलता और अनुवाद कला की प्रामाणिकता दोनों ही प्रतिष्ठित हो पाती हैं।

संकल्पनात्मक शब्द

प्रतिस्थापन, स्थानांतरण, प्रतिष्ठापन, स्वनप्रक्रिया, सक्रिय अर्थ, यथा तथ्य अनुरूपता, कोशगत संबंध, संदर्भगत संबंध, स्थानिक विशेषता, द्विअर्थक शब्द, सांस्कृतिक संदर्भ, सहानुभूत्यात्मक क्रिया, आत्मसात्करण, बीजस्तर, धरातलीय संरचना, अति सौंदर्यवादिता।

संदर्भ

1. डेविड लॉज का कहना है, One would have to be not only bi-lingual but to coin an ugly phrase-bicultural, Language of Fiction : Essays in criticism and verbal analysis of the English novel (1966).
2. The first law of translation is clear, nothing can be taken as final गिफर्ड, 1969, पृ. 99
3. Modern simply meaning easily readable and intelligible to the...reader, हार्स फ्रेंज, 'The Art of Translation', पृ. 116

11

अनुवाद का भारतीय सिद्धांत और इतिहास

क्या कारण है कि भारत जैसे बहुभाषिक देश में, जिसकी सभ्यता लगभग 5000 वर्ष पुरानी है, कभी किसी ने एक पूर्ण विकसित अनुवाद सिद्धांत के विकास में योगदान नहीं दिया, यहाँ तक कि यदि विस्तार से नहीं तो संक्षेप में भी किसी ने अनुवाद प्रक्रिया, उसकी प्रकृति तथा उसकी विशेषताओं के बारे में कोई विवेचन नहीं किया। फिर भी थोड़े बहुत अनुवाद संबंधित प्रसंग हमें नाना भारतीय ग्रंथों में उपलब्ध हो जाते हैं। ऐतरेय ब्राह्मण अथवा गोपथ ब्राह्मण, पाणिनि की अष्टाध्यायी, यास्क का निरुक्त, गौतम का न्यायदर्शन या जैमिनी का न्याय, पाणिनि के सूत्रों पर महाभाष्यकार के वक्तव्य की कय्यट के द्वारा टीका भर्तृहरि पर कुल्लुक भट्ट की टीका आदि में अनुवाद संबंधी कई महत्त्वपूर्ण संकेत मिलते हैं।

संस्कृत में ट्रान्सलेशन के लिए शब्द है, अनुवाद। अर्थ है : वैदिक पाठ को दूसरे शब्दों में दोहराना। मॉनीयर विलियम्स के शब्दकोश में इसका निम्नलिखित अर्थ दिया गया है :

Saying after or again repeating by way of explanation, explanatory repetition or reiteration with corroboration or illustration, explanatory reference to anything already said.

दोहराने का अर्थ यह नहीं कि वह शब्दशः अनुवाद है। प्राचीन भारत का कभी भी शब्दशः अनुवाद में विश्वास नहीं था। इसका एक बहुत बड़ा कारण यह रहा कि अनुवादक दोनों भाषाओं के विद्वान होते हुए अनुवाद को सर्वदा 'आविष्कार' के रूप में स्वीकार करते रहे और इसलिए अपनी तरफ से स्वाधीनता लेने में किसी को कोई संकोच नहीं रहा।

वस्तुतः भारतीय संदर्भ में पाठक को कभी भी किसी साहित्यिक कृति में निहित

सत्य का निष्क्रिय प्रापक स्वीकारा नहीं गया है। रस एवं ध्वनि सिद्धांत इसी तथ्य को और भी स्पष्ट रूप से उजागर करते हैं कि पाठक अपने अभिज्ञान के आश्रय से कृति की रिकोडिंग करते हुए नए अर्थ का आविष्कार करता है और परिणामतः एक ही कृति के एक से अधिक अर्थ प्रकट होने की संभावना बनी रहती है। यद्यपि नाना अर्थों का प्रकट होना पाठक की प्रतिभा और ज्ञान, कृति के महत्त्वपूर्ण भाषिक निरूपण तथा उसमें काव्यसत्य के प्रतिफलन से ही संभव होता है। प्राचीन भारतीय काव्य दृष्टि ने इसीलिए किसी एक कृति का एक ही अपरिवर्तनीय अर्थ को स्वीकार नहीं किया। परिणामतः उस युग के भारतीय अनुवादकों ने पाश्चात्य दृष्टि के विपरीत अनुवाद कार्य में किसी भी विचलन को अतिक्रमण के रूप में स्वीकारा नहीं। बीसवीं शताब्दी की पाश्चात्य आलोचनात्मक विचारधारा में यद्यपि एक क्रांतिकारी परिवर्तन का अनुसरण करते हुए रोलाँ बार्थ ने यह कहा था कि किसी भी साहित्यिक कृति का पाठक मात्र उपभोक्ता नहीं होता है वरन् उस कृति का उत्पादक भी होता है (प्रोड्यूसर) भी होता है (रोलाँबार्थ, एस/जेड, लंदन, 1974)। जुलिया क्रिस्तेवा की 'इंटरटेक्सटूयालिटी' भी इस दृष्टि से काफी महत्त्वपूर्ण विचारधारा है क्योंकि इसके अनुसार किसी भी एक पाठ के अंतर्गत उस पाठ से पहले और उसके समकालीन समय नें रचे गए पाठों का स्वर समाविष्ट रहता है। और इसीलिए पाठक-अनुवादक के लिए स्रोत भाषा की कृति का विश्लेषण करते हुए अनुवाद करने की स्वतंत्रता बनी रहती है। अतएव अनुवाद के बारे में प्राचीन दृष्टि के अनुसार जब यह कहा जाता है कि अनुवाद स्रोत भाषा में रचित पाठ के लक्ष्य भाषा में दोहराना है तो इसका अर्थ पाठ का विश्लेषण और व्याख्या के आश्रय से अनुवाद प्रक्रिया को पूर्ण करना है।

वस्तुतः प्राचीन और मध्ययुगीन भारत में पाठ की बार-बार पुनरावृत्ति (repetition), निदर्शन (illustration) तथा उपपत्ति (demonstrations) के आश्रय से मूल पाठ के विश्लेषण का उल्लेख किया गया है और इसीलिए श्रुति तथा स्मृति से आविष्ट मौखिक साहित्यिक परंपरा तथा इसी से ओत-प्रोत भारतीय समाज मूल पाठ से भिन्न अनूदित पाठों को सर्वदा अपवाद के स्थान पर वैकल्पिक मानदंड के रूप में स्वीकार करता रहा है और परिणामतः अनुवाद की दृष्टि से प्रामाणिक तथा विशुद्धता के सिद्धांत को स्वीकार करने वाली यूरोपीय मतधारा भारत के लिए हमेशा पराई प्रतिकूल मतधारा बनी रही, हालाँकि उपनिवेशवादी आधिपत्य के युग में यूरोपीयों के द्वारा भारतीय मानस पर इस मतधारा को थोपने के हर प्रकार के प्रयत्न किए गए मगर वे नाकाम रहे। भारतीय मनीषा की दृष्टि से अनुवाद 'पुनर्जन्म' है जिसकी आत्मा लैफैवेयर के अपरिवर्त्तनीय कोष (invarient core) के रूप में स्थिर रहती है मगर बाकी सब उपादान नया रूप ले लेते हैं।

यह सच है कि प्राचीन भारत अनुवाद संबंधित समस्याओं के बारे में इतने

सचेतन नहीं थे जैसे कि हम लोग आज हैं और परिणामतः सचेतन रूप से अनुवाद सिद्धांतों को लेकर किसी ने सोचने का प्रयत्न नहीं किया। यद्यपि भाषिक वैभिन्न के कारण, प्राचीन भाषा विद्वानों ने भाषा के विभिन्न पक्षों और परिज्ञान को लेकर विचार-विमर्श किया था। केवल इतना ही नहीं भाषा शिक्षा तथा अध्यापन, भाषा के सार्वभौम तथा विशेष तत्त्व तथा उनके बीच का संबंध तथा साथ ही शब्द तथा अर्थ के बीच का जटिल संबंध और दूसरी ओर भाषा प्रतिनिधित्व, तर्क तथा यथार्थ को लेकर भी प्राचीन भारत में काफी विचार-विमर्श हुए हैं। आज के दृष्टिकोण से देखें तो यह स्पष्ट हो जाता है कि अनुवाद विज्ञान के सिद्धांत तथा व्यावहारिक प्रयोग की दृष्टि से उपर्युक्त सारी भाषागत समस्याओं की आज भी पूरी प्रासंगिकता बनी हुई है और इन्हीं में से प्राचीन भारत के अनुवाद आश्रित भाषा विज्ञान के सिद्धांतों का निर्माण किया जा सकता है। पाणिनि के व्याकरण अथवा भरत के नाट्यशास्त्र की तुलना में अनुवाद विज्ञान की कोई महत्त्वपूर्ण कृति प्राचीन भारत में उपलब्ध नहीं है फिर भी इधर-उधर बिखरी हुई अंतर्दृष्टियाँ तथा अप्रत्यक्ष संकेतों एवं लगभग सारी भारतीय भाषाओं में कई शताब्दियों से और पूरे भारत में लगातार चलने वाले अनुवाद कार्यों के आधार पर अनुवाद के एक व्यवहार्य सिद्धांत की सृष्टि की जा सकती है।

डॉ. सुनीति कुमार चैटर्जी का कहना है प्राचीन भारत में प्रचलित बहुभाषावाद (Polyglottism) के कारण ही भारतीयों में 'अनुवाद सचेतनता' का विकास हो पाया था। वात्स्यायन के द्वारा उल्लिखित पद 'लोकेऽपिचानुवाद' (लौकिक भाषिक प्रयोग में भी अनुवादनीयता रहती है) भारतीय अनुवाद सचेतनता के लंबे ऐतिहासिक काल का पता देता है। डॉ. चैटर्जी ने अपनी पुस्तक 'इंडो आर्यन एंड हिंदी' में यह प्रमाणित किया है कि संस्कृत का लगभग पूरा साहित्य विशेषकर महाभारत तथा पुराण का एक अनुवाद अधःस्तर है जो मध्य इंडो-एरियन भाषाओं से संबद्ध है जिनमें जन्म से आर्य, मिश्रित आर्य, अनार्य तथा भारत में बसे हुए यूनानी तथा प्राचीन फ़ारसी (अबेस्ता) बोलने वाले विदेशियों की भाषाएँ सम्मिलित हैं जब संस्कृत को सर्वभारतीय सम्मान मिला तब उसने साहित्यिक अधःस्तर से संबद्ध अपने अनुवाद-चरित्र को अनावृत करने की कोई कोशिश नहीं की और परिणामतः यह रूप कभी भी प्रकट नहीं हुआ।

इसको और स्पष्ट समझने के लिए रूसी रूपवादियों की विचारधारा के आश्रय से यह कहा जा सकता है किसी भी साहित्यिक परंपरा में बहुत सारे साहित्यिक संप्रदाय जुड़े रहते हैं और जो साहित्य में एक साथ विद्यमान रहते हैं परंतु इनमें से कोई एक सैद्धांतिक मापदंड बन कर शीर्षस्थान ग्रहण कर लेता है और संस्कृत ने समय के साथ-साथ इस रूप को ही प्राप्त कर लिया। बाकी कोई भी भाषिक संप्रदाय मापदंड नहीं बन पाया और केवल अज्ञात ढंग से उनका अस्तित्व बना रहा। उस उच्च स्थान

के कारण दूसरी भाषाओं से संस्कृत में अनुवाद की कोई भूमिका बन नहीं सकी और धीरे-धीरे संस्कृत ने किसी प्रकार की कलात्मक सृष्टि के लिए इन भाषाओं को उपयुक्त नहीं माना। इस संदर्भ में गुणाढ्य की 'वृहत्कथा' की अनुश्रुति काफी रोचक है। पैशाची नामक प्राकृत की एक बोली में गुणाढ्य ने अपनी 'वृहत्कथा' की रचना की जिसको संस्कृत के विद्वानों ने साधारण जनता की भाषा में लिखा होने के कारण अस्वीकृत कर दिया। हतोत्साहित होकर गुणाढ्य ने अपनी पुस्तक को जला डालने का निश्चय किया। जब लगभग सारी पुस्तक जल चुकी तब क्षेमेंद्र अथवा सोमदेव नामक एक सहानुभूति-संपन्न संस्कृत के विद्वान ने बाकी पुस्तक को जलने से बचा लिया और उस अंश का संस्कृत में अनुवाद कर 'कथासरित्सागर' के नाम से प्रस्तुत किया।

भारतीय ज्ञान मीमांसा सूत्र परंपरा पर आधारित है और इन सूत्रों की व्याख्या विस्तार के लिए भाष्यों की रचना हुई मगर भारतीय अनुवाद सिद्धांत के संदर्भ में कुछ ही विचार भावी पीढ़ियों के लिए उपलब्ध रहे हालाँकि इन पर कोई भाष्य लिखा नहीं गया। अगर कोई इन सब अंतर्दृष्टियों तथा अनुवादकों द्वारा जिन सिद्धांतों का अनुपालन किया जाता रहा उनको इकट्ठा कर उनमें संबंध स्थापित करे तो निश्चय ही अनुवाद के भारतीय सिद्धांत की स्थापना और अधिक सुलभ हो सकती है।

यह बात सही है कि संस्कृत भाषा की आभिजात्य दृष्टि के कारण भारत की दूसरी भाषाओं से संस्कृत में अनुवाद का कार्य नहीं हुआ परंतु अनुवाद की धारणा भारत में थी। पाणिनि और भरत दोनों ने मौखिक अनुवाद की बात कही है। गोपथ ब्राह्मण ने अनुवाद को अर्थवाद की तरह लिया है और 'दोहराने' के अर्थ में उसका उल्लेख करते हुए अनुवाद की 'सप्रयोजनीयता' के सिद्धांत से उसे जोड़ा है "विधिपूर्वक कहे गए कथन को पुनः कहना अनुवाद है। जो (पहले से) प्राप्त है उसे सप्रयोजन पुनः प्रस्तुत करना अनुवाद है":

विधिविहिततस्यानुवचनमनुवादः (गोपथ, 2/1/64)
प्राप्तस्यातु पश्चात्कथनं सप्रयोजन मनुवादः
इति सामान्यलक्षणम् (गोपथ, 2/1/65)

भाव यह है कि स्रोत की अनूद्य रचना की आवश्यकता यदि लक्ष्य भाषा में अपरिहार्य है, तभी अनुवाद किया जाना चाहिए। यहाँ अनुवाद की सप्रयोजनीयता पर जोर है।

सप्रयोजनीयता के सिद्धांत का आधार संस्कृत काव्यशास्त्र है और इसीलिए उसे अर्थशास्त्र के उपयोगितावाद के सिद्धांत से जोड़ा नहीं जा सकता और माँग तथा आपूर्ति के आश्रय से इसकी व्याख्या नहीं हो सकती। अनुवाद की समस्या सौंदर्यशास्त्रीय समस्या है। यह मात्र भाषा वैज्ञानिक अथवा कार्यात्मक (functional) समस्या नहीं इसीलिए 'प्रयोजन' को सौंदर्यपरक आनंद ही स्वीकार करना

होगा—'सकलप्रयोजनमौलीभूतम् आनंदम्' क्योंकि साहित्यिक अनुवाद मूल की एक दूसरी भाषिक प्रणाली में हूबहू प्रतिकृति नहीं है वरन् मूल को एक दूसरे भाषिक देश और काल में पुनरुज्जीवन करने का प्रयत्न है और इस प्रकार से अनुवाद गंभीर तथा मूलभूत प्रश्नों को सौंदर्यपरक क्रिया के रूप में प्रस्तुत करता है जिसका एक भावात्मक अर्थपूर्ण रूप भी रहता है।

ऐतरेय ब्राह्मण (2.15), निरुक्त (12, 13) तथा अष्टाध्यायी (2.4.3) में अनुवाद का अर्थ मूल को दूसरे शब्दों में दोहराना ही स्वीकारा गया है। पाणिनि के सूत्र पर महाभाष्यकार के वक्तव्य की टीका करते हुए कय्यट का कहना है कि किसी और प्रमाण से विदित बात को ही, दूसरे कार्य के लिए किसी के द्वारा श्रोता से जब कहा जाता है तब अनुवाद होता है :

यदा प्रतिपत्ता प्रमाणन्तरावगत मप्यर्थ कार्यान्तरार्थ प्रयोक्ता प्रतिपद्यते तदानुवादो भवति।

काशिका (2.4.3) की टीका पर इस बात को और भी स्पष्ट रूप से कहा गया है : अन्य किसी प्रमाण से जानी हुई बात का शब्द के द्वारा कथन ही अनुवाद है।

अनुवाद की प्रक्रिया की व्याख्या करते हुए 'वात्स्यायन भाष्य' में उल्लेख आता है कि पहले शब्दानुवाद होता है और तब अर्थानुवाद होता है। अभिप्राय यह है कि अनुवाद की प्रक्रिया में पहले स्रोत भाषा के शब्दों को तलाशा जाता है, वह अभिप्रेत अर्थ के लिए समुचित है अथवा नहीं; यदि नहीं तो अर्थान्विति के अनुरूप शब्द को लाकर रख दिया जाता है। दो भिन्न भाषाओं के बीच अर्थ को सुरक्षित रखना अनुवाद का सार तत्त्व है। यह विचार अनुवाद की केंद्रीय समस्या समानार्थकता (equivalence) के प्रश्न को उजागर करता है। जैमिनीय न्याय में कहा गया है कि जो ज्ञात हो, उसका कहना ही अनुवाद है अर्थात् ज्ञात का कथन अनुवाद है :

जातस्य कथनमनुवाद : जै. न्याय 1/4/6

भाव यह है कि उसका अर्थावगम होना चाहिए; जब तक उसका अर्थ ज्ञात नहीं होगा तब तक अनुवाद नहीं हो सकता। दूसरी बात यह है कि सारी भाषिक प्रक्रिया वस्तुतः अनुवादमूलक है क्योंकि भाषिक संरचना के द्वारा संप्रेष्यमान अर्थ पहले वक्ता को ज्ञात होता है, तब फिर वक्ता उसके संप्रेषण के लिए भाषिक प्रतीकादि संरचनाओं का सहारा लेता है। अनुवादक भी इसी स्थिति में से गुजरता है परंतु स्रोत भाषा के अर्थ को लक्ष्य भाषा के समतुल्य अर्थ में ढालते हुए प्राचीन भारत के अनुवादकों ने कभी भी एकरूपता (sameness) का पक्ष नहीं लिया। उनके अनुसार कोई भी पर्याप्त अनुवाद-कृति अर्थवाद तथा व्यावहारिकता के अनुसार तुल्यरूप की खोज करता है क्योंकि किसी भी कृति के अर्थ को समझने के लिए अनुवादक को अर्थनिर्णयों की एक लंबी कतार में से गुजरना पड़ता है जिससे कि कथ्य के जटिल ढाँचे की

अधिरचना (superstructure) की सही व्याख्या हो सके।

मीमांसा दर्शन के अनुसार किसी भी शब्द या भाषिक अभिव्यक्ति को समझने के दो आधार होते हैं :

एक, योग (etymology) या व्युत्पत्तिमूलक व्याख्या के आश्रय से अर्थ को समझना तथा दूसरा, परिपाटी के अनुसार किसी रूढ़िगत अर्थ के आश्रय से शब्द की व्याख्या करना। रूढ़िगत अर्थ हमेशा व्युत्पत्तिमूलक अर्थ से अधिक शक्तिशाली होता है। अनुवाद कार्य में रूढ़िगत अर्थ का ही प्रयोग होता है और मध्ययुग में संस्कृत से भारत की विभिन्न भाषाओं में अनुवाद करते हुए अनुवादकों ने शब्दशः अनुवाद के स्थान पर कल्पनात्मक पुनः सृजन पर जोर दिया अथवा लक्ष्य भाषा में उसका दुबारा से (retelling) अभिव्यक्ति की।

वैदिक ऋषियों को इस बात का पता था कि किसी भी अभिव्यक्ति का शाब्दिक अर्थ पूरे अर्थ का मात्र एक हिस्सा होता है और जो व्याख्याता मात्र शाब्दिक अर्थ का अनुसरण करता है वह भाषिक अभिव्यक्ति के वास्तविक महत्त्व को समझ नहीं पाता है। ऋग्वेद के 'ज्ञान सूक्त' में यह स्पष्ट किया गया है कि जो व्याख्याता केवल काव्य के शाब्दिक अर्थ को ग्रहण करता है वह देखकर भी नहीं देखता, सुनकर भी नहीं सुनता और उसमें न सही अर्थ (अफलाम्) और न ही सौंदर्य (अपुष्पाम्) रहता है। और दूसरा, जो भाषिक अभिव्यक्ति के आंतरिक अर्थ को ग्रहण करता है उसको अर्थ अपना रूप प्रकट करता है उसी तरह जैसे पति को सकामा, सुवसना पत्नी अपना शरीर प्रकट करती है।

भारतीय दृष्टि में आंतरिक अर्थ को समझने के लिए शाब्दिक कला के संदर्भों की भूमिका महत्त्वपूर्ण है। संस्कृत वैयाकरण, भाषिक दार्शनिक तथा तमिल व्याकरण 'तोलकापियम' के लेखक सभी को संदर्भ के महत्त्व का पता था। अर्थ की समस्या संदर्भ की सहायता से ही सुलझाई जा सकती है। भर्तृहरि चार प्रकार के संदर्भघटकों का उल्लेख करते हैं :

(1) संसर्ग (दो वस्तुएँ या प्राणी जो एक दूसरे से संबद्ध हैं जैसे सवत्सधेनु); (2) विप्रयोग (जहाँ उपर्युक्त संबंध लुप्त हो जाता है जैसे अवत्सधेनु); (3) सहचर्य (रामलक्ष्मण यहाँ राम परशुराम नहीं और नहीं बलराम क्योंकि यह संयोजन स्पष्ट करता है कि यह वे राम हैं जिनका भाई लक्ष्मण है) तथा (4) विरोधिता (अहिनकुल जहाँ दो वस्तुएँ या प्राणियों में बैर या विरोध है)। ध्वनि सिद्धांत तथा व्यंजना सिद्धांत का विकास करने वाले आनंदवर्धन तथा अभिनवगुप्त जैसे काव्यशास्त्री किसी भी भाषिक अभिव्यक्ति के संदर्भगत अर्थ को निर्धारित करते हुए पाठ की 'साहित्यिकता' को स्पष्ट करते हैं और इस तरह सिद्ध होता है कि संदर्भगत अर्थ के ज्ञान के बिना कोई भी अनुवाद सफल नहीं हो सकता। अतएव भाषिक तथा सांस्कृतिक एवं दूसरे संदर्भों की सहायता से ही लेखक-अनुवादक अर्थ को जानने के लिए पाठ की 'रिकोडिंग'

करता है और परिणामतः अर्थ भौतिक यथार्थ से मुक्त हो जाता है। महाभाष्यकार के द्वारा पाणिनि के सूत्र की टिप्पणी पर टीका करते हुए कय्यट ने कहा था : ''यदा प्रयिपता प्रमाणान्तरावगत मम्यर्थ कार्यान्तरार्थ प्रयोक्ता प्रतिपद्यते तदानुवादो भवति''

और इस तरह अर्थात् संदर्भगत अर्थ पर गुरुत्व आरोपित करते हुए अनुवाद में इसका सही स्थान निर्धारित किया।

बौद्ध नैयायिक, मीमांसा तथा न्याय दार्शनिकों की धारणाओं के विपरीत मानसिक तथा प्रत्ययात्मक (conceptual) धारणाओं का उल्लेख करते हैं जिनका कोई प्रतिरूप यथार्थ दुनिया में दिखाई नहीं पड़ता। बौद्ध नैयायिकों ने यह मानने से इनकार कर दिया कि शब्दों का बाह्य वस्तुओं के साथ कोई वास्तविक संबंध होता है। भाष्यकारों के लिए लिखी गई मार्ग निर्देशिका 'नेति प्रकरण' संदर्भगत अर्थ के सिद्धांत पर अधिक गुरुत्व देती है और कृति की शब्दगत संरचना में निहित उसके सक्रिय ढाँचे के रूप का अनुसंधान करती है।

यह सही है कि भरत के नाट्यशास्त्र और पाणिनि की अष्टाध्यायी की तरह अनुवाद पर कोई आलोचनात्मक कृति उपलब्ध नहीं, इसीलिए जैसे कि पहले कहा जा चुका है कि अनुवाद के संबंध में इधर-उधर बिखरी हुई अंतर्दृष्टियों, अप्रत्यक्ष संकेतों तथा साहित्यिक अनुवाद के निरंतर उदाहरणों की सहायता से अनुवाद की नाना अवधारणाओं का निर्माण किया जा सकता है।

अनुवचनम्, सप्रयोजनम्, जातस्यकथनम् तथा प्रमाणान्तरम् की अवधारणाओं के अतिरिक्त आधुनिक काल में अय्यप्पा पणिकर ने मध्ययुगीन भारतीय अनुवाद के संदर्भ में अन्य कतिपय अवधारणाओं का उल्लेख किया है :

अनुकृति

अनुकृति का अर्थ है कि जो कृति के समान नहीं है, कुछ जो उसके साथ जुड़ जाता है, लगभग जो उसके समान होता है (an approximation)। अनुकरण के लिए पहले यह समझ लेना होगा कि स्रोत और लक्ष्य की प्रकृति समरूप (non-identical) नहीं होती। एक उसका अनुकरण कर सकता है जो वह नहीं है। अनुकृत वस्तु मूल कृति नहीं परंतु समान कृति होती है। वस्तुतः भारत में अनुवाद में एक पाठक अभिमुखी दृष्टि काम करती है जिसके फलस्वरूप अनुवादक के लिए मूल कृति कोई अपरिवर्तनीय पाठ नहीं है और न ही अनुवादक उसका मात्र उपभोक्ता है। वह अनुवादक के द्वारा पाठ का उत्पादक बनता है परिणामतः भारत में हमेशा सृजनात्मक विपथन (critical deviance) का पक्ष लिया जाता रहा है। वस्तुतः मध्ययुग में संस्कृत से भारतीय भाषाओं में अनुवाद हुए। उद्देश्य था कि संस्कृत में निहित आध्यात्मिकता को जनता की भाषा में प्रस्तुत किया जाए। यह शब्दशः अनुवाद नहीं था। अनुवादक मात्र लक्ष्य भाषा

नहीं वह स्रोत तथा लक्ष्य भाषा दोनों को ही अपनी भाषा मानता रहा है। अनुवाद करते हुए एक विशिष्ट वर्ग के अधिकार से साहित्य को मुक्त करना भी एक उद्देश्य रहा है। वस्तुतः समाज को मुक्त एवं पूरे समाज को पुनः संघटित करने के ध्येय को सामने रखकर ही अनुवाद का कार्य भारत में होता रहा है।

अनुकृति के अर्थ को स्पष्ट करते हुए अय्यप्पा पणिकर ने कहा कि यदि संस्कृत में रचित वाल्मीकि रामायण और अध्यात्म रामायण की तुलना करें तो हम एक आधार तत्त्व वाले प्रोटो-टेक्स्ट तक पहुँच जाते हैं जो हमारे जातीय चेतना में विद्यमान है यद्यपि नॉन-एक्ज़िस्टेंट है जिसके ये दो रामायण भिन्न या विपथित अभिव्यक्तियाँ हैं। इसी प्रोटो-टेक्स्ट और संस्कृत की रामायणों से प्रभावित भारतीय भाषाओं में दूसरी रामायण रचित हुई हैं।

अर्थक्रिया

अर्थक्रिया से तात्पर्य है वे सारे बहुविध उपाय जिनके द्वारा विभिन्न पाठों के अर्थों की अभिव्यक्ति होती है, विशेष रूप से जब पाठों का प्रयोग अभिनय के लिए किया जाता है। अर्थक्रिया अनुवाद के द्वारा अर्थों के निर्माण पर भी जोर देती है जो संयोजन छूट (omission), विस्थापन (displacement), और विस्तार (expansion) का रूप लेता है। जब पाठ में 'वामन' शब्द आता है तो नृत्यांगना को यह स्वतंत्रता रहती है कि 'वामन' शब्द में जो अप्रकट कहानी छिपी है उसे प्रकट करे और कहानी के विस्तृत अभिनय को तत्काल योजनाबद्ध करे।

व्यक्तिविवेकम्

महिमभट्ट की अवधारणा व्यक्तिविवेकम् पाठकों द्वारा अनुमित अर्थ को प्रकट करना है। अनुवाद इस तरह मूल पाठ का अनुमान के आधार पर भाष्य के द्वारा विस्तारण है। वाल्मीकि रामायण में वाल्मीकि के द्वारा पूछे जाने पर कि श्रेष्ठ नायक कौन है, नारद राम की कथा सुनाते हैं और इस तरह संपूर्ण रामायण को उस संक्षिप्त कथानक का भाष्य माना जा सकता है। इसी प्रकार राम की कथा और वाल्मीकि द्वारा शिकारी को अभिशाप देना जिसने एक क्रौंच पक्षी को मार डाला था, के बीच के संबंध को पाठक के द्वारा अनुमान करना होगा क्योंकि स्पष्ट रूप से इस संबंध को प्रकट नहीं किया गया है।

उल्लुराइ

द्रविड भाषा की इस अवधारणा का अर्थ है कि प्रत्येक पाठ में एक अंतर्पाठ होता है जो अप्रकट रहता है। एक साहित्यिक पाठ में इस तरह के अंतर्पाठ का विशेष महत्त्व है। अनुवादक की सफलता इसी में है कि अंतर्पाठ के अर्थ को प्रकट करे

यद्यपि पाठ को घिसापिटा न बनाए तथा अपनी ओर से एक अंतर्पाठ का आविष्कार करना ही एक मात्र उद्देश्य न माने एवं मूल पाठ के अर्थ को समझने की कोशिश करे एवं तदनुसार अनुवाद करे।

अवधारणाओं के ये दोनों वर्ग सैद्धांतिक के स्थान पर प्रायोगिक अनुवाद सिद्धांत का ही संकेत देते हैं। और इनकी सहायता से अनुवादात्मक सचेतनता का पता लग पाता है। वस्तुतः हमारी सचेतनता अनुवादात्मक सचेतनता है जिसके फलस्वरूप मध्ययुगीन पाठक-अनुवादक अनुवाद करते हुए सृजनात्मक स्वाधीनता का प्रसार करते हैं, विशेष रूप से रामायण, महाभारत तथा भागवत पुराण का अनुवाद करते हुए पूर्ण रूप से व्यवहार्य स्थानीय पाठ का निर्माण करते हैं। अनुवादात्मक सचेतनता पूरे एक भाषिक प्रणाली के खुलेरूप (openness) का उपयोग करती है और उसकी प्रतीकात्मकता को एक भाषिक रूप से तत्समान भाषिक रूप में बदल देती है। भारत में बहुत-सी भाषाओं के प्रयोग के कारण मानों इन भाषाओं से प्रतीक (signs) तथा प्रतीकात्मकता (significance) का एक लगातार वर्णाक्रम (spectrum) तैयार होता है और इसी से अनुवादात्मक सचेतनता पैदा होती है। और फिर तीसरी दुनिया में उपनिवेशी किसी एक भाषा के वर्चस्व के कारण भी यह सचेतनता पैदा होती है। यूरोपीय भाषा संस्कृति में इस तरह की प्रतीकात्मकता की स्थिति की संकल्पना अभावनीय है क्योंकि वहाँ भाषा का प्रयोग एक भाषीय विचारों पर आधारित है। द्विभाषिक साहित्यिक उत्पाद का हमारे ऐतिहासिक काल में प्रतिष्ठित होना अनुवादात्मक सचेतनता का स्पष्ट संकेत है।

रामायण और महाभारत के अंतहीन पाठ विभिन्न भाषाओं में उपलब्ध हैं। आधुनिक अर्थ में ये अनुवाद नहीं हैं। लोगों ने इन दो महाकाव्यों के मूल दो चरित्र राम और कृष्ण के अवतार जीवन की कहानी के रूप में समझा और पढ़ा–विभिन्न भाषाओं और युगों, विभिन्न शैली और रूपों में इन दो महाकाव्यों का रूपांतरण हुआ है : लोकरूपों, नाट्यरूपों, गीतों में चुने हुए दृश्यों या कथाओं को यथार्थरूप में या नाट्यधर्मी (stylized) ढंग से–अलग-अलग दृष्टिकोणों की सहायता से–प्रकट किया गया है। अनुवाद के इस रूप को अनुकृति एवं अर्थक्रिया की सहायता से समझा जा सकता है। इन प्राधिकृत (defenitive) अनुवादों की विश्वसनीयता पर किसी ने प्रश्न नहीं उठाया। जब इन महाकाव्यों का इस प्रकार से अनुसृजन हुआ तब स्थानीय जनता ने इसे स्वीकार कर लिया और स्थानीयता (localization) की इस प्रक्रिया में कथानक की संरचना, संवाद, भाषा, चरित्रचित्रण में काफी अंतर आया। इन अनुवादों में पदार्थ (word level) और वाक्यार्थ के स्तर पर नाना प्रकार के विचलन (variant) और विपथन (deviants) भी पाए जाते हैं जो यही प्रमाणित करते हैं कि भारत में शब्दशः अनुवाद नहीं हुआ क्योंकि यहाँ अनुवाद को 'पुनर्जन्म' माना जाता रहा है। कदाचित् इस रूपक के पीछे भारतीय जीवनदर्शन का प्रभाव रहा है जिसके अनुसार

जीवन जन्मों का एक क्रमागत चक्र है और परिणामतः इस विचारधारा से प्रभावित पारंपरिक भारतीय मन नए जन्मों के निर्माण में (अनुवाद क्रिया में) लगातार उत्सुक बना रहा है। यह कोई, इसलिए अनहोनी बात नहीं कि साहित्य में भारत को एक मात्र नोबेल पुरस्कार रवीन्द्रनाथ ठाकुर की गीतांजलि के अंग्रेजी अनुवाद को प्राप्त हुआ था। संस्कृत में अनुवाद के लिए दो शब्द प्रयोग में लाए जाते हैं, 'भाषान्तरम्' तथा 'अनुवाद' और दोनों में ही सृजनात्मक विपथन (creative deviance) का अवसर है। नग्नजीत की चित्रकला पर लिखी गई पुस्तक भारत में हुए अनुवाद के कई प्राचीन नमूने उपलब्ध कराती है। यह पुस्तक संस्कृत से पाली प्राकृत में अनूदित हुई और तिब्बत से होते हुए (कदाचित् अनुवाद के माध्यम से) चीन पहुँच गई और पिछली शताब्दी के प्रारंभ में जर्मन में अनूदित हुई और अन्ततः अंग्रेजी भाषा में आकस्मिक ढंग से लगभग 30 वर्ष हुए उसका रूपांतरण हुआ। इस प्रकार 2500 वर्ष पहले रचित पुस्तक जो हमारी परंपरा में खो गई थी फिर अनुवाद के माध्यम से घर वापस आ गई। इस संदर्भ में अनुवाद मानो एक 'पुनर्जन्म' है।

यहाँ अनुवाद में विश्लेषण एक आवश्यक कड़ी है अतः यहाँ अनुवाद सृजनात्मकता की ओर ही अधिक उन्मुख है। यहाँ शब्द अकेला नहीं, एक विश्व को प्रकट करता है। यहाँ अनुवाद का अर्थ दोहराना (repetition) है यद्यपि इस दोहराने की क्रिया में विश्लेषण एक महत्त्वपूर्ण भाग है। परिणामतः यहाँ जीवंत अनुवाद के ही निदर्शन मिलते हैं मृत पदान्वय नहीं। यहाँ अनुवादक प्रामाणिकता को लेकर बिलकुल चिंतित नहीं है।

महान दार्शनिक और कवि ज्ञानदेव की 'ज्ञानेश्वरी' इस संदर्भ में एक महत्त्वपूर्ण उदाहरण हो सकता है। यह भगवद्गीता का मुक्त (free) अनुवाद है। कृति की परंपरा के अंतर्गत कवि नाथ परंपरा के ज्ञानमार्गी विषय को उलट कर (subvert) उसे भक्ति परंपरा के भाव के साथ जोड़ते हैं। मूल गीता का पाठ कई संवादों से निर्मित है—नैमिषारण्य में सैनिक और ऋषियों के बीच का संवाद, धृतराष्ट्र और संजय का संवाद और कृष्ण और अर्जुन का संवाद। इसका अनुवाद करते हुए ज्ञानदेव और दो संवादनात्मक तनाव (dialogic tension) इसमें जोड़ देते हैं, (1) कवि और उनके गुरु निवृत्तिनाथ के बीच का मौखिक वार्तालाप; (2) शाब्दिक स्तर पर कवि के द्वारा अपने छात्र सच्चिदानंद को दिए गए श्रुतलेख (dictation) को भी इसमें जोड़ दिया गया है। इन दो स्तरों को जोड़कर कवि मौखिक रूप को साहित्य के लिखित रूप की तरह वैधता प्रदान करते हुए इस पर जोर देते हैं कि गीता मंत्रपाठ के स्थान पर कहीं अधिक सूत्रपाठ है। कहने का तात्पर्य है कि यहाँ अनुवादक प्रमाणिकता को लेकर बिलकुल चिंतित नहीं है।

इसके विपरीत पश्चिम हमेशा अनुवाद में प्रामाणिकता को लेकर चिंतित रहा है। कदाचित् भारतीय भाषाओं में बाइबिल के अनुवाद के प्रश्न को लेकर प्रामाणिकता

का सवाल इतना महत्त्वपूर्ण बन गया था। ऐसे भी जे. हिलिस मिलर के अनुसार यूरोपीय अनुवाद परंपरा में अनुवाद एक प्रयोजनविहीन यात्रा है, चिरकालिक निर्वासन की स्थिति है (translation is the wondering existence in a perpetual exile)। वस्तुतः इसमें मूल से दूर हट जाने के संकेत हैं यानी इसमें कहीं न कहीं बाइबिली मिथक का संकेत मिलता है : पतन, निर्वासन तथा प्रयोजन-विहीन यात्रा। पाश्चात्य तत्त्वविज्ञान (metaphysics) में अनुवाद निर्वासन है (myth of Adam unparadised) अर्थात् मूल की प्रामाणिकता की चिंता है और इसीलिए अनुवाद के प्रति यूरोप में एक प्रकार की बेचैनी है।

सिस्टेमेटिक फिलॉसफी तथा समाज इतिहास के तर्कों एवं व्यक्तिगत अस्तित्व के महत्त्व की स्वीकृति के आधार पर पश्चिम में अनुवाद को अन्य (other) का बलात् प्रवेश मान लिया गया है जो कभी-कभी अपनी अस्मिता को सही रूप से परिभाषित करने के लिए वांछनीय भी होता है। वस्तुतः अपनी अस्मिता के सही रूप के प्रदर्शन करने के लिए अनुवाद को पश्चिम ने साहित्यिक अवज्ञा के रूप में भी स्वीकार किया है जिसके दो बड़े उदाहरण किंग जेम्स तथा मार्टिन-लूथर द्वारा बाइबिल का अंग्रेजी तथा जर्मन अनुवाद हैं। ये अनुवाद प्रोटेस्टेंट क्रिस्चैनिटी की अभिव्यक्तियाँ हैं। ईसाई धर्म की मूल चेतना की पुनः प्राप्ति के लिए जिनका प्रयोग हुआ था। वस्तुतः एकभाषीय यूरोपीय साहित्येतिहास जो एकक साहित्यिक परंपरा से प्रभावित रहा है अनुवाद को अन्य अर्थात् विदेशी किसी भाषा एवं संस्कृति के प्रभाव के रूप में ग्रहण करता है तथा उसे अतिक्रमण मानता है और परिणामतः अनुवाद से डरा रहता है और उससे बचा रहना भी चाहता है। इसीलिए एक भाषीय साहित्यिक संस्कृति में अनुवाद उत्कट रूप से एक आत्मसचेतन क्रिया है। दूसरी ओर भारत के पास विदेशी संस्कृतियों को अपना बना लेने की आत्मसात् करने की अदम्य शक्ति है। इसके अतिरिक्त इस देश में वैदान्तिक अद्वैतवाद ने 'स्व' तथा 'पर' के भेद को मिटा रखा है अतएव यहाँ अनुवाद को लेकर कोई डर नहीं है, कोई संकोच नहीं।

यूरोप के रोमांटिक युग में अनुवाद के द्वारा किसी सांस्कृतिक देशकाल का विशेष रूप से पूर्व देश (orient) का उद्घाटन करना अनुवादों का उद्देश्य था जिससे कि, विशेष रूप से, यूरोप के सामने पूर्व देश के कौतूहलपूर्ण आकर्षक रूप को प्रकट किया जा सके। यूरोपीय राष्ट्रवाद के प्रचार स्वरूप शैक्षणिक तुलनात्मकतावाद का प्रसार हुआ और परिणामतः अनुवाद के क्षेत्र में प्रामाणिकता को उच्च स्थान मिला। भारत के मध्ययुगीन अनुवादकों का उद्देश्य था, जैसा कि पहले कहा जा चुका है, कि साहित्य को एक विशिष्ट वर्ग के अधिकारों से मुक्त करना तथा समाज को भी मुक्त करना था। अनुवाद को समाज के पुनः संघटन के आधार रूप में भी स्वीकारा गया था।

आधुनिक काल में पश्चिम में अनुवाद विद्या को नाना प्रकार के परिप्रेक्ष्यों की

सहायता से जाँचने की कोशिश हुई है जैसा कि चेंबरलेन ने संरचनावाद (structuralism), दरिदा ने विरचना (deconstruction), एण्ड्रू बेंजामिन ने मनोविश्लेषण (psychoanalysis), लोरी चेंबरलेन ने स्त्री-विमर्श (gender), लॉरेंस वेनूती ने उत्तर-उपनिवेशवादी डिस्कोर्स (Post colonial discourse), कैटफोर्ड ने विशुद्ध भाषा वैज्ञानिक दृष्टि, पॉल वैलेरी तथा नोबोकोव ने विशुद्ध साहित्यिक परिप्रेक्ष्य तथा जॉर्ज स्टाइनर ने सांस्कृतिक परिप्रेक्ष्यों की सहायता से अनुवाद का विश्लेषण किया है। भारत में, इसके विपरीत अनुवाद के व्यावहारिक पक्ष पर दृष्टि केन्द्रित रही है क्योंकि भारत अपने आप में एक अनुवाद क्षेत्र है, यहाँ जीवन के पग-पग पर अनुवाद की आवश्यकता है। यहाँ हम लगातार एक बोली से दूसरी बोली में स्थानांतरण करते हैं, एक रेजिस्टर ऑफ स्पीच से दूसरे रेजिस्टर ऑफ स्पीच में बदलते हैं। यहाँ दो-तीन भाषाओं को एक ही वाक्य में मिलाना अस्वाभाविक नहीं है। पाश्चात्य तथा भारतीय अनुवाद व्यवहार का मुख्य प्रभेद यही है कि पश्चिम में अनुवाद एक जटिल भाषावैज्ञानिक अथवा भाषिक तथा साहित्यिक क्रिया है और इसके विपरीत भारत में अनुवाद एक अपरिहार्य जीवन पद्धति है। इसीलिए दिलीप चित्रे कहते हैं कि भारतीयों के लिए अनुवाद का आविष्कार करना होगा भले ही वह अस्तित्व में न हो।

आधुनिक काल के प्रारंभ में भारत में अनुवाद भारतीय भाषाओं और साहित्य के पश्चिमीकरण तथा उपनिवेशी एजेंडा को आगे बढ़ाने के लिए शुरू हुआ था। ब्रिटिश शक्ति की स्थापना से, अंग्रेजी शिक्षा के आने से हमारे भीतर एक मिथ्या मूल्य भाव का प्रसार हुआ जिसके तहत यह माना जाने लगा कि कोई भी ब्रिटिश वस्तु निश्चय ही हमसे अच्छी है। उपनिवेशवादी इस मूल्य स्कीम में अंग्रेजी साहित्य का अनुवाद विवेकहीन ढंग से अंग्रेजी साहित्य के संस्थानीकरण (institutionalization) के लिए किया जाने लगा। उन्नीसवीं शती में धड़ल्ले से अंग्रेजी साहित्य की हर तरह की कृतियों का अनुवाद करना बड़ा फैशन बन गया था। इस युग में शेक्सपियर के साथ स्कॉट या बुनियन भी अनूदित हुए। उद्देश्य था, अधिक अनुवाद भारतीय भाषाओं को शक्तिशाली बनाएगा।

जब किसी भाषा के प्राकृतिक विकास की तुलना में अनुवाद कार्य समानुपात के बाहर विस्तार पा जाता है तो भाषा की उप-प्रणाली जिसके अंतर्गत अनुवाद क्रिया चलती रहती है वह उप-प्रणाली भाषा के केन्द्रीय मंच पर अधिकार कर लेती है। अंग्रेजी से भारतीय भाषाओं में उस समय अनुवाद अधिकतर गद्य में हुआ और गद्य के उस विकासकाल में गद्य ने अनुवाद भाषा का अनिवार्य पथ और शैली को ग्रहण कर लिया—परिणामतः उसमें लचीलापन कम और कृत्रिमता अधिक आने लगी।

आज भी भारतीय भाषाओं के गद्य में लिखित गद्य और मौखिक गद्य का फर्क दिखाई पड़ता है। यह उपनिवेशी विरासत समसामयिक भारतीय साहित्यिक संस्कृति में इतना पुख्ता रूप से जड़ें जमा चुकी है कि भारतीयों को इस प्रकार का बचकाना

वक्तव्य देते हुए देखा गया है कि भारतीय भाषाओं का गद्य ब्रिटिश साम्राज्य की देन हैं।

इस उपनिवेशी काल में पश्चिमीकरण को बढ़ावा देने के साथ ही विदेशी प्राच्यविदों ने, जैसे हैलहेड, तथा मैक्सम्यूलर और दूसरों ने संस्कृत के कानून, साहित्य धर्म शास्त्र तथा हिंदुओं के सेकरेडबुक्स का अनुवाद कर प्राचीन भारतीय संस्कृति का प्रसार किया (1776-1910) यद्यपि इसके पीछे एक राजनीतिक अभिप्रेरणा भी थी। इस प्रकार के अनुवादों के द्वारा यह प्रमाणित किया गया कि भारत का भव्य अतीत गुजर चुका है (अथवा आपकी परंपरा थोथी है) और अब ब्रिटेन ही आपका सहारा है। यद्यपि ओरियंट (पूर्व देशों) को जानने की निष्कपट इच्छा से भी प्राचीन साहित्य का अनुवाद हुआ। इस बात को भी भुलाया नहीं जा सकता।

दूसरी ओर पश्चिमीकरण और उपनिवेशी एजेंडा के मुकाबले में भारत की अतीत संस्कृति के पुनरुत्थान के लिए अनुवाद का एक सिलसिला सन् 1850 से लेकर 1910 तक चला था जो आर. जी. भंडारकर के 'मालतीमाधव' के अनुवाद से शुरू होकर कुमारस्वामी तक प्रसारित था। यह उपनिवेशी परिस्थितियों के प्रति इन अनुवादकों की प्रतिक्रिया थी विशेषकर उन परिस्थितियों के प्रति जिसने देश के सम्मान को आघात पहुँचाया था।

उस समय उपनिवेशी राजनीतिक एजेंडा के प्रतिरोध में विज्ञान विषयक पुस्तकों के अनुवाद की ओर ध्यान दिया गया। विद्वानों का यह सोचना था कि विज्ञान ही संस्कृति है और भारतीय भाषाओं में इसका अध्यापन शुरू होना चाहिए और इस प्रकार उपनिवेशी-शासन में घटित सांस्कृतिक और बौद्धिक अवनति के विरोध में नई मुहिम छेड़ी गई। सन् 1843 में दिल्ली कॉलेज में वरनाकुलर ट्रांसलेशन सोसाइटी की स्थापना हुई, उद्देश्य था अंग्रेजी से भारतीय भाषाओं में कला और विज्ञान की कृतियों का अनुवाद किया जाए। सर सैयद अहमद खान ने बड़े पैमाने पर अनुवाद की आवश्यकता पर बल देते हुए उस समय कहा था :

Those who are bent on improving and bettering India must remember that the only way of encompassing this is by having the whole of arts and sciences translated into their own languages. I should like to have this written in gigantic letters on the Himalayas for the remembrance of future generations.

सन् 1868 में इमदाद अली ने बिहार साइंस सोसायटी की स्थापना की और वैज्ञानिक विषयों के अनुवाद के लिए दूसरी भाषाओं में भी संस्थाएँ स्थापित हुईं और इस तरह अनुवाद राष्ट्रीय एकता तथा राष्ट्रीय सचेतनता को जगाने का आधार बन गया। अनुवाद साम्राज्यवादी प्रक्रिया के विरोध में प्रतिरोधात्मक क्रिया का रूप लेकर खड़ा हुआ मगर विश्वविद्यालयों में सन् 1843 के बाद अंग्रेजी के आ जाने से इस आंदोलन को काफी धक्का लगा।

अनुवाद का तीसरा काल राष्ट्रीय काल था जो सन् 1902 से सन् 1929 तक प्रसारित है। इसमें श्री अरविंद के 'विक्रमोर्वशीय' के अनुवाद से लेकर महादेव देसाई के द्वारा की गई गाँधी जी की 'आत्मकथा' के अनुवाद का उल्लेख किया जाता है। यह वह समय था जब प्रथम महायुद्ध के बाद भारतीय सैनिकों ने यूरोप से वापस आकर अंग्रेजी संस्कृति के स्थान पर यूरोपीय संस्कृति से उनके परिचय को भारतीयों के सामने उद्घटित करना शुरू किया था। गाँधीजी ने भी भारतीय राजनीतिक क्षेत्र में प्रवेश कर एक नयी राष्ट्रीय सचेतनता प्रदान करना शुरू कर दी थी। अब यूरोपीय साहित्य का अनुवाद शुरू हो गया। इस साहित्य के अनुवाद को नोबेल पुरस्कार की स्थापना से विशेष बल मिला। अंग्रेजी में नोबेल पुरस्कृत साहित्यिक कृतियों का अनुवाद उपलब्ध होने लगा जिससे अंग्रेजी लेखकों के स्थान पर यूरोपीय लेखकों का दृश्यक्षेत्र (visibility) और माँग बढ़ने लगी। रवींद्रनाथ ठाकुर के नोबेल पुरस्कार मिलने पर भारतीय जनता नोबेल पुरस्कृत कृतियों के प्रति और अधिक आकर्षित हुई। प्रेमचंद ने मॉरिस मैटरलिंक तथा जॉन गैल्सवर्दी के साहित्य का अनुवाद किया। सन् 1901 से 40 तक केवल चार अंग्रेजों किपलिंग, इयेट्स, शॉ तथा गैल्सवर्दी को नोबेल पुरस्कार मिला और परिणामतः अंग्रेजों के प्रभुत्व के बारे में भारतीयों के मन में शंकाएँ उठने लगीं और प्रतिक्रियास्वरूप यूरोप, लैटिन अमेरिका तथा रूस के लेखकों की कृतियों का अनुवाद शुरू हुआ और भारतीय मानसिकता में घर किए हुए अंग्रेजी प्रभुत्व का बहिष्कार भी शुरू हो गया और साथ ही भारतीय भाषाओं में अन्तरभाषीय अनुवाद विस्तार पाने लगा। हिंदी की पहल इसमें सबसे अधिक महत्त्वपूर्ण थी क्योंकि गाँधीजी इम्पीरियल अंग्रेजी के मुकाबले में हमारी राष्ट्रीय आकांक्षाओं को जगाने के लिए भारतीय भाषा को खड़ा करना चाहते थे और इस काम के लिए उन्होंने देवनागरी में लिखी जाने वाली हिन्दुस्तानी/हिंदी का आश्रय लिया और परिणामतः लक्ष्यभाषा के रूप में अंतरभाषीय अनुवाद के लिए हिंदी का प्रयोग विस्तार पाने लगा और दूसरी भारतीय भाषाओं की तुलना में हिंदी में अनुवाद का काम बढ़ने लगा और इसके द्वारा देश को जोड़ने का काम शुरू हुआ और राष्ट्रीय एकता का हिंदी आधार बन गया। इसको राष्ट्रीय अनुवाद का काल कह सकते हैं।

चौथे प्रकार के अनुवादों को हम फार्मेलेस्टिक काल कह सकते हैं। रवींद्रनाथ की 'गीतांजलि' के अंग्रेजी अनुवाद से इस औपचारिक काल की शुरुआत हुई और अब तक यह अनुवाद कार्य-काल गतिशील है। उत्तर-आधुनिक युग में कोशिश यही चल रही है कि अनुवाद करते हुए अंग्रेजी भाषा को कैसे फैलाया जा सकता है जिससे कि प्रमाणिक भारतीय अभिव्यक्तियों (authentic Indian expression) को प्रकट किया जा सके। आज अंग्रेजी भाषा को भारतीय भाषा के रूप में स्वीकृति देने के हक में जनमत तैयार होने लगा है और परिणामतः भारतीय अंग्रेजी साहित्य का विभिन्न भारतीय भाषाओं में अनुवाद का काम जोर पकड़ चुका है।

उत्तर-उपनिवेशवाद के इस युग में भारतीय भाषाओं के लेखकों में एक नई प्रवृत्ति दिखाई पड़ी है कि उनमें अपनी कृतियों के अंग्रेजी अनुवाद की होड़ लगी हुई है। इस प्रकार के अनुवाद से साहित्य और भाषाओं का विस्तार ही हो रहा है और आम लेखक के लिए यह एक प्रकार का प्रतिष्ठा प्रतीक (status symbol) बन गया है।

आज के साहित्य में कंबार, देबेश राय, कृष्णा सोबती या दलित लेखकों के कारण उपभाषाओं का प्रयोग चल पड़ा है जिनको पारंपरिक अनुवाद सिद्धांत की भाषिक समतुल्यता, लोप और विस्तार की प्रणाली द्वारा अनूदित नहीं किया जा सकता है। मौजूदा प्रतीकात्मक दुनिया (symbolic worlds) तथा विभिन्न प्रतीकात्मकता व्यवस्था (separate system of signification) को ये उपभाषाएँ ध्वंस करती हैं जिससे कि अनुवाद के लिए अब पारस्परिक अंतरनिर्भरता (mutul interdependence) तथा अन्तरप्रतीकात्मकता (inter signification) का विस्तार तथा निर्माण संभव हो सका है और उत्तर-संरचनावादियों की तरह अनूदित पाठ को स्रोत भाषा तथा लक्ष्य भाषा के बीच की संस्कृति-राजनीति का मात्र मिलन बिंदु स्वीकार न करना संभव हो पाया है।

यद्यपि इससे इनकार नहीं किया जा सकता कि अनुवाद के सौंदर्यशास्त्रीय औचित्य के बावजूद उसकी एक राजनीतिक अभिप्रेरणा (motivation) होती है। जब हम स्रोत से लक्ष्यभाषा में हुई अनूदित कृति का परीक्षण करते हैं तो पाते हैं कि स्रोत भाषा की सारी महत्त्वपूर्ण कृतियाँ लक्ष्य भाषा में अनूदित नहीं होतीं और सारी अनूदित कृतियाँ इतनी महत्त्वपूर्ण और अनुवाद योग्य नहीं कि उनके अनुवाद किए जाएँ।

यह भी देखा गया है कि पूर्ण प्रतिष्ठित भाषाओं में, जिनको राजनीतिक प्रभुत्व का समर्थन प्राप्त है, अनुवाद के लिए लक्ष्य भाषा में, जो अपने को प्रतिष्ठित करने में लगी हैं, अनुवाद का आग्रह रहता है जिससे कि प्रतिष्ठित भाषा के साथ बराबरी का ओहदा प्राप्त हो सके। इसके पीछे प्रभावी लोगों की भाषाओं की और प्रभाव डालने वाले लोगों की भाषाओं की राजनीति रहती है। दूसरी ओर प्रभावित लोगों (dominated people) की भाषाओं से प्रभाव डालने वाले (dominating) लोगों की भाषाओं में पूरी कलात्मक स्वाधीनता के साथ अनुवाद की भी प्रथा है जो इनकी राजनीतिक दृष्टि से प्रभुत्वपूर्ण स्थिति की ही अभिव्यक्ति होती है।

इसी तरह सत्ताधारी के साथ उग्र विवाद (confrontation) और उनके विरोध में विध्वंसकारी कार्यों (subversion) के आधार रूप में अनुवाद का प्रयोग होता रहा है। बाइबिल के अंग्रेजी अनुवाद (किंग जेम्स का संस्करण) इसी प्रकार की धार्मिक अवज्ञा का नमूना है। लैटिन की कृतियों का 18 वीं शती में फ्रांसिसी अनुवाद भी फ्रांसिसी क्रांति की पटभूमिका तैयार करती है। बौद्धधर्म के प्रचार के समय भारत में संस्कृत कृतियों का पाली अनुवाद, भक्तिकालीन काव्य रचना के प्रारंभिक काल

में महाभारत और रामायण का भाषाओं में अनुवाद उपर्युक्त प्रकार की गौण व्यक्तियों (subalturn) के द्वारा सांस्कृतिक अवज्ञा के उदाहरण हैं। इस प्रकार के अनुवादों के आधार पर यह कहा जा सकता है कि अनुवाद स्रोत भाषा और लक्ष्य भाषा के बीच का सांस्कृतिक-राजनीतिक केंद्रबिंदु है। भारत में भाषा सामाजिक स्तर-विन्यास (stratification) का मुख्य स्रोत है जैसे संस्कृत-प्राकृत, फ़ारसी-देसी, अंग्रेजी-वर्नाकूलर। यद्यपि आजकल प्रदेशों से केन्द्र में आनेवाले राजनेताओं के कारण यह स्तरविन्यास एक स्तर पर धूमिल पड़ता जा रहा है। कुल मिलाकर यह कहा जा सकता है कि हमारी सामासिक संस्कृति और बहुभाषिक परिवेश में तथा भारतीय राजनीति में 'आम राय' की परंपरा का महत्त्व होने के कारण अनुवाद सामाजिक तनाव तथा भाषा द्वंद्वों में समझौता वार्त्ता का अच्छा उपकरण बन सकता है।

सैद्धांतिक दृष्टि से एक अंतिम प्रश्न पर उत्तर देना बाकी है। उत्तर-संरचनावादी फ्रांसिसी काव्यशास्त्री दरिदा अनुवाद को साहित्य का पदवाच्य स्वीकार करते हुए कहते हैं कि पारंपरिक आलोचनात्मक डिस्कोर्स में किसी एक साहित्यिक पाठ को एक अर्थयुक्त निर्बाध (absolute) पाठ के रूप में स्वीकृति मिलती रही है। इसका विरोध करते हुए दरिदा कहते हैं कि हर नए पाठक के लिए कोई भी पाठ अर्थ की अनुपस्थिति के एहसास का एक नया अवसर होता है अर्थात् हर पाठक को पाठ में से अर्थ ढूँढ़ना पड़ता है अतएव पाठक के लिए पाठ एक 'ब्लू प्रिंट' है जिसका अर्थ पाठक पर निर्भरशील है। और इसीलिए यह कहा जाता है कि पाठ में अर्थ अनुपस्थित रहता है और पाठक या अनुवादक उसका आविष्कार करता है। इस दृष्टि से दरिदा के अनुसार अनुवाद सृजनात्मक साहित्य के अनुरूप है क्योंकि अनुवादक सृजनात्मक लेखक की तरह अर्थ की एक स्वतंत्र स्थिति को स्वीकारते हुए अर्थ की अर्थवत्ता को प्रमाणित करता है और इस तरह अर्थ और भाषा के बीच के संबंध के एक सक्रिय सिद्धांत की स्थापना करता है।

भर्तृहरि का स्फोट सिद्धांत दरिदा का पूर्व अनुमान है। उनका कहना है कि 'नाद' (ध्वन्यात्मक अभिव्यक्ति) तथा 'स्फोट' (अर्थगत् उपलब्धि) के बीच का संबंध बहते पानी की धार में सूर्य के प्रतिबिम्ब की तरह है। प्रतिबिम्ब एक स्थिर वस्तु की है परंतु पानी के बहाव में उसे गति प्राप्त हो जाती है।

नादस्य क्रमजात्वात् न पूर्वो ने परश्च सः।
अक्रमः क्रमरूपेण भेदेवानिव जायते॥
प्रतिबिंबं यथान्यत्र स्थितं तोयक्रियावशात्।
तत्प्रवृतिभिवान्वेति सघर्मः स्फोटनादयोः॥
आत्मरूपं यथा ज्ञाने ज्ञेयरूपं च दृश्यते।
अर्थ रूपं तथा शब्दे स्वरूपं च प्रकाशते॥

वाक्यपदीयम्, ब्रह्मकांडम्, 48-50

कोई भी प्रतिबिंब तब तक प्रतिबिंब नहीं बन सकता जब तक कोई ऐसी वस्तु

न हो जो प्रतिबिंब को पकड़ में रख सके। नहीं तो प्रतिबिंब अपने में और ऐसे भी अस्तित्वहीन है। अर्थ भाषा में विद्यमान नहीं अनुपस्थित रहता है मगर यह अनुपस्थिति उसकी स्वतंत्र उपस्थिति को प्रमाणित करती है। भर्तृहरि की इस विचारधारा की सहायता से भारतीय अनुवाद सिद्धांत की स्थापना की जा सकती है और जिसके द्वारा मूलार्थ को लेकर चिंता को दूर किया जा सकता है।

आधुनिककाल में श्री अरविंद ने उपर्युक्त कथन का समर्थन करते हुए कहा है कि अनुवादक मूल पाठ से आबद्ध नहीं होता। अगर वह चाहे तो मूल कविता से अपनी कविता निकाल सकता है और साधारणतः वह ऐसा करता है। यद्यपि भारतीय दृष्टि के पाठक-अभिमुखी होने के कारण वह पाठक की इच्छा की उपेक्षा नहीं करता और पाठक की हमेशा यही इच्छा रहती है कि अनुवाद के द्वारा वह मूल का अर्थ ग्रहण तथा उसका आनंद उठा सके न कि मूल के आश्रय से कोई नई कृति का सृजन करे। भारतीय दृष्टि कभी भी यह नहीं कहती कि मूल का अनादर किया जाए। अनुवादक की सामर्थ्य की असली परीक्षा यही होती है कि वह किस प्रकार मूल का रूपान्तरण करता है, उसे पुनः अभिव्यक्त करता है, किस तरह मूल को पुनरुज्जीवन देता है। अनुवाद एक 'पुनर्जन्म' है जहाँ आत्मा (मूल) की स्थिति स्थिर है। आत्मा (core) या मूलार्थ (significance) अस्थायी नहीं होता, सांसारिकता के नियमों से आबद्ध नहीं होता और इसलिए मूल यानी कोई भी साहित्यिक अर्थ अ-ऐतिहासिक होता है अर्थात् कालबद्ध नहीं होता और परिणामतः शाश्वत होता है। शाश्वत का यह मॉडल देखने में तो अव्यावहारिक तथा अवास्तविक लगता है परंतु भारतीय अनुवाद सिद्धांत की एकमात्र प्रवाहमान परंपरा को समझने की यही एकमात्र कुंजी है।

निष्कर्ष में यह कहा जा सकता है कि अनुवाद की कोई भी वास्तविक प्रक्रिया शाश्वत अथवा सामान्य भाषा की खोज होती है जो प्रत्येक भाषा में निहित है। इसका अर्थ यही है कि जैसा कि भर्तृहरि ने सुझाया है कि अनुवाद प्रक्रिया में स्रोत भाषा की असाधारण विशिष्टता के विलोप की और साथ ही भाषा के 'मध्यमा-पश्यन्ति' स्तर को ढूँढ़ निकालने की प्रक्रिया जुड़ी रहती है और इस तरह भाषा के मौलिक आद्य रूप में लक्ष्य भाषा की भाषिक विशेषताएँ को व्यावहारिक कुशलता के साथ जोड़कर नवरूप प्रदान किया जाता है।

इस तरह अनुवाद का अर्थ है प्रत्येक भाषा के मानवीय संचरण के सामान्य स्तर तक अर्थात् शाश्वत भाषा के स्तर तक पहुँच के फिर किसी विशेष सुविधाजनक रास्ते से पुनः प्रकट होना है।

12

अनुवाद एक राष्ट्र का

जब भारतीय भाषाओं के बीच अनुवाद की मदद से भारत को एक सूत्र में बाँधने का नारा दिया जाता है तो मन में यह प्रश्न उठता है कौन-सा भारत, कौन-सा राष्ट्र? एक राष्ट्र रूप में भारत की अवधारणा उस राष्ट्रवाद के आख्यान का एक अभिन्न अंग है जिसकी उत्पत्ति का श्रेय 19वीं शताब्दी के अंग्रेज़ी-शिक्षित भारतीयों को जाता है। किंतु साथ ही हमें राष्ट्रवाद के इस आख्यान को विद्यमान सांस्कृतिक रीतियों वाले बहुपक्षीय भारत के विपरीत एक ऐसे आख्यान के रूप में देखना होगा जो राष्ट्र की 'कल्पना' करता है, और जो एक समरूप तथा अखंड संस्कृति का निर्माण करना चाहता है। इस प्रकार ये दो भारत हैं जिनके साथ हम रह रहे हैं। एक, वह भारत जिसका निर्माण ब्रिटिश साम्राज्यवादी शासन ने उन अंग्रेज़ी-शिक्षित भारतीयों की मदद से किया जिन्होंने पूर्व पर पश्चिम के प्रभुत्व और औपनिवेशिक शासन को बनाए रखने के क्रम में एक समरूप तथा एकताबद्ध भारत के विकास के लिए पाश्चात्य श्रेणियों की आवश्यकता जताई थी। मैकाले के द्वारा सन् 1835 में स्वदेशी भारतीय शिक्षा पद्धति को खारिज करना सामाजिक-सांस्कृतिक तथा राजनीतिक प्रभुत्व को मजबूत करने और अंग्रेज़ी शिक्षा को लागू करने के लिए मार्ग प्रशस्त करना था और उसके माध्यम से नैतिक, ज्ञानमीमांसीय और सामाजिक विश्वासों के एक सादृश्य, एकताबद्ध तथा अखिल भारतीय 'सामान्यबोध' का निर्माण करने की ओर एक कदम था। यह एक आधुनिक राष्ट्र की कल्पना को एक बृहत्तर उपक्रम का हिस्सा बनाते हुए अंग्रेजी शिक्षित वर्ग के द्वारा अपनी पहचान बनाने का प्रयास था।

दूसरा भारत वह अविराम भारत है जिसका एक बहुभाषीय, बहुसांस्कृतिक, बहुप्रजातीय और बहुधर्मीय समाज का एक बहुवादी ढाँचा है। यह अनेकता में एकता दर्शाने वाले एक राष्ट्र का अखंडता सूचक ढाँचा है। भारत की असली परंपरा है

नस्लों के समायोजन के लिए कार्य करना, उनके बीच वास्तविक अंतरों को स्वीकार करना और उसके साथ ही एकता का कोई आधार खोजना।

यह एक आश्चर्यजनक तथ्य है कि अनुवाद इन दोनों ही भारत का एक अविभाज्य अंग रहा है। औपनिवेशिक ताकतों ने अंग्रेज़ी-शिक्षित वर्ग के माध्यम से जिस 'कल्पित' आधुनिक राष्ट्र के निर्माण का प्रयास किया उस कल्पित भारत को आधार बनाकर इंग्लैंड और पश्चिम को उपनिवेशित संस्कृतियों से ऊपर रखने के लिए केवल बाइबिल ही नहीं अपितु अंग्रेजी साहित्य की अच्छी-बुरी सभी रचनाओं के अनुवाद का उपयोग किया गया। यहाँ अनुवाद दर्शन, इतिहास-लेखन, शिक्षा और साहित्य जैसे विभिन्न आख्यानों का इस्तेमाल करके औपनिवेशिक प्रभुत्व के गठन और उसके वर्चस्व की अनवरतता का ही समर्थन करता है। इस स्थिति में अंग्रेज़ी सत्ता और प्रभुत्व की भाषा बन जाती है किंतु साथ ही अंग्रेज़ी से अन्य भारतीय भाषाओं में अनुवाद की बढ़ती गतिविधि ने भारतीय भाषाओं को एक नया आकार देने का काम भी अत्यंत सुगम कर दिया। इससे भाषाई क्षेत्रों की पहचान बनना भी आसान हुआ और संयोग से इसके साथ ही प्रिंट के आगमन से भारतीय भाषाओं के व्याकरण प्रकाशित करने की मुहिम चली, एक साहित्यिक परंपरा की खोज हुई, और आधुनिक साहित्य लिखा जाने लगा। प्रिंट में प्रस्तुत भाषाएँ संचार के एकीकृत क्षेत्रों का निर्माण करती हैं, भाषाओं को नई प्रतिष्ठा और सम्मान प्रदान करती हैं, और शक्ति अथवा सत्ता के नए शब्द भंडारों के निर्माण को संभव बनाती हैं। इसमें कोई संदेह नहीं कि ब्रिटिश उपनिवेशन ने पश्चिमीकरण की तीव्र इच्छा जाग्रत की किंतु इस प्रक्रिया में आधुनिक भारतीय भाषाओं की पहचान का निर्माण एक वास्तविकता बन गई। नई भाषाई पहचानों के निर्माण के संकेतों में पत्रिकाओं का प्रकाशन, मुद्रित और जन-संचार माध्यमों का लोकप्रिय होना, 'आधुनिक' साहित्यिक विधाओं का प्रयोग करने वाला लेखन और साहित्यिक नियम-सिद्धांतों का आविष्कार सम्मिलित है। भाषा-केंद्रित क्षेत्रवाद और भाषाई विभाजनों से परे एक 'कल्पित' राष्ट्र संपूरक विचारधारणाओं के रूप में उभरकर सामने आए। इसका परिणाम यह हुआ कि 19वीं शताब्दी, और 20वीं शताब्दी के प्रारंभ में सभी भारतीय भाषाओं में एक एकीकृत दृष्टिकोण उभरता दिखाई देता है जिसका कारण भारत को एक कल्पित राष्ट्र के रूप में देखने का विचार है। और उस समय किए गए अनुवाद का लक्ष्य औपनिवेशिक प्रभुता को बढ़ावा देना अथवा औपनिवेशन के विरुद्ध एक विशिष्ट प्रकार के प्रतिरोध को नाटकीय बनाकर प्रस्तुत करना था। इसका सबसे अच्छा उदाहरण हैं मौलिक अथवा अंतरभाषिक अनूदित उपन्यास। यह एक नई विधा थी जिसे पश्चिम से लिया गया। पश्चिमी उपन्यास की प्रधान कथावस्तु तो व्यक्ति और समाज के बीच के संबंध का टूटन रहीं, किंतु इसके विपरीत भारतीय नव शिक्षित वर्ग के लिखे उपन्यासों में एक उपनिवेशक ताकत के साथ टकराव की स्थितियों में सामाजिक

पहचान को फिर से ढालने का प्रयास हुआ। यहाँ अनुभव की भूमिका उपनिवेश-विरोधी संघर्ष के एक हिस्से के रूप में दिखाई देती है।

यह उस भारत की विलक्षण विशेषता है जो एक 'कल्पित' राष्ट्र की अवधारणा का निर्माण करता है, जो अंग्रेज़ी के संयोग पर खड़ा है–जो आधुनिक ज्ञान की दाता है और आधुनिक भारतीय भाषाओं के विकास में सहायक है जो इस ज्ञान को क्षेत्रीय स्वरूपों में फिर से ढालता है। किंतु इन भाषाओं में होने वाले अनुवादों से भाषा की एक उप-व्यवस्था का निर्माण होता है जो भाषा के स्वाभाविक विकास को प्रभावित करती है और आधुनिक भारतीय भाषाओं की गद्य शैलियाँ परिणामतः अनुवाद भाषा का स्वर तथा अपरिहार्य रूप से उसका भाव ग्रहण कर लेती हैं।

इस भारत ने जिस अनुवाद कर्म को प्रेरित किया उसका लक्ष्य भारतीय मानस का तीव्रता से पश्चिमीकरण करना था किंतु साथ ही इसकी जो प्रतिक्रिया हुई उसकी छाया भारत में उपनिवेश काल के दौरान हुए अनुवादों में देखने को मिली। किंतु यह मात्र विपरीतता की स्थिति थी और इससे केवल एक प्रकार की रूढ़िवादिता को ही जन्म और बढ़ावा मिला।

उपनिवेशन के विरुद्ध हुए संघर्ष ने राष्ट्रीय एकता के विकास की लालसा उत्पन्न की और समुदाय की भावना का पोषण किया। इसके लिए भारत की सामासिक संस्कृति और भाषाओं को मजबूत करने का लक्ष्य बनाया गया, और कहीं भी उनकी अवहेलना नहीं की गई। इस क्रम में अनेक धर्मों, अनेक नस्लों, अनेक भाषाओं और अनेक संस्कृतियों वाले अनवरत भारत के पुनर्जागरण का भी लक्ष्य रखा गया। साहित्य और विभिन्न भारतीय भाषाओं में इसके अनुवादों ने राष्ट्रीय पहचान के विचार के उभरने के लिए जगह बनाई और साहित्यिक स्वर को प्रबोधन के स्वर में बदल दिया। वस्तुतः यह उसी काम को आगे बढ़ाना था जिसकी शुरुआत मध्य युग में तुलसी, ज्ञानदेव, कृत्तिवास और उन अन्य रचनाकारों ने की थी जिन्होंने मूल संस्कृत पाठों को बिना किसी संकोच के अपनी भाषाओं में अंतरित कर दिया था, और जिनके लिए शब्द-प्रति शब्द अथवा पंक्ति-प्रति पंक्ति जैसा अनुशासन स्वीकार्य नहीं था। जिन कवियों और लेखकों ने संस्कृत पाठों का भारतीय भाषाओं में पुनःसृजन किया, उन्होंने दोनों भाषाओं को 'अपनी' भाषा ही माना। संस्कृत की धरोहर को वे अपनी संपत्ति मानते थे। किंतु संस्कृत पाठों का अनुवाद करके उन्होंने इन ग्रंथों पर से एक विशिष्ट वर्ग के एकाधिकार को तोड़ दिया। इस प्रकार ये अनुवाद समाज को स्वतंत्र और पुनर्गठित करने का माध्यम बने। 20वीं शताब्दी के प्रारंभ में जिस तीव्रता से और जिस मात्रा में संस्कृत ग्रंथों के विभिन्न भारतीय भाषाओं में अनुवाद हुए उसका लक्ष्य वस्तुतः उसी तीव्रता से हो रहे पश्चिमीकरण के विरुद्ध स्वदेशी साहित्यिक परंपरा को समर्थन देना था। बंकिमचंद्र चटर्जी के उपन्यासों अथवा उनके लेख 'कृष्ण चरित' और जॉन स्टुअर्ट मिल के 'लिबर्टी' के अनुवादों (अनु. : महावीर प्रसाद द्विवेदी),

और अंग्रेज़ी अथवा भारतीय भाषाओं के अन्य अनेक ग्रंथों के अनुवादों का उद्देश्य राष्ट्रवाद की पाश्चात्य धारणा को तोड़कर चिरन्तन भारत के विचार को विकसित करने की दिशा में उत्प्रेरक की भूमिका अदा करना था।

यूरोप केंद्रित इस मिथ्या धारणा को चुनौती दी गई कि अनुकरण योग्य सभी कुछ यूनान से आता है, और प्राच्यविदों के द्वारा भारत के विषय में बोलने के अधिकार का भी विरोध किया गया। वास्तव में, तथाकथित प्राच्यीकृत (orientalised) भारत को सबसे पहली महत्त्वपूर्ण चुनौती उस राष्ट्रवाद के उदय से मिली जिसका आधार भारत की युगों पुरानी विविधतावादी सांस्कृतिक परंपरा थी। बहुवादी होने के कारण, इसमें इस विचार का स्वागत किया गया कि समकालीन सभ्यता के नए तत्त्वों को ग्रहण किया जाए जिससे राष्ट्र एक तीव्रता से बदलते विश्व में अपना स्थान और भूमिका निश्चित कर सके। इस ध्येय की पूर्ति के लिए 19वीं शताब्दी के अनेक भारतीय बुद्धिजीवियों ने इस बात पर विश्वास किया कि विज्ञान संस्कृति है और इसे स्थानीय, भारतीय भाषाओं से पढ़ाया जाना चाहिए।

विज्ञान के अनुवाद का काम एक प्रति-उपनिवेशी राजनीतिक दृष्टि को स्वर देना था और यह उस सांस्कृतिक और बौद्धिक क्षरण के विरोध का एक तरीका बन गया जिसे उपनिवेशीय शासन में गति मिली थी। विज्ञान के ज्ञान के आधार पर पश्चिम अपनी शक्ति और महत्त्व के प्रसार में जुटा था और भारत के लिए यह आवश्यक हो गया था कि पश्चिम को यह बताया जाए कि प्राचीन भारत में विज्ञान के आश्रय से 'शून्य' की अवधारणा बीजगणित और रसायन विज्ञान तथा ज्योतिर्विज्ञान का प्रसार हुआ था तथा भारत ने इस दिशा में काफी प्रगति की थी। यह बात दूसरी है कि किन्हीं कारणों से मध्य युग में आकर यह प्रगति रुक गई थी। इसलिए विज्ञान की परंपरा को फिर से जीवित करना और इसके लिए विज्ञान पर लिखी गई अंग्रेजी पुस्तकों का अनुवाद करना जरूरी हो गया था।

टैगोर ने अपने द्वारा प्रतिष्ठित विश्वविद्यालय विश्वभारती में विज्ञान की पढ़ाई शुरू करवाई। मौलाना इमदाद अली के द्वारा सन् 1868 में स्थापित बिहार साइंस सोसाइटी और देश के अन्य विभिन्न भागों में मौजूद अन्य संगठनों ने विज्ञान के विविध विषयों की पुस्तकों का अनुवाद कार्य शुरू किया, और इस तरह राष्ट्रीय एकता और राष्ट्रीय चेतना को विकसित करने वाली शक्ति का काम किया। सामान्य रूप में अनुवाद ने स्वयं को साम्राज्यवादी प्रक्रिया को प्रतिरोध के रूप में आगे रखा। किंतु हम सभी जानते हैं कि यह काम आगे बढ़ नहीं पाया और उसका सबसे बड़ा कारण उपनिवेश काल में अंग्रेज़ी को सभी विश्वविद्यालयों में शिक्षा के माध्यम के रूप में लागू करना था, जिसका उद्देश्य उपनिवेशीय ताकतों की प्रभुता को बढ़ावा देना था। यह स्थिति विशाल भारतीय जन-मानस की सभ्यतागत सृजनात्मकता की राह में अवरोधक बन गई।

स्वाधीनता संग्राम के दौरान, राष्ट्रवादी आकांक्षाओं के आश्रय से साम्राज्यवादी अंग्रेजी के स्थान पर एक भारतीय भाषा को आगे बढ़ाने की भावना को बल दिया गया। महात्मा गाँधी ने स्पष्ट कहा था कि अंग्रेज़ी किसी भी स्थिति में भारत की राष्ट्र भाषा नहीं हो सकती, और यदि स्वाधीनता आंदोलन को भारतीय जनता का समर्थन चाहिए तो अंग्रेजी के स्थान पर हिंदुस्तानी को राष्ट्र भाषा के रूप में प्रतिष्ठित करना होगा। परिणामतः उस समय गाँधी जी की प्रेरणा से हिंदी सीखना एक राष्ट्रीय कार्य हो गया, और यह विभिन्न भारतीय भाषाओं के अधिकतम अनुवादों की लक्ष्य भाषा बन गई। इस प्रकार हिंदी राष्ट्रीय एकीकरण की प्रतिमूर्ति यानी राष्ट्र को बाँधने वाली शक्ति के रूप में प्रतिष्ठित हो गई।

प्रथम विश्व युद्ध के समाप्त होते-होते, भारत का सांस्कृतिक परिदृश्य, तीव्रता से बदलने लगा। भारतीय सिपाही भारी संख्या में भारत लौट आए थे; इस बीच उनका संपर्क ब्रिटिश संस्कृति के अतिरिक्त अन्य यूरोपीय संस्कृतियों से हुआ था। नवस्थापित नोबेल पुरस्कार ने गैर-अंग्रेज़ी लेखकों को इतना प्रचार-प्रसार दे दिया जितना संभवतः उन्हें अन्यथा नहीं मिल सकता था। इस पुरस्कार के प्रति भारतीयों की सम्मान भावना को तब और बल मिला जब सन् 1913 में टैगोर को उनकी पुस्तक 'गीतांजलि' के लिए यह पुरस्कार मिला। यह पुस्तक टैगोर के बंगाली गीतों का अंग्रेज़ी अनुवाद था जो स्वयं टैगोर ने किया था। इसका परिणाम यह हुआ कि भारतीय अनुवादकों ने दूसरी भाषाओं की रचनाओं का अनुवाद करना शुरू कर दिया। प्रेमचंद ने दो नोबेल पुरस्कार विजेता साहित्यकारों—मौरिस मेटरलिंक (बेल्जियम) और जॉन गॉल्सवर्दी (इंगलैंड) की पुस्तकों के उर्दू में अनुवाद किए। यह अब साहित्यिक स्वतंत्रता की एक नई भावना का हिस्सा बन गया कि गैर-अंग्रेज़ी लेखकों का अनुवाद के माध्यम से भारतीय भाषाओं में स्वागत किया जाए। यह वह समय था जब महात्मा गाँधी भारत के राजनीतिक परिदृश्य में प्रवेश कर चुके थे और उससे एक नई राष्ट्रीय चेतना जाग्रत होने लगी थी।

इन परिवर्तनों का एक परिणाम यह हुआ कि भारतीय अनुवादक अब केवल यूरोपीय साहित्य ही नहीं अपितु अन्य भारतीय भाषाओं के साहित्य की ओर भी मुड़ें। आधुनिक भारतीय भाषाओं में साहित्य के 'राष्ट्रीयकरण' में जिन अनुवादकों की रुचि थी वे देश की एकता को लेकर अधिक चिंतित थे। यही कारण था कि गाँधी के स्वतंत्रता संग्राम के तीन दशकों के दौरान भारत के भीतर अंतरभाषिक आदान-प्रदान कई गुना बढ़ गया। टैगोर, बंकिम और शरतचंद्र चटर्जी की रचनाएँ सभी भारतीय भाषाओं में अनूदित की गईं। प्रेमचंद, के.एम. मुंशी, वी. एस. खांडेकर, सुब्रह्मण्य भारती और अन्य लेखकों की कृतियों के भी अनुवाद हुए। हमारे जैसे बहुभाषीय समुदाय में युगों पुरानी परंपरा जोड़ने की है और स्वतंत्रता आंदोलन के दौरान हमने यही महसूस किया कि अनुवाद भिन्न प्रकृति वाली भाषाओं को जोड़ने का सबसे

कारगर तरीका है। यह हमारे लिए सर्वाधिक समर्थ माध्यम बन गया जिससे हम उस एकत्व, एकता और सामूहिक समानता और उन अद्‌भुत भिन्नताओं को भी एक नई दृष्टि से देख सके जो शाश्वत भारत की संस्कृति की व्यापक समृद्धि में पाई जाती हैं।

स्वातंत्र्योत्तर भारत में अनुवाद की भूमिका को समझने और सराहने के लिए यह आवश्यक होगा कि हम भारत की बहुभाषीय स्थिति और सांस्कृतिक बहुवाद के संदर्भ में अनुवाद को एक सामाजिक-राजनीतिक आवश्यकता के रूप में स्वीकार करें। कहना न होगा कि बहुभाषिकता भारत में एक सर्वव्यापी तत्त्व है जो देश के जीवन के हरेक पक्ष को प्रभावित करता है। पाश्चात्य दृष्टि में भाषाओं, क्षेत्रों और नस्लों की बहुलता को विखंडन का कारण माना जाता है, यद्यपि वास्तव में इस प्रकार की अनेकता समूची इकाई के प्रत्येक हिस्से को महत्त्वपूर्ण बनाती है। इसके विपरीत प्रस्तरखंडीय एकरूप ढाँचे ही जीवन के, मनुष्य के और ज्ञान के विखंडन की स्थिति पैदा करते हैं और जीवन की एकता को नष्ट करते हैं।

नेहरू अपने इस आग्रह के प्रति अत्यधिक सुनिश्चित थे कि भाषाएँ अपने आप में विध्वंसक नहीं होतीं। उन्होंने एकक साहित्य के रूप में भारतीय साहित्य की अवधारणा को विकसित करने की दृष्टि से नेशनल एकेडमी ऑव लेटर्स यानी साहित्य अकादेमी का गठन किया। उनका यह विचार था कि इस उद्देश्य की प्राप्ति के लिए सभी भाषाएँ साथ-साथ विकसित हों और अनुवाद का भी व्यापक प्रयोग हो। उनका यह दृढ़ विचार था कि स्थानीय भाषाओं के विकास की परिणति फूट में बिलकुल नहीं होती। किंतु भारतीय साहित्य की यह एकता केवल तभी उभरती है जब लोग इसे बहुवाद के संदर्भ में अथवा सांस्कृतिक अनेकता के संदर्भ में समझते हैं। भारतीय साहित्य भिन्नता का संज्ञान लेकर ही एकता का प्रदर्शन करता है और यह इसलिए संभव होता है क्योंकि भारतीय सभ्यता और जीवन में मौजूद विरोधकारी तत्त्वों के बावजूद यहाँ सभ्यतागत एकता के अंतर्निहित एक अखिल भारतीय सोच अस्तित्व में है और इसलिए हमारे अस्तित्व के प्रत्येक स्तर पर एकता और अनेकता तथा सहमति और विरोध साथ-साथ मिलते हैं। संस्कृत, शौरसेनी, महाराष्ट्री और मागधी प्राकृतों में लिखित कालिदास के प्रसिद्ध नाटक 'शकुंतला' के उदाहरण को लें, तो यह स्पष्ट होता है कि भाषाई विभिन्नताओं के बावजूद साहित्यिक अभिव्यक्तियों की एकता यह इंगित करती है कि एक साहित्यिक रचना एक जटिल बहुभाषीय स्थिति में प्रस्तुत की जा सकती है जहाँ भिन्न-भिन्न भाषाओं ने लोगों को अलग समूहों में विभाजित नहीं किया, अपितु इससे तो लोगों को एक दूसरे के साथ संवाद का प्रोत्साहन मिल सका है और भाषाई अवरोध टूट सके हैं। अनुभव हमें बताता है कि भाषाओं को मान्यता देने से नहीं अपितु उन्हें मान्यता न देने से ही विभाजनकारी आंदोलनों का जन्म होता है। यहाँ अनुवाद को विभिन्न समूहों के हितों से समझौता

करने के एक तरीके के रूप में स्वीकार किया जाता है।

स्वातंत्र्योत्तर युग में हमें आज भी दो भारत दिखाई देते हैं जो कभी एक-दूसरे के विरोध में खड़े होते हैं तो कभी ये दो भारत एक सभ्यतागत समूची इकाई के रूप में बाँधने वाली संपूरक धारणाओं का काम करते हैं। हमें आज भी विभिन्न भारतीय भाषाओं से अंग्रेज़ी में अनुवाद मिलते हैं चाहे वे विदेशियों ने किए हों अथवा स्वयं भारतीयों ने, जिनका अपना एक प्रभुत्वशाली उत्कर्षयुक्त स्थान है। इस स्वातंत्र्योत्तर दौर में अधिकांश भारतीय लेखक अपनी रचनाओं का अनुवाद अंग्रेज़ी में करवाने के लिए एक-दूसरे से होड़ करते दिखाई देते हैं। भारतीय भाषाओं से अंग्रेज़ी में ऐसे अनुवादों की संख्या लगातार बढ़ती जा रही है। अंग्रेज़ी में अनूदित होना, आजकल भारतीय भाषाओं के औसत लेखक के लिए एक प्रकार की हैसियत का प्रतीक बन गया है। एक 'मेटानैरेटिव' के रूप में अंग्रेज़ी का प्रयोग और यह विचार, कि हमारी जटिल भाषा समस्याओं का एकमात्र समाधान मात्र अंग्रेज़ी है, मिथ्या है। संपर्क भाषाओं की राजनीति के चलते हिंदी अथवा अन्य भाषाओं की अपेक्षा अंग्रेज़ी नौकरी चयन की भाषा के रूप में और सत्ता तथा नियंत्रण की भाषा के रूप में भी अधिक सुदृढ़ हो गई है। दूसरी संपर्क भाषा हिंदी सहित अन्य भाषाएँ संस्थात्मक स्तर पर परिसीमित हैं और सार्वजनिक क्षेत्रों में उनके साथ नकारात्मक व्यवहार होता है। इस सबके चलते, इस उत्तर-उपनिवेश काल में बहुभाषिकता का संरक्षण एक संकटमय स्थिति पैदा कर चुका है क्योंकि उपनिवेशवाद एक नए अवतार में एक बदले स्वरूप में आज भी जीवित है।

पश्चिम में अनुवाद व्यवहार और भारत में अनुवाद व्यवहार में प्रमुख अंतर यह है कि पश्चिम में अनुवाद को एक जटिल भाषिक और साहित्यिक कर्म माना जाता है। जबकि भारत में यह एक अपरिहार्य जीवन पद्धति है। पश्चिम में अनुवाद का परीक्षण विभिन्न परिप्रेक्ष्यों के आश्रय से किया जाता है, जैसे—संरचनावाद (याकोब्सन), विरचना (दरिदा), मनोविश्लेषण (बेंजामिन), स्त्री-विमर्श (चेंबरलेन) और उत्तर-उपनिवेश आख्यान (लॉरेंस)। इसके विपरीत भारत में अनुवाद के व्यावहारिक पक्षों पर अधिक ध्यान दिया जाता है।

इसके अतिरिक्त, सांस्कृतिक अल्पसंख्यकों के बौद्धिक उत्पादन के बढ़ते भार ने अंततः पाश्चात्य अनुवाद सिद्धांत की 'सार्वभौमिकता' की आलोचना तेज़ कर दी है। अब हम केवल भाषिक समतुल्यता की पारंपरिक धारणा अथवा लोप तथा संयोजन के विचारों से ही अपना सरोकार नहीं रखते जो एक लंबे समय से अनुवाद सिद्धांत में विचार-विवेचन का विषय रहे हैं। इसका कारण यह है कि कम्बार, देवेश रॉय, कृष्णा सोबती तथा इन जैसे ही अन्य भारतीय उपन्यासकारों में विभिन्न उपभाषाओं का व्यापक प्रयोग दिखाई पड़ता है, अथवा नामदेव धसाल, लक्ष्मण गायकवाड़, सिद्धलिंगैया और अन्य दलित लेखकों ने एक नई भाषा का प्रयोग किया है, अथवा

यह कि हमारे बहुभाषिक संदर्भों में जनजातीय भाषा का प्रयोग होने लगा है। ये 'बीच' की भाषाएँ हैं और ये 'बीच की' जगह घेरती हैं और अनुवाद की पारंपरिक धारणाओं को चुनौती देती हैं और उन्हें दो तानाशाहों से मुक्त करती हैं। एक तो पाश्चात्य पूर्व उपनिवेशक जो नादानी में अपने अस्तित्व की डींग हाँकता है, और दूसरे वे पारंपरिक 'राष्ट्रीय' संस्कृतियाँ जो अदूरदर्शिता के कारण अपने महत्त्व को नकारती हैं। 'बीच में स्थिति' वाली भाषाओं के कारण अब अनुवाद सिद्धांत के नए आदर्श गढ़ना संभव है।

यहाँ यह उल्लेख करना आवश्यक होगा कि राष्ट्र-राज्यों, राष्ट्रीय आदर्शों और सरकारी नीतियों के लिए जहाँ प्रशासनिक तथा राजनीतिक कारणों से अंग्रेज़ी अथवा हिंदी जैसी एक अकेली साझा भाषा का प्रयोग आवश्यक हो सकता है, वहीं 'कल्पित' भारत की केंद्रीकरण करने वाली भाषा न तो एक बहुभाषीय लोकोचार की अथवा संस्कृतियों और प्रजातियों के तालमेल की प्रतिनिधि हो सकती है और न ही लोगों की रचनात्मकता और ऊर्जा की अभिव्यक्ति कर सकती है। प्राचीन, मध्ययुगीन और वर्तमान भारत के बहुरूपीय चरित्र की प्रस्तुति का लक्ष्य लेकर चलने वाली एक अकेली प्रभुत्वशाली भाषा की एकरूपकारी शक्ति की कोई उपादेयता नहीं है और उसका सहज ही विरोध किया जा सकता है। अब समय आ गया है कि 'मेटा नैरेटिव' की पुनःसंरचना की जाए और राजनीतिक तथा सामाजिक न्याय के लिए दूसरे 'नैरेटिव' को उचित ठहराया जाए। केवल तभी सभ्यतागत जटिलता वाले अनवरत भारत को विभिन्न माध्यमों की सहायता से सांस्कृतिक व्यवहारों की विविधता वाले एक अखंड भारत के रूप में ऐक्यबद्ध करना संभव हो सकेगा, इन माध्यमों में बहुभाषिक अनुवाद अभ्यास भी एक माध्यम है। अपने आपको आगे बढ़ाने का आग्रह पहले ही काफी स्पष्ट हो चुका है और यह एक भारतीय भाषा से दूसरी भाषा में बहुभाषिक अनुवादों में आए उछाल के लिए उत्तरदायी है। देश के विभिन्न भागों में जातियों तथा उप-जातियों के बीच और अधिक गतिशीलता के कारण उस क्षेत्र की भाषा का परिवर्धन एक वास्तविकता बन गया है, और यहाँ अंग्रेज़ी भाषा के कुलीनों का स्थान क्षेत्रीय भाषा के कुलीनों ने ले लिया है, जो अधिकतर गैर ब्राह्मणों की जातीय आकांक्षाओं का प्रतिनिधित्व करते हैं। इसने अंग्रेज़ी की प्रभुत्वकारी भूमिका को भी विस्थापित कर दिया है जो विशाल भारतीय जनमानस की सभ्यतागत रचनात्मकता के लिए एक अवरोधक है। वर्तमान युग में हिंदी-अंग्रेज़ी और बंगाली-अंग्रेज़ी या और कोई द्विभाषिकता के तीव्र प्रयोग से सोपानिकता को समाप्त करने के अवसर बन रहे हैं, और भाषाओं के बीच परस्पर निर्भरता तथा अंतर संकेतन की स्थिति बनाने हेतु एक बहुभाषिक समाज में सभी प्रकार के प्रभुत्व का विरोध किया जा रहा है।

अपने आपको आगे बढ़ाने का ऐसा ही आग्रह उन अनेक भारतीयों में भी दिखाई देता है जिन्होंने प्राचीन तथा आधुनिक भारतीय साहित्य की समृद्ध विविधता

को विश्व को दिखाने के लिए उनका अंग्रेज़ी में अनूदित करने का बीड़ा उठाया हुआ है। पिछले चार-पाँच दशकों के संभवतः सर्वाधिक उल्लेखनीय भारतीय अनुवादक ए. के. रामानुजन ने विश्व स्तर के आभिजात्य भारतीय साहित्य के प्राधान्य को प्रमाणित करने के लिए अंग्रेजी के प्रयोग के आश्रय से सार्वभौमिकीय प्रतिमान की रचना नहीं की अपितु अत्यधिक विविधता वाले लोगों की अन्य परंपरा को प्रस्तुत करने हेतु तमिल भक्ति काव्य, कन्नड़ वीरशैव वचनों जैसी स्थानीय किस्म की मौलिक विधाओं को प्रस्तुत करके एक प्रतिरोधी शक्ति के रूप में प्रतिवाद का एक उदाहरण प्रस्तुत किया है। अब भारतीय अनुवादकों की रुचि उन तरीकों को तलाशने में है जिनमें अंग्रेज़ी भाषा का प्रयोग 'प्रामाणिक भारतीय अभिव्यक्तियों' को प्रस्तुत करने में किया जा सके। साथ ही, अंग्रेज़ी भाषा को एक भारतीय भाषा के रूप में देखने का भी प्रयास किया जा रहा है। यही कारण है कि अंग्रेज़ी में लिख रहे अनेक भारतीयों ने भारतीय भाषाओं से अनुवाद भी शुरू कर दिए हैं। इस प्रकार 'कल्पित' राष्ट्र अपने उत्तर उपनिवेश स्वरूप में बाहरी दुनिया के समक्ष और भारत के लोगों के समक्ष भी अनवरत भारत की तस्वीर ही रख रहा है, और इस तरीके से दोनों भारत संपूरक धारणाओं के रूप में एक-दूसरे के निकट आ रहे हैं और कृति को अखिल भारतीय अथवा सार्वभौमिक प्रतिमान में स्वदेशानुकूल बना रहे हैं। इसका उद्देश्य भाषिक अभिव्यक्तियों तथा सांस्कृतिक अनुभव की बहुता की पहचान करना और उनमें निहित असाधारण एकता को समझना भी है।

13

बहुभाषिक समाज में अनुवाद

भारत एक बहुभाषिक समाज

भारतीय समाज बहुभाषिक समाज है। यहाँ प्राचीन काल से ही समाज में बहुत सारी भाषाओं का उपयोग होता रहा है। अथर्ववेद में कहा गया है कि यहाँ बहुत सारी भाषाएँ बोलने वाले, नानाधर्मों का पालन करने वाले बहुत-से लोग रहते हैं। बहुभाषिकता भारतीय परिवेश का एक सर्व-व्यापक तत्त्व है और यह देश के जीवन को प्रभावित करता है। आमतौर से विकासमान देशों की बहुभाषिकता को विकसित देशों के नियमानुसार एक समस्या के रूप में देखा जाता है। यह कहा जाता है कि बहुत सारी भाषाएँ, बहुत-से धर्म, जातियाँ देश की एकता कंको तोड़ती हैं मगर यह धारणा भ्रामक है। भाषिक या धार्मिक या जातीय विविधता संपूर्णता के अलग-अलग हिस्सों को महत्त्व देना है और प्रत्येक मनुष्य के महत्त्व को प्रमाणित करना है। इसके विपरीत कोई भी अखंडित संरचना मनुष्य जीवन को हिस्सों में बाँट कर उन्हें एकक रूप में देखना है, और जीवन की समूची एकता के ज्ञान को विखंडित करना है। विविधता के द्वारा ही प्रत्येक हिस्सों की सहायता से निर्मित एकता की सही पहचान होती है। इसीलिए भारतीय साहित्य को केवल संस्कृतकरण या पाश्चात्यकरण के द्वारा समझा नहीं जा सकता है और इस तरह की कोशिश हमारे सांस्कृतिक अंधेपन को ही प्रमाणित करती है। भारतीय साहित्य विभिन्न भारतीय भाषाओं की सहायता से निर्मित हुआ है और प्रत्येक भाषा का अपना एक ऐतिहासिक महत्त्व है। समाज में जिस तरह बहुत-सी भाषाएँ बोली जाती हैं उसी तरह हमारे लेखक भी अपनी रचनाओं में एक से अधिक भाषाओं का उपयोग करते हैं। कवि कालिदास ने अपने नाटक 'शकुंतला' में संस्कृत के अतिरिक्त शौरसेनी, महाराष्ट्री तथा मागधी, प्राकृत का प्रयोग किया

है। मैथिली कवि विद्यापति ने अवहट्ट, संस्कृत तथा मैथिली में अपनी रचनाएँ की हैं। गुरुग्रंथ साहिब एक बहुभाषिक कृति है। आधुनिक युग में प्रेमचंद ने हिंदी उर्दू में रचनाएँ की हैं।

भारतीय समाज में एक व्यक्ति के लिए एक से अधिक भाषाएँ बोलना स्वाभाविक है इसीलिए द्विभाषिकता या त्रिभाषिकता अथवा बहुभाषिकता को भारतीय समाज ने स्वाभाविक रूप से स्वीकार कर लिया है। भारत सरकार की ओर से संविधान के आधार पर हिंदी, अंग्रेजी को राजभाषा या संपर्क भाषा के रूप में स्वीकार करने का अर्थ ही है कि हम एक से अधिक भाषाओं को स्वीकृति दे रहे हैं और जब हम किसी एक संपर्क भाषा का प्रयोग करते हैं तो हम अपनी भाषा से अनुवाद करते होते हैं। परंतु खेद की बात है कि इस बहुभाषिक समाज में किसी एक भाषा में रचित भारतीय साहित्य से दूसरे भाषा-भाषी आमतौर से अपरिचित रहते हैं और इस तरह पड़ोस के राज्य में क्या लिखा जा रहा है उससे अनजान रह जाते हैं। इसीलिए एक बहुभाषिक समाज में अलग-अलग भाषाओं में रचित साहित्य से परिचित होने के लिए अनुवाद का आश्रय लेना जरूरी हो जाता है। वस्तुतः बहुभाषिक भारतीय समाज अपने आप में एक अनुवाद-क्षेत्र है। यहाँ अंग्रेज़ी में लिखा गया भारतीय साहित्य में वर्णना के अतिरिक्त पात्रों के संवाद आदि अंग्रेज़ी में अनुवाद ही कहे जा सकते हैं।

भारतीय समाज का भाषागत परिप्रेक्ष्य

1981 की जनगणना के अनुसार भारत में 1652 मातृभाषाएँ बोली जाती हैं। भारतीय संविधान 18 भारतीय भाषाओं को मान्यता प्रदान करता है। इनके अतिरिक्त अंग्रेजी हिंदी को राजभाषा या संपर्क भाषा का दर्जा मिला हुआ है। संविधान के 351वें अनुच्छेद के अनुसार राजभाषा हिंदी का विकास इस प्रकार किया जाए कि उसमें हिंदुस्तानी और संविधान की आठवीं अधिसूची में उल्लिखित दूसरी भारतीय भाषाओं के रूप, शब्दावलियों और पदावलियों का समावेश हो और आवश्यकतानुसार दूसरी भारतीय भाषाओं के शब्दों को भी उसमें लिया जाए। वस्तुतः भारत की सांस्कृतिक बहुलता को स्वीकृति देने के लिए संविधान में इस तरह की बात संकलित है। सांस्कृतिक बहुलता तथा बहुभाषिकता को ध्यान में रखकर ही पंडित जवाहरलाल नेहरू ने भाषिक राज्यों के आधार पर भारत का एक नया राजनीतिक मानचित्र खींचा था। पंडित नेहरू ने अपने उन आलोचकों को कड़ा जवाब दिया था जिन्होंने यह कहना शुरू किया कि भाषिक प्रदेशों के कारण अंतःभाषिक तथा अंतःराज्यीय अन्योन्यक्रिया तथा आवागमन असंभव हो जाएँगे और इस तरह की भाषागत राजनीतिक सीमाएँ राज्यों के आपसी भाषिक तथा सांस्कृतिक संबंधों को सीमित कर देंगी मगर स्थिति ऐसी नहीं है। देश की सांस्कृतिक बहुलता के आधार पर प्रत्येक भाषा को महत्त्व मिलने

पर विविधता के आश्रय से देश की एकता बनी हुई है। यह इस देश का एक अद्भुत मॉडल है। यहाँ जितनी ज़्यादा विविधता की बात की जाती है उतनी अधिक यहाँ एकता बनी रहती है और जितनी ज्यादा एकता की बात होती है उतनी अधिक विविधता के अतिरिक्त और कुछ दिखाई नहीं पड़ता है। तुलनात्मक साहित्य एक अनुशासन के रूप में अब विश्वविद्यालयों में पढ़ाए जाने लगा है जहाँ एक से अधिक भाषाओं के साहित्य को पाठ्यक्रम में स्थान मिला हुआ है। प्रत्येक राज्य में अपनी-अपनी भारतीय भाषाओं को महत्त्व देने वाले राजनेता उभरकर सामने आए हैं।

पं. नेहरू ने उन लोगों का काफी मजाक किया था जो कहते थे कि अधिक भाषाएँ देश की एकता को कमजोर करती हैं। उनका कहना था कि यह हमारी अनभिज्ञता ही प्रकट करती है। अधिक भाषाओं का प्रयोग नेहरू के अनुसार देश की बहुभाषिक स्वरूप की अभिव्यक्ति है और हमारे सांस्कृतिक स्वास्थ्य के लिए उपयोगी भी। भाषाओं का विकास एकता को तोड़ता नहीं बल्कि देश को जोड़ता है। मध्ययुगीन भारत में भाषाओं के विकास ने देश की एकता को बनाए रखने में महत्त्वपूर्ण भूमिका अदा की थी।

भारत में कई भाषा परिवारों में चार महत्त्वपूर्ण भाषा परिवार हैं। आस्ट्रिक, द्रविड़, चीनी-तिब्बती तथा भारोपीय भाषा परिवार। कोल, मुंडा, संथाल आदि आदिभाषाएँ आस्ट्रिक परिवार की हैं और भारत की सबसे प्राचीन भाषाएँ हैं। तमिल, तेलुगु, मलयालम तथा कन्नड़, द्रविड़ भाषा परिवार की भाषाएँ हैं। नेपाली तथा मणिपुरी चीनी-तिब्बती भाषा परिवार की हैं। कोंकणी, मराठी, गुजराती, संस्कृत, हिंदी, पंजाबी, उर्दू, बांग्ला, असमिया, उड़िया भारोपीय भाषा परिवार की हैं। इनमें से हिंदी एक छतरी भाषा है क्योंकि हिंदी कोई एक भाषा नहीं अवधी, ब्रज, भोजपुरी, मैथिली आदि कई भाषाओं को लेकर अपने स्वरूप को प्रमाणित करती है। कश्मीरी इनसे अलग भाषा परिवार से जुड़ी भाषा है।

जीवन प्रक्रिया और व्यवहार पर इसका प्रभाव

बहुभाषिक समाज में विभिन्न भाषा-भाषी लोग एक-दूसरे की भाषाओं को प्रभावित करते हैं और एक ही भाषा के विभिन्न रूप समाज में प्रचलित हो जाते हैं। उत्तर प्रदेश तथा बिहार से मुंबई में आए हुए लोगों की हिंदी भाषा के साथ मराठी के सहयोग से एक नई भाषा उत्पन्न हुई है। भाषा विज्ञान की दृष्टि से इसे पिजिन भाषा कहा जाता है। मुंबई हिंदी का एक उदाहरण है :

अपुन पूछता ए यार राजा, तू कोई सपना-वपना नई देखने को माँगता क्या? अक्खा बम्बई सपनों में बसता। ऐसा भी होता है।

इसी प्रकार बंगाल में बसे हुए मारवाड़ियों की हिंदी पर बांग्ला के प्रभावस्वरूप एक नई हिंदी प्रकट हुई है जहाँ एक, दो, तीन की जगह एकठो, दोठो, तीनठो बोलने

का रिवाज़ है। उर्दू और तेलुगु के मिश्रण से हैदराबाद के इलाके में हिंदी ने एक नया रूप ग्रहण किया है।

यह बात सच है कि विभिन्न प्रांतों के लोगों के रहन-सहन यानी जीवन-प्रक्रिया में काफ़ी वैविध्य दिखाई पड़ता है और यह सांस्कृतिक असमानता प्रत्येक भाषा की अपनी विशेष सांस्कृतिक पीठिका होती है। उदाहरण के लिए द्रविड़ परिवार की दक्षिणी भाषाओं में पुकारने में 'राम' को यदि बच्चा है तो प्यार से 'रामु' कहते हैं। किशोरावस्था में रामण्णा तथा बड़ा हो जाने पर 'रामप्पा' कहा जाता है। इस तरह का प्रयोग उत्तर भारत की भाषाओं में नहीं है। परंतु इस तरह की सांस्कृतिक असमानता का अर्थ यह नहीं कि समानता कहीं है ही नहीं। बहुभाषिक समाज में सांस्कृतिक स्तर पर समानता भी काफ़ी दिखाई पड़ती है।

बांग्ला में जब कोई जाने लगता है तो 'मैं चला' या 'मैं जाता हूँ' नहीं कहता। यह अशुभ माना जाता है। ऐसा सोचा जाता है कि शायद वह कभी वापस ही नहीं आए। इसलिए चलते समय कहते हैं, मैं आता हूँ (आमि आसछि)। कन्नड़ में यही नियम है, 'मैं जाकर आता हूँ' (नानु होगी बरुत्ते ने)। इसका अर्थ बांग्ला की तरह माना जाता है, 'मैं जा रहा हूँ।' ऐसे ही तेलुगु में 'मैं जा रहा हूँ' के लिए 'मैं आता हूँ' (नेनु वास्ता नहीं) कहते हैं। इस तरह की सांस्कृतिक पीठिकाओं की समानता और असमानता बहुभाषिक समाज की जीवन प्रक्रिया और व्यवहार में साम्य और वैषम्य दोनों को ही उजागर करती है।

बहु-भाषिक समाज में भाषाई संपर्क का प्रश्न

बहु-भाषिक समाज में नियम के मुताबिक प्रत्येक भाषा का महत्त्व होना चाहिए और अनुवाद के माध्यम से आपसी संबंध प्रकट होने चाहिए। परंतु प्रशासनिक कारणों से भारत जैसे बृहत् बहु-भाषिक देश की हर भाषा को सही मान्यता देना संभव होता नहीं है और इसीलिए अष्टम अधिसूची में सिर्फ 22 भाषाओं को मान्यता दी गई है जिनमें से दो, संथाली तथा बोडो आदिवासी भाषाएँ हैं। परंतु इसका अर्थ यह निकलता है कि 1652 मातृभाषाओं में से कुछ भाषाओं को तो अधिकार प्रदान किया गया है और बाकी भाषाओं को हाशिये पर रख दिया गया है जिससे विघटित तथा विभाजक शक्तियों को महत्त्व मिलता है और भाषा सामाजिक-सांस्कृतिक भंडार या संचारण माध्यम के स्थान पर एक राजनीतिक विषय में बदल जाती है।

इसी तरह त्रिभाषा सूत्र अल्पसंख्यक भाषाओं की उपेक्षा करता है। प्रत्येक राज्य में 30 से 40 प्रतिशत जनसंख्या अल्पसंख्यक भाषाओं का प्रयोग करती है जिनको तीन भागों में बाँटा जा सकता है :

—आदिवासी भाषाएँ

—'गौण' भाषाएँ जैसे बुंदेलखंडी, भोजपुरी, मगही आदि जो राज्यों में अधिकाधिक प्रयोग में आती हैं।

—बहुसंख्यक भाषाएँ जो किसी एक राज्य में अल्पसंख्यक भाषा बन जाती हैं जैसे कर्नाटक में मराठी या तमिल या उत्तर प्रदेश में उर्दू।

राज्य सरकारें स्कूल-कालेजों में उपर्युक्त भाषाओं के प्रयोग से कतराती हैं यह जानते हुए भी कि विभिन्न भाषिक वर्गों के विद्यार्थियों के लिए इन भाषाओं के माध्यम रूप में प्रयोग करना कितना जरूरी है। इस बात का ऐसे डर रहता है कि अधिकाधिक भाषाओं को मान्यता देने का अर्थ है देश की एकता का विखंडन, परंतु अनुभव यही बताता है कि मान्यता नहीं, गैर-मान्यता ही विघटनकारी आंदोलनों को प्रोत्साहित करती है। एक बहु-भाषिक समाज में सदियों से विभिन्न भाषाओं के अनुबंधन पर जोर दिया जाता रहा है। असंबद्ध तथा नानाविध भाषाओं को विभिन्न तरीके से एक-दूसरे के साथ जोड़ा जा सकता है और सबसे अधिक प्रभावकारी तरीका अनुवाद है।

बहुभाषिक समाज में अनुवाद की अनिवार्यता

बहुभाषिक समाज से संबद्ध विभिन्न वर्गों के स्वार्थों में सामंजस्य स्थापित करने का एक आधार अनुवाद है। वस्तुतः 1986 की नयी शिक्षा व्यवस्था के क्रियाविधि कार्यक्रम में पहली दफा अनुवाद का उल्लेख किया गया था। यह कार्यक्रम इस बात पर जोर देता है कि अंततः भारतीय भाषाओं में साहित्यिक अनुवाद का काम गंभीरता से लेना चाहिए और 1992 का संदर्श पर्चा भी इस बात की पुनरावृत्ति करता है। यह बात सच है कि बहुभाषिकता और एकता के नाम पर हम ऐसी कोई व्यवस्था का निर्माण नहीं कर सकते जहाँ भारत की 1652 मातृभाषाओं को सरकार के द्वारा मान्यता मिल सकेगी और हरेक भाषा के साथ बराबर का व्यवहार हो सकेगा। मगर इसके परिणामस्वरूप केवल अंग्रेजी का पक्ष लेना ठीक नहीं होगा और साथ ही इस तरह का सिद्धांत बनाना भी ठीक नहीं होगा कि भारतीय भाषाओं का प्रयोग राजनीतिक दृष्टि से विखंडन को प्रश्रय देना होगा। इस तरह की सोच गलत है और भारतीय बहुभाषिक चरित्र के खिलाफ है। वर्तमान अड़चनों को काफी हद तक शक्ति की भाषा अंग्रेजी को किसी और एक भारतीय भाषा से प्रतिस्थापित करके शक्ति की भाषा के रूप में प्रयोग में लाकर कम नहीं किया जा सकता वरन् अंतःप्रांतीय तथा अंतःजातीय संचारण के विस्तृत प्रयोग व्यवस्था के द्वारा काफी हद तक यह संभव हो सकता है। वस्तुतः एफ एम रेडियो तथा टेलीविज़न में स्वाभाविक रूप से द्विभाषिकता का प्रयोग विस्तृत प्रयोग की भाषा (विप्रभा) के विकास की दिशा में एक महत्त्वपूर्ण कदम है। इस तरह का विप्रभा का विकास किसी प्रकार की भाषिक श्रेणीबद्धता का उच्छेद करता है और बहुभाषिक समाज में भाषायी प्रभुत्व का मुकाबला करता है और आपसी अन्योन्याश्रयता तथा भाषाओं की अंतःसार्थकता का निर्माण करता है। इस तरह की द्विभाषिकता दो उद्देश्यों की पूर्ति करती है : 'दूसरी' भाषा के साथ

मुकाबला और उसका प्रतिरोध। दूसरी भाषा से तात्पर्य है भूतपूर्व उपनिवेशकों की भाषा। इसके साथ इन दो भाषाओं के लगातार प्रयोग और बार-बार लेखन से एक द्विभाषिक रचना हमारी स्वमुक्ति का आधार बन सकती है। एक बहुभाषिक समाज में आधुनिक संवेदना का संपूर्ण प्रसार, संपूर्ण सांस्कृतिक वातावरण तथा मनुष्य अनुभवों का संपूर्ण विस्तार केवल अंग्रेजी या किसी भी एक भारतीय भाषा के द्वारा अभिव्यक्त करना संभव नहीं है। यह जनता की सारी भाषाओं के द्वारा ही संभव हो सकता है। ऐसा सोचना बिलकुल गलत है कि केवल अंग्रेजी ही भारत की जटिल भाषा समस्या को सुलझा सकती है। राजनीतिक और सामाजिक न्याय के लिए प्रत्येक भाषा को महत्त्व देना होगा। जातियों और उपजातियों में अधिक गतिशीलता आ जाने के फलस्वरूप उन क्षेत्रों की भाषाओं के प्रयोग में विस्तार अब यथार्थ बन चुका है। अब भाषाओं के बोलने वाले विशिष्ट वर्ग अंग्रेजी बोलने वाले विशिष्ट वर्ग को स्थानापन्न करते हुए अंग्रेजी की निरंकुश भूमिका को ख़त्म कर रहे हैं।

यह आमतौर से कहा जाता है कि भारत एक अनुवाद क्षेत्र है। यहाँ दो-तीन भाषाओं का लगातार प्रयोग चलता रहता है। भारत जैसे बहुभाषिक देश में यह स्वाभाविक है कि यहाँ के लोग एक से अधिक भाषाओं को जानते हैं और परिणामतः अंग्रेजी या हिंदी संपर्क भाषा में बोलते हुए एक अनुवाद की भाषा के रूप में उसका प्रयोग करते हैं। इसके अतिरिक्त भारतीय साहित्य की एकक अवधारणा की प्रतिष्ठा अनुवाद के द्वारा ही संभव हो पाती है। अनुवाद के द्वारा भारतीय साहित्य की एकता और विविधता को समझना सरल हो जाता है। भारतीय स्थिति में अनुवाद अनिवार्य है।

संपर्क भाषा की आवश्यकता

एक बहुभाषिक समाज में संपर्क भाषा की अनिवार्यता निःसंदेह है। परंतु हिंदी के साथ अंग्रेजी को संपर्क भाषा बनाकर भाषिक राजनीति को बिना कारण महत्त्व दे दिया गया है। अंग्रेजी अभी भी शक्ति की भाषा के साथ-साथ नौकरी की भाषा बनी हुई है और बहुभाषिकता के नाम पर हिंदी की स्थिति को जटिल बनाने की कोशिश दिखाई पड़ती है। हिंदी की विभिन्न क्षेत्रों में दूसरी भाषाओं के साथ तुलना करते हुए उसे नकारात्मक रूप दे दिया जाता है और सांस्थानिक अवरोध पैदा कर दिया जाता है। यह कहा जाता है कि अंग्रेजी तब तक बनी रहेगी जब तक हिंदी या दूसरी भाषाएँ विकसित नहीं हो जातीं। दरअसल किसी भी भाषा का विकास उसके प्रयोग के साथ जुड़ा हुआ है और उसका प्रयोग तब तक संभव नहीं जब तक वह भाषा विकसित नहीं होती मगर प्रयोग से ही भाषा विकसित होती है। भाषा का विकास और उसका प्रयोग एक-दूसरे के साथ जुड़े हैं और अन्योन्याश्रित हैं और गतिशील हैं।

संपर्क भाषा से संबंधित पॉलिसी के अनुसार अंग्रेजी-हिंदी यानी द्विभाषिकता का प्रयोग कुछ दिनों तक चलेगा और उसके बाद केवल हिंदी संपर्क भाषा का काम करेगी। दरअसल यह पॉलिसी राजनीतिक दृष्टि से बनाई गई और नौकरशाही के द्वारा संचालित हुई और इसीलिए इसका फल अभी तक मिल नहीं पाया है। भाषिक दृष्टि से बहुभाषिक समाज की ज़रूरतों को समझते हुए एक केंद्रीय भाषा के विकास के साथ-साथ बहुभाषिकता को महत्त्व देते हुए हमारी सांस्कृतिक तथा जातीय अभिव्यक्तियों का प्रसार ज़रूरी है। हिंदी और अन्य भाषाओं के बीच का संबंध राजनीतिक नहीं सांस्कृतिक होने पर भाषा से जुड़ी समस्याओं की गुत्थियाँ सुलझ सकेंगी।

बहुभाषिक समाज में अनुवाद की आवश्यकता के क्षेत्र

यह बात अभी तक स्पष्ट हो चुकी है कि बहुभाषिक समाज में अनुवाद बहुत जरूरी है। किसी एक भाषा की केंद्रीयता को स्वीकार कर लेने पर भी उस भाषा में अधिकाधिक अनुवाद विभिन्न भाषा-भाषियों को आश्वस्त करता है और साथ विभिन्न भाषाओं में परस्पर अनुवाद सांस्कृतिक एकता को रेखांकित करता है।

एक देश की भाषाएँ लाख अलग-अलग हों किंतु उनमें शब्द भंडार तथा वाक्य रचना के नियमों में काफी समानता होती है। इसीलिए संपर्क भाषा हिंदी में अनुवाद की समस्या वैसी नहीं मानी जा सकती जैसी विदेशी भाषाओं से हिंदी अनुवाद की। ऐसे ही बहुत से शब्द भारतीय भाषाओं में समान हैं, किंतु वर्तनी में अंतर है। यहाँ कुछ भाषाओं से हिंदी का अंतर नमूने के लिए देखा जा सकता है :

बांग्ला में इउरोप और हिंदी में यूरोप इसी तरह महरम-मुहर्रम, प्यारिस-पेरिस सौदि आरब-सऊदी अरब। इसी तरह मराठी में तिबेठ और हिंदी में तिब्बत और भी जिल्हा-ज़िला, ऊर्वशी-उर्वशी। गुजराती में नवी दिल्ली और हिंदी में नई दिल्ली। इसी तरह महेता-मेहता, पालीश-पॉलिश, दशेरा-दशहरा इत्यादि।

प्रत्येक भाषा के अपने वाक्यीय प्रयोगों की विशेषताएँ होती हैं। उदाहरण के लिए कई भारतीय भाषाओं में वाक्यों में सर्वत्र क्रिया का आना अनिवार्य नहीं होता। उड़िया में कहेंगे : 'आपणंक वयस केते?' किंतु हिंदी में इसका समानार्थी वाक्य प्रयुक्त होगा—'आप की उम्र क्या है?' ऐसे ही हिंदी में 'इस कमरे का किराया क्या है?', बांग्ला में 'एइ घरटार भाड़ा कत?' हिंदी में 'प्रतीक्षालय कहाँ है?' तथा कन्नड़ के 'वेटिंग रूम एल्लि?' में भी यही बात है। इस तरह भाषाएँ चाहे आर्य वर्ग की हैं या आर्यतर वर्ग की, अनुवादक के लिए यह अंतर ध्यान देने का है।

हिंदी तथा अन्य भारतीय भाषाओं में काफी सारे तत्सम, तद्भव और विदेशी शब्द हैं जो मूलतः एक हैं तथा एक-से हैं या कम-से-कम एक-से लगते हैं साथ ही

इनमें ऐसे शब्द भी कम नहीं हैं जो अपनी ध्वनि-संरचना तथा रूप में एक या एक-से हैं किंतु उनमें अर्थ का अंतर है। अनुवादक प्रायः इन बाह्य समानताओं के भ्रम में स्रोत भाषा के शब्दों के स्थान पर लक्ष्य भाषा के समान दीखने वाले इन शब्दों का प्रयोग कर देता है किंतु अर्थ का अंतर होने के कारण अनुवाद कुछ-का-कुछ हो जाता है। उदाहरण के तौर पर कुछ भाषाओं में ऐसे अंतर यहाँ देखे जा सकते हैं :

शब्द	**अर्थ**	**हिंदी शब्द और अर्थ**
अवसरम् (तमिल)	जल्दी	अवसर (मौका)
पशु (तमिल)	गाय	पशु (जानवर)
अतीत (तमिल)	बहुत, बड़ा	अतीत (भूत)
आदर (तमिल)	सहारा	आदर (सम्मान)
बही (उड़िया)	पुस्तक	बही (हिसाब लिखने का)
काबू (उड़िया)	परास्त	काबू (नियंत्रण)
सड़ना (पंजाबी)	जलना	सड़ना (सड़-गल जाना)
कनक (पंजाबी)	गेहूँ	कनक (सोना)
अभिमान (बांग्ला)	गिला	अभिमान (गर्व)
उद्भट (बांग्ला)	अद्भुत	उद्भट (विशिष्ट)
आँचल (गुजराती)	स्तन	आँचल (साड़ी का)
माथा (गुजराती)	सिर	माथा (ललाट)

संस्कृत शब्दों के कुछ बहुत रोचक उदाहरण भी समस्या के रूप में हमारे सामने आते हैं। 'यजमान' हिंदी में पूजा-पाठ कराने वाले को कहते हैं, किंतु कन्नड़ में 'पति' या 'मालिक' को कहते हैं तथा 'यजमानम्मा', 'पत्नी', 'मालकिन' या बुजुर्ग स्त्री को।

शब्दों के प्रसंग में ही मुहावरों-लोकोक्तियों का प्रश्न भी उठाया जा सकता है। आमतौर पर यह कहा जाता है कि मुहावरों या लोकोक्तियों का अनुवाद सपाट भाषा में अच्छा नहीं लगता। ठीक भी नहीं। इसीलिए इनका अनुवाद इन्हीं में यथासाध्य किया जाना चाहिए। ऐसे भी समान मुहावरे और लोकोक्तियाँ काफ़ी मिल जाती हैं। उदाहरण के लिए :

मराठी—द्रांक्षें आंबट होणें
हिंदी—अंगूर खट्टे होना
बांग्ला—चोखे धूलो देओया
हिंदी—आँखों में धूल झोंकना
पंजाबी—नान्नी याद आणा
हिंदी—नानी याद आना
उड़िया—आंखिर कंटा होबा
हिंदी—आँख का काँटा होना

कभी-कभी शब्द और अर्थ की दृष्टि से एक जैसे मुहावरे नहीं मिलते हैं ऐसी स्थिति में मात्र अर्थ की समानता की खोज की जानी चाहिए भले ही शब्दों में अंतर हो जैसेः—

मराठी—आभाकास भोक पड़नें
(आकाश में सेंध पड़ना)
हिंदी—मूसलाधार पानी बरसना
उड़िया—जेहिं पद्म तेहिं भ्रमर
हिंदी—जहाँ गुड़ होगा, वहीं चींटे होंगे।
कश्मीरी—चूठिस बुछिथ चूठ रंग रटान
(सेब को देखकर सेब रंग पकड़ता है)
हिंदी—खरबूजे को देखकर खरबूजा रंग बदलता है।
तेलुगु—नडमंतरपु वैष्णवनिकि नामालु मेडु
(न्या वैष्णव खूब तिलक लगाता है)
हिंदी—नया मुल्ला दिन-भर नमाज़ पढ़ता है।

कभी-कभी ऐसी स्थिति भी संभव है जब समानार्थी तथा अलग-अलग अभिव्यक्ति वाले मुहावरे और लोकोक्तियाँ नहीं मिलतीं। ऐसी स्थिति में यदि शब्दानुवाद मुहावरावत् एवं लोकोक्तिवत् हो सके तो उससे काम चलाया जा सकता है—

तेलुगु—कालिकि बुद्धि चेंधुट
(पैर को अक्ल सिखाना)
हिंदी में शब्दशः अनुवाद—भाग खड़ा होना
तेलुगु—पेरु गोप्प ऊरुदिब्बे
(नाम का बड़ा गाँव टील)
(हिन्दी में शब्दशः अनुवाद—नाम बड़े दर्शन थोड़े)

सभी भारतीय भाषाओं से हिंदी में अनुवाद पर व्यवस्थित रूप से काम करने पर इस बहुभाषिक समाज में भाषा के द्वारा विचारों के आदान-प्रदान की कई समस्याएँ सुलझ सकती हैं। परंतु जहाँ दूसरी भाषाओं से हिंदी में अनुवाद की बात सोची जा रही है उसी तरह हिंदी से दूसरी भारतीय भाषाओं में अनुवाद और भारतीय भाषाओं के पारस्परिक अनुवाद पर भी ध्यान देना ज़रूरी है। संपर्क भाषा हिंदी के विकास में सर्वभारतीय पारिभाषिक शब्दावली के निर्माण पर पीछे काफी ज़ोर दिया गया है और उसका लाभ भी मिला है। बांग्ला में टेलीफोन के लिए हिंदी का पारिभाषिक शब्द 'दूरभाष' काफी चल पड़ा है। 'दूरदर्शन' और 'आकाशवाणी' अब सर्वभारतीय शब्द बन गए हैं। 'धरना', 'हड़ताल' शब्द सारे भारत में प्रचलित हो चुके हैं।

परंतु मूल प्रश्न है कि प्रशासन में प्रयोग में लाए जाने वाले हिंदी शब्दों की एकरूपता को बनाए रखना जरूरी है या नहीं। आमतौर से यह सोचा जाता है कि

केंद्र द्वारा स्वीकृत शब्द समस्त भारत में मान्य होने चाहिए। इसके अभाव में कम-से-कम केंद्र तथा समस्त हिंदी भाषी राज्यों में तो एकरूपता रहना अत्यंत आवश्यक है। अधिकांशतः ऐसा है, पर कहीं-कहीं इसकी कमी दृष्टिगत होती है। जैसे 'कवरिंग लेटर' के लिए केंद्र 'प्रावरण पत्र' को मान्यता देता है, तो मध्य प्रदेश और बिहार 'उपरिपत्र' या 'व्याख्या पत्र' को प्रयोग में लाते हैं। इसी प्रकार 'फ़ेस वेल्यू' के लिए कहीं 'अंकित मूल्य' तो कहीं 'प्रत्यक्ष मूल्य' तथा 'मुख्य मूल्य' प्रचलन में है। 'रजिस्टरिंग अथारिटी' कहीं निबंधक प्राधिकारी तो कहीं 'पंजीयन अधिकारी' है। 'इन्सेन्टिव' के लिए केंद्र द्वारा स्वीकृत 'प्रोत्साहन' के साथ-साथ उत्तर प्रदेश में 'उत्तेजना/प्रेरणा' या बिहार में 'बढ़ावा/उत्प्रेरणा' तथा मध्य प्रदेश में 'उत्तेजक' आदि भी प्रचलन में है। अनुवाद की दृष्टि से पारिभाषिक शब्दों के प्रयोग में एकरूपता बहुत जरूरी है। भाषाओं की विविधता तो ठीक है परंतु अनुवाद के द्वारा जहाँ संपर्क भाषा के माध्यम से विभिन्न भाषाओं में संपर्क स्थापना की कोशिश की जाती है वहाँ एकरूपता ज़रूरी है नहीं तो दूसरे भाषा-भाषियों के लिए भ्रांति फैलती है।

यह भ्रांति पदनामों को लेकर काफी फैली हुई है। उदाहरण के लिए 'इंजीनियर' के लिए कहीं 'इंजीनियर' तो उत्तर प्रदेश में 'अभियंता' और मध्य प्रदेश में 'यंत्री' चलता है। 'डाइरेक्टर' के लिए केंद्र सरकार ने 'निदेशक' को मान्यता दी है परंतु मध्य प्रदेश में अब भी 'संचालक' चलता है। वैसे केंद्रीय अनुवाद ब्यूरो ने 'पदनाम' में एकरूपता का कार्य पूरा कर लिया है। यह एकरूपता केंद्र तथा हिंदी भाषी राज्यों के मध्य ही नहीं, वरन् संपूर्ण भारतीय भाषाओं में होना अत्यावश्यक है। स्वतंत्रता से पूर्व इस प्रकार का प्रयास बड़ौदा राज्य के तत्वावधान में किया गया था। यह कार्य प्रकाशित रूप में उपलब्ध है। इस कार्य से एक उदाहरण यहाँ दिया जा रहा है :

अंग्रेजी—Absolute order of discharge
गुजराती—छुटकारानो आखरानो हुकम
मराठी—सुटकेचा शेम्टचा हुकूम
संस्कृत—अंतिम मुक्त्याज्ञा
उर्दू—रेहाई का कतई हुकम
हिंदी—छुटकारे की अंतिम आज्ञा
बांग्ला—मुक्तिर शेष आज्ञा

इन सब उदाहरणों की सहायता से अंतिम रूप से सर्वभारतीय स्तर पर प्रयोग के लिए निम्न उदाहरण दिया गया है :

छुटकारानो आखिरनो हुकम

यह एस्पेरन्टो जैसी एक नई भाषा बनाना है जो चल नहीं पायी। दरअसल प्रत्येक भाषा के सरल प्रयोग को हिंदी में समाहित करके इस्तेमाल करना ठीक रहता

परंतु ऐसा नहीं हुआ। उदाहरण के रूप में केंद्र की तुलना में कई राज्यों द्वारा प्रयुक्त शब्द सरल तथा चलने योग्य हैं। अतः ऐसे शब्दों को केंद्र को अपना लेना एकरूपता तथा सरलता की दृष्टि से उपयोगी रहेगा :

	केंद्र द्वारा स्वीकृत	**अधिकांशतः राज्यों द्वारा प्रयुक्त**
Abnormal	अपसामान्य	असामान्य
Crossed Cheque	शाहजोग चेक	नामदेय चेक
Implied	विवक्षित	ध्वनित/अभिप्रेत
Panel	नामिका	पेनल/तालिका
Procurement	आसादन/प्रापण	वसूली/प्राप्ति
Promulgation	प्राख्यापन	ऐलान/प्रवर्त्तन
Defer	आस्थगित करना	स्थगित करना
Campaign	विशेष प्रचार	अभियान

विद्वानों के अनुसार कुछ शब्द राज्यों द्वारा अपनाए गए इतने सरल और सटीक हैं, कि अवश्य अपनाने चाहिए :

	केंद्र	**अन्य**
Arbitration	मध्यस्थ, विवाचन	पंच फैसला/पंच निर्णय
Call Money	अविलंब राशि	माँगधन/राशि
Caretaker	रखवाल, अवधायक	केयरटेकर
Goodwill	सुनाम, सविच्छा	साख
Abrogate,	तोड़ना	रद्‌द करना
Breach	टूट, दरार, तोड़	संधि-भंग/भेद
Execute	पालन/कार्यान्वित करना	फाँसी/पालन

हमें यह नहीं भूलना चाहिए कि हिंदी में अपनाए गए शब्द संविधान के अनुच्छेद-351 के अनुसार मूलतः संस्कृत से और गौणतः अन्य प्रादेशिक भाषाओं से लिए गए हैं। यह निर्णय इसलिए संविधान निर्मात्री सभा ने किया था कि जो भी शब्द बने उनमें सार्वदेशिकता रहे। बहुभाषिक समाज के लिए यह ज़रूरी भी है। उर्दू तथा अंग्रेजी के शब्द पहले लगभग सभी भारतीय भाषाओं में बहुत बड़ी संख्या में प्राप्त हैं। उनका उपयोग सर्वभारतीयता की दृष्टि से ठीक ही है, जैसे–

अंग्रेजी–वारंट, कमीशन, रिट, कलक्टर, रिपोर्ट आदि।

उर्दू–मंजूर करना, दस्तावेज, ज़मानत, दावा आदि।

भारतीय बहुभाषिकता के संदर्भ में हिंदी की राज और संपर्क भाषा वाली भूमिका की दृष्टि से हिंदी और अन्य भारतीय भाषाओं में अनुवाद के आधार पर सर्वभारतीय शब्दों की सर्वभारतीय स्तर पर स्वीकृति पर ध्यान देना ज़रूरी है। भारतीय भाषाओं में आपसी बातचीत के लिए अंग्रेजी के स्थान पर हिंदी का प्रयोग ज़रूरी है। साथ

में दूसरी भाषाओं का भी प्रयोग हो सकता है। इस दृष्टि से आशु भाषांतरण का विकास नितांत आवश्यक है।

आशु भाषांतरण

जब दो विविध भाषा-भाषी परस्पर बातचीत के लिए उपस्थित हों और एक-दूसरे की भाषा की जानकारी न हो तो उन्हें अपनी बात एक-दूसरे को समझाने के लिए भाषांतरकार यानी दुभाषिया का सहारा लेना पड़ता है। भारत में 'द्विभाषी' स्थिति का चलन काफ़ी पहले से विद्यमान है। 'द्विभाषी' जातिपरक शब्द इस बात का द्योतक है कि भारत में भाषांतरकार का महत्त्व स्वीकार किया गया है। सन् 1963 के राज्यभाषा अधिनियम के बाद तो राजभाषा की दृष्टि से 'द्विभाषिकता' का चलन हो गया है। बहुभाषिक समाज में आशु भाषांतरण की ज़रूरत है।

सन् 1962 के बाद जब काफी संसद सदस्य इस प्रकार के आने लगे, जो न 'अंग्रेजी' में भाषण दे सकने की क्षमता रखते थे और न देश की प्रमुख राजभाषा 'हिंदी' में, तो सितंबर 1964 से तत्कालीन प्रधानमंत्री ने इस प्रकार की व्यवस्था प्रारंभ करवाने के लिए पहल की। प्रारंभ में समझा गया कि यह व्यवस्था संभव न हो सके। लेकिन गत 32 वर्षों से सुचारु ढंग से यह व्यवस्था चल रही है। दरअसल अब यह महसूस किया जाने लगा है कि अंतर्राष्ट्रीय बैठकों में, साहित्यिक या गैर-साहित्यिक संगोष्ठियों में हिंदी, अंग्रेजी के सिवाय दूसरी भारतीय भाषाओं के प्रयोग करने वाले विद्वान उपस्थित रहते हैं और उनके विचारों से लाभान्वित होना भी ज़रूरी है। निश्चित रूप से ऐसी व्यवस्था के लिए भाषांतरकार (इंटरप्रेटर) की आवश्यकता है।

भाषांतरकार को विभिन्न विषयों के टेकनिकल शब्दों के प्रयोग के लिए दूसरी भाषाओं के शब्द, मिलते-जुलते शब्द, पर्यायवाची शब्दों को याद करना होता है। भाषांतरकार को प्रत्युत्पन्नमति होना चाहिए, उसकी स्मरणशक्ति तीव्र होनी चाहिए, उसमें तत्काल सोचकर रूपांतर करने की अद्भुत क्षमता होनी चाहिए, सामान्य ज्ञान की परिधि बड़ी विस्तृत हो और सर्वोपरि जहाँ पर कार्यरत है वहाँ की कार्य-पद्धति व विषय-वस्तु का गहन अध्ययन तथा ज्ञान होना आवश्यक है।

कभी-कभी भाषांतरकार को लिखित लेख या भाषण मिल जाता है। जिससे लाभ उठाकर वह उसका अनुवाद तैयार कर लेता है और इस तैयार किए हुए भाषण के अनुवाद से आशु-अनुवाद करता चलता है। मगर लिखित भाषण से हटकर जब कभी वक्ता किसी विषय पर बोलने लगता है तो ऐसी स्थिति में भाषांतरकार को बड़ी सतर्कता से यह ध्यान देना चाहिए कि क्या नई बात बोली जा रही है और तत्काल भाषांतरण की तत्परता दिखानी चाहिए। भाषांतरकार के गुणों की चर्चा करते हुए एक अनुभवी विद्वान का कहना है : "इसमें संदेह नहीं कि दोनों भाषाओं का ज्ञान अनिवार्य है लेकिन भाषांतरकार बनने के लिए इतना ही काफी नहीं है। तत्काल

सोचकर सही शब्दों का प्रयोग करते हुए मूल भाषणकर्त्ता की बात श्रोता तक पहुँचाना ज़रूरी होता है। भाषाओं के सही प्रयोग के आधार पर ही भाषांतरकार की सफलता प्रमाणित होती है।

निष्कर्ष

बहुभाषिक समाज में पारस्परिक विचारों के आदान-प्रदान के लिए अनुवाद ज़रूरी है। संपर्क भाषा हिंदी या संविधान में मान्यता प्राप्त भाषाओं में अनुवाद कार्य के सिवाय जो आदिवासी भाषाएँ हैं उनमें भी अनुवाद कार्य को बढ़ावा दिया जाना चाहिए तभी बहुभाषिक समाज का आदर्श रूप प्रकट हो सकेगा। भारतीय लेखक अब अपनी रचनाओं में आदि एवं उपभाषाओं का प्रयोग कर रहे हैं। मराठी, कन्नड़, गुजराती के दलित लेखकों के द्वारा निर्मित एक नई भाषा मौजूदा अनुवाद सिद्धांतों पर प्रश्न चिह्न लगा रही है। यह भाषा 'बीच की भाषा' है जो उपनिवेशवादी मानसिकता से जुड़ी शक्ति और 'राष्ट्रीय' संस्कृति के नाम पर इसकी उपेक्षा करने वाली शक्ति के विरोध में खड़ी हुई है। इस 'बीच की भाषा' की सहायता से अब एक नया अनुवाद सिद्धांत का निर्माण संभव है, जिसकी सहायता से किसी भी प्रकार की श्रेणीबद्धता को तोड़कर अन्योन्याश्रयता तथा अंतःअर्थवत्ता के आश्रय से बहुभाषिक समाज को उज्ज्वल बनाना संभव हो सकेगा।

14

करुण रस का आस्वाद तथा पाश्चात्य ट्रैजेडी

संस्कृत साहित्य में त्रासदी का विकास नहीं हो सका क्योंकि यह साहित्य मूल रूप से आदर्शवादी साहित्य रहा है। यहाँ संघर्ष है परंतु आत्यंतिक विरोध नहीं है। यहाँ संघर्ष दो व्यक्तित्वों की टकराहट नहीं—इच्छा और आदर्श का संघर्ष है जिसमें अंततः आदर्श की विजय होती है। इसीलिए यहाँ ट्रैजिक साहित्य नहीं लिखा गया है। तत्कालीन भारतीय दृष्टिकोण के अनुसार मृत्यु यहाँ होती ही नहीं—मनुष्य का शरीर नाशवान है, उसकी आत्मा अमर है। और फिर मृत्यु है क्या, जबकि सड़े पत्ते की खाद भी नया पौधा ही उपजाती है। इसीलिए यहाँ मृत्यु को जीवन का अंत नहीं माना जाता, मृत्यु के बाद फिर जीवन ही यहाँ सत्य रूप है। शिशिर-वसंत के रूपक को इसीलिए कालिदास जैसे लेखकों ने इतना महत्त्व दिया है। नचिकेता इसीलिए मृत्यु के दरवाजे पर निःशंक होकर पहुँच जाता है क्योंकि भारतीय संदर्भ में मृत्यु श्यामरूप (रवींद्र) है, उससे डरने की बात ही नहीं उठती। यहाँ मृत्यु को जीवन से अलग करके देखा ही नहीं जाता। संस्कृत साहित्य के अधिकतर आदर्शवादी होने के पीछे एक दूसरा कारण भी है कि यहाँ काल की गति सीधी नहीं मानी जाती—उसकी एक चक्राकार गति होती है। काल की इस अवधारणा के कारण यहाँ ट्रैजेडी की कोई संभावना नहीं, क्योंकि मनुष्य शरीर त्याग कर फिर नया शरीर धारण करता है जब तक कि उसे मोक्ष न मिल जाए, जो धर्म, अर्थ और काम के बाद की कड़ी है। इसीलिए यहाँ संस्कृत साहित्य में ट्रैजेडी ही नहीं अपितु पूर्ण जीवन का चित्र अंकित दिखाई पड़ता है, जिसमें दुःख और सुख दोनों ही विद्यमान हैं। यह जीवन तभी सुखमय बनता है जब दुःख या यातना को आदमी भोगता है। कष्ट उठाना उसका नैतिक बल है। यह अस्तित्व-बोध भारतीय साहित्य का निराला तत्त्व है जहाँ दुःख और सुख एक-दूसरे के योजक हैं। इसीलिए शिव के मिथक में एक ओर रुद्र है और दूसरी ओर मंगल

का प्रतीक शिव है। हमारे साहित्य में एक प्रसिद्ध बिंब के द्वारा भी इस मानसिकता को स्पष्ट किया गया है–कमल के पत्ते पर ओस की बूँद, जो कितनी क्षणिक है मगर फिर भी कितनी सुंदर! क्षण के भीतर नित्य को बाँधने की यह भारतीय कला है और इसीलिए संस्कृत साहित्य में ट्रैजेडी के नहीं होने पर भी दुःख को नकारा[1] नहीं गया है। इस दुःख की 'कली के भीतर अंधी होकर रोती हुई खुशबू' के साथ तुलना की गई है अर्थात् यह दुःख हमेशा सुंदर है। जो सुंदर है वही आनंद है। अतः भारतीय मानसिकता ने दुःख, व्यथा या करुण को स्वीकार किया है और उसमें आनंद को स्वीकृति दी है। दूसरे शब्दों में भारतीय विचारधारा में करुण रस का आस्वाद कोई मूलभूत समस्या के रूप में उपस्थित नहीं हुआ है। यहाँ तो करुण के साथ 'रस' शब्द युक्त रहने का तात्पर्य ही यह है कि उसका आस्वाद आनंदात्मक है यद्यपि करुण रस को दुःखात्मक मानने वाले संस्कृत के आलोचकों की संख्या कम नहीं है। पाश्चात्य साहित्य में ट्रैजेडी का अंत दुःखात्मक ही माना गया है। इस प्रकार भारत में करुण रस तथा पाश्चात्य में त्रासद नाटक का आधार लेकर करुण (Pathos) के आस्वाद पक्ष का विवेचन हुआ है यद्यपि पाश्चात्य आलोचकों के सम्मुख आलोचना का आधार वास्तविक त्रासद नाटक रहे हैं जहाँ केवल ध्वंस, केवल संघर्ष, केवल विरह, केवल दुःख का खेल ही तरंगायित होकर अपरूप करुण रस का सृजन होता है। परंतु इसका अर्थ यह नहीं कि संस्कृत में त्रासद नाटक के अभाव का कारण यह है कि हमारे साहित्यकार इस ध्वंस को या इस वैपरीत्य को नहीं पहचानते थे। उनके नाटकों में ध्वंस के माध्यम से, विच्छेद के माध्यम से जो रस उद्वेलित हुआ है उसका महनीय चित्र हमें प्राप्त होता है। किंतु उनकी चेष्टा थी कि इस ध्वंस के ऊपर मिलन की शांतिरेखा खींची जाए। दुःख तथा कष्ट का चित्र कितना ही मर्मंतुद रूप में क्यों न प्रस्तुत हो परंतु समाप्ति में सुख होना चाहिए। 'मधुरेण समापयेत्' ही उनका उद्देश्य था। इस प्रकार भारतीय साहित्य में हमें करुण रस प्राप्त हो जाता है परंतु वह त्रासदी में परिणत नहीं हुआ है। दूसरी ओर पाश्चात्य में विशुद्ध त्रासदी का रूप दिखाई पड़ता है। फलतः करुण रस तथा पाश्चात्य त्रासद-बोध के आस्वाद को लेकर आलोचना में भी अंतर दिखाई पड़ता है। भारत में इस प्रश्न के दो समाधान उपलब्ध होते हैं–

(क) रस आनंद रूप है इसीलिए करुण रस भी परमार्थतः आनंदमय ही है। इस परंपरा को 'स्थायी विलक्षणो रसः' माना गया है।

(ख) रस सुखदुःखात्मक होता है और करुण दुःखरूप ही है परंतु फिर भी वह आस्वादनीय है क्योंकि यह नाट्य भावों का स्वभाव है या नट का अभिनिवेश अथवा अनुकृति-कौशल ही इसके आस्वादनीय होने का कारण है अथवा कविगत शक्ति अथवा नटगत शक्ति का यह चमत्कार है। इस परंपरा को 'स्थायी रसो भवति' कहा गया है।

पाश्चात्य विवेचन में इस प्रश्न का एक ही समाधान है कि त्रासद-काव्य का आस्वाद दुःखात्मक ही है परंतु इस दुःख के साथ-साथ जीवन के एक गंभीर सत्य की उपलब्धि होती है। यह त्रासद-बोध मानवीय ज्ञान की यात्रा है जहाँ वह अपने कर्म के, अपने विश्वास के, अपने ईश्वर के तथा अपने जगत के बारे में सत्य को जानना चाहता है। डॉ. मेघ के अनुसार त्रासद-बोध में संशय तथा विश्वास का यंत्रणा-भोग तथा संघर्ष का सहकार रहता है। यह बोध ईश्वर या स्वर्ग या पुण्य के रूप में क्षतिपूर्ति नहीं कर सकता। त्रासद-बोध प्रश्नों का सिलसिला है, इहलोक के कर्मयुद्ध की गाथा है जो कभी विस्मयकर लगती है तो कभी रिकनूसिलियेशन की ओर ले जाती है या फिर हमें चैलेंज करती है और इसीलिए आकर्षक होती है और अंततः आनंद प्रदान करती है। इस तरह करुण रस के विवेचन के दो भाग हैं। पहले भाग में उन विद्वानों के विचारों का विवेचन है जिनके अनुसार करुण रस आनंदात्मक है। दूसरे भाग में वे विद्वान हैं जिनके अनुसार करुण रस दुःखात्मक होते हुए भी उसमें कुछ ऐसी विलक्षणता है जिसके कारण सामाजिक उसका आस्वाद पसंद करता है। इस भाग के अंतर्गत पाश्चात्य विद्वानों का त्रासद-विवेचन जुड़ जाता है क्योंकि वहाँ भी आस्वादनीयता के नाना कारण ढूँढ़े जाते हैं।

करुण रस परमार्थतः आनंदात्मक है

संस्कृत काव्यशास्त्रियों में से लगभग सभी ने करुण रस को आनंदात्मक माना है। अभिनवगुप्त रस को आनंद रूप मानते हैं। उनका कहना है कि सब रस सुख प्रधान ही हैं क्योंकि स्वसंविद् की चर्वणा ही उनका स्वरूप है। यह चर्वणा एकघन तथा प्रकाशमयी (बोधरूप) होती है अतएव आनंद ही इसका सारभूत तत्त्व है। एकघन निर्विघ्न संवित्ति में ही रसिक का हृदय विश्रांत हो सकता है (अभिनवगुप्त)। हृदय की अंतराय शून्य अर्थात् निर्विघ्न विश्रांत अवस्था ही सुख का स्वरूप है। दुःख विश्रांत रूप हो ही नहीं सकता। सांख्य दार्शनिकों का कथन है कि दुःख रजोवृत्ति का धर्म है। इसमें उन्होंने चांचल्य को ही दुःख का स्वरूप बतलाया है। रसास्वादन के समय रसिक का चित्त एकघन संवित्ति में विश्रांत होता है। तब रसिक के हृदय में किसी भी प्रकार की चंचलता नहीं रहती। अतएव सब रस आनंद रूप ही रहते हैं। रसास्वाद लौकिक हर्ष शोकादि का अनुभव नहीं है, प्रत्युत स्वसंविद् का आस्वाद है एवं यह अनुभव आनंद रूप है। डॉ. नगेंद्र का कहना है कि अभिनव का सत्त्वोद्रेक (एकघन निर्विघ्न संवित्ति) वास्तव में अरस्तू के 'कैथरसिस' या रिचर्ड्स के 'सिस्टेमेटाइज़ेशन ऑफ इम्पलसेस' से बहुत भिन्न नहीं है। यह ठीक है कि अरस्तू का लक्ष्य है 'विरेचित प्रशांति' और अभिनव का 'उदात्तीकृत हर्ष' तथापि यह भूलने से काम नहीं चलेगा कि अभिनव ने जीवन के प्रति सुखांत दृष्टिकोण को अपनाया और दुर्भाग्यपूर्ण जगत में व्यवस्थित होने को महत्ता दी। अरस्तू ने मनुष्य और पशु का फर्क बताया; भारत ने मनुष्य और देवता का समन्वय किया।

विश्वनाथ आदि कतिपय विद्वानों ने रस को अलौकिक माना है; फलस्वरूप लौकिक घटनाएँ जब काव्य में रूपायित होती हैं तब वह अलौकिक शिल्पमूर्ति धारण करती हैं। उनका कहना है–

अलौकिकविभावत्वं प्राप्तेभ्यः काव्यसंश्रयात्।
सुखं संजायते तेभ्यः सर्वेभ्योऽपीति का क्षतिः।।

इस प्रकार विश्वनाथ करुण रस के आनंद को अलौकिक मानते हैं। मन के जो भाव रस रूप में परिणत होते हैं वे अवश्य ही लौकिक होते हैं किंतु यह 'भाव' या 'इमोशन' रस नहीं एवं मनुष्य के मन में जो घटनाएँ ये भाव जाग्रत करते हैं वे भी काव्य नहीं। शोक एक मानसिक भाव या इमोशन है। लौकिक जगत् के बाह्य कारणों से मन में शोक जगता है और मनुष्य शोकार्त हो उठता है किंतु यह रस नहीं है और न ही काव्य। कवि जब अपनी प्रतिभा के बल से इस लौकिक शोक तथा लौकिक कारण का एक अलौकिक चित्र काव्य में प्रस्फुटित करता है, तभी पाठक के मन में रस का उदय होता है जिसका नाम करुण रस है। यह करुण रस शोक का 'इमोशन' नहीं। शोक दुःखदायक होता है किंतु कवि के काव्य में जो करुण रस संचारित होता है, वह आँखों में अश्रु लाने पर भी मन को अपूर्व आनंद प्रदान करता है। काव्य का आस्वाद जो कर पाता है वही इस बात को जानता है। यद्यपि आलंकारिकों ने यह भी कहा है कि करुण रस यदि दुःखात्मक होता तो रामायण आदि करुण रस के काव्य का पाठ कोई भी नहीं करता (साहित्य दर्पण : 3.5)। करुण रस का आनंद काव्य रसिक मात्र को ही अपनी ओर खींचता है। Our sweetest songs are those that tell of saddest thought (वर्ड्सवर्थ)। आलंकारिक कहेंगे, ठीक बात है किंतु स्मरण रखना होगा, Tell of saddest thought जो वास्तविक घटनाएँ मन में सीधी Sad thought लाती हैं, वे sweet भी नहीं, song भी नहीं होतीं। कवि जब अपने काव्य में saddest thought की बात करता है, तभी sweetest song बनता है।

तीसरा सिद्धांत भट्टनायक का है जिनके अनुसार रस की अनुभूति साधारणीकृत अनुभूति होने के कारण व्यक्तिगत दुःख-सुख से मुक्त होती है और इसीलिए उसका आस्वाद केवल मात्र आनंदात्मक होता है। कांट के विचारों के आश्रय से कहा जा सकता है कि सौंदर्य-बोध का आनंद साधारण प्रयोजन सिद्धि के आनंद से भिन्न रूप होता है। इस प्रकार प्रयोजन वर्जित होने के कारण यह सर्वनिष्ठ और सर्वसाधारण होता है। काव्य के इस शाश्वत रूप के कारण ही हमें करुण से भी आनंद मिलता है। यहाँ करुण व्यक्तिगत करुण नहीं रहता वरन् सार्वकालिक बन कर सौंदर्य-बोध का माध्यम बन जाता है। भट्टनायक की बात को समझने के लिए विद्यापति की पदावली का उदाहरण लिया जा सकता है। विद्यापति की पदावली का गायन सुनकर यदि कृष्ण की बात याद आ जाए और कोई भक्त भाव-विभोर हो उठे तो उसे हम

वास्तविक काव्यास्वाद नहीं कहेंगे किंतु उसी पदावली को सुनकर यदि अनिर्दिष्ट ढंग से नर-नारी का प्रेम-संगीत प्राणों में बज उठे तब उस आनंद को काव्यरस का आस्वाद कहा जाएगा। तात्पर्य यह है कि काव्य-वस्तु जब व्यक्तिगत दुःख-सुख के आस्वाद के स्थान पर सार्विक आस्वाद का कारण बनती है तब वहाँ दुःख-सुख के स्थान पर काव्य-सौंदर्य का आनंद मिलता है। काव्यनिबद्ध अनुभव प्रत्यक्ष न होकर भावित अनुभव होते हैं, अतः करुण अनुभव की प्रत्यक्ष अनुभूत कटुता उनमें नहीं रह जाती वरन् कल्पना के चमत्कार का समावेश हो जाता है जिससे शोक भी आस्वाद्य बन जाता है।

करुण रस दुःखात्मक होते हुए भी विलक्षण है—आस्वादनीय है

उपर्युक्त विद्वानों ने करुण के साथ ही प्रत्येक रस को अर्थात् काव्यास्वाद मात्र को आनंदात्मक माना है इसीलिए इनके लिए प्रस्तुत समस्या कोई गहरी समस्या नहीं थी परंतु संस्कृत तथा पाश्चात्य काव्यशास्त्र के कुछ ऐसे विद्वान् हुए जिन्होंने करुण या त्रासदी के आस्वाद को दुःखात्मक माना है। साथ ही उन्होंने यह भी कहा है कि दुःखात्मक होते हुए भी करुण में कुछ इस प्रकार की विलक्षणता विद्यमान रहती है जिसके कारण सामाजिक उसका आस्वाद करना पसंद करता है। विद्वानों ने इस विलक्षणता का नाना प्रकार से विवेचन किया है और नाना प्रकार के समाधान प्रस्तुत किए गए हैं।

भारत में, जिन्होंने करुण रस को दुःखात्मक माना है, उनकी एक बड़ी परंपरा रही है। इस परंपरा के विद्वानों ने रस को स्थायी मानकर उसे लौकिक बना दिया है। इसीलिए इनके अनुसार रस सुख-दुःखात्मक है। राजा भोज, गुणचंद्र, रामचंद्र आदि विद्वान इस मत के पोषक हैं। दुःखात्मक होते हुए करुण रस आस्वादनीय है—इसको स्पष्ट करते हुए भोज ने 'दुःखतादापि सुखं जनयति' का प्रतिपादन किया है अर्थात् जिस प्रकार रति में नखक्षतादि कष्टदायक होते हुए भी सुख-संवृद्धि के साधन होते हैं, उसी प्रकार करुण रस में भी दुःखद वस्तुएँ सुखानुभूति उत्पन्न करती है। गुणचंद्र और रामचंद्र का कहना है कि यथार्थ वस्तु प्रदर्शन में निपुण कवि और नट के कौशल के कारण सामाजिक करुण आदि का प्रेक्षण या श्रवण करता है (हिंदी नाट्यदर्पण : 291)। जिस प्रकार लोक में वीर पुरुष अपने उस प्राणघातक शत्रु को भी देखकर आश्चर्यचकित-से रह जाते हैं जो प्रहार करने में अत्यंत निपुण होता है (वही) उसी प्रकार प्रेक्षक भी नट के कौशल द्वारा चमत्कृत हो जाते हैं। इसके अतिरिक्त गुणचंद्र और रामचंद्र ने यह भी कहा है कि कविगण तो सुख-दुःखात्मक रसों से युक्त हो काव्य नाटक की रचना करते हैं। पने का माधुर्य जैसे तीखे (मिर्च आदि से) आस्वाद से और अधिक अच्छा प्रतीत होता है इसी प्रकार दुःख के (तीखे) आस्वाद से मिलकर सुखों की अनुभूति और भी अधिक आनंददायिनी बन जाती है। गुणचंद्र और रामचंद्र

के इन विचारों के आधार पर यह कहा जा सकता है कि करुण या त्रासदी का आनंद जहाँ उसकी प्रकाशवृत्ति (expression of form) पर निर्भर करता है वहाँ जीवन के विभिन्न भावों (content) पर भी इसका आनंद निर्भरशील है अर्थात् भावपक्ष तथा कलापक्ष की सुष्ठु अभिव्यक्ति से ही दुःखात्मक करुण रस भी सामाजिक को चमत्कृत कर देता है। इस दृष्टि से देखने पर ऐसा लगता है कि गुणचंद्र और रामचंद्र ने 'रसे सारश्चमत्कारः' को ही आधार मानकर प्रस्तुत प्रश्न का विवेचन किया है क्योंकि एक ओर तो प्रदर्शन का चमत्कार तथा दूसरी ओर विभिन्न भाव या अनुभूति का चमत्कार सामाजिक को आनंदित करता है।

पाश्चात्य देश में ह्यूम ने केवल अभिव्यक्ति के चमत्कार को ही ट्रैजेडी के दुःख के सुख में परिवर्तित होने का कारण माना है।[2] उन्होंने आबे डूबो (Abbe Dubois) के उत्तेजनावाद (मानसिक अवसाद को समाप्त कर त्रासदी चेतना को उत्तेजित करता है तथा आनंद प्रदान करता है) तथा फंतेनेले के काल्पनिक कहानीवाद[3] का विरोध किया है। परंतु ह्यूम की विचारधारा अभिव्यक्ति के चमत्कार (eloquence) में भावपक्ष की बात नहीं कही गई है। काव्य भाषा-प्रयोग की निपुणता के साथ ही भावों की भी सुष्ठु अभिव्यक्ति होती है।

दूसरी ओर, पाश्चात्य देश में, अभिव्यक्ति के स्थान पर काव्य-भावों को प्रमुखता देते हुए एफ. एल. ल्यूकस ने कहा है कि मधुर और कटु अनुभूतियों में भी जीवन का सत्य विद्यमान रहता है।[4] इसीलिए काव्य-भावों का यदि वर्णन जीवन सत्य को अभिव्यक्त करने के लिए किया जाए तो ट्रैजेडी से भी आनंद प्राप्त होता है। इस प्रकार ह्यूम भाषा-प्रयोग की निपुणता को और ल्यूकस जीवन की अनुभूतियों के प्रति अनुराग को ट्रैजेडी के विलक्षण आस्वाद का कारण मानते हैं। वस्तुतः हमें यह नहीं भूलना चाहिए कि काव्यास्वाद के लिए अभिव्यक्ति के साथ ही अनुभूति की भी आवश्यकता होती है चाहे वह शृंगार हो या करुण। इस दृष्टि से गुणचंद्र और रामचंद्र के विचार अधिक उपयुक्त मालूम होते हैं क्योंकि उन्होंने अभिव्यक्ति तथा अनुभूति के चमत्कार पर अर्थात् दोनों के चमत्कार पर बल दिया है जिससे कि करुण रस सामाजिक के लिए आस्वादनीय बन जाता है। यद्यपि यह निश्चित है कि जीवन के प्रति अनुराग का, जैसा कि ल्यूकस ने कहा है, बहुत अधिक महत्त्व है। इसी अनुराग से प्रेरित होकर ही हम कामदी के साथ ही त्रासदी का भी अवलोकन करते हैं क्योंकि ये दोनों ही जीवन को अभिव्यक्त करते हैं—उस जीवन को जिससे हमारा अनुराग है।

शोपनहावर ने ट्रैजेडी का विवेचन करते हुए दुःख को प्रधानता दी है और कहा है कि त्रासदी हमारे चित्त में वैराग्य या आत्मसमर्पण की भावना (spirit of resignation) जगाता है और इसी भावना में आनंद निहित रहता है। इस प्रकार दुःख से प्रेरित होकर वासना का त्याग ही सामाजिक को आनंद देता है।[5] शोपनहावर

का मत बौद्धमत से बहुत अधिक भिन्न नहीं है जिसके अनुसार करुण रस जीवन का आद्यरस है। सत्य की उपलब्धि में जो आनंद निहित रहता है, वही आनंद जीवन में करुण का अंगित्व प्रतिपादन करने वाले काव्य से प्राप्त होता है। दार्शनिक हीगेल के अनुसार समाधान की भावना (feeling of reconciliation) से ही त्रासदी का आनंद उत्पन्न होता है। इस भावना का जन्म सनातन न्याय बोध (sense of eternal justice) से होता है। मानव की जैवीय कामना के ऊपर उसकी न्याय भावना रहती है और इसी से प्रेरित होकर हम त्रासदी के दुख के साथ अपना सामंजस्य कर पाते हैं। हीगेल ने त्रासदी के आनंद को आत्मा के नैतिक बोध का आनंद कहा है। त्रासदी से आत्मा का सामंजस्य-बोध तथा नैतिक बोध चरितार्थ होता है। इसीलिए त्रासदी हमारे लिए आस्वादनीय है। आत्मा के सामंजस्य-बोध को समझाते हुए हीगल कहते हैं कि चैतन्य स्वरूप (the great Absolute) ही सत्य है—सब द्वंद्व के ऊपर चैतन्य और महासाम्य (harmony) विराजमान है। महासाम्य की महाशक्ति ही अपार आनंदमय है। जगत और जीवन में द्वंद्व विद्यमान हैं किंतु जीवन का वास्तविक सत्य उसके समाधान में निहित रहता है। त्रासदी में द्वंद्व और समाधान दोनों ही दिखाई पड़ते हैं। द्वंद्व के प्रेक्षण से हमें दुःख मिलता है किंतु समाधान के द्वारा फिर चैतन्य अपना साम्य प्राप्त कर लेता है और आनंद प्राप्त करता है। यही आत्मा का सामंजस्य-बोध है।

दूसरे दार्शनिक नीत्से ने इस संबंध में दो विवेचन प्रस्तुत किए हैं। पहले तो वे कहते हैं कि त्रासदी के भीतर डायनोसीय तथा अपोलोनीय दो शिल्प धाराएँ सम्मिलित हुई हैं। डायनोसीय से दुःख उत्साहित होता है और अपोलोनीय से दुःख पर विजय प्राप्त करने वाली आशा-आकांक्षा स्फुरित होती है। इसीलिए त्रासदी दुःख एवं दुःख पर विजय प्राप्त करने की गाथा होती है। अतः त्रासदी एक आधिदैविक शांति है।[6] यह दुःख पर विजय प्राप्त करने का आनंद है। त्रासदी के संबंध में नीत्से दूसरी बात यह कहते हैं कि हमारे भीतर एक गोपन आत्म-विनाशन की प्रवृत्ति (secret instinct for annihilation) रहती है। यह विनाश की प्रवृत्ति व्यक्ति-सत्ता को अखिल सत्ता में विलीन कर देती है और इस प्रकार व्यक्ति-विनाश से हम आनंदित हो उठते हैं। त्रासदी में व्यक्ति-सत्ता का विनाश होता है और अखंड भूमा की आकृति को व्यक्त किया जाता है।[7] नीत्से के अनुसार यही त्रासदी का आनंद है। और एक दार्शनिक श्लेगल का कहना है कि त्रासदी के प्रेक्षण से नियति पर हमारा विश्वास बढ़ता है। यह विचार एक ओर अहंकार का शमन करता है और दूसरी ओर दुःख में हमें धैर्य प्रदान करता है। नियति जैसे अलौकिक विधान की अनुभूति निश्चय ही एक उदात्त और सुखद भाव है।

मनोवैज्ञानिक एमिली फेगाँ (Amile Fanguet) का कहना है कि मानवरक्त में हिंसा के कीटाणु विद्यमान हैं, इसीलिए किसी भी व्यक्ति को दुःख पाते देखकर वह आनंदित हो उठता है। इस सिद्धांत का नाम है, 'दुरेषणावाद' (malevolence theory)।

इसके अतिरिक्त 'प्रतिशोधवाद' के नाम से भी एक मत प्रचलित है। इस मत के अनुसार मनुष्य के अवचेतन में अप्रशमित क्षति की भावना (subconscious sense of unredressed injury) जमी हुई है। इसी क्षति-भावना से प्रतिशोध की भावना जगती है। त्रासदी में दूसरों को दुःखी देखकर मनुष्य की प्रतिशोध-भावना चरितार्थ होती है।

पाश्चात्य काव्यशास्त्रियों में अरस्तू ने कैथार्सिस को ही ट्रैजेडी के आस्वाद का समाधान माना है। बूचर के अनुसार त्रासदी के आस्वाद के तीन तत्त्व हैं—(क) उद्वेग के शमन (purgation) से उत्पन्न मनःशांति, (ख) भावों के परिष्कार (purification) की अनुभूति, (ग) कलाजन्य चमत्कार। अरस्तू ने एक स्थान पर कहा है कि त्रासदी का आनंद अनुकरण का आनंद है जो अपने आप में शाश्वत आनंद है।[8] साथ में उन्होंने यह भी कहा है कि त्रासदी से हम अनुभवी बनते हैं और यह अनुभव अपने आप में आनंदात्मक होता है। (to learn gives the loveliest pleasure)। उन्होंने इस संबंध में और एक बात कही है कि त्रासदी का आनंद, जहाँ अनुकरण का आनंद नहीं है, वहाँ कला-नैपुण्य का आनंद बन जाता है।[9] इस प्रकार अरस्तू के अनुसार त्रासदी का आनंद अनुकरण अर्थात् काव्य-सृष्टि की चमत्कारिकता की उपलब्धि का आनंद है। इस दृष्टि से विवेचन करने पर यह ज्ञात होता है कि अरस्तू विषयवस्तु तथा कलापक्ष के सह अस्तित्व के चमत्कार की उपलब्धि को ही त्रासदी का आनंद मानते थे। त्रासदी में इस उपलब्धि का आधार 'करुणा' और 'भय' का संतुलन और समतोलन अर्थात् कैथार्सिस है। "वैभवशाली, यशस्वी, कुलीन और 'हम जैसे' त्रासद नायक का पतन प्रेक्षक में (उसकी विपन्नता के लिए) करुणा, और ('हम जैसे' मनुष्य के इस दुर्भाग्य पर) भय उत्पन्न करता है।" त्रासदी का विधान पहले इन दो संवेगों को उभारता है और आत्मा की रिक्तता को भरता है; तदुपरांत इनकी अतिरिक्तता को निष्कासित करता है। सुज़ान लैंगर के अनुसार यह उपचार होम्योपैथिक है जहाँ करुण 'करुणा' के द्वारा, और भय 'भय' के द्वारा निष्कासित होता है। इस तरह इन दोनों संवेगों का सहृदय में संतुलन और समतोलन कायम हो जाता है।

डिक्सन, थोरनडाईक तथा गिलबर्ट मरे ने त्रासदी को जीवन के लिए उपयोगी माना है। डिक्सन का कहना है कि त्रासदी से ज्ञान, बुद्धि, आत्मा की व्यापकता प्राप्त होती है इसलिए त्रासदी का आस्वाद हमें अनुभवी बनाता है। और अनुभव हमारे लिए आनंददायक होता है।[10] थोरनडाईक के अनुसार त्रासदी से भावमोक्षण (catharsis), सहानुभूति प्रदर्शन-जनित आत्मगरिमा, रसास्वादन (aesthetic delight) तथा अनंत के रूप-दर्शन के उल्लास (exaltation due to the vision of the eternal) की प्राप्ति होती है। मरे के अनुसार त्रासदी हमारे लिए आनंदात्मक है क्योंकि इसमें सनातन न्याय-बोध (profounder scheme of values), मृत्यु पर विजय प्राप्त करने का उत्साह तथा प्रकाश-सौंदर्य विद्यमान रहता है।[11]

आधुनिक त्रासदी

पाश्चात्य यूनानी या शेक्सपियर की त्रासदी 'भाग्य' की त्रासदी है जहाँ नायक भाग्य से लड़ता है और जिंदगी को एक 'चुनौती' के रूप में स्वीकार करता है और जहाँ उसकी मृत्यु अवधारित होने पर भी उसका महिमान्वित रूप हमें आकर्षित करता है। उसका यह संघर्ष सत्य के लिए संघर्ष है इसीलिए इन त्रासदियों को देखने के बाद दर्शक जब रंगशाला से रात की अँधेरी में निकलता है और अचानक उसकी आँखें तारों से भरे आसमान की ओर जाती हैं तो वेब्सटर के शब्दों में कह उठता है, "देखो, देखो, आसमान में तारे चमक रहे हैं।" मगर आज की त्रासदी परिवेश के दबाव से पिसते हुए 'परायेपन' में जीने वाले उन चरित्रों की त्रासदी है जो मोहभंग, हताशा और दिग्भ्रांति (confusion) में जिंदगी जी रहे हैं। उनामुनो के अनुसार 'अमानवीयकरण' ही इस युग की त्रासदी है जहाँ मनुष्य अपने प्रारब्ध से अनलिप्त रहता है जो आज की विसंगति (absurdity) का आधार है और इसीलिए यह शास्त्रीय त्रासदी से मेल नहीं खाती जहाँ कर्मशील मनुष्य अपने प्रारब्ध से संघर्ष करते चूकता नहीं और फाँसी के तख्ते पर खड़े होकर भी डचेस आफ माल्फी की तरह कह उठता है, "I am still the Dutchess of Malfi"। वस्तुतः आज की त्रासदी त्रासद-बोध का एक विकल्प है जहाँ व्यथा है, आयरनी है, निराशा है, अकेलापन है, अर्थहीनता है मगर जीवन के साथ लड़ते हुए मनुष्य के संघर्ष की कहानी नहीं—suffering of a great soul that can suffer greatly नहीं—और जहाँ हर प्रकार की चुनौती का सामना करने के लिए लोगों को तैयार कराने की कोशिश नहीं।

उपर्युक्त विवेचन के अनुसार करुण रस या तो आनंदात्मक है अथवा किन्हीं कारणों से पाश्चात्य ट्रैजेडी के अनुरूप आस्वादनीय है और प्रकारांतर से आनंदात्मक ही है। यह आनंद एक प्रकार की चैतन्य अनुभूति है जिसे अभिनव 'रसना च बोधरूपैव' कहते हैं। उपर्युक्त जितने भी सिद्धांत हैं उनमें सत्य का अंश विद्यमान है यद्यपि स्थान-स्थान पर थोड़ी-बहुत त्रुटि दिखाई पड़ती है जैसे विश्वनाथ आदि विद्वान जब काव्यानंद को अलौकिक कहते हैं तो शंका उपस्थित हो जाती है। अभिनवगुप्त का इस पर विचार था कि यह समस्या ही उपस्थित नहीं होती क्योंकि लौकिक जीवन में भी तो यह नियम नहीं कि शोक से दुःख ही होगा। हमारे मित्र के शोक से दुःख अवश्य होगा; किंतु शत्रु के शोक से हमें आनंद होगा तथा किसी अन्य व्यक्ति के शोक के विषय में तो हम उदासीन ही रहेंगे। सारांश यह है कि काव्यानंद यदि अलौकिक नहीं तो स्थूल लौकिक भी नहीं होता है। बौद्धों का अनात्मवाद तथा शोपनहावर का सिद्धांत अग्राह्य है क्योंकि जीवन का व्यापक और एकमात्र सत्य दुःख नहीं है। जीवन का एक पहलू दुःख हो सकता है परंतु संपूर्ण जीवन नहीं। श्लेगल का नियति सिद्धांत असहाय अवस्था का अभावात्मक सिद्धांत है। मनोवैज्ञानिक विवेचनों में काव्य के

स्थान पर मनुष्य-मन से संबंधित कुछ तत्त्वों को ट्रैजेडी की आस्वादनीयता का कारण माना गया है परंतु करुणरस या ट्रैजेडी से जिस आनंद की प्राप्ति होती है उसका कारण काव्यवस्तु में निहित रहता है अर्थात् साहित्यिक कृति का शिल्प तथा विचार ही करुण रस के कारण होते हैं जिससे आस्वादकर्त्ता की अनुभूति आलोड़ित होती है। सामाजिक को आस्वाद के समय 'वेद्यांतर स्पर्श-शून्य' होना पड़ता है; नहीं तो वह रस का आस्वाद नहीं कर पाता। इस प्रकार मानव मन की हिंसा, क्षति तथा प्रतिशोध की भावना का करुण रस या ट्रैजेडी के आस्वाद के साथ कोई संबंध नहीं है। इसके अतिरिक्त जिन काव्यशास्त्रियों ने ट्रैजेडी की उपयोगिता को ध्यान में रखकर उसकी आस्वादनीयता को प्रमाणित किया है उन्होंने काव्यानुभूति को बौद्धिक क्रिया समझकर भारी गलती की है। सामाजिक काव्य से शिक्षा प्राप्त करने के लिए अर्थात् काव्य की उपयोगिता को ध्यान में रखकर उसका आस्वाद नहीं करता वरन् उसकी अनुभूति काव्य रस से सिक्त होकर आनंदमय बन जाती है। इस प्रकार महत्त्व काव्य रस का होता है जिससे प्रेरित होकर सामाजिक की अनुभूति आलोड़ित होती है और फलस्वरूप आनंद मिलता है। धनंजय ने तो यहाँ तक कह दिया है कि 'अल्पबुद्धि साधु लोग' ही काव्य में लोक-मंगल की खोज करते हैं।

वास्तव में करुण रस के आस्वाद के विषय में तीन समाधान उपयुक्त लगते हैं, भट्टनायक का साधारणीकरण, अभिनव का एकधन निर्विघ्न संवित्ति अर्थात् सत्त्वोद्रेक का सिद्धांत एवं ल्यूकस का अभिरुचि अर्थात् जीवन के प्रति अनुराग का सिद्धांत। इनमें से प्रथम अर्थात् साधारणीकरण से सामाजिक का व्यक्तिगत दुःख सामान्य बन जाता है और फिर आत्मा के ऊपर से तम और रज का पर्दा हटकर सत्त्वोद्रेक के कारण शांति मिलती है, आनंद प्राप्त होता है। परंतु यह आनंद दुःख का अभाव नहीं वरन् दुःख में ही अनुभव का विस्तार और जीवन के प्रति विश्वास इसको आनंद में परिवर्तित करता है। जीवन के प्रति यह अनुराग ही अभिरुचि सिद्धांत है।

जीवन के प्रति अनुराग होने से विषय-वस्तु की सत्यता (sincere exposition of the subject) अर्थात् काव्यवस्तु की सुष्ठु अभिव्यक्ति, चाहे वह आदर्शमूलक हो या यथार्थमूलक, सुखात्मक हो या दुःखात्मक, हमें आनंद देती है क्योंकि उससे हमारे जीवन के अनुभवों में वृद्धि होती है। इस प्रकार विचारों की सुष्ठु अभिव्यक्ति, दुःखदायक होने पर भी साधारणीकरण, सत्त्वोद्रेक तथा जीवनानुराग के सिद्धांतों के कारण हमें आनंदात्मक प्रतीत होती है। पर आनंद जीवन-सत्य की व्यापकता की उपलब्धि का आनंद है क्योंकि विचार से हमारा तात्पर्य मानव जीवन का व्यापक सत्य है। यद्यपि भारतीय करुण रस के प्रेक्षण से सत्वगुणात्मक जीवनसत्य की उपलब्धि होती है और पाश्चात्य त्रासदी के प्रेक्षण से जीवन के गंभीर वेदनामय सत्य की उपलब्धि होती है। भारत के विरही कवि की समस्त वेदना, क्षुब्धता तथा नैराश्य के अंतर में निहित

रहती है शांत रस की एक छाया, एक दिव्य प्रसन्नता, एक स्निग्ध सात्त्विकता। करुण रस के कवि वाल्मीकि ने कहा है–

तिष्ठ तिष्ठ वरारोहे न तेऽस्ती करुणा मयी।
नात्यर्थ हास्यशीलासि किमर्थं मामुपेक्षसे।।

करुण रस की यह पराकाष्ठा है। यहाँ नीति शिक्षा लक्ष्य नहीं है, यह आत्मानुभूति की सहज अभिव्यक्ति है। और भारतीय कवि की यह आत्मा एक विशेष धातु से गठित हुई है, एक विशेष प्रकृति को लेकर इसकी नैसर्गिक अभिव्यक्ति हुई है। यह धातु एकीकरण की प्रक्रिया द्वारा गठित हुआ है। यह धातु, यह प्रकृति दैवी प्रकृति है जो सत्त्वगुण प्रधान है, यह सर्वोपरि ध्यान की निस्तब्धता तथा प्रसन्नता चाहती हैं। मिलन के हास्य में ही इसका पर्यवसान होता है। बुद्ध-मूर्ति इसका सबसे बड़ा दृष्टांत है। नटराज के तांडव नृत्य को ही ले लीजिए–उसमें अपार्थिव शांति ही प्रस्फुटित हो उठती है, प्रति पदक्षेप में सृष्टि टूट अवश्य जा रही है किंतु अंतराल में नवसृष्टि का शतदल मानो विकसित हो रहा है।

दूसरी ओर यूरोपीय कवि प्रकृति में रजोगुण का खेल प्रस्तुत है। वह एकीकरण नहीं चाहता–सामंजस्य से ही वह खुश है। निर्वाण की शांति वह नहीं चाहता–वह चाहता है प्रकाश के वैचित्र्य का छंदोमय द्वंद्व। इसलिए शेक्सपियर कहता है–

Absent thee from felicity a while
And in this harsh world draw thy breath in pain.

भारतीय साहित्य में प्रतिफलित है ज्ञान की प्रशांत किरणलेखा और यूरोपीय साहित्य में कर्म की विक्षोभित तरंगमाला। भारतीय कवि उदासीन है, ऊर्ध्व में प्रतिष्ठित योगी के चक्षु से वह जगत् को देखता है–उसके नयन में प्रतिफलित है 'शांतं शिवम्'–सृष्टि का मिलन राग। यूरोपीय कविकर्म जगत् में स्थापित कर्मी के चक्षु से जगत् को देखता है–संघर्ष की ध्वंस की भंगिमा ही उसके लिए सबसे बड़ी चीज़ है। परंतु इसका अर्थ यह नहीं है कि भारतीय कवि सत्त्व गुण प्रधान होने के कारण उत्कृष्ट है और पाश्चात्य कवि रजोगुण प्रधान होने के कारण हीनतर। चाहे वह अनुभव सत्त्व गुण प्रधान हो या रजोगुण प्रधान, उसकी हमें चिंता नहीं होती। हमें मात्र विषयगत सत्यता के अनुभव की अदम्य आकांक्षा रहती है। सत्त्व गुणात्मक जीवन सत्य या गंभीर वेदनामय सत्य, ये दोनों सत्य ही सापेक्षिक हैं (कवि का संवेदन जिस किसी भी वस्तु को रूप प्रदान कर सकता है इसीलिए यहाँ सत्य सापेक्षिक है) और दोनों से जीवन-अनुभव की वृद्धि होती है और यह उपलब्धि हमें आनंद प्रदान करती है। यह आनंद जीवनानुभव में निहित सत्य का आनंद है जिसके संबंध में ल्यूकस ने कहा है–"ट्रैजेडी मानव दुःख की अभिव्यक्ति है जो उसमें निहित सत्य दृष्टि के कारण तथा उसके उचित संप्रेषण के कारण सुखमय हो जाती है।"[12] इस तरह करुण रस या ट्रैजेडी से प्राप्त आनंदास्वाद या चैतन्य अनुभूति के स्रोत भिन्न होने पर भी प्रेक्षकों

के विचारों में विभिन्नता होने पर भी, कवियों की दृष्टिभंगी में प्रभेद होने पर भी यह आनंदास्वाद या चैतन्य अनुभूति अभिन्न है। यह आनंदास्वाद अभिनवगुप्त के उस 'अद्‌भुत पुष्प' के समान है जो हमेशा हमें आकर्षित करता है और करुण रस या ट्रैजेडी को आस्वादनीय बनाता है।

संदर्भ

1. कलिर भीतर काँदिछे गंध अंध हए, रवींद्रनाथ ठाकुर
2. ''The soul being at the same time, roused by passion and charmed by eloquence feels on the whole a strong movement which is altogether delightful.''
3. ''We weep for the misfortune of a hero to whom we are attached. In the same moment we comfort ourselves by reflecting that it is nothing but fiction.''
4. "By tragedy we imply something fundamentally true to life so the pleasure comes in seeing the life both serious and true.''
5. We are brought face to face with great suffering and the storm and stress of existence, and the outcome of it is to show the vanity of all human effort. Deeply moved, we are either directly prompted to disengage our will from the struggle of life, or else a chord is struck in us which echoes a similar feeling.
6. ''Tragedy is the art of metaphysical comfort, a metaphysical supplement to the reality of nature.''
7. ''In spite of fear and pity we are the happy living beings, not as individuals, but as the one living being, with whose procreative joy we are blended.''
8. ''No less universal is the pleasure felt in things imitated.''
9. ''The pleasure will be due not to the imitation as such but to the execution, the colouring or some such other cause.''
10. ''It may very well be that beyond its broad and common ways, in the gloomier defiles of life, amid the grief worn faces and under the clouded skies of tragedy we may seek knowledge, wisdom, an enlargement of the spirit, the meaning of some other ends.''
11. ''It must show beauty out-shining horror, it must show human character somehow triumphing over death and it can create and maintain that illusion only by high and continuous and severe beauty of form.''
12. ''Tragedy then is a representation of human unhappiness which pleases us not withstanding, by the truth with which it is seen and the fineness with which it is communicated.''

15

भरत तथा ब्रेश्ट की रंगपरिकल्पना : मृच्छकटिक के संदर्भ में

संस्कृत नाटकों में, साधारणतया, दिव्यता और लौकिकता का मिलन होता है। इसी विषयवस्तु को ध्यान में रखकर भरत ने एक खास रंगमंच की परिकल्पना की जहाँ मनुष्य और देवता का समन्वय हो सके और रंगमंच रूप जगत को आधार बनाकर 'अनुकृति' की व्याख्या करते हुए जिस नाटकीय यथार्थता का संधान किया जाए उसका लक्ष्य उदात्तीकृत हर्ष या रसास्वाद हो।

मगर शूद्रक ने मृच्छकटिक में देवता और मनुष्य के संबंध पर प्रश्नचिह्न लगा दिए हैं। पूर्व रंग के द्वारा लौकिकता में जिस पवित्रता का संचार किया जाता है उसको यहाँ जानबूझ कर काटते हुए सूत्रधार कहता है–

सभ्यजनों के कौतूहल में बाधा डालने वाले इस मंगलाचरण से बस करो।

मैत्रेय कहता है–

पूजे जाते हुए भी देवता तुम पर प्रसन्न नहीं होते हैं तो देवताओं की पूजा करने से क्या लाभ।

और सबसे बड़ी बात, लेखक यहाँ जिस मंदिर का उल्लेख करता है वहाँ से देव-प्रतिमा गायब है और जुआरी आकर वहाँ लड़ते हैं, झगड़ते हैं और जुआ खेलते हैं और धोखा देकर भाग जाते हैं।

दरअसल शूद्रक जीवन को रंगमंच पर उतारना चाहता था जिसका एक यथार्थ रूप है तो दूसरा उसका आदर्श रूप भी है। इस आदर्श रूप को मृच्छकटिक में बादल और उसके बीच से कौंधती हुई बिजली के द्वारा निर्मित नाट्यबिंब के आश्रय से प्रकट किया गया है।

नांदी में शिव और पार्वती के संदर्भ में इसका संकेत है[1] और बाद में पंचम

अंक में चारुदत्त और वसंतसेना के मिलन में इसकी अभिव्यक्ति है।[2] इस मिलन से प्रेम की प्रतिष्ठा होती है। यही प्रेम 10वें अंक में मृत्यु को जीवन देता है। चारुदत्त कहता है–

अहो! प्रिय मिलन का महान प्रभाव। अन्यथा मरा हुआ भी कोई फिर जीवित हो सकता है (दशम अंक : 43)। मृच्छकटिक एक वृक्षीय रूपक (arboreal metaphor) की तरह प्रसारित है जहाँ वृक्ष के ऊपर सुशोभित फूल से दृष्टि उतरती हुई तना और फिर जड़ तक आती है। प्रेम का बिंब इस वृक्ष के फूल हैं मगर फूल लक्ष्य नहीं। दर्शक को वृक्ष की संपूर्ण संरचना को दिखाना ही उद्देश्य है। इस तरह प्रेम के बिंब के साथ सामाजिक यथार्थ का बिंब–देव प्रतिमा हीन मंदिर का बिंब उभरता है। इन दोनों को मिलाकर ही मृच्छकटिक का नाट्य संसार फैला हुआ है।

चूँकि नाटक की संपूर्ण संरचना वृक्षीय रूपक के समान प्रसारित है इसलिए रंगमंच के माध्यम से इस नाट्य संसार के मनुष्यों का परिपूर्ण परिचय देने के लिए किसी भी छोटे से छोटे अंश की अवहेलना संभव नहीं। उदाहरण के तौर पर मृच्छकटिक के अंत में जिस प्रेममय जीवन की स्थिति उत्पन्न की गई है वह मनुष्य की कल्पना के बाहर नहीं है और उसमें छोटी-छोटी स्टेज प्रॉपर्टी का प्रयोग मूल अनुभूति के विकास में सहायक हुआ है, जैसे उत्तरीय का प्रयोग। उत्तरीय में चमेली की खुशबू चारुदत्त के यौवन से उदासीन न होने का संकेत है। फिर रात को गलती से वह इसी उत्तरीय को वसंतसेना को देता है जिससे कि रोहसेन को जाड़े से बचाया जा सके। दर्शक के लिए इसका अर्थ स्पष्ट है–प्रेम का धीरे-धीरे संचार हो रहा है। बाद में कर्णपूरक के द्वारा हाथी को शांत करने पर चारुदत्त उसे उत्तरीय पुरस्कार में दे देता है। वसंतसेना गहने के बदले वह उत्तरीय ले लेती है फिर उत्तरीय की चमेली की खुशबू से विभोर उसे पहनकर वसंत सेना अपने मकान की अटारी पर चढ़कर अपने प्रियतम को घर के नीचे से जाते हुए निहारती है। नाट्य और दृश्य के द्वारा एक सुंदर दृश्यात्मक फ्रेम की रचना होती है। कथा की अनुभूत्यात्मक प्रगति में उत्तरीय से जुड़ी इन घटनाओं का विशेष महत्त्व प्रकट होता है। इसी तरह रंगमंचीय प्रस्तुतीकरण में अंतःसलिला के रूप में प्रवाहित सामाजिक यथार्थ के प्रखर बिंब को भी नकारना संभव नहीं।

यथार्थ जीवन और आदर्श जीवन के इन दो धरातलों के कारण भरत की रंगपरिकल्पना इसे पूरे तौर पर विश्लेषित करने में समर्थ नहीं होती और तब जाकर भरत के लोकधर्मी और नाट्यधर्मी रूपकों के आगे ब्रेश्ट की 'एपिक थियेटर' जैसी रंगपरिकल्पना की सहायता लेनी पड़ती है। भरत की लोक और नाट्यधर्मिता का संबंध अभिनय से है। अभिनवगुप्त के अनुसार अभिनय, लौकिक धर्म तथा तन्मूलक उसके उपयोगी सामयिक (धर्म) का अनुगमन करते हैं (अभिनवभारती, vi. 24)। अभिनवगुप्त के अनुसार लोकधर्मी 'अनुकरणम्' है मगर नाट्य के लिए 'भावानुकीर्तनम्' अधिक उपयुक्त है जो नाट्यधर्मी है। लोकधर्मी यथार्थवाद तथा नाट्यधर्मी आदर्शवाद

के दृष्टिकोण हैं या मानव जीवन का यथार्थ तथा थियेट्रिकैलिटी है। रेवाप्रसाद द्विवेदी के अनुसार सांकेतिक वस्तुएँ नाट्यधर्म और अपरिहार्य अन्य वस्तुएँ लोकधर्म हैं। नाट्यधर्मी वस्तुएँ लोकधर्मी वस्तुओं के रूप में भी प्रस्तुत की जा सकती हैं और वैसा करना अधिक प्रभावी होता है (नाट्यवार्त्ता : 75)। वस्तुतः रंगनाटक में जहाँ जीवन का प्रतिनिवेदन (representation) होता है वहाँ वह लोकधर्मी है। अरस्तू इसे भावात्मक या सृजनात्मक अनुकृति कहते हैं। लोकधर्मी की माँग यह होती है कि रंगमंच में प्रति-प्रस्तुत जीवन, जीवन में साक्षात् घटित घटनाओं के साथ साधर्म्य (analogy) रखे; अर्थात् वह मिथ्या न होकर एक नाटकीय सत्य हो, और असंभव न होकर संभावित यथार्थता हो। अतः लोकधर्मिता नाटक में यथार्थता को हूबहू अनुकृति के धरातल से उद्धार करके प्रतिनिवेदन तथा भ्रांति (illusion) के धरातलों पर समतोलित कर देती है। नाट्यधर्मिता (presentational या stylization) यथार्थता का काल्पनिकीकरण एवं आदर्शीकरण है (मेघ : 49)। भरत ने इसको अधिक महत्त्व दिया है (xii : 66-73) कदाचित् इसीलिए नाट्यशास्त्र में वस्तुतत्त्व और नेतापक्ष रूढ़ हो जाता है और लोकधर्मी की अभिव्यक्ति भाषा तथा भूषा (आहार्य अभिनय) तथा प्रकरी तथा पात्रों के क्षेत्र में केवल 'स्वाभाविकता' का धर्म ही निबाह सकी है और यथार्थ जीवन तथा थियेट्रिकैलिटी में संबंध स्थापित नहीं हो पाया है। भरत ने प्रवृत्ति (mannerism) तथा वृत्ति (style) का उल्लेख कर इसमें संबंध स्थापन की कोशिश की है क्योंकि प्रवृत्ति का संयोजन लोकधर्मी विवेक के द्वारा होता है और वृत्तियों का संबंध थियेट्रिकैलिटी से है मगर फिर भी अंत में रस की बात कहकर ज्ञान के समाजशास्त्र (sociology of knowledge) की जगह ज्ञान के सौंदर्यबोध शास्त्र (aesthetics of knowledge) की ओर दर्शकों को उन्मुख करके, शूद्रक ने अपने नाटक में जिस समकालीन जीवन का प्रतिवेदन और अपने जिस दृष्टिकोण का निवेदन किया है, उसकी ओर हमें उदासीन बना दिया है। रस का मनोवैज्ञानिक आधार होते हुए भी उसमें तत्कालीन नाटकीय यथार्थता तथा नाटककार की जीवन संबंधी दृष्टि—दोनों लापता हैं। इसीलिए शकार, विट और रथ वाहक के संवाद में जब हम शकार को यह कहते सुनते हैं कि इस संयुक्त दीवार की दरार से रथ अंदर लाओ, तब रथवाहक कहता है, महाराज बैल मर जाएँगे, रथ टूट जाएगा और मैं भी मर जाऊँगा, तब शकार कहता है, नहीं जानते, मैं राजा का साला हूँ। अगर बैल मर जाते हैं तो दूसरी जोड़ी खरीद लूँगा। अगर गाड़ी टूट जाती है तो मैं दूसरी बनवा लूँगा और अगर तुम मर जाते हो तो मैं दूसरा रथवाहक रख लूँगा, तो हमें ऐसा लगता है कि भरत की सहायता से मंचित मृच्छकटिक के साथ **हृदय संवाद** तो होता है मगर **संवाद सेतु** की स्थापना के लिए आधुनिक बोध और आधुनिक बौद्धिक क्रांति की भूमिका पर (जिसका पहला संकेत भारत में साहित्य के स्तर पर मृच्छकटिक में मिलता है) हमें संस्कृत नाटकों की रंगपरिकल्पना में नया समायोजन करना होगा।

ब्रेश्ट एकमात्र ऐसा विदेशी रंग-परिकल्पनाकार है जो भरत के सबसे नजदीक बैठता है और ऐसा लगता है कि आज के संदर्भ में उसने भरत की नाट्य परिकल्पना को विस्तार दिया है और सही अर्थ में रसास्वाद से इतर आधुनिक भावबोध के स्तर पर नाटक के संप्रेषण की नई संभावनाएँ प्रस्तुत की हैं।

भरत की अभिनय-धर्मी प्रवृत्ति-वृत्ति की शृंखला की सहायता से रंगशीर्ष, रंगपीठ, मत्तवारणी अर्थात् बहुस्तरीय रंगमंच (multiple stage) पर जिस मृच्छकटिक का अभिनय होता है वहाँ 'भाव' अभिनयों के साथ मिलकर रसों को निष्पन्न करते हैं (एवं भावाभावयन्ति रसानभिनयैः सह, 6, 4)। मृच्छकटिक में बादल और बिजली की कौंध में रस-भोग होता है और इसीलिए भरत वाक्य में समाज के खुशहाल जीवन का प्रतिबिंब झलक उठता है मगर चारुदत्त भरत वाक्य से पहले लोकधर्मिता का संकेत अवश्य देता है क्योंकि इससे पहले वह मृत्यु-यात्रा की यातना को भोग चुका है इसीलिए वह कहता है कि जीवन में कहीं रिक्तता हाथ लगती है तो कहीं पूर्णता। किन्हीं को जीवन उन्नति की ओर ले जाता है तो किन्हीं को पतन की ओर। किन्हीं को जीवन हमेशा तनाव और संघर्ष में बिताना पड़ता है। इसीलिए इसके बाद 'तथापीदमस्तु' कहकर जब भरत वाक्य उच्चरित होता है तो हमें लगता है कि समन्वय (harmony) और शांति (peace) की जिस स्थिति का निर्माण किया गया है वह हमारी कल्पना से मेल नहीं खाती। खाए भी कैसे क्योंकि उससे पहले हमने एक सामान्य गोप पुत्र आर्यक को विद्रोह का नारा बुलंद करते देखा है। ब्राह्मण पुत्र शर्विलक को रोमानियत से हटकर उसकी सहायता करते देखा है और हमें ऐसा अहसास होने लगा है कि अब समाज जाति में बँटा नहीं है, वर्गों में बँटता चला जा रहा है। राजकर्मचारी चंदनक इस विद्रोह में सपरिवार साथ देता है। विट भी विद्रोह में उनका साथ देता है और इस तरह विद्रोह सफल हो जाता है मगर शकार जैसे अन्यायी जीवित रह जाते हैं और **'इति पुरुषैः सह निष्क्रांतः'** निकल जाता है। एक ओर गरीबी, अन्याय, अत्याचार तो दूसरी ओर सामाजिक क्रांति की परिस्थितियों की रचना और क्रांति के सफल होने के बावजूद उन स्थितियों का बना रहना क्या दर्शकों को सोचने के लिए मजबूर नहीं करता? क्या उसकी चेतना छटपटाती नहीं? ऐसी स्थिति में भरत के साथ ब्रेश्ट की सहायता लेकर चिंतन के धरातल पर नाटक का प्रस्तुतीकरण आवश्यक प्रतीत होने लगता है।

संस्कृत नाटक जिस तरह महाकाव्य के आधार पर विकसित हुआ है उसी तरह ब्रेश्ट के एपिक थियेटर का विकास हुआ है। ब्रेश्ट अपने समय के यथार्थवादी नाट्य (naturalistic theatre) की भ्रांति (illusion) से निर्मित समानुभूति (empathy) के सख्त खिलाफ थे। वे आवेग के स्थान पर दर्शकों को सोचने के लिए मजबूर करना चाहते थे जिससे सामाजिक यथार्थ को ठीक ढंग से समझा जा सके। वस्तुतः एपिक थियेटर एक तर्कपूर्ण भंगिमा है। ब्रेश्ट ने अपने 'लेट्सत्से एटयापे-ईडिपस' निबंध

में कहा है कि यह एपिक फॉर्म हमें विज्ञप्त करेगा; यह फॉर्म इस बात में विश्वास नहीं करेगा कि मनुष्य इस जगत् के साथ स्वयं एकात्म होना चाहता है या कर पाएगा। एपिक थियेटर किसी सामाजिक तात्पर्य को इस ढंग से प्रस्तुत करता है कि एक ओर चिंतनशील मनोभाव का प्रसार होता है और दूसरी ओर समाज में परिवर्तन लाने के लिए विशेष आदर्श के प्रति आनुगत्यता प्रकट होती है। नाटक की यह भंगिमा दर्शक के साथ घटना या चरित्र की एकात्मकता (empathy) को सचेतन रूप से अस्वीकार करती है और घटना के गुरुत्व को स्पष्ट कर देती है। ब्रेश्ट लेहरूष्टुक (Lehrstuck) यानी शिक्षाप्रद नाटकों में सहज और सरल ढंग से एपिक वर्णन के आश्रय से इस प्रकार पृथक्करण का प्रभाव पैदा करते हैं। वस्तुतः एपिक फॉर्म प्लॉट के स्थान पर वर्णना को महत्त्व देता है[3] जिसके आश्रय से पृथक्करण का प्रभाव (Verfremdungs effect) पैदा किया जाता है जिसे अंग्रेजी में एस्ट्रेंजमेंट या एलियेनेशन कहा गया है (Gascoigne : 123)। 'क्लाइनेस अर्शानन् फ्यूरडास थेअटर' के अनुच्छेद 42 में ब्रेश्ट ने कहा है कि एपिक थियेटर की यथार्थ वर्णना या विवरण निरासक्ति (निरासक्ति उदासीनता नहीं) पैदा करती है। यह एक प्रकार की व्यंग्यात्मक निरासक्ति है। परिचित को विचित्र ढंग से दिखाने की प्रचेष्टा है। यथार्थतः यह व्यंग्यात्मक मानसिकता है जो दर्शक को द्रष्टव्य वस्तु से विच्छिन्न बनाए रखकर वस्तु पर विचार करने का मौका देती है और हमें लगता है कि यह विषय अपरिचित है। एपिक थियेटर परिचित को विचित्र ढंग से प्रस्तुत कर दर्शक को विस्मित और सचेत करता है और उस स्थिति में यह थियेटर यथार्थ के संबंध में दर्शक की आँखों में अंगुली डालकर उसे समझाता है और तथ्य तथा समाधान के कार्यकारी (working) मॉडल के रूप में काम करता है। भारतवर्ष का आदमी एपिक में ही अभ्यस्त है, ड्रामेटिक में उसकी आसक्ति अभी हाल ही की है। महाभारत ऐपिक है जहाँ घटनावली प्रत्यक्ष उपस्थापित नहीं, किसी के द्वारा वर्णित है। कुरुक्षेत्र का युद्ध संजयोवाच है। यही एपिक फॉर्म है, ब्रेश्ट के द्वारा आधुनिक ढंग से व्यवहार में लाया गया है। 'माँ' नाटक के 'मे' दिवस की रिपोर्टिंग को पढ़ने से ही समझ में आ जाएगा कि महाभारत के युद्ध पर्व के साथ इसका गहरा मेल है। भारत का लोक कवि हमेशा 'भणिति' का प्रयोग करता है। अपने नाम का उच्चारण करता है—वही एलियेनेशन है। काव्य के भीतर इच्छाकृत रूप से स्वर को काट देना, श्रोताओं के 'संवित' को वापस ले आना है। कथावाचक हमेशा घटनाओं की विवृति देता है, नाना चरित्रों का संलाप अकेला कहता है। कीर्तन-गायक का भी यही काम है—कभी वह राधा, कभी कृष्ण तो कभी गोपी। यही एपिक है, यही एलियेनेशन की मूल बात है। कथावाचक के स्वर में जिसने महाभारत की कहानी सुनी है उसने ब्रेश्ट के मूल विचार को अनायास ही समझ लिया है। कथावाचक अर्जुन की ओर से बात करता है, किंतु अपने आप कभी अर्जुन नहीं होता है क्योंकि दूसरे ही क्षण वह अर्जुन के आचरण का व्याख्याता भी है।

अपने आप चरित्र से एकात्म हो जाने से और व्याख्या नहीं की जा सकती। प्रत्यक्ष घटनाओं का अभिनय करने से श्रोता उसमें डूब जाते हैं, बीच में कथावाचक के आ जाने से घटनाएँ कुछ दूर हट जाती हैं, दूसरे के स्वर में घटनाओं का कवित्वमय वर्णन सुनने पर श्रोतासमग्र तस्वीर को देख पाता है। तब वह आवेग-विभोर नहीं होता, घटना के कार्य-कारण को समझ पाता है। इसी रीति के कारण भारतवर्ष की साधारण जनता महाभारत के नीतितत्त्व और दर्शन को इतनी गहराई से समझ पाता है (उत्पल दत्त : ब्रेश्ट ओ तांर थियेटर : भूमिका)। ब्रेश्ट का एपिक थियेटर इसी प्रकार एक तर्कपूर्ण भंगिमा है। इस क्रिटिकल डिटैचमेंट के लिए नाटककार उन तकनीकों का प्रयोग करता है जिससे यह एक थियेट्रीकल परफ़ॉरमेंस है, इसका एहसास हो सके और परिणामतः अनुभूत्यात्मक तादात्म्य (emotional identification) को काटा जा सके।

ब्रेश्ट इस तरह वास्तव दृश्य के अवयव को तोड़कर उसके गुणात्मक वैशिष्ट्य का मंचन करता है। दूसरे शब्दों में स्टाइलाइजेशन या भरत की नाट्यधर्मिता की लगभग सारी तकनीकों का प्रयोग होता है मगर नाट्यधर्मिता का प्रयोग भरत ने यथार्थ को पार करते हुए (नकारते हुए नहीं) 'सुमनस्' के द्वारा भावमय रसास्वाद के लिए किया है और ब्रेश्ट इनका प्रयोग इस भावमय रसास्वाद या एकात्मता की स्थिति को काटने के लिए करता है। यह बात दूसरी है कि वह काट पाता है या नहीं; जिसका विवेचन हम आगे चलकर करेंगे। मगर यह बात स्पष्ट है कि ब्रेश्ट की रंगपरिकल्पना की सहायता से यदि हम इन तकनीकों का प्रयोग करें तो 'मृच्छकटिक' में निहित प्रेम के बिंब के साथ-साथ सामाजिक यथार्थ का बिंब भी प्रखरता के साथ उभर पाता है। इन तकनीकों में सबसे पहले (I) नांदी है जहाँ सूत्रधार कहता है—

मैं आप आदरणीयों को प्रणाम करके सूचित करता हूँ कि हम इस 'मृच्छकटिक' नामक प्रकरण का अभिनय करने को उद्यत हैं। इस तरह ब्रेश्ट भी अपने नाटकों में 'यह एक थियेट्रीकल परफॉरमेंस है' कहते हुए दर्शकों को सचेत रखता है। वेल्स का इस संबंध में कहना है कि 'प्ररोचना' से तो ऐसा प्रतीत होता है कि शूद्रक ने ब्रेश्ट का सूक्ष्म ढंग से अनुवाद करते हुए इसकी रचना की है (138)। इसी तरह (II) अंकों के शीर्षक 'अलंकार-न्यास' 'द्युतकर-संवाहक' आदि भी नाट्य जीवन के बारे में दर्शकों को सचेत करने के लिए है जिसका प्रयोग ब्रेश्ट ने इसी उद्देश्य से किया है। (III) **काव्य प्रयोग,** मृच्छकटिक के 380 छंद ब्रेश्ट के काव्य-प्रयोग के अनुरूप नाटक की यथार्थवादी धारा को काटते हैं, जिससे दर्शक और नाटक के बीच अंतर (distance) बरकरार रहे। काव्य के आ जाने से नाटक की यथार्थवादी धारा कुछ कट जाती है और कवित्वमय वर्णन सुनने पर श्रोता समग्र तसवीर को देख पाता है, तब वह आवेग-विभोर नहीं होता। घटना के कार्यकारण को समझ पाता है। Die Brautvon Messina की भूमिका में शीलर ने लिखा है कि यूनानी कोरस अर्थात्

काव्य किसी नाटक में एक 'living wall' का काम करता है जिससे कि दर्शक और नाटक के बीच 'अंतर' को बरकरार रखा जा सके। (IV) इसी तरह पात्रों के वैकल्पिक रूप को प्रस्तुत करते हुए शूद्रक ने कॉमप्लीमेंटरी फोरसेज़ के संबंध को प्रकट किया है। 'मृच्छकटिक' का प्रत्येक पात्र एक विकल्प प्रस्तुत करता है। वसंतसेना वेश्या है और साथ ही एक रोमांटिक नायिका, चारुदत्त समाज में श्रेष्ठ स्थानीय हैं मगर अपनी दानशीलता के कारण गरीब भी हैं। संवाहक नौकर है तो बौद्ध भिक्षु भी। मैत्रेय धार्मिक व्यक्ति का पैरोडी है जो कहता है कि पूजे जाते हुए भी देवता तुम पर प्रसन्न नहीं होते हैं तो देवताओं की पूजा करने से क्या लाभ (प्रथम अंक, पृ. 21)। मगर मित्रता के लिए अपने प्राण तक दे सकता है। इसी तरह की दो वैकल्पिक शक्तियों के अभिनय के द्वारा ब्रेश्ट एक व्यंग्यात्मक मानसिकता का प्रसार करता है। यदि हम इस मानसिकता को स्वीकार कर लें तो इससे हम सोचने के लिए बाध्य होते हैं और चारुदत्त या दूसरे पात्रों के इस प्रकार के शब्दों को विश्लेषित करने लगते हैं कि "मित्र! निर्धनता और मृत्यु में से मृत्यु मुझे अच्छी लगती है, निर्धनता नहीं" (वही, पृ. 17)। मगर यह चरित्र के विभिन्न विकल्प हैं द्वंद्वात्मक चरित्र नहीं। एपिक थियेटर के चरित्र वैकल्पिक होते हैं जिससे उनको विश्लेषित करना आसान हो जाता है। ब्रेश्ट ने प्राचीन महाकाव्य से जिस प्रकार पृथक्करण या विश्लेषणी दृष्टिभंगी ग्रहण की उसी तरह—चरित्रों को कैसे चित्रित करेंगे—इस प्रश्न का उत्तर भी उसी महाकाव्य से ग्रहण किया। शेक्सपियर के चरित्र जिस प्रकार एक दृश्य से दूसरे दृश्य तक पहुँचते-पहुँचते जटिल से जटिलतर बनते जाते हैं, अंतर्द्वंद्व से विपर्यस्त होते रहते हैं, प्राचीन महाकाव्य में यह कभी नहीं होता। अर्जुन या कर्ण विपर्यस्त नहीं हैं—वे पाषाण प्रतिमा की तरह बृहत् और शांत हैं। उनका एक-एक पर्व में एक-एक रूप है। अर्जुन कभी प्रेमी, कभी महावीर, कभी युद्धविमुख। कर्ण कभी नारी उत्पीड़क, कभी वीर श्रेष्ठ, कभी मातृस्नेह लोलुप ज्येष्ठ पांडव। सफेद और काला दोनों चरित्र ही उपस्थित हैं मगर एकत्र धूसररंग में नहीं, अलग-अलग एक के बाद एक। मनुष्य को ब्रेश्ट ने देखा है, एक-एक दृश्य में, एक-एक रूप में। मॅदर कुराज कभी माता, कभी कूट व्यवसायी, कभी फ्यूडल युद्धबाजों की समालोचक, कभी हतप्रभ निर्बोध—ये सब चित्र एक के बाद एक दर्शक की आँखों के सामने से गुजर जाते हैं। सबके समन्वय से दर्शक के मन में एक पूरी स्त्री कुराज की सृष्टि होती है। इस तरह एपिक का दूरत्व, आपात निर्लिप्तता एवं एक-एक दृश्य में एक-एक भाव के द्वारा ब्रेश्ट ने आज की दुनिया की सृष्टि की है। मृच्छकटिक की दुनिया भी इसी प्रकार है। (V) इस प्रकार की दुनिया के पात्र क्लासिकी चरित्र नहीं होते जिनकी समयहीनता (timelessness) सामाजिक स्थिति तथा स्तर को गतिहीन बना देती है। मृच्छकटिक के प्रत्येक पात्र को हम सामाजिक स्तर पर पहचान पाते हैं और इससे वर्तमान समय की अनित्यता का अनुभव कर पाते हैं। वर्तमान समय की अनित्यता के आधार पर

सामाजिक परिवर्तन समझ में आता है और ब्रेश्ट के अनुसार तादात्म्य की संभावना नहीं रहती। (VI) इस प्रकार के पात्रों का अभिनय अधिकतर संवादात्मक होता है—बीच-बीच में पैंटोमाइम (pantomime) के द्वारा अपनी बातों को समझाया जाता है। मृच्छकटिक के प्रथम और पंचम अंक में वसंतसेना का अभिनय पैंटोमाइम ही नहीं कोरीग्राफिक (choregraphic) भी है या शर्विलक का अभिनय भी पैंटोमाइम है। ब्रेश्ट के अनुसार कहानी की गति को लिनियर फैशन में नहीं बढ़ना चाहिए जिसमें क्लाइमेक्स की गुंजाइश रहती है। अंत में मृत्यु-यात्रा की समाप्ति सुख में होती है मगर जीवन की व्याख्या में यहाँ न तो आशा का स्वर है, न प्रकृतवादी दृष्टि का प्रसार। यह चक्राकार विकास (circular development) है जो क्रिया के नैरंतर्य को बताता है—to plot the shape of world to come. मृच्छकटिक में प्रेम और क्रांति की दो विपरीत घटनाओं को जोड़कर कथा आगे बढ़ती है जिसके फलस्वरूप दर्शक पृथक्करण की स्थिति में नाटक की विषयवस्तु का विश्लेषण कर पाता है। (VII) ब्रेश्ट ने अपने नाटक में काल की अरस्तूई क्रमिक इकाई को भंग किया, प्लॉट की बजाय इतिवृत्त को स्थापित किया, दृश्यों को पूर्ण नाटक का अंग बनाने की बजाय स्वयं में पूर्ण या अंगी बना दिया जिससे कि कार्यव्यापार एक विकासशील आवश्यकता के द्वारा अग्रसर होने की बजाय झकोरों या झटकों द्वारा आविर्भूत हो जिससे आधुनिक मनुष्य के सामने आधुनिक जगत की व्याख्या केवल एक परिवर्तनीय जगत के रूप में ही की जा सके। मृच्छकटिक में सारा इतिवृत्त अपने-आप में दो भागों में बँटा हुआ प्रतीत होता है। पहले पाँच अंकों में गरीब चारुदत्त का वर्णन है और अंतिम पाँच अंकों में गरीबी से मुक्त होकर चारुदत्त श्रीसंपन्न बनता है। बीच में एक ओर क्रांति की आवाज़ सुनाई पड़ती है तो दूसरी ओर सामाजिक यथार्थ के नाना नुक्ते 'मृच्छकटिक' के रंग आकाश में टिमटिमाते दिखाई पड़ते हैं। काल की अरस्तूई क्रमिक इकाई यहाँ भी भंग है। इसीलिए 'व्यवहार' अंक में वसंतसेना की माँ, चारुदत्त, वीरक या मैत्रेय का उल्लेख होते ही रंगमंच में इनका प्रवेश कालक्रम को स्टाइलाइज्ड नाट्यकला के सिद्धांत के आश्रय से तोड़ता है। इसके लिए बहुस्तरीय रंगमंच की ज़रूरत है जो मत्तवारिणी, रंगशीर्ष तथा रंगपीठ के सहारे आसानी से दिखाया जा सकता है। भरत ने किसी प्रकार के दृश्यबंध का उल्लेख नहीं किया है। वस्तुएँ (stage property) तथा अभिनेता के शब्द ही परिस्थिति, काल और स्थान का आभास देते हैं। दर्शक अपनी विश्लेषण बुद्धि से ही बाकी के रंग भर लेते हैं। अभिनेता के शब्द हमेशा अभिनय-भंगिमा को स्पष्ट करते हैं। जुआड़ी संवाहक का प्रतिमा हीन मंदिर में प्रतिमा का रूप धारण करना और फिर जुए के चक्र में फँस जाना इसी अभिनय-भंगिमा को स्पष्ट करता है जो तकनीक एक खास किस्म के मैनारिज़्म के रूप में स्वीकार्य है और इसीलिए नाट्यधर्मी (theatrical) है जो दर्शकों की विश्लेषण बुद्धि को और भी प्रसारित करती है।

यहाँ एक बात स्पष्ट हो जाती है कि नाट्यशास्त्र आश्रित शूद्रक की रंग परिकल्पना की सारी तकनीकें हमें यथार्थ दुनिया की बजाय थियेटर की दुनिया में ले जाती हैं। भरत की रंगपरिकल्पना—अभिनय, वृत्ति, धर्मी, प्रवृत्ति, स्वर, आतोद्य, गान, सिद्धि, रंग संग्रह आदि तत्त्वों की सहायता से नट तथा मंच एकतान हो जाते हैं : नट का रंगमंचीय चरित्र तथा मंच की प्रतिनिवेदित दुनिया (represented world) का सामाजिक-सांस्कृतिक चरित्र एकतान हो जाता है। सारांश में यह कहा जा सकता है कि नट तथा मंच का ऐक्य अभिनय-वृत्ति-प्रकृति-धर्मी की श्रृंखला को पूरा करता है जिसकी परिणति सिद्धि है। (मेघ : 52)। और यही नट-मंच ऐक्य प्रेक्षक को शामिल करके विभाव-अनुभाव-संचारी की श्रृंखला को पूरा करता है जिसकी परिणति रस है। 'सिद्धि', रंगखेल (theatricals) या 'रंग संग्रह' नामक भरत प्रतिपादित ग्यारहवें तत्त्व की सार्थकता है तो 'निष्पत्ति' उसके संवेगात्मक प्रभाव 'रस' की चरितार्थता जो भावाश्रित है। दूसरे शब्दों में 'सिद्धि' हमें यथार्थ दुनिया की बजाय थियेटर की दुनिया में तथा रस प्रेक्षक को लौकिक व्यवहारों के बजाय सौंदर्यबोधात्मक अनुभूति में प्रतिष्ठित करता है। यहीं पर भरत ब्रेश्ट से अलग पड़ जाते हैं। ब्रेश्ट की सारी रंगपरिकल्पना भी थियेटर की दुनिया को रचने के लिए है जिससे यथार्थवादी रंगमंच की भ्रांति से मुक्त होकर दर्शक इस प्रतिनिवेदित दुनिया को विश्लेषित कर सके। भरत ने भरत पुत्रों अर्थात् अभिनेताओं को उनकी समाजधर्मिता तथा मानवीय अधिकारों के प्रति भी जागरूक किया है। (मेघ : अथातो सौंदर्य जिज्ञासा : 70) और ब्रेश्ट ने भी अभिनेता या नट को केवल एक उत्प्रेरक (कैटेलिस्ट) नहीं माना है। वे उसे नाट्य-तर्कविधान का व्याख्याता भी मानते हैं।[4] मगर जहाँ नाट्य प्रभाव की बात उठती है तो दर्शकों के संदर्भ में भरत रस की बात करते हैं जिसकी व्याख्या के आश्रय से साधारणीकरण की प्रतिकल्पना हुई है मगर नाटक में हृदय संवाद तथा तन्मयीभावन होने पर भी लौकिक जगत के स्तर पर न होकर यह थियेटर के जगत के स्तर पर होता है अर्थात् विभावानुभाव व्यभिचारी का स्थायी भाव से संयोग लौकिक जगत और नाट्य जगत में एक ऐस्थेटिक दूरी (aesthetic distance) पैदा करता है[5] और इस दूरी के फलस्वरूप तन्मयीभावन में भी चेतनता यह बात भूलने नहीं देती कि दोनों के बीच एक विभाजक दीवार (partition) है भले ही वह पारदर्शक (transparent) हो। इसीलिए भरत रस को आस्वाद कहते हैं, 'रेलिश' कहते हैं जिसमें दर्शकों की मानसिकता जुड़ी रहती है। प्रकृतवादी या यथार्थवादी थियेटर में यह विभाजक दीवार या चौथी दीवार टूट जाती है और दर्शक पूरे तौर से नाट्य वस्तु के साथ संबद्ध हो जाता है। वह रेलिश नहीं करता, खाद्य पदार्थ के साथ एकमेक हो जाता है। ब्रेश्ट प्रकृतवादी रंगमंच की इस भ्रांति के विरुद्ध थे मगर रसास्वाद की चेतन समानुभूति को वे नकार नहीं सके। हाँ, यह बात जरूर है कि उनकी रंगपरिकल्पना विश्लेषण बुद्धि का प्रसार करती है जो भरत की रंग परिकल्पना नहीं करती। रस ज्ञान का तर्कशास्त्र है—रसना च

बोधरूपैव–(अभिनव भारती : 285)। किंतु वह 'बोधान्तरेभ्यो लौकिकेभ्यो विलक्षणैव' भी है (ध्वन्यालोकलोचन : 189) और इसीलिए ज्ञान के स्थान पर सौंदर्यबोधात्मक आशंसा की अनुभूति ही शेष रह जाती है जिसके परिणामस्वरूप समकालीन जीवन का प्रतिनिवेदन तथा नाटककार के दृष्टिकोण का विश्लेषण संभव नहीं होता और सामाजिक यथार्थ का बिंब, मृच्छकटिक के संदर्भ में, प्रतिमाहीन मंदिर का बिंब सौंदर्यबोधात्मक अनुभूति यानी वसंतसेना और चारुदत्त के मिलन में पता नहीं कहाँ गायब हो जाता है। इसीलिए ब्रेश्ट की सहायता से हम दर्शक को पार्टिसिपेट की जगह स्पेक्युलेटिव ऑबज़रवर बनाते हैं जिससे सामाजिक यथार्थ के इस बिंब का प्रखरता के साथ एहसास हो सके।

मगर किसी भी नाटक की विषयवस्तु के विश्लेषण का अधिकार यदि दर्शकों को दिया जाए तो प्राश्निक की वस्तुनिष्ठ निर्णयविधि बाधित होकर आत्मनिष्ठ बन सकती है। दर्शक की रियलिटि (परिस्थिति) हमेशा नाटक के अनुरूप नहीं होती इसीलिए ऑबजेक्टिव रिलेशन नहीं बन पाता और फिर इस प्रकार का विश्लेषण उसका अपना होता है, लेखक का नहीं। वस्तुतः नाटक की दुनिया को मेक बिलिव की दुनिया जानते हुए भी उसके साथ हमारा तादात्म्य होता है। 'खड़िया के घेरे' (The Caucasian chalk circle) के उस दृश्य को लीजिए जहाँ ग्रुशा कपड़ा धो रही है। नदी के उस पार बहुत दिनों के बाद उसका प्रियतम साइमन शशाबा दिखाई देता है। पहले वे साधारण बातें करते हैं फिर साइमन बच्चे की टोपी देखता है। ग्रुशा कहने ही वाली है कि यह रानी का लड़का है मगर इतने में वहाँ सैनिक पहुँच जाते हैं और उनके सामने वह यह कहने के लिए बाध्य हो जाती है कि बच्चा मेरा है और फिर वह चिल्लाकर साइमन को आवाज़ देती है मगर साइमन रुकता नहीं। सैनिक संदेह के आधार पर बच्चे को ले जाते हैं और ग्रुशा अपने प्रियतम और बच्चे से बिछुड़ कर केवल रोती रहती है–यह मेरा बच्चा है, यह मेरा बच्चा है! यहाँ निश्चय ही साधारणीकरण होता है मगर ब्रेश्ट इसके बाद अजदक की घटना को लाकर साधारणीकरण को एक धक्के से तोड़कर एलियेनेशन इफेक्ट को ले आते हैं। इस तरह ब्रेश्ट ने भी साधारणीकरण के मेकेनिज़्म को स्वीकार किया जरूर है। ब्रेश्ट उपदेश को प्लेज़रेबल बनाना चाहते थे तथा सामाजिक यथार्थ को मानवीय अंडरटोन देना चाहते थे जिसके फलस्वरूप नाटक के चरित्र एब्सट्रैक्ट उदाहरण की जगह मनुष्य बनते चले जाते हैं और इस प्रकार आनंद और मनुष्यता दर्शक के इनटिमेट कॉन्शसनेस के साथ जुड़ जाते हैं। वस्तुतः वे समानुभूति (empathy) को स्वीकारते हैं मगर सचेतन तन्मयता (conscious empathy) के रूप में अर्थात् बुद्धिहीन ढंग से नाट्य संसार की माया के साथ तादात्म्य नहीं वरन् सोच-समझकर नाट्यचरित्र और जगत के साथ संबंध स्थापित करना है। और तभी जाकर बादल और उसके बीच से कौंधती हुई बिजली के बिंब के साथ तादात्म्य करते हुए भी हमारे लिए यह भूलना संभव नहीं

होता कि शकार अभी भी जिंदा है और दासी मदनिका की मुक्ति के लिए ब्राह्मण शर्विलक को चोर बनना पड़ता है और रात्रि के अँधेरे में सुंदरी युवती के लिए राजपथ खतरनाक है और जब अत्याचार चरम पर जा पहुँचता है तब आर्यक, शर्विलक, चंदनक, विट जातिभेद को भुलाकर वर्ग संघर्ष के लिए क्रांति का जयघोष करते हैं। मगर इस बीच जाति पुष्पों से सुवासित चारुदत्त के उत्तरीय की महक हमारे हृदय को आमोदित करना भूलती नहीं और हम मिट्टी की उस गाड़ी को एक बार फिर स्मरण करते हैं जिसका दूसरा नाम जीवन है।

संदर्भ

1. पातु वो नीलकंठस्य कंठः श्यामाम्बुदोपमः।
   गौरीभुजलता यत्र विद्युल्लेखेव राजते।। नान्दी, प्रथम अंक
2. एतैः पिष्ठतभालवर्णकनिर्मरालिप्तमम्भोधरैः
   संसक्तैरूप वीजितं सुरमिभिः शीतैः प्रदोषानिलैः।
   एषाम्भोदसमागमप्रणयिनी स्वच्छन्दमम्यागता
   रक्ता कान्तभिवाम्बरं प्रियतमा विद्युत्समालिंगति।। पंचम अंक. 46
3. "Epic drama usually means a series of incidents simply, clearly presented without restrictions of conventional theatrical construction,'' A dictionary of theatre, पृ. 97
4. The actor also must contribute by the way he plays his part, implying an attitude to the character rather than attempting to lose himself in it and play it entirely from the inside—A Dictionary of Theatre, पृ. 12.
5. For Rasa implies distance. Without this aesthetic distance, there can not exist literature, only the primary world—J. L. Masan & M. V. Patwardhan, Aesthetic Rapture, Vol. I, पृ. 24

16

पाश्चात्य नाट्यकला के परिप्रेक्ष्य में नाटक शकुंतला तथा आधुनिक सौंदर्यबोध

नार्वे के एक प्रसिद्ध नाटककार इबसन ने सन् 1870 और 80 के बीच 'डॉल्स हाउस' आदि कई नाटकों की रचना कर नाटक के क्षेत्र में आधुनिकता का सूत्रपात किया था—एक परिवार के आश्रय से समाज के बृहत्तर परिप्रेक्ष्य में जीवन के परिपूर्ण रूप को उन्होंने देखा था। आधुनिक मनुष्य के समाज और जीवन के द्वंद्व एवं उसकी शोचनीय ट्रैजिक परिणति को यथार्थ ढंग से अंकित किया था। उनके 'डॉल्स हाउस' नाटक की नायिका नोरा ने शकुंतला की तरह प्रेम-विवाह किया मगर आठ वर्षों के बाद उसे एक दिन यह एहसास हुआ कि उसका पति उससे प्यार नहीं करता—उसको गुड़िया समझकर उससे खेलता मात्र है। दरअसल यह संसार मनुष्यों की ही नहीं, गुड़ियों की है इसीलिए संसार के लोग सुखी रह नहीं पाते और इस चिंतन के परिणामस्वरूप आठ वर्षों के बाद एक दिन नोरा अपने घर का दरवाजा खोल निकल जाती है उस हृदय की तलाश में जिसे आज हम खो चुके हैं। शकुंतला को भी तो छह वर्ष की प्रतीक्षा करनी पड़ी थी, अपने यौवन के मूल्यवान छह वर्ष, परंतु इसके लिए उसके मन में कोई दुःख नहीं था, मान नहीं था। भरत ने जब उससे प्रश्न पूछा, माँ, यह कौन है जो मुझे पुत्र कह रहा है, तो शकुंतला ने उत्तर दिया, 'बेटे, अपने भाग्य से पूछो। इसका तात्पर्य यह है कि यदि भाग्य प्रसन्न होगा तभी उत्तर मिलेगा।' यह कहकर वह राजा की प्रसन्नता की प्रतीक्षा करने लगी। जैसे ही उसे पता लगा कि दुष्यंत ने उसे स्वीकार कर लिया है तभी निरभिमान नारी ने विगलित चित्त से दुष्यंत के चरणों में पुष्पांजलि अर्पित की—आर्यपुत्र की जय। कालिदास के समय को यदि द्वितीय चंद्रगुप्त विक्रमादित्य का समय मान लिया जाए तो कालिदास और इबसन के बीच 1500 वर्ष का फासला दिखाई पड़ता है जिस फासले को तय

करते हुए हम हृदयवृत्ति और आदर्श को पार करके बुद्धिवृत्ति और यथार्थ के क्षेत्र में जा पहुँचते हैं—मध्ययुगीन सौंदर्यबोध के स्थान पर आधुनिक सौंदर्यबोध के नए आयामों को अनुभव करते हैं जो सौंदर्यबोध इबसन के बाद, 125 वर्षों में, आज के संदर्भ में और भी अधिक प्रखरता के साथ साहित्य जगत् में, अनंत संभावनाओं के साथ प्रसारित दिखाई पड़ रहा है।

'शकुंतला' के संदर्भ में जब हम आधुनिक सौंदर्यबोध की बात उठाते हैं तो दरअसल सौंदर्यशास्त्र के आधार पर सहृदय समीक्षक की दृष्टि से हम काव्यानुभूति की ही चर्चा करना चाहते हैं। रचना की एक ऐतिहासिक स्थिति होती है जो अपने बाद की रचनाओं को प्रभावित करती ही है। परंतु साथ ही अपने से पहले की रचनाओं के मूल्यांकन में भी पुनर्व्यवस्था का विधान करती है।[1] उदाहरण के लिए इबसन के 'डॉल्स हाउस' या मोहन राकेश के 'आधे अधूरे' या बादल सरकार के 'एवं इंद्रजीत' या गिरीश करनाड के 'तुगलक' की रचना के उपरांत 'शकुंतला' या ऐसे ही दूसरे नाटकों के मूल्यांकन की दृष्टि में परिवर्तन नहीं आया—ऐसा कहना सत्य को नकारना होगा। इसीलिए यह जरूरी हो गया है कि आधुनिक सौंदर्यबोध की दृष्टि से 'शकुंतला' नाटक का एक बार फिर से मूल्यांकन हो। सौंदर्यशास्त्र के आधार पर जब काव्यानुभूति या आस्वाद का विवेचन किया जाता है तब उसे काव्यगत सौंदर्यबोध कहा जाता है और जब हम आधुनिक सौंदर्यबोध कहते हैं तब उसका अर्थ है कि सौंदर्यबोधानुभव केवल विलक्षण काव्यात्मक संदर्भ (unique poetic context) या दर्पण नहीं बल्कि उसमें सांस्कृतिक शक्तियों के विलक्षण संदर्भ (unique context of cultural forces) यानी वातायन भी शामिल है (मरे क्राइगर 1964 : 66-67)। इसीलिए सौंदर्यबोध में कुछ न्यूनतम सामान्यताएँ प्राप्त होती हैं और कुछ युगीन विशिष्टताएँ और यही कारण है कि सृजनात्मक कार्य के वर्तमान तथा आलोचक एवं सहृदय की ग्राह्यता के वर्तमान के बीच शाश्वत के बजाय सापेक्ष-संबंध बनता है (निर्मला जैन : 1980)। इसीलिए कालिदास की शकुंतला की सार्थकता इसी सापेक्षसंबंध यानी निरंतरता और भिन्नता, दोनों रूपों में आँकने पर ही आधुनिक सौंदर्यबोध के संदर्भ में उसका मूल्यांकन सही हो पाता है, क्योंकि एक ओर, इससे शाश्वतवादियों की तरह भिन्नता के बीच निरंतरता की खोज हो पाती है तो दूसरी ओर इतिहास बोध के आश्रय से इतिहास क्षण की विलक्षणता की पहचान होती है।

सौंदर्यशास्त्र के आधार पर जब हम काव्यानुभूति की बात उठाते हैं तब आचार्य रामचंद्र शुक्ल के द्वारा उठायी गई इस बात को स्पष्ट करने की आवश्यकता आ पड़ती है जहाँ उन्होंने कहा था कि सुंदर काव्यानुभूति के स्वरूप को संकुचित करता है और प्रत्येक कविता का ग्रहण सौंदर्यानुभूति के रूप में नहीं होता। दरअसल इस प्रसंग में सौंदर्यबोध से जुड़ा उस शास्त्र की ओर उनका ध्यान था जिसको पश्चिम में कलावाद (aestheticism) का पर्याय माना जाता है और जिसकी चरम परिणति

क्रोचे के अभिव्यंजनावाद में हुई थी। आई. ए. रिचर्ड्स ने (the phantom aesthetic state) नामक निबंध में कलावादियों का खुलकर विरोध करते हुए यह कहा कि मानव जीवन के संदर्भ में कलानुभूति को एक मूल्य प्रदान करने की विशेष आवश्यकता है। जाहिर है कि सौंदर्य-बोधानुभव का विलक्षण काव्यात्मक संदर्भ (intra-textual relations) विलक्षण सांस्कृतिक एवं सामाजिक संदर्भ (extra-textual reality) पर निर्भरशील रहता है इसीलिए जीवन से काटकर अनिर्वचनीय सौंदर्य की बात नहीं हो सकती। इस सौंदर्य की सृष्टि में भी हमारे काव्यशास्त्रियों ने विभाव की जरूरत पर बल दिया है। विभाव जगत् और जीवन का अर्थात् वस्तु का कवि के अपूर्व प्रतिभान के द्वारा अनुकरण है। अनुकरण पश्चात्करण होने पर भी करण भी तो है : इस करण व्यापार में वस्तु का अभिनव संस्करण प्रकट होता है परंतु विभाव कवि की कल्पना जगत् की सत्ता होने पर भी वह जगत् से कटा हुआ नहीं है। दरअसल सन् 1835 में जब एलेक्जेंडर बुमगार्टन ने एस्थेटिक्स शब्द का प्रयोग किया तब उसका अर्थ था–इंद्रियग्राह्य प्रतीति (the science of sensory consciousness) और चूंकि कला की आधारवस्तु इंद्रियग्राह्य वस्तु है इसीलिए एस्थेटिक्स का अर्थ धीरे-धीरे शिल्पतत्त्व (the science & philosophy of fine art) हो गया। शिल्पतत्त्व के विवेचन की परंपरा चूँकि प्लेटो एरिस्टाटल-भरत से शुरू हुई थी इसीलिए एस्थेटिक्स काफी पुराना है। हाँ, इसका पुनराविष्कार 18वीं शती में हुआ और ग्रीक-रोमन साहित्य-विचार की सहायता से एस्थेटिक्स का विवेचन शुरू हुआ। समय के साथ-साथ सौंदर्यशास्त्रियों ने देखा कि कला का सबसे महत्त्वपूर्ण तत्त्व सौंदर्य है। कला सौंदर्य की अभिव्यक्ति करती है और कलानुभूति सौंदर्य की आनंदात्मक अनुभूति है इसलिए कला के संदर्भ में सौंदर्य का विवेचन एस्थेटिक्स का प्रधान अंग हो गया। यहाँ तक कि एस्थेटिक्स का अर्थ कला की प्रकृति के विवेचन से बदलकर सौंदर्यशास्त्र (science and philosophy of beauty) बन गया बोमगार्टन से बोसांके तक एस्थेटिक्स का यह अर्थ-परिवर्तन पूर्ण हो जाता है। इसके परिणामस्वरूप सौंदर्य का विवेचन दार्शनिक धरातल पर सुस्पष्ट सत्ता के रूप में होना शुरू होता है हालाँकि कला के संदर्भ में सौंदर्य का विवेचन रुका नहीं रहता।

कला के स्वरूप के संदर्भ में सौंदर्यबोध की प्रेरणा से सौंदर्यबोध के आस्वाद के लिए कला को जन्म मिला है। दासगुप्ता का कहना है कि सौंदर्यबोध की प्रेरणा अर्थात् विषय एवं सौंदर्यबोध का आस्वाद अर्थात् विषयी के तादात्म्यीकरण से सृजन होता है।[2] यद्यपि जैसा कि विश्वनाथ और बुलो ने समझाया है कि इन दोनों के बीच साथ ही एक कलात्मक दूरी के बने रहने से विषयी का आस्वाद ग्रहण संभव होता है–यह विरोधाभास सौंदर्यबोध का आधार बिंदु है। और यदि हम डुकास की इस परिभाषा से सहमत हो सकते हैं, कि कला का दर्शन आलोचना का ही व्यापक रूप है (1929 : 189) तो व्यापक रूप से हम यह स्वीकार करते

हैं कि हर आलोचनात्मक निर्णय के मूल में सौंदर्यबोध की प्रेरणा और सौंदर्यबोध के आस्वाद की बात जुड़ी है।

कहने का मतलब यह है कि विषय एवं विषयी के संबंध से सौंदर्य की उत्पत्ति है और प्रत्यक्षकारी के चैतन्य में उसकी अवस्थिति है। इसीलिए यह कहा जाता है कि काव्य-दृष्टि साहित्यिक अध्ययन की वस्तु को जन्म देती है और उसकी संरचना का 'कारक' भी है।[3] इसलिए सौंदर्य विभावादि की सुचिंतित व्यवस्था (organisation) या वस्तु के इंद्रिय ग्राह्य स्वरूप की सममिति नहीं। सममिति तो शतदल पद्म या ताजमहल में दिखाई पड़ती है परंतु गहन अरण्य को, निःशब्द अंधकार रात्रि के तारे से भरे हुए छायापथ से आलोकित आकाश को अथवा मानव जीवन की तरह प्रकाश वैचित्र्य से युक्त महाभारत को अथवा 'वसने परिधूसरे वसाना नियमाक्षाममुखी धृतैकवेणिः' शकुंतला के सौंदर्य को सममिति कहने पर इस शब्द के साथ घोर अत्याचार करना होता है। इसके अतिरिक्त सौंदर्य और सममिति (symmetry) यदि समानार्थी हैं तो स्वीकार करना होगा कि ध्यान से आँका गया त्रुटिहीन एक वृत्त का मूल्य मोनालिसा की तस्वीर से कई गुणा अधिक है। प्लाटिनस ने वस्तु की सरलता में उनके सौंदर्य का संधान किया था और बर्क ने आयतन की स्वल्पता में। और हमारे काव्यशास्त्रियों को कहना पड़ा था कि मात्र विभावादि की सुव्यवस्था में रस-सौंदर्य नहीं है। उसमें ध्वनि को जोड़ना आवश्यक है। मोटी बात, लॉटमैन की तरह, वस्तु या कृति किसी एक संबंध का एक तत्त्व मात्र है (1972) जिसे मुझरोवस्की (Mukarovsky) एस्थेटिक आब्जेक्ट (1967 : 44-45) कहते हैं, जो सौंदर्यानुभव की पहली सीढ़ी प्रत्यक्षीकरण की आधारशिला है। लॉक ने वस्तु (aesthetic object) के गुण समूह को दो भागों में बाँटा है। प्रथम स्तर पर गुण है आकृति, अभेद्यता आदि जो वस्तु का अपना और निरपेक्ष धर्म है। द्वितीय स्तर पर गुण हैं, वर्ण-गंध-उष्णता आदि। प्रथम स्तर के गुण प्रत्यक्षी के मन में द्वितीय स्तर के गुणों की मात्र अनुभूति जगा सकते हैं—इससे अधिक इनमें कोई घनिष्ठ संबंध नहीं। इसका अर्थ यह हुआ कि व्यावहारिक प्रत्यक्षीकरण से सौंदर्यबोधात्मक प्रत्यक्षीकरण विलक्षण है। इस तरह हम कृति को आधार बनाकर **आंतरिक तनाव** या भावना तथा **बाहरी संस्कृति** के आश्रय से प्रत्यक्षीकरण को वैयक्तिक रूप संरचनाओं से आच्छादित कर देते हैं। इस आच्छादन से एक ओर **तल्लीनता** और दूसरी ओर **सचेतनता** की संतुष्टि मिलती है। सचेतनता या मति या ध्यान हमें वस्तु के प्रति निस्पृह रखता है तो दूसरी ओर सब विषयों की परिधि से युक्त होकर मन उस सौंदर्य में लीन हो जाता है जो हमारे चित्त में एकाधिपत्य में विराजमान होता है और सारी चीजें अचैतन्य के घने अंधकार में विलीन हो जाती हैं। एकाधिपत्य मगर वास्तव का विरोधी तत्त्व है क्योंकि कांट की बात न उठाते हुए भी हम आज यह कह सकते हैं कि वस्तु की वास्तविकता का अर्थ यह है कि अपरापर सब वस्तुओं के साथ उसको कतिपय नित्य और सार्वभौम नियमों

के सूत्र में बाँधना। इस नियमसूत्र के बंधन-कार्य में जो वस्तु बाधा देती है उसको हम अवास्तव कहते हैं। जैसे रज्जुदर्शन में सर्पभ्रम, जो साँप अपना जैव धर्म पालन नहीं करता, पास आने पर फन फैलाकर फुंकारता नहीं, भगाने पर टेढ़ी गति से भागता नहीं,—इसीलिए उसे हम अवास्तव कहते हैं। सुंदर वस्तु अपने अस्तित्व की निविड़ता से समग्र चैतन्य को इस तरह आच्छन्न कर देती है कि वहाँ और किसी का कोई अवकाश नहीं रहता। इसीलिए दूसरी वस्तु के साथ उसके संबंध-बंधन की बात नहीं उठती। वास्तव उसको नहीं कह सकते क्योंकि वस्तु के साथ वस्तु के संबंध तंतुजाल बुनकर हमने जिस वास्तव जगत की रचना की है वहाँ उसका स्थान नहीं। अवास्तव इसे नहीं कह सकते क्योंकि अवास्तव का मतलब ही है नियम को तोड़ना, संबंध को अस्वीकारना; संबंध जहाँ आरोपित ही नहीं हुआ, अवास्तव वहाँ अर्थहीन है। अतएव तन्मयता की स्थिति में जो सुंदर है वह वास्तव-अवास्तव बहिर्भूत है। इसका अर्थ यह नहीं कि सौंदर्य के साथ जीवन के इतिहास का, सभ्यता के क्रमविवर्त्तन धारा का कोई योग नहीं। सामाजिक तथा सांस्कृतिक शक्तियों से सहृदय की रुचि निर्मित होती है। यह रुचि जगत् और जीवन रूपी वस्तु के प्रति निस्पृहता व्यक्त करती है तथा तादात्म्य करती है तभी सौंदर्यबोध होता है। मगर आज सामाजिक तथा सांस्कृतिक शक्तियों की जटिलता और नवलता, वैचित्र्य और अन्वेषण, वैयक्तिकता और विरूपता सहृदय रुचि को आंदोलित कर रही हैं। बेकेट के 'वेटिंग फॉर गोदो' (Waiting for Godot) नाटक में मनोदशाओं की दिशाहीनता अंकित है। आज का मनुष्य विसंगतियों में जी रहा है, आज का आधुनिक बोध केवल पृथक्करण ही नहीं, बल्कि व्यक्तित्व का विघटन भी है। आज का मनुष्य किर्केगार्द का द्विधाविभक्त (either-or) मनुष्य तथा कामू का अजनबी (outsider) है। आज की कलावस्तु के प्रति सहृदय की रुचि तथा जागरूकता तो दिख रही है मगर तादात्म्य के बजाय असंपृक्ति ही दिखाई पड़ती है। ब्रेश्ट ने एपिक थियेटर के आश्रय से इसी एलियेनेशन सिद्धांत का प्रसार किया है जिसका उद्देश्य है दर्शक को सामाजिक दृष्टिभंगी की सहायता से आलोचना का मौका देना। इससे यही सिद्ध होता है कि सौंदर्यानुभव सापेक्ष्य तथा विकासमान है और सामाजिक दर्पण के बदलने पर सहृदय की सौंदर्यतात्त्विक मनोवृत्ति भी बदल सकती है इसीलिए आज पैंगुइन इंगलिश डिक्शनरी में एस्थेटिक का अर्थ है : सौंदर्य तथा कुरूपता का अध्ययन (the study of beauty and ugliness) मोहभंग, हताशा और दिग्भ्रांति (confusion) आज के सौंदर्यबोध के ध्रुवबिंदु हैं। हम उन कलारूपों से सहमत-असहमत होने का अधिकार तो रखते हैं जहाँ विरूपीकृत कुरूपता सौंदर्यबोध का आधार है और प्रेक्षक जहाँ भोक्ता के बजाय जिज्ञासु है—किंतु इनके द्वारा अभिव्यंजना तथा बोध के नए आयामों के उद्‌घाटन के प्रति आँखें नहीं मूँद सकते। इस भाँति हमें सौंदर्यानुभव का निःश्रेयस प्रकाशानंद रूप का एक छोर मिलता है जो अनुभव शुद्ध (देशमुक्त) तथा शाश्वत (कालमुक्त) है। इसी के साथ अस्तित्ववादियों

का दूसरा छोर मिलता है जहाँ सौंदर्यबोधानुभव हताशा (despair) का ही एक अविवेकपूर्ण अनुभव है। इस अनुभव में शून्यता, निरर्थकता या विसंगति है। इन दोनों के बीच में मार्क्सवादी सौंदर्यबोध का सामाजिक यथार्थ है जो सामाजिक मनुष्य के इतिहास की द्वंद्वात्मक प्रक्रिया का बोध है जिसका आधार है उत्पादन शक्ति एवं आत्मपरायापन (self alienation)। और इनसे अलग प्राचीन यूनान की यथार्थवादी-दुःखवादी-भौतिकवादी सौंदर्य-बोध है जहाँ अस्तित्व का संघर्ष मनुष्य की महनीयता को प्रकट करता है।

"सौंदर्यानुभव के इन प्रकारों से यह सिद्ध होता है कि विश्व की संस्कृतियों में संक्रांतिपूर्ण (Critical) मसलों के उभरने पर सौंदर्यानुभव का दर्शन बदल जाता है।" कालिदास के युग की तुलना में आज आनंद के बजाय द्वंद्वात्मक चिंता, सचेतनता तथा तन्मयता के बजाय मात्र जिज्ञासा, आदर्श के बजाय यथार्थ के ध्रुवांतों में आधुनिक सौंदर्यबोध का प्रसार हुआ है। सौंदर्यबोध की ये युगीन विशिष्टताएँ हैं परंतु कुछ न्यूनतम सामान्यताएँ भी हैं जैसे सौंदर्यबोधानुभव को दर्शक का आत्मगत लक्ष्य, साध्य या श्रेय के रूप में अनुभव करना होता है तथा इसमें वास्तविक जीवन का प्रयोजन निलंबित हो जाता है। इसमें तन्मयीभावन के बजाय असंपृक्ति अवश्य होती है तथा तर्कशीलता की अपेक्षा भावना या अनुभूति की प्रमुखता तथा प्राथमिकता होती है एवं इसके केंद्र में 'मनुष्य की धारणा' का दर्शन रहता है जिसे समाज, इतिहास तथा व्यक्ति परिवर्तित करते रहते हैं परंतु जातीय अवचेतन में स्थित आद्यप्रारूप इस बोध के आधार-बिंदु हैं जिनमें परिवर्तन नहीं होता और इसीलिए चिंता, जिज्ञासा, यथार्थ के आधुनिक सौंदर्यबोध के ध्रुवांतों की युगीन विशिष्टताओं में कदाचित् प्रश्नचिह्न लग जाते हैं।

कालिदास ने लोकोत्तर चरित्र एवं अवस्थानुकृति के लिए महाभारत की एक कथा को अपने नाटक 'शकुंतला' के लिए चुना था। नाटक से संबद्ध किसी भी कलाकार के समक्ष यह समस्या होती है कि यह जो सामने सभा है, सहृदयों का समाज है, उसके हृदय को कैसे छूना है अर्थात नाट्यवस्तु के संप्रेषण, उसके सौंदर्यबोध का सवाल सबसे महत्त्वपूर्ण होता है। कालिदास का युग सुख-समृद्धि का युग था। शिप्रा नदी की शाखा गंधावतीर के तट पर सुविख्यात उज्जयिनी विशाल नगरी जहाँ का दर्शक अनुभूति, तीक्ष्ण विचारशक्ति संपन्न था—सुरक्षित, सुश्रृंखलित रंगशाला में सुनिर्वाचित दर्शकों के सामने अभिनीत होने के कारण नाटक रीतिबद्ध (stylized) यानी विशेष कवित्व संपन्न रूप धारण कर गया—कल्पना की उड़ान एवं अनुपम सौंदर्य सृष्टि के लिए उसमें अवकाश रखा गया था। कालिदास की सौंदर्य-दृष्टि यूनानियों से भिन्न थी जो मानव के आदर्शीकृत रूप (idealisation of human forms) को सौंदर्य मानती थी। हमारे यहाँ सौंदर्य-दृष्टि, ध्यान-दृष्टि (meditative intuition) अर्थात् कवि की अपनी अंतर्मुखी कल्पनात्मक दृष्टि रही है जिसकी आधार थी प्रकृति। यहाँ

प्रकृति के माध्यम से सौंदर्य की आदर्शात्मक अवधारणा का जन्म हुआ है (दासगुप्त : 1960 : 82) शकुंतला के वर्णन में कालिदास ने इसी का उल्लेख किया है। परंतु नाटक मात्र काव्यात्मक सौंदर्य सृष्टि के लिए ही नहीं था, उसमें अभिनय पक्ष का भी महत्त्व था। महाभारत की कहानी मैटर ऑफ फैक्ट थी एवं अनुभूतिहीन थी। मगर थीम या मोटिफ का आकर्षण इतना तीव्र था कि उसमें नाटकीय गांभीर्य जोड़ने के लिए शाप का प्रकरण संयुक्त किया गया। इससे राजा दुष्यंत, जो नाटकीय उदात्तता से हीन था, गौरवयुक्त हो सका। चौथे अंक का विष्कंभक धुरी (pivot) के रूप में नाटक का नाटकीय गहराई प्रदान कर सका है। नाटकीय अनुक्रम सुसंबद्ध है तथा नाटकीय कार्य में इसके फलस्वरूप तीव्रता आ सकी है। शकुंतला प्रेम में डूबी हुई दुर्वासा की अवहेलना करती है। दुर्वासा शाप देता है। अनसूया शाप से मुक्ति के उपाय का पता लगाती है। शाप का प्रभाव तत्क्षण होता है, दुष्यंत शकुंतला को भूल जाता है। गर्भिणी शकुंतला को कण्व दुष्यंत के पास भेजते हैं। दुष्यंत उसे पहचान नहीं पाता और उसे जाने को कहता है। दुष्यंत और शकुंतला की शाप के बारे में अज्ञानता परिस्थिति को नाटकीय बनाती है। दोनों ने प्रेम में भोग को ज्यादा महत्त्व दिया था और इस तरह शाप ही राजा और शकुंतला के लिए कैथार्सिस सिद्ध होता है। मिलन में बाधा (शाप) भोग को भोगातीत रूप प्रदान करती है। शाप के द्वारा नाटकीय स्थिति को प्रखरता प्रदान की गई है परंतु क्या यह चरित्र को प्रकट करता है? दुर्वासा का शाप तो मात्र रूपक है जो शकुंतला और दुष्यंत के उन्मत्त प्रेम को कल्याणकारी बनाता है जिससे जीवन के क्रम में तप और भोग का समन्वय हो सके। एक और तप का क्रम है–होमधूम से तपोवन के पल्लव विवर्ण हैं। जलाशय का पथ मुनियों के सिक्त वल्कल से चूती हुई जल रेखा से अंकित है। बीच-बीच में यज्ञ की रक्षा के लिए दुष्यंत को पुकारा जाता है। दूसरी ओर भोग का क्रम जहाँ प्रकृति अभिनेता बनकर वायुकंपित पल्लवांगुलि से नवमल्लिका के द्वारा वन ज्योत्स्ना को जो संकेत देती है वह साममंत्र का संदेश नहीं, प्रियमिलन की उत्सुकता का संकेत है। इन दोनों के बीच सौंदर्य का एक अपरूप दृश्य अंकित है–उद्वेल यौवना ऋषि कन्या, कौतुक-उच्छल सखियाँ, नवपुष्पिता वन तोषिणी, सौरभभ्रांत मूढ़ भ्रमर और तरु-अंतरालवर्ती मुग्ध राजा। इस तरह कालिदास की सौंदर्य-चेतना जीवन का क्रम, तप और भोग का समन्वय है। इस मानवीय धारणा की अभिव्यक्ति नाटक को एक गहरे चिंतन का रूप प्रदान करती है। एक ओर गृहधर्म का कल्याण बंधन और दूसरी ओर निर्लिप्त आत्मा का बंधन मोचन–भोग एवं भोगातीत का समन्वय, सरल और नागर, स्वभाव और नियम, नदी और समुद्र, अबंधन और बंधन, लीला (अप्सरा कन्या) और धर्म (ऋषि कण्व) का समन्वय है। यहाँ मानवीय धारणा का गौरव रूप अंकित है तो सॉफोक्लेस के यूनानी नाटक 'ओदिपियुस' में मानव की गौरव गाथा है। 'शकुंतला' में शाप एक ओर रूपक है और दूसरी ओर शाप कथा को अंत की ओर, मंगल

की ओर ले जाता है। यह उद्घाटन (anagnorosis) का काम करता है। मगर सॉफोक्लेस के नाटक में शाप क्रमशः मनुष्य की त्रासद नियति का उद्घाटन करता है, जिससे मुक्ति नहीं। इनसेस्ट या व्यभिचार के कारण, मगर व्यभिचार भी तो नियतिबद्ध था, शाप मिलता है। यह पात्रों के द्वारा शाप का आविष्कार है—शाप के सम्मुख मनुष्य की नियति के बौनेपन का आविष्कार है। मगर भाग्य के सम्मुख बौना होने पर भी ट्रैजेडी मनुष्य के प्रति विस्मय-युक्त श्रद्धाबोध पैदा करती है। मनुष्य की शोचनीय मर्मांतक परिणति घटित होती है और उससे भीत और करुणार्द्र होने के साथ-साथ हम मानवमहिमा की उपलब्धि से उद्दीप्त होते हैं। कठोर आत्म-प्रसाद अनुभव करते हैं। दुःख की चुनौती को शक्ति के साथ स्वीकार करने, यंत्रणा को ढोने की क्षमता में मनुष्य की अपराजेयता प्रतिबिंबित होती है। इसीलिए जोकास्ता जो ओदीपियुस की माँ भी है और पत्नी भी—अंत में अभिज्ञान हो जाने पर जब पागलों की तरह ओदीपियुस को स्पर्श करने जाती है तो रुक जाती है। किसे स्पर्श करेगी, संतान या पति को? वही जोकास्ता कहती है, आदमी और कितना डरेगा। वह भाग्य के हाथों एक पुतला है इसलिए जितने दिन वह ज़िंदा है किसी की भी मर्जी की वह परवाह नहीं करेगा। यही मानव का गौरव है। कालिदास ने भी दुःख को देखा है—पंचम अंक के प्रारंभ में संकेत के द्वारा उसका प्रदर्शन हुआ है। हंसपदिका के गीत के माध्यम से—यवनिका में मानों एक छिद्र दिखाई पड़ता है जिसमें से हम दुःख का नरक देख सकते हैं (रवींद्रनाथ ठाकुर : शकुंतला)। पंचम अंक में हृदयविदारक दुःख का दृश्य, मर्मछेदन असहाय क्रंदन है। परंतु यह दुःख जीवन का एक अंश है। सुख-दुःख दोनों मिलकर समग्र जीवन हैं। इसीलिए कालिदास ने 'शिशिरवसंतौ' का बिंब दिया है—जहाँ पत्ते का झरना अंकुर के फूटने से अलग देखा ही नहीं जा सकता। दुःख के माध्यम से ही दुःखातीत आनंद की ओर प्रयाण में द्वंद्व और तनाव को नकारा गया है। यहाँ कर्तव्य और भावना का द्वंद्व है। कर्तव्य-भावना (Public duty) से प्रेरित शकुंतला अतिथि का स्वागत करती है, तथा राजा विघ्नों का अपसरण करता है। दूसरी ओर प्रेम की व्यक्तिगत उन्मादना का द्वंद्व है। इस द्वंद्व की परिणति कितनी शोचनीय हो सकती है, हंसपदिका का गीत उसका प्रमाण है। कालिदास और सॉफोक्लेस के शकुंतला और किंग ओदीपियुस में अनुभूति की तीव्रता है। दर्शकों की सचेतनता (जिज्ञासा) और तल्लीनता (तादात्म्य) का प्रसार है परंतु एक में मानव की अस्मिता की पहचान है तो दूसरे में मानव धारणा का दार्शनिक प्रसार। इन अलग-अलग सौंदर्यबोधों का आधार वह दृश्यात्मकता (Spectecle) है जो इन्हें प्रखर बनाती है।

यहाँ यह कहा जाता है कि कालिदास में यथार्थबोध का अभाव था इसीलिए आधुनिक सौंदर्यबोध के यथार्थ ध्रुवांत के साथ यह मेल नहीं खाता। कीथ ने संस्कृत नाटककारों का हवाला देते हुए कहा था कि यथार्थ नाटक की रचना संस्कृत नाटककारों

की मानसिकता के विरुद्ध थी।[4] कीथ ने यह बात विक्टोरियन युग के नैचेरिलिज़ के प्रभाव में कही थी। दरअसल नाटक अपने आप में यथार्थ नहीं होता–स्टेज ही उसे जीवन से काट देता है–वह एक माया (illusion) की रचना करता है : "भ्रांति यथार्थता का निषेध नहीं करती बल्कि यथार्थता की अभिव्यंजना की व्याख्याएँ करती हैं। कलाकार इस तरह यथार्थता के एक 'संशोधित' बिंब का अनुभव करके यथार्थता की पूर्ति करता है।" इसलिए पंक से पंकज की सृष्टि आर्ट है और जो पंकज को प्रस्फुटित करता हुआ पंक में डूब जाता है वह शिल्पी नहीं। वास्तविक यथार्थ लेखक का होता है। अनुकरण के स्थान पर कल्पनात्मक सृजन के आधार पर नाटक और यथार्थ का संबंध आँका जाता है। नाटककार एक ऐसे जीवन की कल्पना करता है जो रियल की कॉपी से कहीं ज्यादा यथार्थ प्रतीत होता है। नाटक में यथार्थ का सत्याभास (otherness from reality) होता है–जानबूझ कर हमारे अविश्वास को खत्म करना ही नाटककार का काम होता है तो यह सवाल उठाना ही ग़लत है कि यह यथार्थ नहीं। कालिदास रियलिज़्म का दावा भी तो नहीं करता। कालिदास अपने युगबोध और जातीय अवचेतन में निहित आर्किटाइपल सिंबल और उससे जुड़े हुए मिथ को कैसे भूल सकता है? पाश्चात्य त्रासदी में जातीय अवचेतन में निहित आर्कीटाइपल या प्राइमोरडियल इमेज़ेस या पैटर्न्स ऑफ एक्सपीरियंस से निर्मित मिथ में आदम तथा ईव का मिथ सबसे प्रखर है। काम-वासना या पाप के कारण शाप तथा स्वर्ग से पतन और स्वर्ग को पाने के लिए निरंतर हाहाकार–यह मानव जीवन का आर्कीटाइप है। भारत भी इस आर्कीटाइप से परिचित है। मनु और काम का मिथक इसी पर आधारित है। कालिदास इस आर्कीटाइप से विशेष प्रभावित थे। उनके नाटकों में इसका विस्थापन (displacement) हुआ है। 'विक्रमोर्वशीयं' तथा 'शकुंतला' दोनों में यहाँ तक कि 'मेघदूत' में इस आर्कीटाइपल सिंबल का प्रयोग है। पुरूरवा, दुष्यंत तथा यक्ष मर्त्यलोक में बैठे हुए स्वर्गलोक की उर्वशी, शकुंतला तथा यक्षणी को पाने के लिए हाहाकार कर रहे हैं। इस मिथ का विस्तार हमारी जातीय अवचेतना में अंततः सुखांतरूप में हुआ है और इस जातीय अवचेतना को नकारना असंभव है। सबसे बड़ी बात–नाटक की भित्ति अभिनय है, घटनाएँ नहीं। अगर घटनाएँ होतीं तो जासूसी कहानी सर्वश्रेष्ठ नाटक कहलाती और फिर यथार्थ व्यवहार और यथार्थ अभिनय में काफी फर्क होता है–अभिनय के द्वारा यथार्थ को आभासित किया जाता है–अभिनय में प्रतीकों के प्रयोग के द्वारा। कालिदास ने तथ्यों (actual) के पीछे जो यथार्थ (real) है उसको ढूँढ़ा है और जीवन पर टिप्पणी की है और हमारे जीवनबोध क़ो गहराई प्रदान की है।

यह भी कहा जाता है रस के प्रति कालिदास का आग्रह होने के कारण घटना और चरित्र उपेक्षित हुए हैं और हमारा सौंदर्यबोध इसीलिए खंडित हो जाता है। दरअसल नाटक में दर्शक पहले विपथन (diversion) चाहता है–जीवन का वैचित्र्य देखना चाहता

है जो जिंदगी है उससे कुछ और–राजा और तापस कुमारी का प्रेम क्या ज़िंदगी की रोजमर्रा की घटना हो सकती है? दर्शक फिर उद्दीपन (stimulation) चाहता है। काव्य माधुर्य के द्वारा उसे उद्दीपना मिलती है। वस्तु को रोचक बनाकर अभिनय के लिए अवकाश देकर तनाव और द्वंद्व के आधार पर दर्शक को उद्दीप्त किया जाता है। फिर वह जीवन के बारे में प्रकाश (ilumination) की आकांक्षा करता है। विपथन और उद्दीपन के बाद दर्शक जीवन के बारे में कुछ जानना चाहता है। और वह पूछता है–यह नाटक किसलिए है? भोग से भोगातीत की ओर यात्रा की धारणा उसे गहराती है। और उसी में उसे उत्तर मिलता है। फिर इंद्रियों की परितृप्ति (sensation) यानी रस भोग; परंतु क्या यह रस चरित्र और घटनाओं की उपेक्षा करता है? रस स्वाश्रयी नहीं होता–वस्तु निरपेक्ष नहीं होता, विभाव वस्तु है जिसमें चरित्र जुड़े होते हैं। वस्तु में कहानी और दृश्यसज्जा दोनों हैं। आश्रय, यज्ञों की धूमाग्नि, राजभवन, आकाशयान, स्वर्णिम चोटी से युक्त पर्वत और उसी के बीच घूमता हुआ नागर राजा, तपोवन की सरलता से जुड़ी हुई शकुंतला मगर 'आर्यपुत्र' की आकांक्षा मन में लिए हुए। ऋषिपुत्रों की ईर्ष्या जिसकी अभिव्यक्ति उनकी क्रोध भरी उक्तियों में (5वां अंक) होती है। दुर्वासा जैसा क्रोधी ऋषि और फिर इन्हीं के साथ मूक अभिनेता प्रकृति। वस्तु, दृश्य एवं चरित्र मिलकर एक दृश्यात्मकता का सृजन करते हैं और उसी से दर्शक चमत्कृत होता है और रंगमंच की चौथी दीवार का बंधन टूट जाता है–दर्शक का पहले हृदय-संवाद (सहानुभूति) होता है फिर तन्मयी भावन (साधारणीकरण)–सौंदर्यानुभूति के साथ सौंदर्य के विषय का तादात्म्य हो जाता है। अध्रुवीकरण की स्थिति उत्पन्न होती है। मगर बंधन का यह टूटना या तादात्म्य भी एक भ्रांति है। बंधन टूटता नहीं–तादात्म्य नहीं होता। नाटक और जीवन के बीच एक कलात्मक दूरी बनी रहती है–इसी स्थिति को 'चिन्मय' शब्द के द्वारा विश्वनाथ ने समझाया है–एक ओर चैतन्य की सक्रियता प्रखर बनी रहती और दूसरी ओर तन्मयता का एहसास होता है–इसी के फलस्वरूप दर्शक में एक गहरी अनुक्रिया (response) पैदा होती है–यह रस है जो वास्तविक दुनिया की कोई यथार्थ अनुभूति नहीं वरन् एक व्यक्तिगत अनुभूति होती है–जो प्रत्यक्ष अनुभूति से कहीं अधिक गहरी सौंदर्यानुभूति होती है।

वास्तविक जीवन के प्रयोजन यहाँ निलंबित हो चुके हैं। तर्कशीलता की जगह अनुभूति का प्रसार होता है यद्यपि मनुष्य की धारणा की जिज्ञासात्मक अभिव्यक्ति भी होती है। जातीय अवचेतन में स्थित आद्यप्रारूप सौंदर्यबोध को गहराता है और यथार्थ को भ्रांति का बाना पहनाकर नाटक की दृश्यात्मकता से जोड़ा जाता है। शकुंतला का यह सौंदर्यबोध कदाचित् आज के प्रत्येक दर्शक के लिए नहीं जो सामाजिक यथार्थ के सौंदर्यबोध या हताशा के एक अविवेकपूर्ण अनुभव में जीता हुआ ऐतिहासिक प्रतिबद्धता, अर्थहीन जीवन दृष्टि में विभक्त सहृदय का प्रतीक है। परंतु आज का

सहृदय शकुंतला में रीतिबद्ध ढंग से वर्णित जीवन के क्रम में मनुष्य की धारणा और विश्वास को भी तो स्वीकारता है। "सहृदय जन्मजात या दैवी पुण्य के प्रताप से नहीं होता, बल्कि अनुभव, विवाद, प्रशिक्षण और अनुचिंतन के द्वारा अपनी भावना को निरंतर विकसित करते रहने से बनता है।" परंतु आज का दर्शक चाहे आस्थाकेंद्रित या संदेह केंद्रित बुद्धियुक्त हो जब विभिन्न प्रकार के सौंदर्यबोध को वह एक विशिष्ट सूत्र में पिरो पाता है तब उसके सौंदर्यबोध में कहीं एक सामान्यता दिखाई पड़ती है। लिओनार्द दा बिंचि के अनुसार यह विशिष्ट सूत्र है मनुष्य और उसकी आत्मा की आशावादिता (Man and the hopes of his soul) सौंदर्य की निरंतरता और भिन्नता में से उत्पन्न यह विशिष्ट सूत्र शकुंतला नाटक की पहचान है। केवल शकुंतला ही क्यों, साहित्य में यथार्थ के प्रवर्तक को भी इस विशिष्ट सूत्र को सौंदर्यबोध के साथ जोड़ने में बाध्य होना पड़ा था। जर्मन थियेटर के लिए जब डॉल्स हाउस को फिर से लिखने की ज़रूरत हुई तो उन्होंने अंत में नोरा को घर छोड़ते हुए नहीं दिखाया। जब नोरा घर छोड़ने के लिए तैयार होती है तो उसका पति कहता है, अपने सोते हुए बच्चों को तो एक बार देख जाओ। देखो अभी वे सोए हुए हैं–आराम और शांति से मगर कल जगने के बाद जब वे अपनी माँ को पुकारेंगे, तब तक वे मातृहीन बन चुके होंगे।[5]

नोरा काँपती हुई आवाज में कहती है–मातृहीन! ओह! यह बड़ा पाप होगा, मैं इन्हें छोड़ नहीं सकती।

तब उसका पति प्रसन्नतापूर्वक मगर नम्रता से पुकारता है–नोरा, और धीरे-धीरे पर्दा गिर जाता है।

यह आज से एक सौ पच्चीस साल पहले की बात है। अगर आज के नाटकों को लें तो यहाँ भी सौंदर्यबोध का आधार यही विशिष्ट सूत्र दिखायी पड़ता है। 'आधे-अधूरे' में एक अर्थहीन ज़िंदगी जीने के लिए प्रत्येक पात्र की नियति अभिशप्त है और इसी अभिशप्तता की स्थिति में जब बेटा 'देखकर, जरा सँभल के' कहता हुआ विघटित बाप को कमरे में ले आता है तो कहीं आशा की चमक रंगमंच के घने अंधकार में कौंध जाती है। 'एवं इंद्रजीत' में इंद्रजीत भी जब सिसिफ़स के मिथ के सिसिफ़स की तरह अर्थहीन ज़िंदगी को ढोने के लिए तैयार दिखाई पड़ता है तो वहाँ भी अंत में आशा का मंत्र सुनाई पड़ता है–"दीक्षा के उस मूलमंत्र को। तीर्थ नहीं, है केवल यात्रा। लक्ष्य नहीं, है केवल पथ ही। इसी तीर्थ-पथ पर है चलना। इष्ट यही, गंतव्य यही है"। और 'तुगलक' में मुहम्मद–अंत में अपनी त्रासद असफलता में अकेला रंगमंच में दिखाई पड़ता है और उस त्रासद बर्बरता और खूँख्वारी में भी दर्शकों को मुअज़्ज़िन की आज़ान सुनाई पड़ती है। एलिज़ाबेथ के युग के त्रासद नाटकों को देखकर रात्रि के वक्त रंगशाला से निकलते हुए दर्शक की भी आँखें बरबस आसमान की ओर चली जाती थीं और वे कहते थे–देखो, देखो, आसमान में तारे चमक रहे

हैं। और शकुंतला नाटक में? महाकाल के मंदिर में आरती की समाप्ति पर नाटक शुरू हुआ था—मध्यरात्रि में नाटक खेलना अनुचित माना जाता था—मगर रात्रि का दूसरा पहर जरूर बीत गया होगा। दर्शक रंग-शाला से बाहर निकल रहे हैं। उनके कानों में शकुंतला के वाष्पकंठ से निकली हुई आवाज़—'आर्यपुत्र की जय' अभी भी गूँज रही है। उन्होंने शकुंतला के नवयौवन की सरल काममूर्ति को देखा है और फिर एक वेणीधरा विरहव्रतचारिणी रूप भी देखा है—इस तरह वह लौकिक से दिव्यता की यात्रा की अनुभूति कर पाया है। एक ओर लौकिक जीवन का आयाम—सामाजिक का आयाम—सावधि काल का वृत्त और दूसरी ओर भरतवाक्य की अंतिम पंक्ति—पुनर्भव परिगत शक्तिरात्मभूः—देवताओं के निरवधि महाकाल का महावृत्त। कालिदास शकुंतला नाटक में इन दोनों वृत्तों का सामंजस्य करता है और लौकिकता और अलौकिकता के इस सामंजस्य में दर्शक का सौंदर्यबोध निखर उठता है।

संदर्भ

1. फेबर (Faber Karl George Theorieder) का कहना है The fact that every moment adds new events to the past means that there is at the same time a qualitative change in the sum total of the past—Geschicht Swissensschaft (1971), पृ. 39
2. Aesthetic appreciation of beauty is identical with the creation of beauty, Das gupta, S.N. Fundamentals of Indian Art (1960), पृ. 111
3. The object of literary studies is created by means of the 'perspective' which is thereby a 'factor' of the structure of the object—स्टेम्पेल, Texteder Russischen Formalisten, II, (1972), XLV.
4. To create a realistic drama was wholly incompatible with their temperament, Keith, Sanskrit Drama (1924), पृ. 349
5. Look there they are asleep, peaceful and carefree. Tomorrow, when they will wake up and call for their mother they will be motherless.

17

मोहन राकेश और बादल सरकार : एक नाट्य-बिंब की तलाश और कतिपय स्त्री-पुरुष

नाट्य के साहित्यिक रूप को नाटक कहते हैं, जहाँ अभिनेता चरित्र का रूप धारण करते हैं और सूचित कार्य को पूरा करते हैं और लिखित संलाप बोलते हैं। नाटक और अभिनय इन युग्मतारकों के द्वैतनृत्य से नाटक की सृष्टि होती है। परस्पर एक दूसरे के दास भी हैं, प्रभु भी हैं। मंच के बारे में सही धारणा नहीं रहने से, अभिनय पद्धति के बारे में पता नहीं रहने से जैसे श्रेष्ठ नाटक लिखना संभव नहीं, उसी तरह नाटककार के प्रच्छन्न इशारों को पकड़े बिना श्रेष्ठ अभिनय भी संभव नहीं। यह एक सुखद संयोग है कि आधुनिक हिंदी और बांग्ला नाट्य-जगत् में क्रांतिकारी परिवर्तन लाने वाले दोनों नाटककार मोहन राकेश और बादल सरकार ने नाट्य को ध्यान में रखकर ही नाटकों की रचना की है। इनमें से बादल सरकार नाटक-लेखन के अतिरिक्त स्वयं एक नाट्यकर्मी भी हैं। 'शताब्दी' नाट्य-गोष्ठी के संचालक के रूप में उनकी प्रसिद्धि इतनी फैली हुई है कि नाटककार की तो बात ही छोड़ दीजिए, केवल नाट्यकर्मी के रूप में उनके विवर्तन की रूपरेखा को विश्लेषित करने में आज आलोचक सचेष्ट हुए हैं। मोहन राकेश का भी मंच के साथ गहरा संबंध रहा है। श्यामानंद जालान, ओम शिवपुरी, राजेंद्रनाथ और फिल्म-जगत् के बासु चैटर्जी जैसे रंगकर्मियों के साथ उनका सक्रिय संबंध बना हुआ था। यहाँ तक कि 'लहरों का राजहंस' के दूसरे संस्करण में जो परिवर्तन किए गए, उसमें श्यामानंद जालान का गहरा हाथ था। वस्तुतः एक अच्छे नाटक लिखे जाने की पहली शर्त यह है कि शक्तिमान लेखकों का मंच के साथ बहुत निकट का रिश्ता हो जिसके अभाव में स्वाधीनता-प्राप्ति के बाद हिंदी में मोहन राकेश से पहले, सही मायने में, जगदीश चंद्र माथुर और उपेंद्रनाथ अश्क दो ही नाटककारों का उल्लेख किया जा सकता है और बांग्ला में रवींद्रनाथ ठाकुर

को छोड़ देने से बिजन भट्टाचार्य, उत्पलदत्त के बाद बादल सरकार और मोहित चट्टोपाध्याय का ही नाम लिया जाता है।

विभिन्न नाटककारों के नाटकों में विषय की समानता हो सकती है मगर वस्तु भिन्न होती है, जो नाटककार की दृष्टि एवं आंतरिक योजना-क्रम से निर्मित होती है। वस्तु में जितनी व्याप्ति रहेगी उतनी ही वह भिन्न-भिन्न अभिनेताओं के द्वारा भिन्न-भिन्न रूप में प्रकट होगी। इसीलिए यह कहा जाता है कि नाटक नाट्य तभी बनता है जब अभिनय के मजलिस में फिर से उसकी सृष्टि होती है। मोहन राकेश और बादल सरकार के नाटकों में यह व्याप्ति स्पष्ट दिखाई पड़ती है। नाटककार की दृष्टि एवं आंतरिक योजना क्रम से निर्मित वस्तु में जब चरित्रों की विभिन्न अभिज्ञताएँ आकर संबद्ध होती हैं तभी नाट्य-बिंब की सृष्टि होती है जो दर्शकों की नाट्य-बोध शक्ति को गंभीरता प्रदान करती है। इस निबंध में मोहन राकेश के तीन नाटक 'आषाढ़ का एक दिन', 'लहरों का राजहंस' एवं 'आधे-अधूरे', तथा बादल सरकार के बहुचर्चित तीन नाटक—'एवं इंद्रजीत', 'बाकी इतिहास' और 'पागला घोड़ा' को ग्रहण किया गया है। बादल सरकार ने अपने साहित्यिक जीवन के प्रारंभ में हल्के-फुल्के हँसी के नाटक लिखे थे। बीच के युग में उन्होंने 'एवं इंद्रजीत', 'बाकी इतिहास' और 'पागला घोड़ा' की रचना कर आधुनिक जीवन की अर्थहीनता, शून्यता और पापबोध के दस्तावेज़ की रचना करनी चाही एवं इस तीसरे युग में उन्होंने रंगमंच के प्रवक्ता के रूप में 'स्पार्टकस', 'मिछिल', 'भोमा', 'सुखपाठ्य, भारतेर 'इतिहास' की तरह कॉमिटेड विद्रोहपूर्ण नाटकों की रचना और निर्देशन के द्वारा असामान्य दक्षता का परिचय दिया। उनके सामने दो ही समस्याएँ थीं—किस तरह सकारात्मक प्रासंगिक रंगमंच की सृष्टि की जा सके जिसका समाज में निश्चित स्थान हो और किस प्रकार अधिक लोगों तक पहुँचकर उनके साथ संपर्क स्थापन किया जाए। मोहन राकेश यदि जीवित रहते तो कदाचित् उनकी नाट्य संभावनाओं के नए रूप प्रकट होते और इन दोनों नाटककारों के अध्ययन में हमें एक बहुआयामी विस्तार प्राप्त होता। फिलहाल प्रस्तुत निबंध में राकेश और बादल सरकार के इन छह नाटकों के आश्रय से जिन नाट्य-बिंबों की सृष्टि हुई है उन्हीं को पात्रों की अभिज्ञताओं के द्वारा समझने की कोशिश की गई है।

'एवं इंद्रजीत' के इंद्रजीत या फिर 'आधे-अधूरे' का महेंद्रनाथ या 'बाकी 'इतिहास' का शरद् या 'आषाढ़ का एक दिन' का कालिदास या फिर 'लहरों के राजहंस' का नंद बड़ा अकेला है—आज के अभिनेता की तरह। पहले नाट्य में रीति-प्रकरण ही महत्त्वपूर्ण था, तब इतनी असुविधा भी नहीं थी। मूँछों वाला, देखने में कुत्सित आदमी, हाथ में शराब की प्याली, नशे में झूमता हुआ और ठहाका लगाता हुआ जब वह मंच में प्रवेश करता तब हम जान जाते थे, यह बदमाश आदमी है, मगर अब ये रीति प्रकरण हटा दिए गए हैं। अब प्रत्येक अभिनेता बड़ा अकेला है।

अकेला खड़े होकर उसे अपनी विशिष्ट दुनिया की खबर देनी पड़ती है। नंद, कालिदास, महेंद्रनाथ, इंद्रजीत, शरद—सब अकेले हैं, टूट चुके हैं। उन्हें सहारा चाहिए। कालिदास ने सहारा के लिए मल्लिका की ओर हाथ बढ़ाया। इसमें प्रेम नहीं, अपना स्वार्थ निहित था या फिर वह अपने बारे में अनजान था। शायद प्रेम नहीं था, ऐसा भी नहीं कहा जा सकता क्योंकि प्रेम का पारंपरिक रूप स्वाभाविक अभिनय की तरह आज एक अवास्तविक स्थिति में बदल गया है। प्रेम का पारंपरिक रूप एकात्मीकरण की माँग करता है, उसी तरह जैसे अभिनय में स्वाभाविकता का अर्थ लगाया जाता है अभिनय चरित्र और अभिनेता मानों एक ही सत्ता हों। अभिनय केवल स्वाभाविक नहीं होता, उसमें गहरा मनोभाव, गहरी उपलब्धि प्रकट होती है। बुद्धि और हृदय के अपूर्व मिलन से ही अभिनय श्रेष्ठ बनता है—जो विश्लेषित सत्य को प्रकट करता है, साधारण स्वाभाविकता का अनुकरण नहीं करता। पारंपरिक प्रेम को आज का आधुनिक मन सस्ती भावुकता कहकर नकारता है। उसे वह विश्लेषित करना चाहता है इसलिए हमें ऐसा प्रतीत होता है कि कालिदास में प्रेम नहीं, अपना स्वार्थ निहित था। दरअसल कालिदास अपने बारे में ही अनजान है इसलिए वह कहता है—'फिर भी कई-कई आशंकाएँ उठती हैं।' राकेश ने आधुनिक मन को नाट्य के भीतर प्रकट करने की कोशिश की है केवल संलाप बोलने के द्वारा नहीं वरन् अभिनय के द्वारा, दृश्य उपस्थापन के द्वारा तथा पात्रों के अभिनय के द्वारा। प्रारंभ से ही राकेश को एक नाट्य-बिंब की तलाश थी। काव्य-बिंब का जन्म कवि की अभिज्ञता से होता है एवं नाटक में चरित्रों की अपनी अभिज्ञताओं से नाट्य बिंब की सृष्टि होती है। कालिदास पहले एक रोमानी दुनिया में जीता है। फिर मातृगुप्त की तरह उसे एक राजकीय प्रभुता संपन्न दुनिया में जीने के लिए बाध्य किया जाता है मगर तब तक वह अस्तित्वहीन बन चुका है। वह केवल घोड़े के टापों में बदल जाता है मानो वह आवाज़ समय की गूँज थी। इच्छा और समय के द्वंद्व में समय की विजय घोषणा। अंत में उस ने जब फिर 'अथ' से जीवन को प्रारंभ करने की इच्छा व्यक्त की तब उसे कहा गया कि तुम्हें विलोम बनना पड़ेगा अर्थात् एक 'असफल कालिदास'। इस तरह कालिदास से मातृगुप्त और फिर विलोम या असफल कालिदास। साहित्य उसके जीवन का पहला चरण था। प्रियंगु के साथ उसके जीवन का दूसरा चरण बीता। तीसरा चरण था विलोम का परंतु वह तो विपरीत था। उसे भी वह अपना नहीं सका। इन तीनों चरणों को पिरोकर काल का एक बिंब तैयार होता है। खंड क्षणों के योग से एक अंतहीन समय का बिंब। समय भी इन दोनों चालों का योगफल है। इस नाटक का जटिल विन्यास केवल संरचना का खेल नहीं। इसके द्वारा राकेश ने व्यक्ति और उसके परिवेश के डायलेक्टिस को प्रकट किया है। समय मानो एक दीर्घ एकक अस्तित्व है, क्रमशः वह खुलता जाता है अंतहीन ढंग से एवं प्रत्येक मुहूर्त का वर्तमान इसमें अतीत को समेटता चलता है। कालिदास की इच्छा का द्वंद्व समय के साथ था परंतु

अंततः वह देखता है कि "समय अधिक शक्तिशाली है" क्योंकि "वह प्रतीक्षा नहीं करता"। मल्लिका रहती है पृथ्वी लोक में मगर रहना चाहती है स्मृति और भावना की दुनिया में। एक अभाव की दुनिया, दूसरी भाव की दुनिया—इन दोनों को मिलाकर काल-बिंब की रचना हुई है—कालिदास को उसी की खोज है। कालिदास ने सोचा था, समय उसके लिए रुका रहेगा, मगर काल का प्रत्येक क्षण एकाकी स्वतंत्र खड़ा नहीं रहता, उसकी सफलता निर्बाध काल स्रोत के अंश रूप में आँकी जाती है। इसीलिए कालिदास आखिर जब मल्लिका के पास पहुँचा उसे सब बदला हुआ प्रतीत हुआ। काल की उस नयी तस्वीर को वह स्वीकार नहीं कर सका इसीलिए उसे मुक्ति नहीं मिली मगर नाटक को अपना नाट्य-बिंब मिल गया—टूटा-हारा आज का आदमी, जिसे एक घर की तलाश है। घर अर्थात् प्रेम का बिंब। प्रियंगु मल्लिका के घर को गिराकर एक नया घर बना चुकी है मगर वहाँ से कालिदास भाग आता है घर को उजाड़कर। मल्लिका घर को गिराने के आदेश को रोकना चाहती है। जिस व्यक्ति के लिए वह यह सब करती है उसे वह घर पसंद नहीं, उसे सब कुछ बदला-बदला लगता है। विलोम को जिस घर की तलाश थी वह घर उसे मिलता है, वह अपने को और अयाचित अतिथि नहीं समझता मगर वहाँ भी 'हर समय द्वार बंद'। मातुल कहता है कि मैं तो अब घर के रहते बेकार हो रहा हूँ। अंबिका जिस घर में रहती है वह घर घर नहीं, एक काल गुफा है। इस आत्मगत सत्य की पटभूमिका में सामयिकता, इतिहास और संस्कार मिलकर एक हो जाते हैं। परंतु राकेश के लिए इस नाटक की रचना एक सम-सामयिक परिस्थिति की नाटकीय अभिव्यक्ति है जिसके साथ इतिहासगत या संस्कारगत संदर्भ युक्त नहीं हैं। उनके अनुसार कालिदास केवल सृजनात्मक प्रतिभा का प्रतीक है। नाटक में वह प्रतीक उस अंतर्द्वंद्व को संकेतित करने के लिए है जो किसी भी काल में सृजनशील प्रतिभा को आंदोलित करता है। इंद्रनाथ मदान ने राकेश की बात को स्वीकार करते हुए कालिदास को मिथक के रूप में ग्रहण किया है। अगर वह मिथक है तो इतिहास और संस्कार से कटा हुआ नहीं है और फिर राकेश ने जिस अभिप्राय का उल्लेख किया है वह उनका अभिप्रेत अभिप्राय है और नाटक में जिस अभिप्राय की अभिव्यक्ति हुई है वह इससे भिन्न है। मिथक एक जाति के अचेतन प्रकरण की सृष्टि है और उसके द्वारा वर्तमान का एक प्रतीकी रूप अभिव्यक्त होता है। महाकाल की परिधि में से जब मिथक केवल वर्तमान को प्रकट करता तब वह सत्य है और जब उसका अर्थ वर्तमान को केवल अतीत की ओर पीछे की ओर ले जाना है तब वह सरासर झूठ है। कालिदास के इस मिथक के द्वारा एक नाट्य-बिंब की सृष्टि हुई है। हरेक को एक घर की तलाश है, एक मुट्ठी प्रेम की तमन्ना है और उसके अभाव में वह एक टूटा हारा है। पुराण कथा का कालिदास अब वर्तमान का कालिदास है। आधुनिकता को पकड़ने के लिए कभी-कभी यथार्थ की बंद दीवार को हटाने की जरूरत होती है, इसीलिए तो कालिदास

रोमानी दुनिया में ही जीता है। आश्चर्य की बात नहीं कि बहुतों को इसी कारण यह रोमांटिक नाट्यधारा का प्रसार प्रतीत हो। मगर यह नाटक यथार्थ का रोमांस है, जहाँ बादल हैं मगर वे "कल उज्जयिनी की ओर उड़ जाएँगे।" अभिनय की भूमिका यथार्थ है चाहे वह कालिदास, मल्लिका, अंबिका, विलोम किसी से क्यों न संबद्ध हो मगर इस अभिनय की यथार्थ भूमिका के साथ-साथ रोमानियत का प्रसार कर दर्शकों के यथार्थ के विश्वास को तोड़ा जाता है जिससे एक रसात्मक दूरी कायम की जा सके और चरित्रों की अभिज्ञता के आधार पर सृष्ट नाट्य-बिंब के द्वारा मानव के गहरे जीवन द्वंद्वों को औब्जैक्टीफाई की जा सके। राकेश के नाटक वक्तव्य पेश नहीं करते, एक कलात्मक संवेदना को जाग्रत करते हैं और इस तरह दर्शकों को प्रश्न का उत्तर नहीं मिलता मगर उनमें एक अनुभूति का संचार होता है—यह अनुभूत्यात्मक जीवन का समग्र अनुभव है—जीवन धारण करने की अनुभ्रूति जिसमें शारीरिक संवेदना, भावावेग यहाँ तक कि सोचने की अनुभूति भी शामिल है। भावना के इस बहाव को तर्क-सम्मत संलाप के आधार पर प्रकट नहीं किया जा सकता, उसे नाट्य-बिंब का रूप देना पड़ता है। यह नाट्य-बिंब जीवन के संपर्क में एक गहरा बोध ला देता है, समाज के जटिल स्तर-विन्यास की उपलब्धि में सहायक होता है और हमारी बुद्धि और हृदय को बाँधकर हमें मानवीय द्वंद्वों के चिरंतन रूप से परिचित कराता है। दर्शक और तीसरे व्यक्ति की तरह बाहर से एक अनवस्थित दीवार के बीच में से केवल आचरण को देखता नहीं है, वह नाटक के चरित्र के निकट पहुँचकर उसकी सब्जैक्टिव दुनिया में चला जाता है। मगर दूरी इतनी अवश्य बनी रहती है कि वह जीवन-द्वंद्वों को औब्जैक्टीफाई कर सके।

ध्यान दीजिए, औब्जैक्टीफाई कर सके—यह एस्थेटिक डिसटेंस की बात है, ब्रेश्ट का एलियेनेशन-क्रिटीकल डिसटेंस की बात नहीं जहाँ अभिनेता और अभिनय चरित्र के बीच एवं अभिनेता एवं दर्शक के बीच एक दूरी हमेशा बनी रहती है और तभी दर्शक भावावेग में बहे बिना युक्ति तर्क की सहायता से समस्त चीज़ों को समझने की कोशिश कर पाता है। ब्रेश्ट के द्वारा निर्मित नाट्य-बिंब अचानक स्वाभाविक को अद्‌भुत और आश्चर्यजनक रूप देता है और तभी दर्शक विस्मयाविभूत होकर उनमें नए अर्थ की खोज कर पाता है। मगर राकेश ऐसा कुछ नहीं करता। राकेश ने व्यक्तिगत मनुष्य के गहरे और मूलभूत प्रश्नों को, यथार्थ में अंतर्निहित सत्य को, तजुर्बे के धरातल पर एक सिगनीफिकेंट फार्म (बिंब) का रूप दिया है जिससे कि दर्शक उसे औब्जैक्टीफाई कर सके। तब व्यक्तिगत मनुष्य समाजगत मनुष्य में बदल जाता है—कालिदास की समस्या उसकी अपनी समस्या नहीं रह जाती, वह समाज की समस्या बन जाती है। दर्शक की दृष्टि विशेष व्यक्ति की नियति के स्थान पर मनुष्य की सामान्यता की खोज में विस्तार पा जाती है।

'लहरों के राजहंस' में विरोधी तत्त्वों के द्वंद्वों से नाट्य-बिंब की रचना हुई है।

नंद एक ओर मृग की तरह कोमल, असुरक्षित और निर्जीव तो दूसरी ओर सिंह के साथ युद्धरत, निर्भीक तथा अनस्तित्व और अस्तित्व के बीच एक प्रश्नचिह्न के समान है; सुंदरी एक ओर कामोत्सव की उच्छल प्रतीक तो दूसरी ओर दर्पण की तरह खंडित; श्यामांग एक ओर आसन्न विछिन्नता के डर से भयभीत तो दूसरी ओर कभी न मिलने वाली किरण की तलाश में जुटा हुआ है; भगवान बुद्ध का एक ओर अयाचित अतिथि के रूप में मृदुपग संचार तो दूसरी ओर उनकी चारों ओर फैली हुई ख्याति। एक ओर तनाव, आलोड़न, संघात, तो दूसरी ओर स्वच्छंद शांति की आकांक्षा बनी हुई है मन में। इन विरोधी तत्त्वों का द्वंद्व हमारी रगों में बसा हुआ है। हम तो जानते हैं, रुद्र एक हाथ से ध्वंस करता है तो दूसरे हाथ से शिव हमें अभय प्रदान करता है। वह पालक भी है और ध्वंसक भी है। विरोधी तत्त्वों के समन्वय से जीवन को रूपायित करना हमारे शिल्पकर्म का ध्येय रहा है। मगर आज द्वंद्व ज्यादा प्रखर है, संबंध स्थापन का मार्ग टूट चुका है—हम विच्छिन्न हो चुके हैं। मानसिक विच्छिन्नता के इस बिंब को रूपायित करते हुए मोहन राकेश ने 'लहरों के राजहंस' में ऐतिहासिक बोध भावना का प्रक्षेपण किया है। इस प्रकार के नाटकों में, साधारणतया, नाटककार अपने आधुनिक पूर्वाग्रहों को आलोचनात्मक स्तर से ऐतिहासिक बोध भावना के स्तर पर ले जाकर मिथ्या यूनिफोरमिटी तथा इममोबिलीटी के मायाजाल की रचना करता है। इससे इतिहास के साथ अन्याय करना होता है। और अपने साथ धोखा। परंतु मोहन राकेश ने ऐसा कुछ नहीं किया। ऐतिहासिक बोध भावना को वे एक ऐसे धरातल पर खड़ा करते हैं, जहाँ समानांतर रूप से दर्शकों को आधुनिक जीवन बोध की रेखा खींची दिखाई पड़ती है। दोनों को मिलाने का उन्होंने कोई प्रयत्न नहीं किया परंतु एक पर दूसरा प्रोजेक्टेड है और इस स्थिति को संपूर्ण तटस्थता के साथ व्यक्त अवश्य किया है। इस प्रक्रिया में इतिहास की यथातथ्यता सामने से नहीं हटी है और न ही बौद्धकाल के पात्र तथा प्रसंग संदर्भों में बदल गए हैं। राकेश ने आधुनिक दर्शक के लिए ऐतिहासिक दृष्टि से उपर्युक्त पटभूमिका का पुनर्निर्माण करते हुए बीसवीं शती की संवेदना को प्रथम शती ईसा पूर्व की संवेदना पर प्रक्षेपण किया है। बौद्धकाल के पात्र तथा प्रसंग में आधुनिक काल की प्रासंगिकता का प्रतिष्ठान हुआ है। पात्र तथा प्रसंग यदि संदर्भों में बदल जाते तो एक युग की कल्पना, संवेदना तथा प्रतिभा को और एक युग के पुनर्निर्मित विचार के चौखटे में बंद करने की गलती से राकेश मुक्त नहीं हो पाते। राकेश के लिए यह जीवन विभिन्न नाटकीय शक्तियों का द्वंद्व रहा है जिसको अपने मानसिक दृष्टिकोण की सहायता से सुलझाने या उलझाने की कोशिश में ही नंद, या सुंदरी, या बुद्ध अथवा उस युग की संवेदना पर आज के युग की प्रासंगिकता का प्रतिष्ठान कर मानव संबंध बोध और भाव-चिंतन की कंटीन्यूटी का संकेत दिया है। सुलझाने या उलझाने की बात इसलिए कही क्योंकि नाटक में जिस मानसिक विच्छिन्नता का बिंब अंकित है, उसके द्वारा आत्यन्तिक

सत्य के स्थान पर अपेक्षित सत्य को ड्रामेटाइज किया गया है। नंद पहले-पहल अपनी पत्नी और बुद्ध की प्रतिबद्धताओं में बिना टकराहट के भारसाम्य बनाए रखना चाहता है। परंतु बातें सुलझती नहीं और अंततः नंद सुंदरी और नेपथ्य में बुद्ध की उलझनें नाट्य-बिंब की आपेक्षिक सत्यता को एक ट्रेजिक महिमा प्रदान करती हैं—यह मूल चरित्रों की मानसिक विच्छिन्नता के परिप्रेक्ष्य में उनका त्रासद आविष्कार है। उनका त्रासद आविष्कार कहने का तात्पर्य यही है कि नाट्य-बिंब के द्वारा मानसिक विच्छिन्नता की जिस आपेक्षिकता को प्रकट किया गया है वह कोई चिरंतन स्थिति या समस्या नहीं है। मगर फिर भी व्यक्तिगत मनुष्य समाजगत मनुष्य भी है यह एहसास अवश्य हो जाता है। मानसिक विच्छिन्नता सामाजिक विच्छिन्नता से भिन्न नहीं है मगर इतना सामाजिक भी नहीं कि व्यक्ति समाप्त हो जाए।

राकेश ने 'लहरों के राजहंस' के नए संस्करण की भूमिका में दीपाधार या पार्थिव-अपार्थिव के द्वंद्व को नाट्य-बिंब के रूप में तूल देने की कोशिश की है। दीपाधार की स्थिति दर्शकों के लिए महत्त्वपूर्ण नहीं; क्योंकि उनमें अंकित पुरुष और नारी मूर्ति की आँखों को देख पाना, पहली पंक्तियों में बैठे हुए दर्शकों के सिवाय, दूसरों के लिए लगभग असंभव ही है। पार्थिव-अपार्थिव का प्रश्न ऊपर से थोपा गया है; यह 'लहरों के राजहंस' की समस्या नहीं है। नंद की विच्छिन्न मानसिकता अस्थिर है, सुंदरी का आत्म-क्रंदन दर्शक सुन पाते हैं, बुद्ध की अस्थिरता का अनुमान लगाना भी कठिन नहीं है। और यह अस्थिरता विच्छिन्न मानसिकता का प्रतीक है। श्यामांग वह प्रतीक है जो अंधे की तरह ज़िंदगी की एक राह (किरण) को ढूँढ़ रहा है जहाँ प्रत्येक ज़िंदगी से जुड़ा संकट स्वाभाविक बनता जा रहा है।

मोहन राकेश ने जिन नाट्य-बिंबों की रचना की है उनमें व्यक्ति की मनोवैज्ञानिकता प्रमुख है। वह अपने से समझौता करने में असमर्थ है। अपने बारे में अपरिचित कालिदास नंद का रूप धारण कर भार-साम्य लाने की कोशिश करता है मगर अंततः मानसिक विच्छिन्नता का शिकार होता है। मल्लिका के जीवन की रिक्तता सुंदरी अपने अहं से भरना चाहती है मगर क्रंदन के सिवाय उसे भी कुछ हाथ नहीं लगता। 'आधे-अधूरे' की बड़ी लड़की कहती है, ज़िंदगी किसी तरह कटती ही चलती है हर आदमी की। दरअसल हम एक विरोधाभास में जी रहे हैं—घर में रहते हुए भी हमें घर नहीं मिल रहा। सुंदरी कहती है, आज घर अपना घर नहीं रहा। कोई घर भी नहीं पा रहा है। महेंद्र की स्त्री सावित्री कह रही है कि एक आदमी घर बसाता है अपने अधूरापन को भरने के लिए, मगर जब वह संभव नहीं हो पा रहा तो घर भी बस नहीं रहा है—हमारे घर के सारे संबंध टूटते जा रहे हैं। हमारा घर नहीं रहा और जिस दुनिया में हम जी रहे हैं वह एक अपरिचित की दुनिया है। महेंद्रनाथ और उसकी स्त्री, उनकी दोनों लड़कियाँ और लड़का अशोक सब एक अपरिचित दुनिया में साँस ले रहे हैं। इस सामाजिक विच्छिन्नता का आधार व्यक्ति की अपनी मानसिक विच्छिन्नता

है और मानसिक विच्छिन्नता का आधार व्यक्ति का अपना अधूरापन है। मोहन राकेश को जिस नाट्य-बिंब की तलाश थी वह 'आधे-अधूरे' जीवन का बिंब था—एक विरोधाभास की दुनिया जहाँ एक ओर व्यक्ति घर बसा नहीं सकता और दूसरी ओर जिस दुनिया में वह रहता है वह उसके लिए अपरिचित है। काला कोटवाला आदमी कहता है कि उसकी तरह यह नाटक भी अनिश्चित है इसीलिए वह अपने को रबड़ का टुकड़ा समझता है—अस्तित्वहीन, और सावित्री भी अपने आप में अनिश्चित। कभी महेंद्र तो कभी जुनेजा तो कभी जगमोहन या फिर विश्वजीत को चाहती है या किसी को भी नहीं चाहती। बाकी लोग भी एक जैसे, अलग-अलग मुखौटे पहने हुए। 'आधे-अधूरे' जीवन का नाट्य-बिंब इतना प्रखर है कि अभिनय के अंत में ऐसा लगता है कि महेंद्रनाथ की स्त्री सावित्री फुट लाइट के पास आकर खड़ी होकर दर्शकों को संबोधित कर कह रही है—अब आप घर जाइए, जहाँ सब कुछ, मैं बिलकुल निश्चित हूँ, इसी प्रकार आधा-अधूरा ही दिखाई पड़ेगा—पुरुष की धुँधली आकृति की तरह। दर्शक भी अपना आसन छोड़ते हुए अपने को पूछता है—कहीं कुछ गड़बड़ है, क्यों ठीक नहीं, मगर कहाँ? दर्शकों को उत्तर नहीं मिलता मगर उनमें एक अनुभूति का संचार होता है—यह दुनिया एक स्टेज है और उनकी ज़िंदगी सपना नहीं, अधूरा है—यह अनुभूति हमें गहराती रहती है।

मोहन राकेश ने सम-सामयिक जीवन की प्रासंगिकता को नाटककार के नजरिया से देखा और अपने पात्रों के माध्यम से यथार्थ एवं कलात्मक धरातल पर व्यक्ति के मनोविज्ञान को नाट्य-बिंब का रूप दिया है। वह बिंब या तो टूटा-हारा आदमी की एक घर की तलाश है, या फिर वह आदमी मानसिक विच्छिन्नता से ग्रस्त जिंदगी की राह ढूँढ़ रहा है, नहीं तो आधे-अधूरे जीवन को भोग रहा है। दरअसल इन तीनों स्थितियों में ही प्रेम के अमिथकीकरण को मूर्तित किया गया है। अपरिचित दुनिया में विच्छिन्न व्यक्ति का प्रेम अमिथकीय भग्नस्तूप बन चुका है, हालाँकि इसके लिए कोई तीसरा व्यक्ति उत्तरदायी नहीं। विलोम, बुद्ध या जगमोहन कोई नहीं। व्यक्ति स्वयं भी उत्तरदायी नहीं। सभी अपने-अपने झूठे वृत्त में घूम रहे हैं—अकेले, असहाय। साथ ही परिवेश भी अकेलेपन को और सुनसान बना रहा है। प्रेम की वर्षा कालिदास और मल्लिका के लिए अब दुःख से भरे जीवन की निःसारता बन चुकी है। नंद और सुंदरी के लिए विशेषक की तरह प्रेम सूख चुका है और अचानक तेज हवा चलती हुई वातावरण को भयावह बना देती है। महेंद्रनाथ के लिए सारा कमरा घुटन से भरा हुआ प्रतीत होता है। एक ओर दृश्य की असंगति तो दूसरी ओर प्यार की क्षणिकता—इसी स्थिति में से गुजरते हुए प्यार को पकड़े रहने की कोशिश इन स्त्री-पुरुषों को और भी अधिक ट्रैजिक बना देती है। मल्लिका और कालिदास, नंद और सुंदरी, महेंद्रनाथ और सावित्री सभी ने तो सोचा था—कुछ न कुछ होगा मगर महाकाल ने उनके जीवन की उस मुहूर्त माया को हमेशा के लिए मिटा दिया—उनके

हाथ कुछ नहीं लगा। प्रेम के अमिथकीकरण की अभिव्यक्ति इन नाटकों में जीवन की प्रासंगिकता से जुड़ कर दर्शकों की बोधशक्ति को गहराई प्रदान करती है। कतिपय स्त्री-पुरुषों की अभिज्ञता से जुड़ा हुआ प्रेम का यह अमिथकीय बिंब ऐतिहासिक धरातल से लेकर समसामयिक धरातल तक प्रसारित होकर इसकी प्रखरता का एहसास कराती है और हमें लगता है, कहीं कुछ गड़बड़ है, क्यों ठीक नहीं, मगर कहाँ? उत्तर की अपेक्षा करना बेकार है। इसीलिए कि किसी भी प्रश्न का उत्तर होता ही नहीं। 'पागला घोड़ा' के शशि ने यह बात कही है।

बादल सरकार का 'पागला घोड़ा' भी 'प्रेमेर मिष्टिगल्पो' है—मीठी प्रेम कहानी है, एक नहीं, चार-चार। बादल सरकार केवल नाटककार ही नहीं, एक मँजे हुए निर्देशक भी हैं। उनके लिए नाट्य-बिंब केवल नाटक में निहित उनकी दृष्टि और आंतरिक योजनाक्रम से बनी वस्तु से जुड़ी हुई पात्रों की अभिज्ञता ही नहीं, केवल अभिनय नहीं, केवल मंच-सज्जा या उपस्थापन का प्रकरण चातुर्य नहीं—इन सबों को मिलाकर उन्होंने नाट्य-बिंब की सृष्टि की है। उन्होंने साहित्यिक प्रतिभा, रंगमंच की विभिन्न अवस्थाओं की अवधारणा तथा अनुष्ठान प्रक्रिया को निपुणता के साथ प्रयोग करके शहरी मध्यवर्ग के व्यक्ति को लेकर एक अर्थहीन संसार की सृष्टि की है जहाँ मध्यवर्गीय चेतना में व्याप्त प्रायः सर्वात्मव्यापी विश्वासहीनता की अभिव्यक्ति दार्शनिकता के स्तर पर हुई है। मगर वह कोई निश्चित दार्शनिक चिंतन नहीं केवल अर्थहीन वितृष्ण तथा विषण्ण मध्यवर्गीय चरित्रों की निःसार जीवन के प्रति एक उदासीन भावना है। आदमी क्यों ज़िंदा रहना चाहता है? उसे क्या मिलता है? लड़की ने दर्शकों को यह सवाल पूछा है। कार्तिक का कहना है, ठीक से नहीं जानता। शायद प्रेम मिल जाए तो वे ज़िंदा रह सकते हैं। 'मगर प्रेम का मतलब तो श्मशान है।' जहाँ शशि, सातू, हिमाद्री, कार्तिक चिता की आग में उसे जला रहे हैं—जीवन की यह एक अनिवार्य रिचुअल है। बैक ड्रॉप में रह-रह कर चिता की लाल आग की रोशनी दिखाई पड़ रही है जो चेहरों के दुःख-दर्द, खालीपन को उभारती चलती है और रिचुअल के मंत्र के समान आदिम कविता की आवाज सुनाई पड़ती है मानों बच्चों का दिल बहलाया जा रहा है।

आम पाता जोड़ा जोड़ा
मारबो चाबुक चड़ बो घोड़ा
अरे बीबी सरे दाँड़ा।
आसछे आमार पागला घोड़ा।

मगर सातू, हिमाद्री, कार्तिक, और शशि बच्चे नहीं हैं। प्रेम के मिथ का पर्दाफाश हो चुका है। पागला घोड़ा प्रेम के पागलपन का बिंब तैयार करता है—एक ट्रैजिक बिंब। चारों स्त्रियाँ इस पागलपन का शिकार हो चुकी हैं—चारों स्त्रियाँ आत्महत्या कर लेती हैं। शशि प्रदीप के लिए मालती की राह छोड़ देता है, हिमाद्री वर्ग संकोच का शिकार है तो मिली भी अपने वर्गगत संस्कारों को छोड़कर हिमाद्री के अनुरूप

नहीं बन पाती, ठेकेदार सातू समाज और लोकापवाद से भयभीत होकर लक्ष्मी को अपने से दूर हटा देता है और कार्तिक अपना प्रेम अभिव्यक्त करने का साहस समय पर सँजो नहीं पाता। मगर कोई भी व्यक्ति इस त्रासद परिणति के लिए स्वयं जिम्मेदार नहीं–तमाम अर्थहीनता, निस्सारता और एकरसता को लेकर व्यक्ति जीवन जीने के लिए अभिशप्त है। जीवन की इस घनीभूत निरर्थकता का संप्रेषण दार्शनिकता के स्तर से उतर कर अनुभूति के स्तर पर चरित्रों के अभिनय के द्वारा विस्तार पा जाता है–शब्द अभिधा से कहीं अधिक नाटकीय अर्थ की प्रतीति कराने लगते हैं। पागला घोड़ा का बिंब–प्रेम के अमिथकीकरण का प्रतीक–उसके अन्याय-अविचार से दिल चिता की आग की तरह जल उठता है मगर उसे किसी की भी परवाह नहीं, वह पागला घोड़ा सब कुछ तहस-नहस करता चलता है, जलाना ही उसका काम है। रंगमंच का बैकग्राउंड स्थिर नहीं है, वहाँ से भी आग की लपटें आकर रंगमंच पर फैलती जा रही हैं और चरित्रों के दिल की बात बताती जा रही हैं। रंगमंच की लाइटिंग मानों एक चलता-फिरता अभिनेता है जो सिर्फ समय ही नहीं बताता, दृश्य की आंतरिक गति और परिवेश का एहसास भी कराता है, गहरी रात और भी तमस फैलाती चलती है। पागला घोड़ा का नाट्यबिंब और उसके साथ जुड़े हुए स्त्री-पुरुषों की अभिज्ञताएँ नाटककार बादल सरकार के साहित्यिक कृतित्व के परिचय के स्थान पर उनमें छिपा हुआ एक अभिनेता का ही अधिक परिचय देती हैं, जिसका काम एक निर्देशक के विज़न को रूपबद्ध करना है। इसलिए इसमें साहित्यिक मूल्य के स्थान पर इसकी थियेट्रीकल क्वालिटी कहीं अधिक महत्त्वपूर्ण है। इन रंगमंचीय विशेषताओं की सहायता से आज के युग के मर्मान्तिक सत्य को बिंबित करने में ही बादल सरकार की सफलता निहित है। नाटक में कहानी अचानक बिलकुल बीच की एक घटना से शुरू होती है जब वह घटना एक त्रासद मोड़ ले चुकी है। फिर एक घटना से दूसरी घटना में कहानी बढ़ती है और इस चलायमान लहर में से ही स्त्री-पुरुषों को पहचान लेना पड़ता है, जैसे इस दुनिया में चलते-चलते, अपने आस-पास के लोग कैसे हैं, उसका अंदाज लगा लेते हैं। श्यामानंद जालान ने जब 'पागला घोड़ा' को मंचस्थ किया था तब उनकी कोशिश यही थी कि चरित्रों का तड़पन कुछ इस तरह हो, इस हद तक हो कि कहीं वह दर्शकों को कुरेदे, कोंचे और दर्शक अपने-अपने जीवन की समानांतर घटनाओं के बारे में सोचने को बाध्य हों। मगर बादल सरकार कोई सिस्टेमेटिक बॉडी ऑफ थॉट को उभारना नहीं चाहते थे और दर्शकों को उसके बारे में सोचने के लिए बाध्य करके क्रिटिकल डिसटेंस भी कायम करना नहीं चाहते थे, उनका उद्देश्य था दर्शकों की अंडरस्टैंडिंग को और भी ज्यादा गंभीरता प्रदान की जाए। इसके लिए दर्शकों की अनुभूति एवं बुद्धि दोनों को तुष्ट करने की जरूरत होती है और इसीलिए एक बहुआयामी बिंब को तलाशना पड़ता है। 'पागला घोड़ा'–प्रेम के अमिथकीकरण का बिंब यही प्रमाणित करता है कि नाट्य एक इवेंट है, टेक्स्ट नहीं। यह इवेंट दृश्यता

के प्रति दर्शकों को संवेदनशील बनाने के लिए बाध्य करता है। मगर यदि यह सोचा जाए कि कार्तिक के शब्दों के द्वारा "जीवित रहने से सब कुछ संभव होता है" बादल सरकार ने जीवन के प्रति आस्था प्रकट की है तो वह हमारी गलती होगी। जीवन के प्रति अनास्था और विरक्ति के भाव पर जिजीविषा की सनातन विजय दिखाने से यह और इवैंट नहीं रह पाता, रूपहीन निराकार वक्तव्य का आदिम वस्तुपिंड बन जाता। सातू ने कहा था, "जीवन का कोई सिर-पैर नहीं।" क्यों नहीं इसे फिर एक घटना के रूप में स्वीकार किया जाए! अगर कार्तिक जहर नहीं पीता है तो भी उससे उसकी स्थिति नहीं बदलती–एक अर्थहीन जीवन जीने के लिए वह बाध्य है। हो सकता है कि कार्तिक कंपाउंडर ने जीवन को खतम करते-करते भी अपने को बचा लिया क्योंकि उसने सोचा कि जिंदगी के दरवाजे पर संभावनाओं की आहट फिर सुनी जा सकती है–जिसको कम से कम वह और यहीं नहीं कहेगा कि सात दिन के लिए रुक जाइए। मगर यह भी हो सकता है कि यह प्रतीक्षा हमेशा की प्रतीक्षा बन जाए Waiting for Godot के tramps की तरह। 'पागला घोड़ा' का यह इवैंट प्रेम के जिस नाट्य-बिंब के द्वारा प्रकट किया गया है वह इतना तीव्र है कि जिन स्त्री-पुरुषों की अभिज्ञताओं से उसका निर्माण हुआ वे स्त्री-पुरुष पता नहीं नाटक में कहाँ खो जाते हैं। आलोक-अँधेरे से घिरे गहरे गोपन मनुष्य, अंतर्लोक के बाशिंदे मनुष्य हमें छोड़कर चले जाते हैं, रह जाते हैं नामहीन लड़की और नाम से जुड़े हुए अस्तित्वहीन पुरुष। कालिदास, नंद, मल्लिका सुंदरी, विलोम प्रत्येक का व्यक्तित्व है–उनकी साकारता लिट्रेरी टेक्स्ट की सहायता से उभारा गया है। बादल बाबू के लिए नाटक दृश्यता से जुड़ा इवैंट है जिसमें ऐक्शन है मगर वह अभिनय की गैदरिंग से संबद्ध है और इसीलिए उसमें चरित्र नहीं, नट-नटियों के आवेग और उनके पैसन की अभिव्यक्ति अधिक है। चरित्र विशेष होते हैं नट-नटी निर्विशेष इसीलिए रियलिटी तथा इल्यूज़न की आँखमिचौली की सहायता ली गई है। एक ही अभिनेत्री चार लड़कियों का पार्ट अदा करती है–कभी चिता पर जलने चली जाती है तो कभी कहती है, मुझे चिता पर से उतार लाओ। अभी भी जलकर राख नहीं हुई हूँ। रियलिटी और इल्यूज़न का यह विरोधाभास उन कतिपय प्लेहाउस आइरोनी में से एक है जिनका प्रयोग इवैंट को स्पैक्टेकल में बदलने के लिए किया जाता है। मगर अंततः बादल बाबू की कोशिश यही रही है कि व्यक्तिगत मनुष्य के गहरे और मूलभूत प्रश्नों को किस तरह समाजगत मनुष्य के समन्वित आलोक में प्रकट किया जा सके। राकेश यह काम दर्शकों से कराते हैं जहाँ व्यक्तिगत मनुष्य को समाजगत मनुष्य पर प्रोजैक्ट करके समस्या को औब्जेक्टीफाई किया जाता है और बादल बाबू यह काम अभिनेताओं के द्वारा कराते हैं जहाँ चरित्रों की निर्विशेषता शहरी मध्यवर्ग के सैकड़ों की तादाद में देखे जा सकने वाले लोगों के अर्थहीन जीवन की ट्रैजेडी को आँकती है।

'एवं इंद्रजीत' को लीजिए। नाटक में दर्शकों को लाया नहीं जाता है, नाटक

को दर्शकों तक ले जाया जाता है। नाटककार सूत्रधार है, उसने नाटक लिखा ही नहीं। उसे लिखने के लिए वह दर्शकों के पास पहुँचता है, उन्हें अभिनेता बनने के लिए आह्वान करता है। फिर ये कतिपय नट-नटी अपना-अपना परिचय देकर एकाधिक चरित्रों का अभिनय शुरू कर देते हैं। उसके लिए अंगसज्जा, रूपसज्जा किसी को बदलने की जरूरत नहीं होती। संस्कृत नाटक के सूत्रधार की तरह नाटककार स्वयं मंच पर उपस्थित है एवं एक ही अभिनेता कभी छात्र बनता है तो कभी शिक्षक, कभी बड़ा साहब तो कभी चपरासी। चरित्र की विशेषताओं को अभिनेता पोशाक के द्वारा नहीं, अपने आचरण और पैंटोमाइम के द्वारा प्रस्तुत करता है। चरित्र व्यक्ति चरित्र नहीं रहते, टाइप बन जाते हैं अर्थात् चरित्र के सारतत्व की मात्र अभिव्यक्ति होती है—यही चरित्रों का स्टाइलाइजेशन है जहाँ चरित्रों का गुणात्मक वैशिष्ट्य का महत्त्व बना रहता है—उसके विशेष अवयव को तोड़ दिया जाता है। इस पद्धति में मंच परिकल्पना एवं लाइटिंग भी नाट्यधर्मी बन जाते हैं। कहीं प्रतीकात्मकता का प्रयोग होता है तो कहीं सिलेक्टिव रियलिज़्म का। इस तरह अभिनय की गैदरिंग में अलिखित नाटक की सृष्टि होती है—चौथी दीवार के बीच में से यथार्थ को देखने का इल्यूज़न टूट जाता है। सारा रंगमंच, रंगशाला, दर्शक, अभिनेता, नाटककार सभी मिलकर एक नाट्य-बिंब की रचना में जुट जाते हैं—और अंततः रचित होता है सिसिफ़स की प्रेतात्मा का नाट्य-बिंब। देवराज जूपिटर के अभिशाप से सिसिफ़स की प्रेतात्मा एक बड़ा भारी पत्थर ठेलते-ठेलते पहाड़ की चोटी तक ले जाती है—पर चोटी पर पहुँचते ही पत्थर तुरंत नीचे लुढ़क जाता है। हम भी जानते हैं कि वह पत्थर लुढ़क जाएगा। कमल, विमल, अमल और इंद्रजीत को इसका पता है—कार्य और लक्ष्य दोनों ही निःसार प्रमाणित हो चुके हैं। कालिदास, नंद और महेंद्र, मल्लिका, सुंदरी और सावित्री की तरह यह आशा काफी देर तक नहीं टूटती कि 'कभी न कभी कुछ न कुछ असंभव, अप्रत्याशित घट के रहेगा'; मगर महाकाल का काम ही है जीवन की इस मुहूर्तमाया को हमेशा के लिए मिटा देना। पत्थर को ढकेल कर पहाड़ी की चोटी पर ले जाने की कोशिश में आज के आदमी को पहले से ही यह पता है कि पत्थर तो वहाँ टिकेगा नहीं, लुढ़क जाएगा। और यदि टिक ही गया तो भी क्या? उद्देश्यहीन, अर्थहीन जीवन को लेकर जीने की सार्थकता क्या है—जीवन साँझ बन चुकी है, मगर हाथ कुछ नहीं लगा है, फिर भी चलने को कहा जा रहा है। अपने को धोखा देते हुए हम आगे बढ़ते रहे कि कल का सूरज आशा की वाणी लेकर उगेगा—जीवन—वितृष्ण, विषण्ण भावना के संप्रसार के लिए पद्य का प्रयोग किया गया है क्योंकि चरित्र और व्यक्ति चरित्र नहीं, समाजगत प्रतीक चरित्र है। व्यक्ति की भाषा गद्य की होती है, समाज की भाषा विशेष होती है, वह पद्य बन सकती है। राकेश ने 'आधे-अधूरे' में पद्य का इस्तेमाल नहीं किया है मगर वहाँ भी एक ही अभिनेता चार पुरुषों का अभिनय करता है क्योंकि वहाँ कालिदास, नंद अपना

व्यक्तित्व खो चुके हैं और आज की दुनिया में अलग-अलग मुखौटा पहनकर आम व्यक्ति की नियति का इजहार कर रहे हैं—व्यक्ति जीवित रहने के लिए अभिशप्त है। यथार्थ और सत्याभास का ताना-बाना बुनकर बादल सरकार ने जिस नाट्य-बिंब की सृष्टि की है उसमें भले ही चरित्र विशेष से निर्विशेष बन जाते हैं मगर उनकी अभिज्ञता हमारे जीवन की अभिज्ञता बनकर जीवन की प्रासंगिकता को एक नया आयाम प्रदान करती है। यथार्थ का एक बाना सारे नाटक में फैला हुआ है, मगर इसके साथ सत्याभास का ताना भी बुनता चलता है। दर्शक मंच की चौथी दीवार के यथार्थ को तोड़ कर मंच पर पहुँच जाते हैं और फिर यथार्थ को और सत्याभास के ताना-बाना से बुना नाटक दर्शकों की कल्पना में से गुजरता है मानों वह शोकगीत के मूड में रचित जीवन का एक नाट्य-काव्य हो।

'बाकी इतिहास' में भी प्लेहाउज़ Irony की सहायता से नाटक के बीच कई नाटकों की सृष्टि करके बादल सरकार ने आत्महत्या, सामूहिक अपराध भावना और एब्सर्ड के दर्शन एवं मनोविज्ञान की उन सब गुत्थियों को चिंतन के स्तर से उतारकर अनुभूति के स्तर पर प्रसारित कर दिया है जहाँ जीवन जीने का ढोंग मात्र है क्योंकि सीतानाथ कहता है कि जीवन में जब अर्थ नहीं बचता तब आदत से जीते रहने का ढोंग करते हैं। आशा को मन में सँजोए जीवित रहना भी एक बहुत बड़ा धोखा है। जीवन का अर्थ चुक जाने पर सोचते हैं—एक दिन अर्थ फिर आ जाएगा। जिंदा रहना खत्म हो जाने पर सोचते हैं—एक दिन फिर शुरुआत होगी। मगर सीतानाथ जानता है कि प्रत्येक व्यक्ति का कल, आज और आने वाला कल सब अर्थहीन है—जीना एक लाचारी है क्योंकि यह जीना भी मौत के समान है। कौरव-पांडवों के युद्ध से लेकर हिरोशिमा की झुलसी हुई मिट्‌टी में इसी मौत का इतिहास लिखा पड़ा है। इस बाकी इतिहास का बोझा ढोता हुआ आदमी अपना जीवन जी रहा है। इससे मुक्ति मिलने का एक ही तरीका है—आत्महत्या। आधुनिक नगर-चेतना का यह मर्मांतिक बिंब ही 'बाकी इतिहास' का नाट्य-बिंब है। मंच के छंदमय बहुस्तरीय व्यवहार के द्वारा, आलोक और संगीत की काव्यमयता के द्वारा अभिनय में अतिकथनवर्जित बलिष्ठ स्वाभाविकता के द्वारा, मंच चरित्र के सुनियंत्रित चलने-फिरने या रहने के प्रत्येक मुहूर्त में नए-नए मंचीय कंपोजीशन की सृष्टि द्वारा इस नाट्य-बिंब को सामग्रिक शिल्पमूर्ति प्रदान की गई है। अस्थिरता, अनिश्चयता, अभाव, भीति और मौत की आदतन दैनन्दिनता को एक के बाद एक चार कथासूत्रों के द्वारा इस ढंग से प्रकट किया गया है जहाँ नगर के यथार्थ परिवेश में मनुष्य एक इल्यूज़न (सत्याभास) बन चुका है। शरद् को असिस्टेंट प्रोफेसरी मिल जाती है मगर वह जानता है कि इससे कुछ बनता-बिगड़ता नहीं क्योंकि नगर जीवन की इस ट्रैजिक मनहूसियत से बचने का मौत के सिवाय और कोई तरीका नहीं। जब तक मौत नहीं आती तब तक उसे तन्हाई की ज़िंदगी व्यतीत करनी है।

कालिदास, नंद, महेंद्रनाथ, कार्तिक, इंद्रजीत और शरद् सब अकेले हैं—इंतजार कर रहे हैं। इंतजार करते-करते उनमें से कुछ-एक अपना अस्तित्व भुला बैठते हैं। मल्लिका, सुंदरी, सावित्री, लड़की, मानसी, बासंती में से कुछ अस्तित्वहीन हो जाती हैं। मगर उनकी अभिज्ञताओं से निर्मित नाट्य-बिंबों की प्रखरता इस एकाकीपन की अनुभूति को एक विशेष गंभीरता प्रदान करती है। एकाकीपन का यह चित्र मनुष्य की महिमा को उभारता अवश्य है। मनुष्य की महिमा उसकी इस सामर्थ्य में निहित है कि यथार्थ को उसकी पूरी अर्थहीनता के साथ वह ग्रहण कर सके। राकेश और बादल बाबू के ये सारे नाटक मनुष्य की इस महिमा को मूर्त करते हैं जहाँ मनुष्य जीवन की अर्थहीनता को अकेले भोगने के लिए अभिशप्त है। लोकायत जीवन की यह यंत्रणा बिंब का रूप धारण कर दर्शकों की बोध शक्ति को एक ओर गहराती है तो दूसरी ओर दृश्यता के साथ जुड़कर दर्शकों को नाट्य के बारे में आश्वस्त भी करती है।

18

शकुंतला की विदेश यात्रा

मध्ययुग के यूरोपीय यात्रियों और कवियों के लिए हिंदुस्तान सपनों का देश था। राहबनुस मॉरस का कहना है कि यहाँ साँवले रंग के लोग रहते हैं, हाथी, तोते, काली मिर्च और दालचीनी मिलती है। अरना घोड़ा पाया जाता है। नदी के नाम पर यहाँ देश का नाम रखा गया है। सोना तथा कीमती पत्थर बहुतायत से मिलते हैं तथा साथ ही यहाँ ऋषि, मुनियों का गहरा ज्ञान भी उपलब्ध है यानी एक ओर भोग की सारी सामग्री है तो दूसरी ओर योग का गहरा चिंतन दोनों ही उपलब्ध हैं यहाँ। भारत के बारे में प्राचीन काल से ही यह धारणा प्रकट की गई कि भोग तथा तप का समन्वित रूप ही भारत है।

कालिदास के 'शकुंतला' नाटक में इसका स्पष्ट उल्लेख मिलता है जहाँ एक ओर होमधूम से तपोवन के पल्लवों के विवर्ण होने का उल्लेख है, जलाशय के पथ का मुनियों के सिक्त वल्कल से चूती हुई जलरेखा से अंकित होने की बात भी कही गई है तो दूसरी ओर वायुकंपित पल्लवांगुलियों से नवमल्लिका के द्वारा वनज्योत्स्ना को संकेत भेजने का भी उल्लेख है। निश्चय ही यह संकेत साममंत्र का संकेत नहीं प्रिय मिलन की उत्सुकता का संकेत है। 'शकुंतला नाटक' की पूरी पटभूमिका ही इस प्रकार की है। एक ओर उद्वेलयौवना ऋषिकन्या, नए पुष्पों से खिली हुई वनतोषिणी, कौतुक उच्छलित दोनों सखियाँ, सौरभ भ्रांत मूढ़ भ्रमर तथा तरु अंतरालवर्ती मुग्धराजा के चित्र हैं तो दूसरी ओर 'नान्दी' में ईश्वरवंदना है, 'भरतवाक्य' में जीवनमुक्ति की प्रार्थना है और बीच में मानव की भोग से भोगातीत की यात्रा का वर्णन है। भरतवाक्य के 'आत्मभूः' के द्वारा यह स्पष्ट किया गया है कि यह आत्म तभी आत्म बनता है जब यह सब शाप, ताप झेल लें, तब परिणतशक्ति को प्राप्त होता है, और अपने अधूरेपन से मुक्ति मिलती है और पूर्णता प्राप्त होती है।

18वीं शती में, सन् 1757 के पलासी युद्ध के बाद देश के एक बहुत बड़े हिस्से पर कंपनी बहादुर का कब्जा हो गया था। धीरे-धीरे अंग्रेज़ों ने अपनी सत्ता यहाँ कायम कर ली। राज्य करते हुए अंग्रेजों को यह एहसास हुआ कि भारतीय संस्कृति, उसकी पुस्तकें और लेखकों से, उसकी परंपरा से, उसकी अवधारणात्मक दुनिया से परिचित होने पर ही यानी उनके सोचने का जो तरीका है उसी के आश्रय से उन पर अधिकार किया जा सकता है। बंगाल के गवर्नर जनरल वारेन हेस्टिंग्स की यह धारणा थी और उसी के मुताबिक योजनाएँ बनाई गईं। अंग्रेज प्राच्यविदों की सहायता से भारत को पहचानने का काम शुरू हुआ जिनमें विलियम जोन्स (1746-1794) का नाम सबसे पहले आता है। उसके बाद चार्ल्स विलकिंस (1749-1836) तथा कोलू ब्रुक (1765-1837) के नाम लिए जाते हैं। इन प्राच्यविदों ने सीधे संस्कृत ग्रंथों का अनुवाद शुरू किया। जोन्स ने 1784 में एशियाटिक सोसायटी की स्थापना की। इससे वैज्ञानिक विशेषज्ञता को बल मिला और प्राच्य विद्या के खातिर प्राच्य विद्या के प्रसार की एक नई भूमिका सामने आयी। इसके फलस्वरूप, जोन्स, विलकिंस तथा कुछ अंश में कोलू ब्रुक ने यह कहना शुरू किया कि भारत की मिथकीय, धार्मिक तथा दार्शनिक परंपरा बड़ी प्राचीन तथा प्रिंसटाइन है। इन प्राच्यविदों ने भारतीय हिंदू आचार व्यवहार के प्रति एक खुलेपन का प्रदर्शन किया और जोन्स ने तो एक खास विचार दृष्टि का विस्तार किया कि प्राच्य तथा पाश्चात्य धार्मिक तथा दार्शनिक चिंतनधारा का मूल स्रोत एक ही है।

एशियाटिक सोसायटी की स्थापना के बाद संस्कृत ग्रंथों का अनुवाद शुरू हुआ। सन् 1785 में वारेन हेस्टिंग्स की भूमिका के साथ विलकिंस ने भगवद्गीता का अनुवाद प्रकाशित किया। सन् 1787 में विलकिंस ने हितोपदेश का अनुवाद प्रकाशित किया। जोन्स ने सन् 1789 में शकुंतला का अनुवाद (sacontala or the fatal ring) प्रकाशित किया और सन् 1796 में मनुस्मृति का। फिर कोलूब्रुक के ज्योतिर्विज्ञान, गणित तथा दर्शन पर महत्त्वपूर्ण अनुवाद प्रकाश में आए। सन् 1789 दो दृष्टियों से महत्त्वपूर्ण वर्ष है—एक, फ्रांसिसी क्रांति और दो, शकुंतला का अनुवाद। सन् 1790 से लेकर सन् 1807 तक इसके पाँच संस्करण प्रकाशित हुए। बाद में सन् 1870, 1883, 1885, 1887, 1899 तथा 1901 में इसका दसवाँ संस्करण सामने आया और शकुंतला की विदेश यात्रा की धूम मच गई।

जोन्स ने अनुवाद की भूमिका में लिखा कि पहले यह सुनने को मिला था कि इस नाटक में प्राचीन इतिहास है मगर इतिहास में तो कथा (fable) जुड़ी नहीं होती, इसमें कथा है। दरअसल उनका कहना था कि इस देश के इतिहास को जानने की इच्छा से ब्राह्मणों से बात करने पर पता चला कि इस नाटक में इतिहास नहीं कथा है। आगे उन्होंने यह भी कहा कि यह नाटक नैतिक और साहित्यिक विषयों पर एक संवाद है तथा नृत्य संगीत और काव्य पर एक विवेचन है। उस समय के

विद्वान राधाकांत ने उन्हीं दिनों यह स्पष्ट किया था कि नाटक ही प्ले है और शकुंतला संस्कृत का श्रेष्ठ नाटक है। जोन्स ने पहले शकुंतला का लैटिन में अनुवाद किया और फिर अंग्रेजी में किया तथा उसे विदेशी भाषा के मुहावरे की रूढ़िवादिता से मुक्त रखा। जोन्स के अनुसार यह नाटक ज्ञानरूप है। इसमें हिंदुओं के आचार-व्यवहार का पता सुंदर तरीके से दिया गया है। यह नाटकीय काव्य है। इसमें संस्कृत तथा विभिन्न प्राकृतों का उपयोग है तथा इसकी कथा पौराणिक मिथकों से ली गई है। मारीच, अदीति, इंद्र रूपकात्मक पात्र हैं। चरित्र चित्रण के बारे में जोन्स का कहना था कि चूंकि लोगों की अनुभूति तथा रुचि में अंतर होता है इसीलिए शकुंतला के आस्वाद के बारे में मेरे लिए कुछ कहना संभव नहीं। तात्पर्य यह है कि साहित्य में शाश्वतता का प्रश्न नहीं उठता। जोन्स सिर्फ नाटक में 2 अंक घटाने के पक्ष में थे। उनके अनुसार तीसरे में दूसरा तथा पाँचवें में छठा जोड़ा जा सकता है। जोन्स ने कालिदास को शेक्सपियर ऑफ इंडिया कहा और साथ में यह भी कहा कि भारत में इसे सही ढंग से खेला जा सकता है।

जोन्स के अंग्रेजी अनुवाद ने सिर्फ शकुंतला नाटक ही नहीं भारत के प्रति भी यूरोपीय विद्वानों की उत्सुकता बढ़ा दी। इस नाटक को विदेशियों के लिए सबसे बड़ा कौतूहल माना जाने लगा। मगर इसे पाश्चात्य नाटक परंपरा के साथ जोड़ने की कोशिश नहीं की गई। यही कहा जाता रहा कि लोगों की अपनी रुचि होती है, अपने विचार होते हैं, अपना मनोभाव होता है इसीलिए यह नाटक यूरोप और इंगलैंड में खेला नहीं जा सकता, फिर भी कालिदास भारतीय शेक्सपियर हैं!

यह बात बहुत महत्त्वपूर्ण है कि विलियम जोन्स और उस समय के दूसरे प्राच्यविदों का orientalist perception निश्चय ही संस्कृत की गहरी परंपरा के पक्ष में था परंतु उतना नहीं कि अपना प्रभुत्व और superiority को भुला बैठें इसीलिए अपने महान साहित्य को universal कहते हुए वे चूके नहीं। Universal का अर्थ है कि एक ऐसा साहित्य जिसका आस्वाद दुनिया के किसी हिस्से का कोई भी सहृदय कर सकता है परंतु संस्कृत साहित्य के साथ उनके अनुसार यह बात लागू नहीं थी इसलिए शकुंतला नाटक के आस्वाद के बारे में जोन्स ने कुछ कहना नहीं चाहा मगर यह जरूर कह दिया कि यूरोप में यह खेला नहीं जा सकता, मतलब साफ है कि यह specific है universal नहीं, इसकी तुलना श्रेष्ठ यूरोपीय साहित्य से नहीं हो सकती। दरअसल universal की अवधारणा उपनिवेशवादी युग में प्राच्यविदों के द्वारा अपनी श्रेष्ठता को प्रमाणित करने के लिए और अपनी hedgemonic authority को प्रमाणित करने के लिए किया जाता रहा।

इसके चलते यह अवश्य कहना चाहूँगा कि सर जोन्स आदि सभी Indologists का एक hidden agenda था जिसके तहत वे सन् 1786 में कलकत्ते में स्थित Asiatic Society में अपने Discourse में भारतीय इतिहास की तलाश करते हुए यह कहते

नहीं चूके कि भारत का मध्य युग अंधकारमय था "I would go to remote antiquity but restrict my researches downwords only upto 11th Century" जोन्स के बाद लगभग सभी प्राच्यविदों ने इस तथाकथित ऐतिहासिक अंतर अर्थात् आदिकालीन युग को मध्ययुग और आधुनिक परंपरा से अलग ही नहीं वरन् बड़ी चालाकी से मध्ययुग के लिए pre-British India पद नाम देकर उसे अंधकारमय सिद्ध करते हुए British India के गौरव को प्रकट करने का प्रयत्न किया। मुझे बताने की जरूरत नहीं कि मध्ययुग का भक्ति साहित्य भारतीय इतिहास का सर्वाधिक उज्ज्वल तथा स्वर्णिम सांस्कृतिक घटना है।

यह सही भी है कि भारतीय विचारधारा की गहराई में जाने की व्यापकता उस समय यूरोपीय विद्वानों में नहीं थी। रवींद्रनाथ ठाकुर का कहना है कि मेरा दृढ़ विश्वास है कि धीवर से अँगूठी मिलने पर दुष्यंत के व्यर्थ परिताप में यूरोपीय कवि शकुंतला नाटक पर यवनिकापात करते। दुष्यंत शकुंतला का अंत में मिलन यूरोपीय नाट्य-रीति में आवश्यक नहीं है। दरअसल पाश्चात्य साहित्य मानव मन की छानबीन (explore) करता है। उसकी तह में घुसकर उसका विश्लेषण करता है मगर भारत जीवन का उत्सव मनाता है, उसका अनुष्ठान करता है। यहाँ मानवीय धारणा का गौरव रूप अंकित है तो पाश्चात्य नाटकों में मानव की गौरव गाथा है। इसलिए भारत symbolic है और पाश्चात्य logo centric। वहाँ स्थूल शब्द महत्त्वपूर्ण है यहाँ अनुभवों की अगाधता।

शकुंतला में शाप एक ओर रूपक है और दूसरी ओर शाप कथा को अंत की ओर मंगल की ओर ले जाता है। यह उद्‌घाटन (anagnorosis) का काम करता है। मगर यूनानी नाटकों में जैसे सॉफोक्लेस के 'किंग ओडीपस' में शाप क्रमशः मनुष्य की त्रासद नियति का उद्‌घाटन करता है जिससे मुक्ति नहीं। यूनानी नाटक नैतिकता को आधार रूप में ग्रहण करता अवश्य है मगर मानवीय दुर्बलता के कारण नैतिकता पर चोट आती है और पाप का संचार होता है यद्यपि यह सब कुछ नियति परियोजित भी होता है। ओदिपियुस को तो यह पता ही नहीं था कि जिससे उसका विवाह हो रहा है वह उसकी माँ है। नियतिबद्ध व्यभिचार के कारण ओदिपियुस शापबद्ध होता है और एक दिन जब इस शाप के कारण का वह आविष्कार करता है तो वह आविष्कार शाप के सम्मुख मनुष्य की नियति के बौनेपन को ही प्रकट कर देता है। अंततः यह त्रासदी मनुष्य के प्रति विस्मय-युक्त श्रद्धाबोध पैदा करती है। मनुष्य की महिमा की उपलब्धि से उद्दीप्त होते हैं हम। दुःख की चुनौती को शक्ति के साथ स्वीकार करने की क्षमता में मनुष्य की अपराजेयता प्रतिबिंबित होती है। इसीलिए अभिज्ञान होने पर जोकास्ता, जो ओदिपियुस की माँ भी है और पत्नी भी पागलों की तरह भागी हुई आती है ओदिपियुस को स्पर्श करने मगर रुक जाती है, किसे स्पर्श करेगी, संतान या पति को। वही जोकास्ता अंततः कहती है, आदमी और कितना डरेगा।

वह भी भाग्य के हाथों एक पुतला है इसलिए जितने दिन वह जिंदा है किसी की भी मर्जी की वह परवाह नहीं करेगा। यही मानव का गौरव है।

कालिदास ने भी दुःख को देखा है—शार्ङ्गरव को नगर आग से घिरा हुआ घर (हुतवह परीतं गृहमेव) लगता है। शकुंतला के शब्दों में, हिअअ संपदं दे आसङ्का, अब तेरी आशंका सत्य हुई और इस तरह प्रेम की अवमानना की करुण गाथा व्यक्त हुई है। शकुंतला को क्रोध से दुष्यंत को 'अणज्ज' अनार्य कहते सुना है। रानी हंसपदिका के गीत में राजा की लंपटता का एहसास किया है। पंचम अंक में हृदयविदारक दुःख का दृश्य देखा है तथा मर्मछेदन असहाय क्रंदन सुना है। परंतु यह दुःख कालिदास के लिए जीवन का एक अंश है। इसीलिए कालिदास का बिंब है—'शिशिरवसन्तौ'—पत्ते का झड़ना और अंकुर का फूटना इन्हें अलग नहीं किया जा सकता। सफेद और काले को मिलाने से यानी सुख और दुःख के मिलन से भूरा रंग पैदा होता है—जीवन के प्रति एक गहरी विषादमयी दृष्टि पैदा होती है। मगर कालिदास दुःख और सुख को तप की दिव्यता से रंग कर प्रकट करते हैं। दुःख के माध्यम से दुःखातीत आनंद की ओर प्रयाण करते हैं। यहाँ द्वंद्व है मगर कर्तव्य और भावना का द्वंद्व है। शकुंतला के लिए अतिथि स्वागत कर्तव्य है, public duty है राजा के लिए विघ्नों का अपसरण कर्तव्य है मगर इन दोनों की प्रेम-भावना में व्यक्तिगत उन्मादना है। इस उन्मादना की परिणति कितनी शोचनीय हो सकती है शकुंतला की कहानी उसका प्रमाण है।

प्रेम की शक्ति निश्चय ही दुर्दमनीय है.। देशकाल पात्र को विपर्यस्त करके तापसकन्या एवं ससागरा धरणी के अधीश्वर को यह प्रेम मिला देता है।

मगर जो प्रेम अकस्मात नर-नारी को अभिभूत करता है कालिदास ने उसकी शक्ति को स्वीकारा तो है मगर उसके सामने आत्मसमर्पण नहीं किया है—अंधा प्रेमसंभोग कल्याणकारी नहीं होता जो उन्मत्त प्रेम प्रियतम के अतिरिक्त और सब को भुला बैठता है, वह कभी कल्याणकारी नहीं हो सकता। इसीलिए अन्ततः उसे अपमानित होना पड़ता है। दुर्वासा का शाप तो मात्र रूपक है।

उन्मत्तता का उन्मेष एक क्षण के लिए होता है और उसके बाद ललित देह कांति का प्रत्याख्यान होता है। और यह प्रमाणित हो जाता है कि ललित देह का सौंदर्य ही नारी के लिए परम गौरव या चरम सौंदर्य नहीं।

मदन की मादकता और ग्लानि को दुःखताप से दग्ध कर कल्याणी तापसी के वेश में शकुंतला सार्थक प्रेम की प्रतीक्षा करने लगी। कल्याणरूपिणी भरतजननी जिस दिव्य तपोभूमि में रहती है वहाँ सौंदर्य का कोई चांचल्य नहीं। "वसने परिधूसरे वसाना नियमक्षाममुखी धृतैकवेणिः," मलिनधूसरवसना, नियम चर्चा से शुष्कमुखी, एकवेणीधरा, विरहव्रतचारिणी उसका रूप है।

शकुंतला के प्रेम ने सुतीव्र अपमान के बाद भी मिलन के समय दुष्यंत के किसी अपराध को याद नहीं रखा, बेचारी की आँखों से केवल आँसू की धार बहती

रही। जहाँ प्रेम नहीं होता वहीं अभाव, दीनता, कुरूपता प्रकट होती है।

शकुंतला का प्रेम अपनी मंगल दृष्टि से दुष्यंत के सारे अपराध को समाप्त कर देता है।

आधुनिकता का सूत्रपात करने वाले इबसन ने सन् 1870 और 1880 के बीच 'डॉल्स हाउस' की रचना की। उसकी नायिका नोरा ने भी प्रेम विवाह किया था—आठ वर्षों के बाद उसे एक दिन एहसास हुआ कि उसका पति उससे प्यार नहीं करता—उसे गुड़िया समझकर उससे खेलता मात्र है। दरअसल यह संसार मनुष्यों का नहीं गुड़ियों का है इसीलिए संसार के लोग सुखी नहीं रह पाते और इस चिंतन के परिणामस्वरूप आठ वर्षों के बाद एक दिन नोरा अपने घर का दरवाजा खोल निकल जाती है उस हृदय की तलाश में जिसे आज हम खो चुके हैं। शकुंतला को छह वर्ष प्रतीक्षा करनी पड़ी थी, अपने यौवन के मूल्यवान छह वर्ष परंतु उसके लिए उसके मन में कोई दुःख नहीं था, उलाहना नहीं था। भरत ने जब अपनी माँ से प्रश्न पूछा, माँ, यह कौन है जो मुझे पुत्र कह रहा है तो शकुंतला ने उत्तर दिया, बेटे, अपने भाग्य से पूछो। तात्पर्य है, यदि भाग्य प्रसन्न होगा तभी उत्तर मिलेगा। यह कहकर वह राजा की प्रसन्नता की प्रतीक्षा करने लगी। जैसे ही उसे पता लगा कि दुष्यंत ने उसे स्वीकार कर लिया है तभी निरमिभान नारी ने विगलित चित्त से दुष्यंत के चरणों में पुष्पांजलि अर्पित की ''जेदु जेदु अज्जउतो'', आर्यपुत्र की जय हो। अर्थ है, भाग्य के अतिरिक्त इसमें किसी का कुछ दोष नहीं था।

आत्माभिमान के द्वारा दूसरे को खंडित करके देखने से उसमें दोषत्रुटि दिखाई पड़ती है, भाव के द्वारा, प्रेम के द्वारा संपूर्ण रूप में देखने से वे दोष पता नहीं कहाँ अदृश्य हो जाते हैं।

शकुंतला का अंतिम अंक केवल सुखांत की दृष्टि से नहीं एक गहरे चिंतन को रूप प्रदान करने के लिए उद्भूत हुआ है। जैसे श्लोक का एक चरण संपूर्णता के लिए दूसरे चरण की अपेक्षा रखता है, उसी तरह दुष्यंत शकुंतला का पहला मिलन अपनी संपूर्णता के लिए दूसरे मिलन की संपूर्ण आकांक्षा रखता है। इस तरह प्रेम के द्वारा यहाँ मानव विचारधारा का दार्शनिक प्रसार है वहाँ विदेश में प्रेम के द्वारा मानव अस्मिता के स्वरूप को उद्घाटित किया जाता है। इसीलिए कहना पड़ता है कि पाश्चात्य नाटकों में 'एक्सप्लोरेशन' यहाँ 'सेलिब्रेशन' है। मगर यह नाटक भारत में ही खेला जा सकता है जोन्स की यह उक्ति सही नहीं है। प्राच्यविद् कीथ ने कहा था कि शकुंतला यथार्थ नाटक की परंपरा के विरुद्ध है। To create a realistic drama was wholly incompatible with their temperament। वास्तव में जोन्स और कीथ ऐसी बातें विक्टोरियन युग के नैचरेलिज्म के प्रभाव स्वरूप कह रहे थे।

दरअसल नाटक अपने आप में यथार्थ नहीं होता—स्टेज ही उसे जीवन से काट देता है—वह एक माया illusion की रचना करता है : भ्रांति यथार्थता का निषेध

नहीं करती बल्कि यथार्थता की अभिव्यंजना की व्याख्याएँ करती है। कलाकार इस तरह यथार्थता के एक 'संशोधित' बिंब के विस्तार के द्वारा यथार्थता की पूर्ति करता है। इसीलिए पंक से पंकज की सृष्टि आर्ट है और जो पंकज को प्रस्फुटित करता हुआ पंक में डूब जाता है, वह शिल्पी नहीं। वास्तविक यथार्थ लेखक का होता है। अनुकरण के स्थान पर कल्पनात्मक पुनः सृजन के आधार पर नाटक और यथार्थ का संबंध आँका जाता है। नाटककार एक ऐसे जीवन की कल्पना करता है जो real की copy से कहीं ज्यादा यथार्थ प्रतीत होता है। नाटक में यथार्थ का सत्याभास (otherness from reality) होता है—जान-बूझ कर हमारे अविश्वास को (willing suspense of disbelief) खत्म करना ही नाटककार का काम होता है तो यह सवाल उठाना ही गलत है कि यह यथार्थ नहीं। कालिदास realism का दावा भी तो नहीं करता। सबसे बड़ी बात नाटक की भित्ति अभिनय है, घटनाएँ नहीं। अगर घटनाएँ होतीं तो जासूसी कहानी सर्वश्रेष्ठ नाटक कहलातीं। कालिदास ने तथ्यों actual के पीछे जो सत्य real है उसको ढूँढ़ा है और जीवन पर टिप्पणी की है और हमारे जीवन बोध को गहराई प्रदान की है। बीसवीं शती में जर्मन नाट्यकार ब्रेश्ट ने नाट्यधर्मिता (stylization) के प्रयोग को महत्त्व देते हुए भारतीय नाट्य परंपरा को स्वीकृति दी और तथ्यों के पीछे छिपे हुए सत्य को उजागर करने वाले शकुंतला जैसे नाटकों की सार्थकता को स्वीकृति मिली।

18वीं शती में यूरोप में एज ऑफ एनलाइट्मेंट के फलस्वरूप अ-यूरोपीय परंपरा के प्रति आकर्षण दिखाई दिया था। समसामयिक ईसाई धर्म की आलोचना शुरू हुई थी और इसके फलस्वरूप उससे प्राचीन धार्मिक सचेतना की खोज शुरू हुई। भारत, हिंदू धर्म और साहित्य की ओर ध्यान गया। यह खोज क्रमशः रोमानी रूप धारण करती गई। एज ऑफ एनलाइट्मेंट की तर्कबुद्धि तथा विकास का बिंब धूमिल होने लगा। सन् 1789 को ही घटित फ्रांसिसी क्रांति से उत्पन्न बुद्धिवाद, पदार्थवाद तथा pragmatism का विरोध होने लगा। फ्रांसिसी क्रांति ने मगर आवेग और अनुभूति को बढ़ावा दिया था। ए सेंस ऑफ वंडर आश्चर्यानुभूति का प्रसार हुआ। एकता और संपूर्णता की अभिज्ञा को महत्त्व दिया गया। मानव इतिहास को जैवीय विकास के रूप में स्वीकार किया गया। सभ्यता के वृक्ष की जड़ें भारत में ढूँढ़ी जाने लगीं, यूनान में उसका तना और शाखा-प्रशाखाएँ सारे विश्व भर में फैलीं, स्वीकृत हुईं। विद्वानों को भारत में सभ्यता का प्रारंभिक सरल रूप दिखाई देने लगा। जर्मन विद्वान जे. जी. हर्डर (1744-1803) ने भारतीयों को childlike Indians कहा। इन्हीं सब कारणों से जार्ज फर्स्टर (1754-1794) ने जब जोन्स के अनुवाद से जर्मन में शकुंतला का अनुवाद किया तो विद्वानों में तहलका मच गया। यह अनुवाद 1791 में प्रकाशित हुआ। इसके दूसरे संस्करण 1803 में हर्डर ने भूमिका लिखी। एक कविता से शकुंतला का स्तुतिगान किया :

जहाँ पति से विरहित शकुंतला,
अपने ही देश से निर्वासित
पिता से विरहित,
तेजस्वी तनय के साथ रहती।
जहाँ दुष्यंत प्राप्त करता उसे
पुनः देवों की (छद्म) अनुकंपा से।
ओ पावन देश, विजय हो तेरी।
और तुम, नायक भाषाओं के,
मेरे हृदय की वाणी को भी
ले चलो वहीं, उस रम्य देश के बीच
उस दिव्य धाम में,
जहाँ रहती शकुंतला।

हर्डर ने कहा शकुंतला भारत की साहित्यिक चारण भूमि में विचरण करने वाली सबसे सुंदर स्त्री है। दो हजार वर्षों में एक बार ऐसा ग्रंथ प्रकाशित होता है। जर्मनी में शकुंतला आदर्श भारतीय स्त्री के रूप में प्रकट हुई। सशक्त चरित्र चित्रण, अनुभूति की पवित्रता, एक स्त्री की सुकुमारता, प्यार करने वाली एक स्त्री की लगन और आस्था के फलस्वरूप शकुंतला नाटक का जर्मनी में व्यापक प्रभाव पड़ा। एक युग का नाम शकुंतला युग पड़ गया। क्लासिकी दृष्टि वाले जर्मनों में एक क्रांति मच गई। इस समय सन् 1770 में जर्मनी में हर्डर, श्लेगल आदि 'सोफिस्टिकेशन ऑफ आर्ट' का विरोध कर रहे थे। रोमानी भावधारा को अपनाने में जुटे थे। ऐसे समय यह अनुवाद उनके लिए सबसे महत्त्वपूर्ण ग्रंथ बन गया। इस नाटक से रोमांटिक अनुभूति का प्रसार हुआ। प्रकृति की ओर लोगों का ध्यान गया। फर्स्टर ने पहले संस्करण की भूमिका में लिखा, इस नाटक में पाँच या सात अंक का होना बड़ी बात नहीं। बड़ी बात है कि गंगा के किनारे रहने वाले साँवली चमड़ी वाले लोगों ने मानव-मन की सर्वाधिक कोमल अनुभूतियों की अभिव्यक्ति की है। विलहेम हमबोल्ट ने कहा यूनानी साहित्य में कहीं भी स्त्रीत्व का इतना सुंदर निदर्शन तथा सुंदर प्रेम नहीं दिखाई देगा। शकुंतला के लिए ही शकुंतला के प्रति कदाचित् लोगों का आकर्षण बढ़ने लगा।

सन् 1833 में हिरजल ने सीधे संस्कृत से इसका अनुवाद किया। सन् 1834 में रुकर्ट ने, और शीलर ने सन् 1838 में। बोयेथलिंक ने सन् 1842 में। एकनस्ट मेइनर ने सन् 1852 में, शोर्डर ने सन् 1903 में, लॉकनर ने सन् 1924 में, कार्नफेल्ड ने सन् 1925 में, लॉश ने सन् 1960 में। फर्स्टर के जर्मन अनुवाद के आधार पर लूगि डोरिया ने इटालियन में इसका अनुवाद किया। फिर लगभग सभी यूरोपीय भाषाओं में इसका अनुवाद प्रकाशित होने लगा। इसकी प्रसिद्धि का सबसे बड़ा प्रमाण है कि

बीसियों अनुवादों के रहते हुए आज भी नए अनुवाद प्रकाशित होते रहते हैं। कई वर्ष पहले पेंगुइन इंडिया ने चंद्रा राजन का अंग्रेजी अनुवाद प्रकाशित किया।

जर्मनी के जगत् प्रसिद्ध कवि गोयते को शकुंतला का अनुवाद सन् 1792 में भेजा गया था। एक महान यूरोपीय कवि के द्वारा इसकी पहली दफा प्रशंसा हुई। उनका कहना था :

कोई यदि तरुण वर्ष का फूल
और परिणत वर्ष का फल, कोई
यदि मर्त्य और स्वर्ग को इकट्ठा
देखना चाहे तो शकुंतला में
उसे यह दिखाई पड़ेगा।

रवींद्रनाथ ठाकुर को इसमें शकुंतला का सही विश्लेषण दिखाई पड़ा। फूल और फल मर्त्य और स्वर्ग को लेकर ही जीवन की संपूर्णता है। फूल यदि कामोन्मादना है तो फल उसका मंगलमय रूप है। मर्त्य यदि जीवन है, भोग है तो स्वर्ग भोगातीत तप है। इस नाटक में रवींद्र के अनुसार एक ओर गृहधर्म का कल्याण बंधन है और दूसरी ओर निर्लिप्त आत्मा का बंधन मोचन है। शकुंतला भोग और भोगातीत का समन्वय है, सरल और नागर का मिलान है। स्वभाव और नियम की अभिव्यक्ति है। नदी और समुद्र का मेल है। अबंधन और बंधन का संगम है। लीला (अप्सरा कन्या) और धर्म (ऋषि कण्व) का समन्वय है।

दरअसल भारतीय नाट्य परंपरा में समय के दो स्तर हैं। एक ऐतिहासिक काल, रैखिक गतिवाली द्वंद्वात्मकता से युक्त काल और दूसरा महाकाल जिसका चक्राकार लय है। नाटक एक समय से, भोग से दूसरे समय तक, भोगातीत की यात्रा है। शकुंतला के पहले अंक में भोग में लिप्त दुष्यंत का वर्णन है जिसका आश्रम में प्रवेश करते हुए दाहिनी भुजा फड़क उठती है तो वह कहता है, मेरी दाहिनी भुजा फड़क रही है, आश्रम में मेरी कौन-सी आशा पूरी होगी (शांतमिदमाश्रपदं स्फुरति बाहुःकुतः फल मिहास्य)। सातवें अंक तक पहुँचते-पहुँचते इसी दुष्यंत को हम भोग मुक्त पाते हैं। मारीच के आश्रम में प्रवेश करते हुए फिर उसकी भुजा फड़क उठती है तब वह कहता है, अब तो मेरी कोई इच्छा ही नहीं फिर भी मेरी भुजा फड़क रही है (मनोरथाय नाशंसे किं बाहो स्पंदसे वृथा)।

नाटक देखने वाले दर्शकों में भी इसी भाव का संचार कर दिया जाता है। कल्पना कीजिए महाकाल के मंदिर में आरती की समाप्ति पर नाटक शुरू हुआ था। मध्यरात्रि में नाटक खेलना अनुचित माना जाता था। मगर नाटक समाप्त होते-होते रात्रि का दूसरा पहर जरूर बीत गया होगा। दर्शकों के कानों में शकुंतला के वाष्प कंठ से निकली हुई आवाज़ आर्यपुत्र की जय अभी भी गूँज रही है। दर्शकों ने शकुंतला के नवयौवन की सरल काममूर्ति देखी है, फिर एक वेणीधरा विरहव्रतचारिणी रूप

भी देखा है। इस तरह वह लौकिक से दिव्यता की यात्रा की अनुभूति कर पाया है। एक ओर लौकिक जीवन का आयाम—सामाजिक का आयाम—सावधिकाल का वृत्त और दूसरी ओर भरतवाक्य की अंतिम पंक्ति—पुनर्भव परिगत शक्तिरात्मभूः—देवताओं के निरवधि महाकाल का महावृत्त। शकुंतला में इन दोनों वृत्तों का सामंजस्य होता है—लौकिकता से अलौकिकता की यात्रा पूरी होती है और दर्शकों का सौंदर्य बोध निखर उठता है।

19

कतिपय निर्वासित नायक : होरी, रिउ, शशि और इंद्रनाथ

हम जिन निर्वासित चरित्रों (dropouts) की बात कर रहे हैं, वे रोमांटिक आत्ममग्नता से जुड़े हुए विच्छिन्न, पलातक पात्र नहीं हैं। ये चरित्र अनुभूतिहीन निर्विकार, असामाजिक विद्रोही भी नहीं हैं जिन्हें ऐंटी-लिटरेचर में ढूँढ़ पाते हैं और जो एक एब्सर्ड दुनिया में जीते हैं। जिसका उल्लेख यहाँ किया जा रहा है वे समाज सचेतन हैं। समाज और जीवन इनके लिए समार्थक हैं। ये हैं होरी, इंद्रनाथ और शशि जिनके रचयिता हैं प्रेमचंद, शरत्‌चंद्र, तथा माणिक बन्द्योपाध्याय। इनमें घीसू, माधव और हल्कू भी जुड़ते हैं मगर कुछ अलग ढंग से। यंत्र सभ्यता के अनाचार के फलस्वरूप इनका जन्म नहीं हुआ है। इनका जन्म शिल्प और समाज के संघात के फलस्वरूप हुआ है। शरत्‌चंद्र के 'श्रीकांत' के इंद्रनाथ की सृष्टि सन् 1917 में हुई थी और 'गोदान' का होरी और 'पुतुल नाचेर इतिकथा' के शशि की रचना सन् 1936 में हुई। घीसू, माधव का जन्म भी सन् 1936 में हुआ था और कामू का 'आउटसाइडर' उसके छह साल बाद लिखा गया था और 'प्लेग' सन् 1947 में। हालाँकि 'प्लेग' के रिउ के साथ होरी और शशि की एकात्मकता दिखाई पड़ती है मगर इसके बावजूद रिउ, घीसू, माधव, हल्कू और इंद्रनाथ के ज्यादा निकट है क्योंकि इनमें एलियेनेटेड आउटसाइडर का रूप झाँकता है। इसके विपरीत होरी और शशि जीने-मरने की लड़ाई लड़ते हुए सामाजिक दबाव से बाध्य होकर ड्रापआउट हो जाते हैं।

पहले ही दिखाई पड़ता है कि 'गोदान' या 'श्रीकांत' अथवा 'पुतुल नाचेर इतिकथा' पुरावृत्ताख्यानात्मक ढंग में लिखा गया है। जैनेंद्र कुमार को इसका गिला है। वे कहते हैं, 'गोदान' में एक-पर-एक पात्र आते गए हैं...मानना होगा कि खासा मेला है...लेकिन गहनता विस्तार में छिप जाती है, और दृश्य रूप अदृश्य गुण से

प्रधान हो जाता है। (एक कृतिव्यक्तित्व : 166)। 'श्रीकांत' एक जीवनी है जिसमें कथा एक क्रॉनिकल की तरह आगे बढ़ती है। 'पुतुल नाचेर इतिकथा' में इतिकथा पुरावृत्ताख्यान का ही पर्याय है और कामू के 'प्लेग' के बारे में उनके नोट बुक से ही पता लगता है कि ओरान गाँव की महामारी को प्रतीक बनाकर वे एक anthology लिखना चाहते थे (1947 : 225)। 'प्लेग' यदि मृत्यु का प्रतीक है तो 'गोदान' मृत्यु का एक प्रखर बिंब है और 'कफन' उसका आच्छादन तथा 'पूस की रात' मृत्यु का एक आद्यप्रारूपी (archetypal) प्रतीक है। माणिक बंद्योपाध्याय का 'पुतुलनाच'—यांत्रिक मृतवत् कतिपय गुड़ियों का नृत्य है और 'श्रीकांत' का इंद्रनाथ तो स्पष्ट कहता है मरना तो एक दिन पड़ेगा ही (167)। होरी भी तो शुरू में कहता है, साठ तक पहुँचने की नौबत न आने पाएगी धनिया। इसके पहले ही चल देंगे (गोदान : 8)। शशि डाक्टर बनकर जब गाँव गाओदिया में प्रवेश करता है तो बिजली के गिरने से मरे हुए हारू घोष की मृतदेह को ढोता हुआ प्रवेश करता है। इन उपन्यासों के पहले पन्नों में व्यक्ति की सीमाबद्धता, उसका असहाय रूप, निर्मम उपायहीनता संदेहातीत रूप में प्रकट होता है। होरी, इंद्रनाथ, शशि और रिउ की मूल समस्या है मृत्यु शासित जीवन की असंपूर्णता को खत्म करने में व्यक्ति मनुष्य के प्रयास की अर्थहीनता। निरुत्ताप, अनुत्तेजित, भावलेशहीन ढंग से इन चारों की कहानी आगे बढ़ी है—कोई चरम आरोहण यहाँ घटित नहीं होता। रामविलास शर्मा कहते हैं, 'गोदान' की गति धीमी है, होरी के जीवन की तरह। यहाँ सैलाब का वेग नहीं, लहरों के थपेड़े नहीं हैं। यहाँ ऊपर से शांत दिखनेवाली नदी की भँवरें हैं जो भीतर-ही-भीतर मनुष्य को दबा कर तलहटी से लगा देती हैं और दूसरों को वह तभी दिखाई देता है, जब उसकी लाश उतराती हुई बहने लगे (प्रेमचंद और उनका युग : 102)। होरी कहता है, इस जनम में तो कोई आशा नहीं है भाई! हम राज नहीं चाहते, भोग-विलास नहीं चाहते, खाली मोटा-झोटा पहनना और मोटा-झोटा खाना और मरजाद के साथ रहना चाहते हैं। वह भी नहीं सधता (गोदान : 153)। सधे कैसे? जीवन में ऐसा तो कोई दिन ही नहीं आया कि लगान और महाजन को देकर कभी कुछ बचा हो। इस चिरस्थायी जीर्णावस्था ने धनिया के आत्मसम्मान को उदासीनता का रूप दे दिया था। राजेंद्र यादव कहते हैं, 'होरी' यातना और संघर्ष दोनों की गहरी मानवीय त्रासदी है (औरों के बहाने : 115)। मैं कहता हूँ, हालाँकि लिओनार्डो डा विंचि के शब्दों को उधार लेकर, होरी की ट्रैजेडी Man and hopes of his soul की ट्रैजेडी है। उसका एक सपना था, घर के सामने एक गाय बँधी रहे। जिस स्थिति में वह जी रहा था, क्या उस स्थिति में यह शौक बचपना नहीं था? इंद्रनाथ भी अपनी मुँह बोली बहन और उसके खूनी पति के लिए जान पर खेलकर मछली चुराने जाता था मगर क्या वह उन्हें बचा सका? और हार कर एक दिन वह ऐसा चला गया कि किसी को पता ही नहीं चला—उसके जाने में कोई प्रचार नहीं था, कमल के पत्ते पर ओस की बूँद

की तरह वह अथाह पानी में लुढ़क गया। शशि का भी तो सपना था—"मिट्टी के टीले के ऊपर खड़े होकर वह सूर्यास्त देखेगा...क्या बच्चों जैसा शौक था" (पुतुल नाचेर इतिकथा : 81)। आखिरकार जीवन में बार-बार धक्के खाकर शशि का यह बचपना खत्म हो गया। उपन्यास के अंत में हम उसे हताश, पराजित, बेबस देखते हैं—"मिट्टी के टीले के ऊपर खड़े होकर सूर्यास्त देखने का शौक और शशि की ज़िंदगी में कभी नहीं दिखाई पड़ेगा" (वही : 123)। मगर ये सबके सब सामाजिक हैं—समाज में रहते हुए हरेक की भलाई चाहते हैं मगर समाज-व्यवस्था के दबाव से वे क्रमशः पीछे धकेल दिए जाते हैं। ये वे व्यक्ति हैं जो प्रचलित विधि व्यवस्था को अंतिम बात के रूप में स्वीकार करने के लिए तैयार नहीं हैं, जिनके अंतर्लोक में युक्तियुक्त मानवीय जगत का स्वप्न है, इसीलिए वे अपने घर में प्रवासी-निर्वासित नायक बन गए हैं। बाहर के संकीर्ण, विरूप, विच्युत जगत के साथ इन निर्वासित नायकों का कोई समझौता नहीं है—विद्रोही रूप ही उनकी मुक्त आत्मचेतना का एक मात्र रूप है। यह विद्रोह कभी निष्क्रिय रूप से अपने को संपूर्ण रूप में अपने में समेट लेने में प्रकट होता है, तो कभी सक्रिय रूप में प्रतिवाद की भाषा में प्रकट होता है। दोनों ही स्थिति में व्यक्ति स्पष्ट रूप से उसके आस-पास के परिवेश से, उसकी आशा और आदर्श से, आखिरकार उसके जाग्रत देह-मन से भी विच्छिन्न हो जाता है।

होरी के चारों ओर अँधेरा है, धोखा है, शोषण है, बदमाशी है और बीच में निर्वासित नायक की तरह वह ईश्वर बना हुआ है। अपने मकान के एक कोने में अलमारी की एक ताक पर हम ईश्वर को बंद रखते हैं इसी तरह होरी अपने ईश्वरत्व में निर्वासित है। भगीरथ की तरह वह ईश्वर की करुणा की धारा को प्रभावित करने आया है। झुनिया अपने बाप की तुलना में उसे देवता कहती है। (वही : 176)। जिन भाइयों के लिए उसने जवानी धूल में मिला दी, वही मुद्दई हो गए। उसके बावजूद गाय का मरना और फिर भाई को बचाने के लिए सारा पलेथन। डाँड़ में अनाज का भेंट होना मगर फिर भी भोला से झूठ न कह पाना कि मैंने गाय की कीमत भर दी है। होरी सिर्फ कहता है—अगर तुम्हारा धर्म कहे, तो बैल खोल लो। दातादीन से कहता है—बस, मैंने इनके धरम पर छोड़ दिया और इन्होंने बैल खोल लिए (वही : 131)। कामू का रिउ मानो कामू की तरह कहता है कि यह हमारा काम है कि हम ईश्वर का निर्माण करें और स्वयं भगवान बनकर ही ऐसा किया जा सकता है।[1]

शशि भी इस प्रकार की आध्यात्मिक मृत्यु का असहाय दर्शक रहा है। सिद्ध पुरुष के रूप में विख्यात यादव ठाकुर और पगला दिदि के बारे में किसी ने खबर फैला दी कि रथयात्रा के दिन उनकी 'इच्छा मृत्यु' होगी—उस दिन आस-पास के गाँव से हजारों की भीड़ आ गई। 'इच्छा मृत्यु' के क्षण भक्त पैरों पर लोट पड़े मगर शशि ने इच्छा मृत्यु नहीं देखी—यादव ठाकुर और पगला दिदि के चेहरे पर अफीम

के ज़हर को फैलते देखा। सामाजिक परिस्थिति के दबाव से देवत्व की रक्षा के लिए मृत्यु को वरण करते देखा और शशि खड़ा रहा गुड़िया की तरह। वह डाक्टर था फिर भी इन दोनों को बचा नहीं पाया। निर्वासित ईश्वर की तरह खड़ा उस आध्यात्मिक मृत्यु के परिहास और हाहाकार को सुनता रहा। होरी के लिए दारोगाजी ने कहा, तो फिर उसे सताने से क्या फायदा, जो आप ही मर रहा हो (गोदान : 96)। गोबर के शब्दों में होरी ने कभी नीति को नहीं छोड़ा, यह उसी का दंड है (वही : 296)। आलोचक कहेंगे, यह गलत है। उसे शादी की आस दिखाकर भोला से गाय ली मगर...भोला की संकट कथा सुनते ही उसकी मनोवृत्ति बदल गई थी—यह भी तो कहा गया है। दरअसल होरी नायक है—निर्वासित नायक है—ईश्वर बना बैठा है मगर वह अतिमानव नहीं है—उसमें मानव की दुर्बलताएँ भी हैं, इसीलिए वह हमारे मन को छूता है। इसीलिए वह जब ढाई रुपए पर दमड़ी बंसोर को अपना ईमान बेचने को तैयार होता है या 200 रुपए पर अपनी लड़की बेचता है तो वह कम से कम वह आदमी लगता है जिसे मलयज ने 'औसत भारतीयता' कहा है। गोबर कहता है, ऐसी दशा में तुम कर ही क्या सकते थे। जब आदमी का कोई बस नहीं चलता, तो अपने को तकदीर पर ही छोड़ देता है (वही)। तकदीर ही 'पुतुल नाचेर इतिकथा' और 'प्लेग' की थीम है—अवश्यम्भावी दैव की प्रबल युक्तिहीनता के सामने मनुष्य की युक्ति निर्भरता और इच्छा-शक्ति का असहाय होकर रह जाना। व्यक्ति सचेतन रूप में चाहे कितनी ही बाधा क्यों न दे, निर्वैयक्तिक समाज व्यवस्था का यांत्रिक दबाव उसे क्रमशः निर्वासन की ओर ढकेलता हुआ ले जाता है। यह और भी ज़्यादा इसलिए होता है क्योंकि वह सचेतन है—चेतनता उसकी तीसरी आँख है। इसलिए होरी जब काम-धंधे से छुट्टी पाकर चिलम पीने लगता था, तो चिंता एक काली दीवार की भाँति चारों ओर से घेर लेती थी। (वही : 32)। कॉलिन विल्सन कहता है, एक आदमी निर्वासित तब बनता है जब वह कतिपय प्रश्नों के प्रति सचेतन हो उठता है। होरी गोबर की तरह सब कुछ तकदीर पर छोड़ नहीं पाता यानी मुक्तिबोध के मुहावरे में 'उदासी से पुती गायों' में अपने को बदल नहीं पाता। उसका मन लड़की के बेचने पर चिल्ला-चिल्ला कर कहता है, भाइयो, मैं दया का पात्र हूँ। मैंने नहीं जाना, जेठ की लू कैसी होती है और माघ की वर्षा कैसी होती है। इस देह को चीर कर देखो। इसमें कितना प्रेम रह गया है—कितना जख्मों से चूर, कितना ठोकरों से कुचला हुआ। उससे पूछो, कभी तूने विश्राम के दर्शन किए, कभी तू छाँव में बैठा? उस पर यह अपमान। और वह अब भी जीता है, कायर, लोभी, अधम। उसका सारा विश्वास जो अगाध होकर स्थूल और अंधा हो गया था, मानों टूक-टूक उड़ गया है (वही : 295)। होरी न तो विद्रोही गोबर बन सका और न ही तकदीर का राग अलापने वाला बाद का 'शील-स्नेही' गोबर—वह बना रहा निर्वासित होरी—उसका एकाकीपन कभी भरने वाला नहीं है। होरी के आने पर उसे क्षण भर के लिए लगा

था कि वह जीवन-संग्राम में हारा नहीं मगर वह क्षण भर की ही बात थी क्योंकि दूसरे दिन ही उसे धनिया से कहना पड़ा, और कब तक जिलाएगी? सब दुर्दशा तो हो गई। अब मरने दे (वही : 300) मन्मथनाथ गुप्त कहते हैं कि अब तक प्रेमचंद जिन काल्पनिक डैनों के सहारे अपने आकाश में उड़ान भर रहे थे, उन्होंने देख लिया है कि वे डैने वहाँ ले जाने में समर्थ नहीं हैं। इसीलिए वे गोदान में अपने वास्तविक जगत में लौटकर अपने पैरों पर खड़े होकर आकाश की ओर ताक रहे हैं। इस जगत में होरी के लिए जीना नामुमकिन है, इसीलिए आकाश में वह निर्वासित है। रामविलास शर्मा के अनुसार, होरी अकेला है जैसा प्रेमचंद का किसान कभी अकेला नहीं रहा (प्रेमचंद और उनका युग : 102)। इसीलिए जब राजेंद्र यादव कहते हैं कि प्रेमचंद के पास वह मनुष्य कहाँ है जो लड़ता, मरता, टूटता और अकेला होता जाता? अनसमझा, घुटता, एकाकी ऐसा आदमी सचमुच प्रेमचंद के पास नहीं है। अकेला और अनसमझा और misfit outsider जो अपने सलीब को खुद अकेला ढोता है (औरों के बहाने : 118-120), तो हमें यह कहना पड़ता है कि निर्वासित नायक का यह रूप गोदान में नहीं मिलेगा—यह defeat और disillusion का उपन्यास नहीं है। इसमें होरी सपना देखता है, शशि का भी एक सपना था मगर उस सपने को खलनायक समाज पूरा होने नहीं देता। यह खलनायक समाज उसे इतना मार देता है कि अंततः उसकी कर्मठता बेकार हो जाती है। गाय लेने के लिए मजदूरी करने या सुतली कातने से भी कुछ बनता नहीं मगर उससे सामाजिक इकाइयों के द्वंद्व और समस्याएँ उजागर होती हैं और हम नियति और स्थिति के बारे में सोचने के लिए मजबूर होते हैं। और हम यह जान पाते हैं कि पराजय निश्चित जानकर भी ये नायक सपने लेते हैं। होरी अपने निर्वासन में भी मंगल के लिए गाय लाने की सोचता रहा। शशि और रिउ जानते हैं कि मृत्यु वह अंतिम विधान है जिसके परिणामस्वरूप अंत में सब सुखों और दुःखों को एक अर्थहीनता में पर्यवसित हो जाना है मगर फिर भी अपनी ज़िंदगी में वे बचे रहने की सार्थकता ढूँढ़ते हैं मगर परिणाम में शशि जीवन संबंध में सचेतन होते हुए भी गुड़ियों की तरह चेतनहीन हो जाता है। लोग कहते हैं, अब शशि की चाल तेज़ नहीं रही, अब वह धीरे-धीरे चलता है (पुतुल नाचेर इतिकथा : 243)। होरी एक ऐसी अंतिम दशा में पहुँचता है जहाँ उसमें आत्मविश्वास भी न रहा (गोदान : 289)। शशि भी आखिरकार आध्यात्मिक और जैवीय मृत्यु के भयंकर अंतहीन खेल में पराजित हो जाता है मगर रिउ 'अंतहीन पराजय' को जानते हुए उसी को जीवन मानते हुए जीता है इसीलिए 'प्लेग' उपन्यास के अंत में दमे का रोगी कहता है—प्लेग का अर्थ क्या है? अरे वह जीवन के अतिरिक्त और कुछ नहीं है (1947 : 250)। दरअसल होरी और शशि के सपने थे, भाग्यलीला के कठपुतले बनकर वे जीना नहीं चाहते थे—होरी और शशि का जीवन उसी का ही प्रतिवाद है—मगर यह प्रतिवाद मात्र उच्चरित होता है, परिणति

में हारे-थके वे अकेले पड़ जाते हैं। निर्वासित नायक की तरह इंद्रनाथ और रिउ थोड़े अलग हैं–उनमें आत्मज्ञान है इसीलिए आशा-निराशा, सफलता से वे परे हैं। कॉलिन विल्सन कहता है कि एक आउट साइडर की प्राथमिक आवश्यकता है आत्मज्ञान (1942 : 71) वह आत्मज्ञान इंद्रनाथ और रिउ दोनों में है इसीलिए शरत् का इंद्रनाथ अपना काम खत्म करके बिना कुछ कहे उपन्यास से निकल जाता है और कामू का रिउ भी आशा-सफलता के परे ज़िंदगी को जीता है। माधव, घीसू, हल्कू का भी आत्मज्ञान था मगर इनकी बात थोड़े बाद में। दरअसल कामू के पास एक विस्तीर्ण दार्शनिक एवं साहित्यिक पटभूमिका थी। किर्केगार्द, हुस्सेरल, सार्त्र, यासपार्स, हेडेगियर, मालरो–बहुतों के अस्तित्ववादी तत्त्व से कामू का जीवनदर्शन पुष्ट था। निर्वैयक्तिक जागतिक शक्ति के विपरीत व्यक्ति के ग़ैर-रोमानी विद्रोह की प्रतिष्ठित परंपरा में कामू की जगह पक्की थी मगर यह विद्रोह निष्क्रिय रूप से अपने में अपने को समेट कर प्रकट करता है रिउ। इसके पीछे क्या युद्धोत्तर ग्लानि या नास्ति दुःस्वप्न का गहरा पापबोध या नागरिक सभ्यता का ज़हर था उसके बारे में फिलहाल बात करने की क्या ज़रूरत! हमारे लिए मात्र यह समझ लेना ज़रूरी है कि आधुनिक अस्तित्व का सामग्रिक फैलाव इस निर्वासित नायक के चरित्र में दिखाई पड़ता है। शरत् ने उपन्यास के क्षेत्र में जिस समय प्रवेश किया था उस समय शहरों में नए बंगाल की संस्कृति का अर्थ था जहाँ सनातन मार्ग बनाम प्रत्यक्षवाद (positivism) और उपयोगितावाद (utilitarianism) को लेकर तर्क चलता है। धर्म चिंतन बनाम विज्ञान चिंतन, हिंदू धर्म बनाम ब्राह्मण धर्म को लेकर तर्क होता रहता है–इन सब तर्कों के फलस्वरूप रवींद्रनाथ के उपन्यासों में बुद्धिपक्ष का प्राबल्य दिखाई पड़ा परंतु शरत्चंद्र ने अधिकतर देवानंदपुर और भागलपुर में अपना समय व्यतीत किया था या, काम के लिए बर्मा चले गए। इसका परिणाम यह हुआ कि 19वीं शती के नवजागरण के साथ उनका संबंध केवल किताबी बना रहा। दूसरी ओर ज़मींदार प्रधान बंगाल, ग्रामीण बंगाल, बंगाली मध्यवित्त परिवार के साथ उनका निविड़ संबंध था। मध्यवित्त मानस पर बुद्धि एवं युक्ति की अपेक्षा संस्कार एवं आवेग का प्राधान्य रहता है। इसका लेखक की मानसिकता पर प्रभाव पड़ा था। इसलिए वे गैर-रोमानी निर्वासित चरित्र इंद्रनाथ की सृष्टि कर सके। निःशंक जीवन जिज्ञासा की चरम अभिव्यक्ति के रूप में 'शेष प्रश्न' की कमल की सृष्टि कर सके। मगर फिर भी उनकी लेखनी और चिंतन में एक पश्चात आकर्षण दिखाई पड़ता है। 'चरित्रहीन', 'श्रीकांत', 'गृहदाह', 'पथेर दाबी', 'शेष प्रश्न' की तरह संस्कार मुक्त उपन्यासों की रचना के उपरांत ढलती उम्र में उन्होंने क्रांतिकारी आदर्श को त्याग कर 'विप्रदास' और 'शेषेर परिचय' लिखा था। कदाचित् स्वल्प परिसर में फैले हुए बंगाली जीवन की साधारण सुख-दुःख की कहानियाँ उनकी मानसिकता को अधिक आकर्षित कर पायी थीं। इसके विपरीत प्रेमचंद की लेखनी में एक निरंतर विकासमान प्रवाह स्पष्ट है। उनके संकल्प में भावना का काठिन्य

था इसीलिए वैचारिक स्तर पर क्रमशः एक के बाद एक नयी चिंतनधारा को स्वीकारने में उन्हें कठिनाई नहीं हुई। पहले स्वामी दयानंद और नवजागरण, फिर महात्मा गाँधी और राष्ट्रीयता तथा बाद में एक अवसाद। ऐतिहासिक मोहभंग की स्थिति ने उन्हें घेर लिया और अंत में रूसी क्रांति के प्रभाव के बावजूद वे आदर्श, मोहभंग और सामाजिक यथार्थ के गड्डमड्ड से अपने को उबार नहीं सके, जिसकी परिणतिस्वरूप होरी, माधव और घीसू जैसे निर्वासित चरित्रों की सृष्टि हुई।

दयानंद, नवजागरण और महात्मा गाँधी के प्रभाव के कारण प्रेमचंद को, पहले-पहल व्यक्ति की अपेक्षा समाज और राष्ट्र चिंतन ने ज़्यादा आकर्षित किया। शरत्चंद्र ने इन सब मामलों से मुक्त होकर समाज और राष्ट्र तथा व्यक्ति-मन के संघर्ष में व्यक्ति को ऊँचा उठाने की ही ज़्यादा कोशिश की थी। प्रेमचंद भी उपन्यास को जीवन-चरित्र के रूप में स्वीकारते थे किंतु वे आदर्श के प्रति समर्पित थे, जीवन के प्रति बहुत ज़्यादा समर्पित नहीं थे और इसीलिए उनके अधिकतर पात्र प्रायः व्यक्ति नहीं हो सके हैं, टाइप बनकर रह गए और जिसके परिणामस्वरूप उपन्यास का यथार्थवादी रूप विघटित हुआ है। उन्होंने आदर्शोन्मुख यथार्थवाद का नारा दिया था हालाँकि साहित्य के क्षेत्र में वह बड़ा पुराना नारा है। सन् 1865 में जार्ज हेनरी लेविस ने कहा था कि कला का काम यथार्थ को आदर्शीकृत करना है। धरातलीय यथार्थ जीवन के बाह्य रूप को प्रकट करता है और आदर्श आंतरिक जीवन को। इसीलिए आदर्श भी एक प्रकार का यथार्थ है। यह यथार्थ का विपरीत नहीं। यथार्थ का विपरीत मिथ्यावाद है (principles of literature in the theory of Novel ; 8) इन दोनों के समन्वय के लिए यह जरूरी है कि आदर्श को समसामयिक समाज के गैर-रोमानी विवरण के साथ मिला दिया जाए। तभी उपन्यास का यथार्थवादी रूप विघटित नहीं होता। यह चरित्रों के द्वारा ही संभव होता है। लिविस कहता है Psychological characterization तथा dramatic representation से ही यह संभव है किंतु शिक्षा देने की प्रवृत्ति या 'आसन्न लेखकत्व' के दोष के फलस्वरूप उनके पात्र या तो टाइष बन गए या अति-मानव में बदल गए। वे इतिहास के भीतर के मनुष्य और इतिहास के बाहर के मनुष्य में संबंध स्थापित नहीं कर सके और इसीलिए सामाजिक यथार्थ का वह रूप स्पष्ट नहीं हो पाया है जिसे सम-सामयिक साहित्यिक संवेदना के आधेय रूप में ग्रहण किया जाता है। यह सही है कि समय की गति के साथ-साथ गाँधीवादी रास्ते की सार्थकता के बारे में उनके मन में संदेह आने लगा था मगर गाँधी-इरबिन समझौते के आधार पर उन्होंने सन् 1932 में 'कर्मभूमि' की रचना की, यद्यपि पंडित नेहरू की तरह वे भी उन दिनों एक विराट रिक्तता से अपने को मुक्त नहीं कर पा रहे थे। यह रिक्तता उस युग में पूरे देश की केंद्रीय समस्या थी। परमानंद श्रीवास्तव ने इसे एक पूरे इतिहास का मोहभंग कहा है। इस बीच सन् 1919 से उनके मन में घुमड़ने वाले बोल्शेविक उसूल धीरे-धीरे पनपने लगे थे। सन् 1936 में रचित 'महाजनी

सभ्यता' निबंध से ऐसा प्रतीत होता है कि वे निश्चित ही रूसी क्रांति से प्रभावित थे मगर स्पष्ट क्रांति की बात उन्होंने 'गोदान' में कहीं नहीं की। इसके विपरीत सन् 1936 में प्रगतिशील लेखक संघ के भाषण में आर्थिक अवस्था के नंगेपन में भी आदर्श को ऊँचा रखने के लिए निर्देश दिया। दरअसल एक तरफ मार्क्सवाद की सहायता से एक उज्ज्वल भविष्य बनाने का मिथक और दूसरी ओर गाँधीवाद की सहायता से वर्तमान में रामराज्यी भविष्य की स्थापना के मिथक के द्वंद्व से प्रेमचंद अपने को उबार नहीं सके। इसीलिए गोदान तक पहुँचते-पहुँचते उन्हें यह एहसास हुआ कि भारत के शहर और गाँव की समस्याओं का कोई स्पष्ट समाधान नहीं है। जिस व्यवस्था के साथ हम जुड़े हुए हैं वहाँ क्रांति संभव नहीं है। इस दैत्य रूपी समाज की स्वार्थ-साधना के विरोध में निर्वासित नायक की तरह सक्रिय रूप से केवल प्रतिवाद की भाषा में विद्रोह प्रकट किया जा सकता है। यह किसी एक-आयामी समाज का प्रचलित प्रतिवाद नहीं था, बल्कि बहु-आयामी समाज के प्रतिवाद की व्यंग्यात्मक ध्वनि थी। यह व्यंग्यात्मक ध्वनि और भी जोरों से हमें तब सुनाई पड़ती है जब होरी को अपनी हार में भी दूसरे पात्रों (हीरा) के हृदय-परिवर्तन को देखकर विजय का एहसास होने लगता है। उसे क्या पता, दूसरे दिन कंकर का झौवा उठाते हुए उसके प्राण निकल जाएँगे! यहाँ कोई टाइप नहीं, कोई हीरो भी नहीं, यहाँ होरी व्यक्ति का रूप धारण कर लेता है इसीलिए अभी भी उसमें गाय पालने का सपना और आदर्श का सपना बाकी है और इसीलिए हीरा का अपना जैसा रूप देखकर वह प्रसन्न हो उठा। अगर रिउ होता या हल्कू, घीसू, माधव होते तो वे प्रसन्न नहीं होते क्योंकि होरी बनने का मतलब है इतिहास की निस्संगता को झेलने के लिए बाध्य होना। हल्कू, घीसू और माधव का इसका आत्मज्ञान के कारण आशा-आदर्श यहाँ तक कि अपने सचेत देह-मन से विच्छिन्न होते हुए वे जीवित हैं। खेत के जलने या स्त्री या पुत्रवधू बुधिया के शव से सड़ान पैदा होने से उनका कुछ बनता-बिगड़ता नहीं। व्यर्थता पर विजय प्राप्त करके इसीलिए वे जीवित रह पाते हैं और अपनी जिंदगी के द्वारा एक नग्न प्रतिवाद को पूरी प्रखरता के साथ मगर असंपृक्त निर्वासित की तरह उद्घाटित करते हैं। शशि भी होरी की तरह आत्मज्ञानहीन है। दरअसल माणिक बंद्योपाध्याय ने उस समय के साहित्य में प्रसारित रोमानियत के विरोध में सामाजिक यथार्थ को अंकित करना चाहा था और इसीलिए सामाजिक श्रेणीबद्धता के दबाव में दबा हुआ निरुपाय शशि का वर्णन किया है। शशि होरी की तरह 'मर' जाता है—मनुष्यत्व की सब गरमाई खोकर वह गुड़िया बन जाता है। निष्प्राण, प्रेरणाहीन, भविष्यहीन, अतीत सर्वस्व एक मरुद्वीप में आत्मसमर्पित करते हुए हम शशि को देखते हैं कैसे वह निस्संग और चिरनिर्वासित होता चला जा रहा है। माणिक बंद्योपाध्याय ने कहा था, पथ या पथिक के उद्देश्य को जाने बिना ही हमें चलना पड़ता है। हम पथिक नहीं बन सकते—हम सिर्फ पथ पर चलते हैं (चिट्ठी-पत्र : एक्षण : 98)।

होरी, शशि, इंद्रनाथ और रिउ सभी निर्वासित नायक हैं मगर सभी सामाजिक भी हैं और इन्हीं के साथ हैं घीसू, माधव और हल्कू। इंद्रनाथ सामाजिक होते हुए भी अंततः समाज से अलग हो जाता है और रिउ जानता है कि खुशी हमेशा संकटग्रस्त होती है। क्योंकि जनता को यह मालूम नहीं कि प्लेग के सूक्ष्म कीटाणु कभी मरते नहीं हैं। घीसू, माधव और हल्कू को भी इसका पता है मगर होरी और शशि को इसका पता होते हुए भी वे इनसे कुछ अलग हैं। होरी और शशि की जीवन से कुछ आशाएँ थीं इसलिए उनकी आशाओं के निराशा में बदलने का आघात इतना तीव्र था। ये सभी सहज सामान्य चरित्र हैं—ये चरित्र मात्र वास्तविक जीवन की प्रतिमूर्ति नहीं इसलिए ये वस्तुनिष्ठ यथार्थ को प्रकट नहीं करते, जीवन की एक संरचना-मात्र का इंगित देते हैं—चरित्र के एक रहस्यपूर्ण यथार्थ को मात्र उद्घाटित करते हैं। ये बाहर आए हुए निर्वासित 'ड्रापआउट्स' लोग हैं जिन्हें सार्त्र की सहायता से तो समझा ही नहीं जा सकता, कॉलिन विल्सन भी इन्हें पूरी तरह समझा नहीं पाता। ये वे लोग हैं जो जीने मरने की लड़ाई लड़ते रहे। ये डूबते हुए आदमी के द्वारा उन गोतों की छपाछप आवाज की तरह हैं जो डूबने से पहले जीने की पुरजोर कोशिश का संकेत देती है। और जब यह संभव नहीं होता तब ड्रापआउट होते हैं, डूब जाते हैं मगर समाज की चिंतनधारा में एक विष क्रिया फैलाकर।

संदर्भ

1. It is our task to create God, we have only one way to create God, which is to become God, कामू selected Essays and Note book, पृ. 225.

20

'हिंद स्वराज' और आधुनिकता का प्रश्न

आज उत्तर-आधुनिक युग में ऐसी कई समस्याओं से हम जूझ रहे हैं जिनके समाधान के लिए सन् 1910 में मोहनदास करमचंद गाँधी के द्वारा लिखी गई 'हिंद स्वराज' पुस्तक काफी महत्त्वपूर्ण सिद्ध हो सकती है। लंदन से दक्षिण अफ्रीका लौटते हुए गाँधीजी ने नवंबर 1909 में संवाद शैली में गुजराती में (हिंद स्वराज) लिखा था। दिसंबर 1909 में 'इंडियन ओपिनियन' में गुजराती मूलरूप में यह पुस्तक प्रकाशित हुई थी। जनवरी 1910 में इसका पुस्तकाकार रूप प्रकाशित हुआ। मार्च 1910 में भारत की ब्रिटिश सरकार ने पुस्तक को ज़ब्त कर लिया। गाँधीजी ने बहुत शीघ्र इसका अंग्रेजी अनुवाद प्रकाशित किया। इसके ज़ब्त होने की कोई सूचना नहीं है। वस्तुतः यह आधुनिक सभ्यता की समीक्षा है, मास्टर नरेटिव के रूप में आधुनिक सभ्यता को स्वीकार करने पर प्रश्नचिह्न है। ब्रिटिश संसदीय गणतंत्र की कटु आलोचना है और अंततः हमारी आधुनिकता को स्वराज, स्वदेशी, सत्याग्रह तथा सर्वोदय की सहायता से रेखांकित करने का प्रयत्न है। आज की तीन ज्वलंत समस्याएँ हैंः–

1. आधुनिक सभ्यता तथा उद्योग अनुप्राणित समाज से संबद्ध विकास की अवधारणा हमारे लिए कहाँ तक सार्थक है?
2. संसदीय गणतंत्र हमारे लिए कहाँ तक उपयुक्त है?
3. आधुनिकता की क्या पहचान है?

दरअसल आधुनिकता का पूरा प्रश्न बाकी दो समस्याओं से जुड़ा हुआ है।

सन् 1947 के बाद उत्तर-उपनिवेशवादी युग में विकास के पश्चिमी दृष्टिकोण तथा आधुनिक प्रौद्योगिकी तथा पाश्चात्य आधुनिक अवधारणा की सहायता से पंडित जवाहरलाल नेहरू ने भारत के अर्थनैतिक विकास को संभव बनाने का प्रयत्न किया था। गुनर मिरदाल जैसे पश्चिमी विचारकों का दृष्टिकोण यही था कि भारत जैसे

पारंपरिक समाज जब तक अपनी प्राचीन मूल्यव्यवस्था से मुक्त होकर आधुनिकीकरण की ओर आगे नहीं बढ़ेगा तब तक उसका विकास संभव नहीं यानी उपनिवेशवादी शासकों की आधुनिकीकरण और सभ्यकरण की भूमिका के आश्रय से ही हमारे जैसे देश का विकास संभव है। दूसरे शब्दों में हमें अपने यथार्थ को भूलकर, अपनी आधुनिकता को पहचाने बिना दूसरे की आधुनिकता को अपने ऊपर ओढ़ लेना पड़ेगा। किन्तु स्वाधीनता प्राप्ति के बाद इन पचास वर्षों में हम यह निश्चित समझ पाए हैं कि विदेश से उधार लेकर कोई परिवर्तन संभव नहीं और न ही आधुनिकता के क्षेत्र में प्रवेश संभव है। जब तक हम अपनी आधुनिकता को परिभाषित नहीं करते तब तक आधुनिकता को जो विकास का प्रतीक है, जो जीवन के यथार्थ से जुड़ा है उसको रूपायित करना संभव नहीं हो सकेगा।

आज इस उत्तर-आधुनिक युग में अपनी आधुनिकता को परिभाषित करने की आवश्यकता को हम और अधिक अनुभव कर रहे हैं। भूमंडलीकरण के प्रभाव-स्वरूप जिस उपभोक्ता संस्कृति से हम प्रभावित हो रहे हैं वह एक ऐसी संस्कृति है जो पश्चिमी आधुनिक शैली को स्वीकारने को कहती है जिसमें विविधता के लिए कोई स्थान नहीं है और इससे प्रभावित हम हीगल को सही मानने लग जाते हैं कि कल्चरल माइनारिटी के बहुसंख्यक समाज के साथ सम्मिलित हो जाने से अल्पसंख्यकों को फायदा पहुँचता है। जान स्टूअर्ट मिल ने भी इस प्रकार की बात कही है कि सामाजिक आत्मसात्करण से अल्पसंख्यकों को फायदा है। परंतु हम यह भूल बैठे हैं कि आवश्यकता आत्मसात्करण की नहीं है वरन् सामुदायिक भावना का प्रसार करना है। हरेक वैविध्य को फलने-फूलने देना है। समांगीकरण (homogenisation), सहयोजन (cooption) तथा विनियोजन (appropriation) हमारे अस्तित्व के लिए खतरनाक सिद्ध हो सकता है। भूमंडलीकरण के द्वारा यही किया जा रहा है और इससे जो खतरा पैदा हो रहा है उसका एहसास कराना निहायत जरूरी है। भारत की आत्मा को सही रूप से प्रतिष्ठित किए बिना हमारा विकास संभव नहीं।

पंडित जवाहरलाल नेहरू का कहना था कि राष्ट्र की आत्मा और विदेशी प्रभुत्वपूर्ण शक्ति के बीच के संघर्ष से आधुनिक भारत का निर्माण हुआ है। महात्मा गाँधी ने भी भारतीय आत्मा की बात कही थी :

"भारत के लिए यह खतरा है कि वह अपनी आत्मा को खो बैठे। उसे खोकर भारत जीवित नहीं रह सकता। इसीलिए भारत को अकर्मण्य और असहाय बन कर बैठे रहना नहीं चाहिए। मेरे लिए पश्चिम के उन्मादपूर्ण प्रवाह से बचना कठिन हो रहा है। भारत को शक्तिशली बनना होगा जिससे कि अपने खातिर और दुनिया के लिए वह इसका प्रतिरोध कर सके।"

नेहरू भारतीय आत्मा का पश्चिमी ढंग से नवीकरण चाहते थे और गाँधी उसका फिर से आविष्कार करना चाहते थे। नेहरू का सपना था एक शहरी औद्योगिक भारत

जिससे सार्वजनिक उपक्रम को महत्त्वपूर्ण स्थान मिलेगा। नेहरूवियन यह सपना सन् 1990 से टूटने लगा था। केन्द्रयुक्त आर्थिक योजनाओं का असफल होना या हमारे फायदे या नुकसान जिस किसी के लिए धर्म का आम संस्कृति तथा राजनीति से जुड़ना नेहरूवियन धर्मनिरपेक्षता, समाजवाद तथा गणतंत्र के लिए एक बहुत बड़ा धक्का था और ऐसी स्थिति में 'हिंद स्वराज' में गाँधी का यह उत्तर-आधुनिक सपने को एक नया रूप मिलना शुरू हुआ है।

'हिंद स्वराज' लिखते समय आधुनिकता और विकास के नाम पर जो विदेशी सभ्यता, विदेशी टेक्नोलाजी, विदेशी संसदीय पद्धति के अनुकरण की कोशिश हो रही थी उसे गाँधी आधुनिक मानने के लिए तैयार नहीं थे। गाँधी जी का 'हिंद स्वराज' भारत की आधुनिकता को रेखांकित करने की प्रथम कोशिशों में से एक था। गाँधी जी की स्वदेशी और विदेशी के बीच कोई कशमकश पैदा करने की इच्छा नहीं थी। वे सिर्फ हमें सावधान कर रहे थे कि उपनिवेशवादी मानसिकता या मानसिक उपनिवेशीकरण हमारे लिए कितना खतरनाक सिद्ध हो सकता है।

टैगोर ने भी उन दिनों कहा था कि वास्तविक आधुनिकता मन की स्वाधीनता है, आस्वाद की गुलामी नहीं (not slavery of taste), यह चिंतन और क्रिया की स्वाधीनता है, यूरोपीय स्कूल मास्टरों की अभिभावकता में जीना नहीं। सन् 1784 में इमैनुएल कांट ने अपने एक छोटे से निबंध 'Enlightment' में कहा था कि एनलाइटमेंट का अर्थ दूसरे के नियंत्रण से अपने को मुक्त करना है, आत्मनिर्भर बनना है और इस तरह इस मानसिक स्वाधीनता के द्वारा अपने को मुक्त करना है और अपने समसामयिक जीवन के बारे में स्वाधीन ढंग से सोचने के लिए रास्ता बनाना है। कांट प्रथम व्यक्ति थे जिन्होंने समसामयिक दुनिया की संरचना को अपनी दार्शनिक खोज का आधार बनाया था। मिशेल फूको ने बाद में इस बात की ओर इशारा भी किया था। कांट ज्ञानोदय (enlightment) के संकट की ओर इशारा नहीं कर रहे थे, न ही ऐतिहासिक विकास या ऐतिहासिक परिणामों की ओर उनका इशारा था। कांट सिर्फ यह जता रहे थे कि किस प्रकार अतीत से वर्तमान भिन्न है और इस भिन्नता के आश्रय से कैसे ज्ञानोदय के अर्थ या आधुनिकता की परिभाषा को रूप दिया जा सकता है। कांट की दृष्टि कालवाचक रही है और टैगोर की दृष्टि मूल्यवाचक। टैगोर के अनुसार हृदय की स्वाधीनता ही सच्ची आधुनिकता है। कहते हैं कि आप अपने प्राच्य हृदय का प्रयोग कीजिए, आध्यात्मिक शक्ति, सरलता के प्रति आपका प्यार और सामाजिक उत्तरदायित्व के प्रति सचेतन हो जाइए और तब पश्चिम के असंसारिक विकास की गाड़ी जो केवल विसंगतिपूर्ण आवाज़ करती दौड़ रही है उसके रास्ते से अलग नया रास्ता बना पाएँगे। और एक निबंध में टैगोर ने कहा था कि जब आप मानव की समस्याओं का संतोषजनक हल निकाल लेंगे और जीवित रहने की अपनी कला का विस्तार करेंगे तब अपनी वर्तमान स्थिति में

इसका प्रयोग करने पर इसमें से एक नयी रचना पैदा होगी जो केवल अनुकरणात्मक नहीं होगी। ऐसी रचना को जनता की आत्मा अपने लिए स्वीकार करेगी और गर्व के साथ दुनिया के सामने मनुष्य के कल्याण के निमित्त हमारी श्रद्धांजलि के रूप में समर्पित करेगी।

एशियाई स्वायत्तता तथा व्यक्तित्व की रचनात्मक अभिव्यक्ति के आधार पर टर्म्स आफ डिसकोर्स को पुनः परिभाषित करने की टैगोर तथा गाँधी की इस प्रचेष्टा में हमारी आधुनिकता को समझने का एक ताज़ा एजेंडा तैयार हो रहा था।

गाँधी जी के इन शब्दों को हमारे मन तथा आत्मा की स्वायत्तता की प्रारंभिक अभिव्यक्ति के रूप में स्वीकारा जा सकता है, खासतौर पर उस समय, उस परिवेश में जब पश्चिम के आधिपत्य (hegemony) पर प्रश्न उठाने का कोई अधिकार ही किसी को नहीं था। उन्होंने कहा था :

My resistance to Western civilization is really a resistance to its indiscriminate and thoughtless imitation based on the assumption that Asiatics are fit only to copy everything that comes from the West.

वस्तुतः पाश्चात्य प्राच्यविदों का यही हिडेन एजेंडा था। उनका कहना था कि भारत का अतीत निश्चय ही बहुत गौरवपूर्ण है परंतु उसका कोई वर्तमान नहीं। वर्तमान को बनाने के लिए उसे पश्चिम की ओर जाना पड़ेगा और धीरे-धीरे भारत ने इस अवधारणा को स्वीकार कर लिया कि पश्चिमीकरण ही आधुनिकीकरण है। सर विलियम जोन्स ने सन् 1786 में कलकत्ते स्थित एशियाटिक सोसाइटी में अपने 'डिसकोर्स' में यह घोषित किया था कि भारतीय इतिहास की तलाश करते हुए सुंदर पुराकाल की ओर जाने के लिए वे तैयार हैं परन्तु आगे सिर्फ 11वीं शती तक ही वे बढ़ना चाहेंगे और अपने शोधकार्य को इसी काल खंड तक सीमित रखना चाहेंगे। जोन्स के बाद लगभग सभी पश्चिमी प्राच्यविदों ने इस तथाकथित ऐतिहासिक अंतर को मानते हुए संस्कृत की परंपरा को मध्ययुग से पहले तक सीमित रखते हुए मध्ययुग को आधुनिक परंपरा से अलग ही नहीं रखा वरन् बड़ी चालाकी से मध्ययुग के लिए pre-British India पदनाम देकर उसे अंधकारमय सिद्ध करते हुए ब्रिटिश इंडिया के गौरव को प्रकट करने का प्रयत्न किया।

इस दासतापूर्ण बौद्धिक चिंतन के विरोध में गाँधी जी ने 'हिंद स्वराज' में अपनी आवाज़ उठाई और गैर-पश्चिमी समाज के लिए उपयोगी उपनिवेशवाद के आधुनिकीकरण और सभ्यताकरण (civilizing) की भूमिका पर प्रश्न उठाने तथा इस मिथक को तोड़ने में महत्त्वपूर्ण भूमिका ग्रहण की। पी. सी. जोशी का यह कहना बिलकुल ठीक है कि गैर-पश्चिमी समाज तथा सभ्यता के बारे में पश्चिम की अभिधारणा (assumptions) तथा आधार वाक्यों (premises) को लेकर आलोचनात्मक जाँच, व्याख्या तथा मूल्यांकन की यह परंपरा गाँधी जी से ही शुरू हुई थी। गाँधी जी पहले व्यक्ति थे

जिन्होंने भविष्यद्रष्टा ऋषि की तरह पश्चिमी सभ्यता में निहित अशुभ प्रवृत्तियों की खतरनाक संभाव्य शक्ति का पर्दाफ़ाश किया था। दूसरे चिंतकों ने उपनिवेशवाद के विरुद्ध आवाज़ उठाई थी परंतु किसी ने आधुनिकता के पश्चिमी मॉडल का विरोध नहीं किया था।

पश्चिमी परिभाषाओं के अनुसार प्रतिष्ठित नियमों, परंपराओं तथा परिपाटियों से नाता तोड़ना आधुनिकता है और इस विश्व में मनुष्य के स्थान और कार्य को एक नयी दृष्टि से देखना है और कुछ स्थितियों में रूप तथा शैली को लेकर अभूतपूर्व प्रयोग करना है। भारत में आधुनिकता एक क्रिया व्यापार (phenomenon) या मूल्य के रूप में अतीत और भविष्य के संदर्भों से कटा नहीं है। वह अपने में पारंपरिक मूल्यों को और नवीनता को समेटे हुए है और नैरंतर्य के आधार पर इसका स्वरूप स्पष्ट हो पाता है। इसको समझने के लिए भीमसेन जोशी या कुमार गंधर्व के उदाहरण दिए जा सकते हैं। ये गायक अपने गायन में चाहे कितनी भी नवीनता लाएँ इन्हें कभी भी आधुनिक जैज़ या राक गायकों की तरह मॉडर्न नहीं कहा जा सकता। मगर व्यावहारिक दृष्टि से भारतीय परिस्थिति में जो कुछ भी पश्चिमी है, आधुनिक है और पश्चिमीकरण आधुनिकीकरण है। इसमें कोई शक नहीं कि विचार, चिंतन, मनन, प्रणाली, प्रक्रिया का जो विस्तृत निकाय हमारे वर्तमान तथा हाल ही के समय से संबद्ध है उसकी उत्पत्ति पश्चिम में हुई मगर फिर भी हमारे आधुनिक बनने की प्रक्रिया में भीतर ही भीतर ऐसा कुछ घट रहा था कि पश्चिमी आधुनिकता को ग्रहण क़रने के बाद भी उसके मूल्य और फलाफल के संबंध में हम संशय में थे और लगातार अपनी आधुनिकता को परिभाषित करने की कोशिश में जुटे हुए थे।

राजनारायण बसु ने सन् 1873 में 'सेकाल ओ एकाल' पुस्तिका लिखकर यह प्रमाणित किया कि प्राचीन काल वर्तमान काल से अधिक आधुनिक था। अतीत काल की़ मूल्यवत्ता को महत्त्वपूर्ण मानते हुए और उसे आधुनिक करार देते हुए उन्होंने वर्तमान को ह्रास या पतन का काल कहा है। राजनारायण बसु कतिपय वस्तुगत अभिमतों की सहायता से इस निर्णय पर पहुँचते हैं। उनका कहना है कि पहले लोग शारीरिक दृष्टि से अधिक स्वस्थ थे। आज मनुष्य की नैसर्गिक प्रकृति में परिवर्तन आ गया है। खाद्य के नाम पर कुखाद्य पर जोर है। अब लोग धर्मभीरु नहीं हैं। दयाशील और सरल भी नहीं लगते हैं। समाजतंत्र पर राजतंत्र का अधिकार हो गया है। चरित्र की दृष्टि से छोटापन आ गया है।

टैगोर भी आधुनिकता को मूल्यरूप में स्वीकार करते हुए शाश्वतता, स्थायित्व तथा आनंद, जो कविता को अंतर्मुखी बनाते हैं, तथा पारदर्शिता आदि को आधुनिकता की विशेषताएँ बताते हैं। यहाँ यह कहा जा सकता है कि आधुनिकता काल वाचक शब्द है और इसीलिए आज के विज्ञान तथा प्रौद्योगिकी पर आधारित औद्योगिक सभ्यता के आधार पर आधुनिकता के स्वरूप का उद्घाटन होता है। मगर हम सब जानते

हैं कि विज्ञान तथा प्रौद्योगिकी पर आश्रित उद्योग-आधारित नाजी जर्मनी की चिंतनधारा तर्कविहीन, अवैज्ञानिक, बर्बरतापूर्ण तथा संवेदनशून्य थी ठीक उसी प्रकार जैसे विज्ञान-पूर्व, प्रौद्योगिकी-पूर्व तथा पूर्व-औद्योगिक युग के कई समुदायों में देखा जा सकता है। इसीलिए समय के साथ जो घटनाएँ घटती हैं, क्रिया-व्यापार होता है उसके आधार पर आधुनिकता को परिभाषित नहीं किया जा सकता है। इसमें से एक महत्त्वपूर्ण अर्थ निकलता है कि विशेष अवस्था के अनुसार आधुनिकता के विशिष्ट रूपों का निर्धारण तथा युक्ति-तर्क-विचार-बुद्धि का प्रयोग कर आधुनिकता के कौन से प्रकरण हमारे लिए उपयुक्त हैं इसका निर्वाचन अथवा उद्भावन ही यथार्थतः आधुनिकता है अर्थात् आधुनिकता का कोई सर्वग्राह्य या सामान्य संज्ञा नहीं तर्क बुद्धि के द्वारा हमारी विशेष आधुनिकता को समझना होगा।

सन् 1904 में रवींद्रनाथ टैगोर ने 'स्वदेशी समाज' निबंध लिखा था और 25 वर्षों के बाद और एक निबंध में उसकी ताईद की थी। उनका कहना था कि राष्ट्र प्रधान देश में राष्ट्र तंत्र के भीतर देश का मर्मस्थान विशेष रूप से आबद्ध रहता है। समाज प्रधान देश का प्राण सर्वत्र व्याप्त रहता है। पाश्चात्य राज्यशासन में भारत को यहाँ आघात मिला है। गाँव-गाँव में उसका जो सामाजिक स्वराज परिव्याप्त था, राज्य शासन ने उस पर अधिकार कर लिया। विदेशी आधुनिकता ने हमारे मर्मस्थान पर आघात किया।

स्वामी विवेकानंद ने सन् 1902 में कहा था कि अनुकरण किसी सभ्यता की पहचान नहीं है। मैं पुरानी अर्थोडाक्सी के पक्ष में हूँ। उसमें नाना दुर्बलताएँ हैं मगर फिर भी मैं उसमें विश्वास करता हूँ। जो इसमें विश्वास करता है वह अपने पैरों पर खड़े होने की सामर्थ्य रखता है। मैं आधुनिक यूरोपीय सभ्यता के पक्ष में नहीं हूँ। वस्तुतः पाश्चात्य सभ्यता की विवेकानंद घोर आलोचना करते हैं। इस तरह की घोर आलोचना, इस तरह की चरम पोज़ीशन लेने की जरूरत क्यों हुई? गाँधी जी ने भी 'हिंद स्वराज' में एक्सट्रीम पोजीशन लिया था। इस तरह का रुख कोई महान् कवि दिव्यदर्शी ही ले सकता है। कवि ब्लेक ने कहा था, All extremes open the gate of heaven। सत्य उदार दृष्टिकोण से नहीं चरम दृष्टिकोण से ही स्पष्ट होता है।

'हिंद स्वराज' की प्रस्तावना में गाँधीजी ने तीन उद्देश्यों का उल्लेख किया है :

(क) उद्देश्य देश की सेवा करना है।

(ख) सत्य की खोज करना है।

(ग) उसके मुताबिक बरतने का है।

आज पता चल रहा है कि 'हिंद स्वराज' आधुनिक सभ्यता की पहली समीक्षा है। प्रत्येक परिवर्धन (development) की भविष्यधर्मी गुणागुण परीक्षा है। आज परिवर्धन लगभग एक धर्म बन चुका है। गाँधी जी ने परिवर्धन के इस विचार की

समीक्षा की है और उसके साथ ही आधुनिक विश्व प्रणाली की भी समीक्षा की है।

तिलक ने राजनीतिक जीवन की शुरुआत गीता का भाष्य लिखकर की थी। गाँधी जी ने राजनीतिक पुस्तक 'हिंद स्वराज' लिखकर की। बाद में गीता पर भाष्य लिखा। अर्थ स्पष्ट है : पहले अपने यथार्थ की पहचान जरूरी है, स्वराज का रास्ता ढूँढ़ना है। हम अपने ऊपर राज करें वही स्वराज्य है और वह स्वराज्य हमारी हथेली पर है। अपने मन का राज्य स्वराज है, उसकी कुंजी सत्याग्रह, आत्मबल है और उस बल को अपनाने की जरूरत है और बाद में गीता के स्वधर्म, निष्काम कर्म और आत्मसमर्पण के मॉडल की सहायता से उसे पुख्ता करना है।

एक्सट्रीम वियूज़स अर्थात् पश्चिमी सभ्यता का विरोध, यंत्रवाद का विरोध, रेल, पाश्चात्य चिकित्सा पद्धति, अस्पताल, न्यायालय, न्यायदान पद्धति का विरोध या ब्रिटिश संसद को बाँझ और वेश्या कहने के पीछे अर्थात् इस एक्सट्रीम वियूज़स के पीछे उनके दो-तीन उद्देश्य थे। संसदीय पद्धति बाँझ क्यों इसका उत्तर आज एकदम स्पष्ट है। संसद ने अथवा संविधान ने अस्पृश्यता तथा दहेज प्रथा खत्म कर दी है परंतु दोनों कुरीतियाँ समाज में पूरे तौर पर बरकरार हैं। दहेज के विरुद्ध जब तक जनमत तैयार नहीं होगा, कुछ नहीं किया जा सकेगा। उसी प्रकार अस्पृश्यता को दूर करने के लिए नयी संस्कृति की जरूरत है। कानून से अस्पृश्यता दूर नहीं की जा सकती। किसी भी मूलभूत परिवर्तन की जननी संसद नहीं सक्रिय सचेतन संबद्ध जनमत की भूमिका होती है। संसदीय व्यवस्था वेश्या क्यों? जनमत के आधार पर जो राजनीतिक दल सत्ताधारी बनता है, संसद उसका प्रभुत्व स्वीकार कर लेता है परंतु यह विजय पूर्णरूप से नैतिक ढंग से नहीं घटती है। इसके पीछे रहता है रुपए का खेल, झूठी प्रतिश्रुति और नाना प्रकार की दुर्नीति। मगर जनमत हमेशा इससे प्रभावित होता है ऐसी बात नहीं, फिर भी संसदीय गणतंत्र कुछ नियम बाँध देते हैं, मगर दुर्नीति को रोकना कठिन हो जाता है।

रेलवे की आलोचना कर उन्होंने विरोधियों को आकर्षणविहीन (deglamorize) कर दिया और साथ ही दूरदर्शिता का भी परिचय दिया। केंद्र में रहने वाले पश्चिम प्रभावित मध्यवर्गी बुद्धिजीवी, जो राष्ट्रीय संग्राम के अग्रवर्ती थे, उनके स्थान पर बाह्य परिधि या हाशिए में रहने वाले किसानों का पक्ष लिया। इसके लिए राजनीति को गैर-बौद्धिक करना था, हालाँकि वे बौद्धिकता के विरोधी नहीं थे। बौद्धिकता-युक्त विदेशी आधुनिकता के विरोधी थे। स्वाधीनता के संघर्ष में किसान, हरिजन और स्त्रियों को आगे लाना चाहते थे, ग़ैर-ब्राह्मणवाद (de-Brahmanization) के पक्ष में थे और हमारी सरलता, गरीबी और धीमेपन में सौंदर्य को खोजना चाहते थे। लगता है कि यह रूढ़िवादिता है मगर औद्योगिकीकरण और विज्ञान के आधार पर परिवर्धन और सभ्य बनाने की विदेशी भूमिका, जिसके द्वारा श्रेणीवाद और जातिवाद और शोषण को बढ़ावा देना था, का विरोध था और फ़ोक हिन्दूइज़्म का पक्ष लेना था,

हिंदुत्व के लोकपक्ष या सर्वोदय को उजागर करना था।

गाँधी जी को यह भी मालूम था कि विदेशी ज्ञान-विज्ञान के चकाचौंध के द्वारा उपनिवेशवादी क्षमता के विस्तार की जो आधुनिक प्रक्रिया उससे वैश्विक (global) आधुनिकता के हम मात्र ग्रहीता (receptor) ही बनेंगे, स्रष्टा बनने का अवसर कभी नहीं मिलेगा। इसीलिए गाँधी ज़ी की कोशिश थी कि वैश्विक आधुनिकता के मायाजाल को हटाकर एक ऐसा स्थान ढूँढ़ना जहाँ अपनी आधुनिकता के हम ही नायक बन सकें। याद कीजिए पाश्चात्य आधुनिकता को भारतवर्ष की पराधीनता के समर्थन में सबसे बड़े तर्क के रूप में प्रयोग में लाया गया था। यह कहा गया कि भारतवासियों के उद्धार के लिए विदेशी शासन जरूरी है। हालाँकि इसी आधुनिकता ने हमें साम्राज्यवाद के विरुद्ध खड़े होने का साहस जुटाया और आधुनिकता के नाम पर क्षमता के प्रसार की अंग्रेजों की अभिलाषा का भंडाफोड़ किया। हमें याद रखना होगा कि वैश्विक आधुनिकता के प्रांगण में हम अछूत हैं, हमारे लिए वह फैंसी मार्केट हैं, वहाँ हम पहुँच नहीं सकते, इसीलिए किसी भी प्रकार की आधुनिकता तर्क सिद्ध है और हमारे लिए मंगलमय जैसी सोच ग़लत है।

हाँ, परिवर्तन जरूरी है, वर्तमान परिवर्तन की अपेक्षा रखता है, उसका परिवर्तन करना कर्तव्य है। परिवर्तन की आकांक्षा हमारी परंपरा का केन्द्रीय तत्त्व है। इसको समझाने के लिए निहाररंजन राय ने दो पारिभाषिक तत्त्वों का उल्लेख किया है : कुल तथा शील। कुल आनुवंशिकता है, उत्तराधिकार है, परंपरा है। शील मनुष्य का विकास है (making of man) उसका व्यक्तित्व तथा व्यवहार है तथा वह कुल से प्रभावित रहता है। शील अपने स्थान और काल में कुल के उन तत्त्वों को नकारता रहता है जो अपनी शक्ति खो बैठे हैं और अपनी तरफ से विचारों और क्रियाओं के नए प्रकारों को उसमें जोड़कर हमारी परंपरा की निरंतरता को बरकरार रखते हुए वर्तमान को प्रखर तथा प्रभावशाली बनाता है और इस तरह परंपरा के साथ-साथ नवीनता को स्वीकारते हुए परंपरा को हमेशा गतिशील रखा गया है। गाँधी जी के स्वराज में यह अर्थवत्ता जुड़ी हुई है। स्वराज का अर्थ मात्र स्वाधीनता और स्व-राज्य नहीं है। भारतीय चिंतन धारा की सुरक्षा और सतत प्रवाह है तथा यथार्थ को देखने, परखने तथा अनुभव करने का उपाय है। इसका अर्थ है आंतरिक ढंग से अपने को शक्तिशाली बनाना जिससे कि वर्तमान विकास की प्रक्रिया को हम चुनौती दे सकें और विकास और आधुनिकता की अवधारणा को बदल सकें। इसके परिणामस्वरूप भारत की पारंपरिक साकल्यवादी (holistic) दृष्टि का फिर से अनुसरण करना संभव हो सकेगा और प्रकृति और समाज के साथ मनुष्य जीवन के सामंजस्य की पुनः स्थापना करते हुए नयी विचारधारा की छानबीन करना भी संभव हो पाएगा और आधुनिकता तथा विकास के अपने मॉडल तैयार करना सहज हो जाएगा। यह रवींद्र के द्वारा पूर्व और पश्चिम का सामंजस्य की बात नहीं है, श्री अरविंद का सिलेक्टिव माडर्निज़्म भी नहीं

है। यह पाश्चात्य आधुनिकता की सहायता से विविधतायुक्त भारतीय सांस्कृतिक परंपरा का अंतर्वेशन कर नयी संरचना की सृष्टि करने का अवसर देना है और इस तरह आज की तेज़ी से बदलती हुई दुनिया में हमारी आधुनिकता को परिभाषित करना है और जड़ें और पंख दोनों के महत्त्व को स्वीकारना है। गाँधी जी के शब्द इस संदर्भ में बहुत ही महत्त्वपूर्ण हैं :

I do not want my house to be walled in on all sides and my windows to be stuffed. I want the cultures of all lands to be blown about my house as free as possible. But I refuse to be blown off my feet by any.

'यंग इंडिया' में बाद में उन्होंने लिखा कि यह नयी संरचना भारतीय स्वदेशी ढंग की होगी जहाँ प्रत्येक संस्कृति को न्याय संगत स्थान प्राप्त है और वह अमरीकी ढंग की नहीं जहाँ एक प्रधान संस्कृति बाकी सबको विनियोजित कर लेती है और जहाँ सामंजस्य नहीं वरन् जबरन निर्मित एक कृत्रिम एकता की सृष्टि उद्देश्य होता है। इसीलिए हमारी चुनौती केवल स्वदेशी नहीं स्वराज है और आधुनिकता की कोटियों का निर्माण है। गाँधीजी ने इस तरह जो विकल्प हमारे सामने रखा वह परंपरा बनाम पाश्चात्य आधुनिकता का नहीं वरन् दोनों की इकट्ठे स्वीकृति बनाम किसी एक की बाध्यतामूलक स्वीकृति।

हमारा भविष्य इसमें निहित है कि हम उन विशेषताओं या तत्त्वों का आविष्कार करें जिससे हम अपनी आधुनिकता को रेखांकित कर सकें। हमारी आधुनिकता के विशिष्ट स्वरूप को पहचानने के लिए यह जरूरी है कि हमारे भीतर अन्यत्र प्रतिष्ठित आधुनिकता को ठुकराने का साहस हो। राष्ट्रीय संग्राम के युग में उसकी जरूरत थी। गाँधी जी ने वह रास्ता दिखाया था। आज भूमंडलीकरण के युग में उस साहस को दिखाना फिर जरूरी हो गया है। भूमंडलीकरण एक नव-उपनिवेशवाद है और इससे बचने का एकमात्र रास्ता है कि हम अपनी मानसिकता का गैर-उपनिवेशीकरण करें। हिंद स्वराज के द्वारा गाँधी जी का उद्देश्य था कि हम अपने को पहचानें तथा हम अपनी दुर्बलताओं को भी पहचान लें यानी अपने यथार्थ को पहचानना—यानी अपनी आधुनिकता को पहचानना और इसके लिए उनके द्वारा निर्मित मॉडल कुछ इस प्रकार था :

पहले प्राचीन सभ्यता की स्वीकृति फिर स्वराज्य की बात। सभ्यता फर्ज़ अदा करने का आचरण है। फर्ज़ अदा करना नीति का पालन करना है। नीति का पालन मन और इंद्रियों पर काबू पाना है, भोग पर नियंत्रण पाना है। काबू करने का अर्थ अपने को पहचानना, स्व की पहचान है।

सभ्यता के नियमों के बारे में गाँधी जी का कहना था कि हिंसा हिंदुस्तान के दुःखों का इलाज नहीं है और भारतीय संस्कृति का अनुसरण करते हुए आत्मरक्षा के लिए अहिंसा और सत्याग्रह का प्रयोग ही उचित है। अहिंसा हमारा आध्यात्मिक

तत्त्व है उसे गाँधी जी ने सैनिक और आर्थिक शक्ति के विरोध में इस्तेमाल किया, जिसे दुर्बल तत्त्व माना गया था उसे उन्होंने सबल बना दिया। शांतिपूर्ण प्रतिरोध (सत्याग्रह) के द्वारा क्रियात्मक (active) स्थिति पैदा की गई। पीड़ित व्यक्ति के दुःख दर्द के स्थान पर सत्याग्रही की तरह दुःख दर्द स्वीकारते हुए उसे महिमान्वित बना दिया। भारतीय सभ्यता की विशेषता है कि वह व्यक्ति को भोग से दूर रखता है और इसीलिए आधुनिक सभ्यता का उससे मेल नहीं है। आधुनिक सभ्यता का लक्ष्य भौतिक उन्नति है और इसके लिए टेक्नोलाजी का उपयोग किया जा रहा है। टेक्नोलाजी पर्यावरण को नष्ट कर रहा है तथा भोग और हिंसा को बढ़ावा दे रहा है। पर्यावरण और हिंसा विश्व की आज दो बड़ी चुनौतियाँ हैं।

इन चुनौतियों का सामना करने का एक ही उपाय है। पर्यावरण के साथ मनुष्य के एकमेक होने के रास्ते को ढूँढ़ निकालना है। यही प्राचीन भारतीय रास्ता है। इसी को पर्यावरण प्रभावित नैतिकता कहा गया है। हिंसा मनुष्य शरीर का अनादर करती है। धार्मिक उग्रवाद तथा राजनीतिक विचारधारा यह समझती है कि धर्म या राजनीति के नाम पर हत्या करने का लाइसेंस उनके पास रहता है और फिर उपभोक्ता संस्कृति से जुड़ी सेक्स की भूख ने शरीर को अर्थहीन बना दिया है। शरीर में ईश्वर का निवास है। हमारे पुराने रूपक अंग-अंगी, देह-देही, पुर-पुरुष प्रसिद्ध हैं। ये रूपक पैटर्नस् आफ वायलेंस को दूर करने के उपाय थे। गाँधी जी धर्म को मूल दया मानते हुए सत्याग्रह के द्वारा दया, बल और आत्मबल के प्रसार की बात करते हैं और हिंसा को रोकने के लिए उसका प्रयोग करते हैं।

गाँधी जी आज के बुद्धिजीवियों की तरह निरुपनिवेशीकरण (decolonization) तक अपने को सीमित नहीं रखते। निरुपनिवेशीकरण का पूरा एजेंडा स्व एवं समाज से संबद्ध है, उनमें अन्य (other) के बारे में कुछ उल्लेख नहीं होता है। संस्कृति और समाज की स्व-परिभाषा बनाना तथा विदेशी शक्ति से मुक्ति पाना निरुपनिवेशीकरण की परिभाषा रही है। गाँधी जी ने इस परिभाषा को बदल दिया। स्वराज्य में अन्य के लिए भी उन्होंने स्थान बनाया और इस तरह कॉलोनाइजर तथा कॉलोनाइज़्ड दोनों की स्वाधीनता को उन्होंने स्वीकृति दी। वस्तुतः हिंद स्वराज एक वैकल्पिक स्थिति पैदा करता है। एक वैकल्पिक मूल्य व्यवस्था की रचना करता है। यह भारतीय आधुनिकता की सबसे बड़ी बात है। यहाँ पाश्चात्य आधुनिकता की तरह एक को बहिष्कृत कर दूसरे की प्रतिष्ठा नहीं। यहाँ वैकल्पिक स्थितियाँ उपस्थित की जाती हैं। पश्चिम शब्द केन्द्रित (logo centric) तथा एकांतिक है। भारत प्रतीकात्मक तथा अंतर्भावयुक्त है। भारत समायोजन के द्वारा अपना विकास करता है और अपने को बार-बार वर्णित करता है। पश्चिम प्रतिस्थापन के द्वारा विकसित होता है। इसीलिए भारत में प्राचीन विचारों को भले ही नए विचार स्थान न दें मगर प्राचीन विचार खो नहीं जाते, नवीन के साथ सहवस्थान करते हैं। यहाँ एक का बहिष्कार कर अपनी

आधुनिकता की रचना नहीं की जाती। यहाँ विकल्पों को स्वीकारा जाता है इसीलिए हिंद स्वराज स्व की स्वाधीनता की बात करता है, अपने को पहचानने की बात करता है, सिर्फ विकास की बात नहीं करता जिससे धन अधिक पैदा हो सके। ऐसी दुनिया या लोगों की बात करता है जिनकी सहायता से स्वराज मिल सके। आधुनिकता और परंपरा को जोड़ने की बात नहीं करते—अंतर्वेशन के द्वारा आधुनिकता की नयी संरचना का निर्माण करते हैं। इसीलिए बहुत से समाज सुधारकों की तरह परंपरा, जातिवाद, ब्राह्मणवाद आदि का तिरष्कार करते हुए डरते नहीं। यही क्रिटिकल इंसाइडर का काम है और इसीलिए आधुनिकता से लिए गए उदारवादी तथा मानवीय संशोधनों को भी स्वीकारते हैं जिससे कि तेजी से बदलती हुई दुनिया में हम अपनी आधुनिकता को सही ढंग से परिभाषित कर सकें।

इसीलिए चुनौती सिर्फ स्वदेशी और स्वराज की खोज नहीं जिससे कि आधुनिकता की कोटियों का निर्माण हो सके मगर विशेषताओं और सिद्धांतों की खोज भी है जिससे हमारी आज की आधुनिकता को सही रूप से परिभाषित कर सकें। उपनिवेशीकृत समाज में एक ओर शोषकीय तथा प्रतिक्रियावादी तत्त्व पैदा हो जाते हैं या संस्कृति का जो हिस्सा बचा रह जाता है उसको पकड़े रखा जाता है। इस तरह का समाज धर्म, स्वदेशी, परंपरा की बात प्रतिक्रियात्मक ढंग से करते हैं। गाँधी जी की तरह धर्म के भीतर जो धर्म है उसकी बात नहीं करते या फिर उपनिवेशी स्वामी की प्रतिमूर्ति (mirror image) बन जाते हैं परिणामतः छाया हृदय (shadow mind) पैदा हो जाते हैं अनुकरण ही जिनके लिए सब कुछ होता है। हिंद स्वराज ने गहन प्रश्नों के द्वारा आंतरिक शत्रुओं का पता दिया, उसके आधार वाक्यों को उघाड़ा, उसकी सांकेतिक भाषा को डी-कोड किया।

भारतीय संस्कृति तथा चिंतन की बड़ी बात विविधता है। असहमतियों को कबूलते हुए एकता का प्रसार है। यह संस्कृति एक ऐसे समाज की बात करती है जो पिरामिड नहीं; जो ऊँचाई के स्थान पर लगातार चौड़ाई में प्रसारित होने वाले सागरीय वृत्तों की तरह फैला हुआ समाज है। ऐसा समाज भारत का ग्राम समाज है इसीलिए गाँधी जी गाँव के समाज को, स्वदेशी को प्रमुखता देते हैं और इसके लिए क्षमता के विकेन्द्रीकरण का पक्ष लेते हैं। राजधानी क्रमशः समग्र समाज को ग्रस रही है इसीलिए राज्य सरकार नहीं, ग्राम समाज को ही गाँधी जी ने क्षमता की भित्ति के रूप में स्वीकार किया है। मगर आज गाँव तीन तरह के बोझों से दबा हुआ है :

(क) सरकारी शासन तंत्र का बोझ,
(ख) व्यावसायिक प्रतिष्ठानों का बोझ, तथा
(ग) राजनीतिक दलों की राजनीति का बोझ।

इनमें से पहले दो दबावों से गाँव पहले से परिचित हैं। राजनीतिक दलों की

राजनीति अभी की बात है। दलीय राजनीति का एक अपना आदर्शगत वक्तव्य होता है। क्षमता की लड़ाई इस आदर्श के नाम पर चलती है। क्षमता के लिए नीति विसर्जित होती है तथा दलों की स्वार्थ रक्षा के लिए अपराधीकरण का प्रसार होता है। यह लड़ाई राजधानी के लिए होती है मगर इसके लिए गाँव पर कर्तृत्त्व जरूरी है और परिणामतः गाँव के समाज को धक्का लगता है।

ग्रामीण समाज के अभ्यंतर में एक आत्मीय समाज का आदर्श रहता है और वह निर्दलीय लोकनीति से मेल खाती है। बहुदलीय व्यवस्था नहीं, एक दलीय राजनीति नहीं, निर्दलीय लोकनीति के साथ गाँधी जी के मतादर्श का मेल है। यहाँ गाँधी जी संसदीय गणतंत्र का अतिक्रमण कर जाते हैं। यही गाँधी मार्ग है। आज के राजनेता कहेंगे, असंभव, यह असंभव है। गाँधी जी कहेंगे, इसके बिना समाज की मुक्ति संभव नहीं। दरिद्रता, अशिक्षा, छोटेपन के बावजूद रवींद्र और गाँधी जी ने ग्राम में ही भारतीय आदर्श-समाज के मूल सूत्रों को प्रत्यक्ष किया था। टैगोर का कहना है कि इस देश में राष्ट्रनीति और समाजनीति में हमेशा फासला रहा है। ग्रामीण समाज के अभ्यंतर में एक आत्मीय समाज का आदर्श है। नाना अविचार, कुसंस्कार और अशिक्षा के बावजूद यही ग्राम और समाज का अपना आदर्श है। मनुष्य के साथ मनुष्य का आत्मीय संबंध-स्थापन चिरकाल भारतवर्ष की सर्व प्रधान चेष्टा थी। हम जिस किसी व्यक्ति के संपर्क में आने से उसके साथ एक संबंध बना बैठते हैं। इसके अच्छे-बुरे दोनों प्रकार के परिणाम संभव हैं, मगर यही इस देश की, सबसे बड़ी प्राच्य परंपरा है। ग्राम-समाज=आत्मीय समाज=प्रतिवेशी समाज और इसमें समवाय यानी सर्वोदय की भावना अनुस्यूत है। इसकी तुलना में राष्ट्र एक हृदयहीन यंत्र है। गाँधी जी कहते थे व्यक्ति के पास हृदय होता है मगर राष्ट्र हृदयहीन मशीन की तरह है। आजकल नगरों में राष्ट्रनीति के साथ वणिक शक्ति आ मिली है। रवींद्र का कहना है कि नगर देश की शक्ति का क्षेत्र है, ग्राम प्राण का क्षेत्र है। इस गाँव को केंद्र में लाने के लिए ही रवींद्र और गाँधी जी ने स्वदेशी का पक्ष लिया था। स्वदेशी केवल प्रत्यावर्त्तन नहीं है, एक स्थायी उपाय ढूँढ़ना है और इस तरह गाँव को स्वनिर्भर बनाना है और शहर के शोषण से गाँव को मुक्त रखना है। इसके लिए रास्ता समवाय का है और यही सत्य का रास्ता है। गाँधी जी के लिए यह सत्य तपस्या द्वारा प्राप्त किया जा सकता है और रवींद्र का कहना था कि यह सत्य आनंद द्वारा प्राप्त किया जा सकता है। समवाय नीति मनुष्यत्व की मूल नीति है, मनुष्य के सहयोग से ही मनुष्य मनुष्य है। गाँधी जी रवींद्र यंत्र के विरोधी नहीं थे, यांत्रिकता के विरोधी थे। यंत्र ने भोग को बढ़ाया है, भोग स्थायी तृप्ति नहीं दे सकता, संयम के द्वारा ही जीवन में तृप्ति संभव है। भोग की दृष्टि में सभी उपकरण है और ऐसी स्थिति में प्यार भी उपकरण बन जाता है। रवींद्रनाथ भोग की वासना को सौंदर्य बोध के द्वारा नियंत्रित करना चाहते थे, गाँधी जी नैतिकता के द्वारा और उसका उत्स प्रेम की शक्ति में था। उनका

कहना था :

The fact that there are so many men still alive in the world shows that it is based on the force of truth of love.

गाँधी जी ने भारत के यथार्थ को समझने का, उसके विकास का यही आधार माना था।

हमारी आधुनिकता परंपरा तथा पाश्चात्य आधुनिकता को जोड़कर नहीं, उनके अंतर्वेधन (interpenetration) के द्वारा एक नई संरचना की सृष्टि की सहायता से विकसित हुई है। दूसरे के प्रभुत्व (dominance) तथा स्थानापन्नता से बचने के लिए आज गाँधी जी की फिर जरूरत है जो हमें हमेशा पश्चिम की ओर जाने से सचेत करते रहेंगे, जो हमें विदेश को अपने ढंग से, अपनी शर्तों (terms) पर स्वीकार करने के लिए रास्ता दिखाते रहेंगे, हमें अपने ढंग से परिभाषित करने में सहायता करेंगे। श्री अरविंद ने चयनात्मक आत्मसात्करण (selective assimilation) की बात की है। आज विदेशी प्रभाव से बचना मुश्किल है मगर नकल नहीं, अपनी शर्तों पर चयनात्मक आत्मसात्करण करना है।

गाँधी जी ने आध्यात्मिक नैतिकता की सहायता से हमारी अर्थनैतिक तथा सैनिक कमजोरी को शक्ति में बदल दिया। अहिंसा को हमारी सबसे बड़ी शान्ति बना दिया। सत्याग्रह की सहायता से शोषितों की तरह नहीं, विद्रोही की तरह जीना सिखाया और इस तरह सत्याग्रह को अस्त्र में बदल दिया। सहनशीलता (passive) को सक्रियता में बदलने का अभूतपूर्व कार्य किया। शक्तिहीन शक्तिशाली हो गया। पाश्चात्य आधुनिकता का विरोध कर हमें अपने यथार्थ को पहचानने का रास्ता दिखाया। ग्राम को विकास के केंद्र में लाकर वैकल्पिक टेक्नोलाजी, स्वदेशी का प्रसार तथा सर्वोदय को महत्त्व देते हुए लोक हिंदुत्व (folk Hinduism) का पक्ष लिया और भारतीय को सशक्तिकरण का मार्ग दिखाते हुए आधुनिकता की व्याख्या की।

गाँधी जी ने एक ओर क्रिटिकल इन्साइडर की तरह हमारी परंपरा में से उन तत्त्वों का आविष्कार कर प्रयोग किया जिससे समाज का प्रगतिशील रूप प्रकट हो सके और समाज में फैली हुई कुरीतियों को दूर किया जा सके। दूसरी ओर क्रियेटिव डेस्ट्रक्शन की सहायता ली जिसका अर्थ केवल आक्रमण या कुरीतियों का ध्वंस नहीं वरन् चिंतन के धरातल पर रूपांतरण, अनुकूलन (adaptation) तथा पुनर्निर्माण की सहायता से नयी अंतर्दृष्टि का प्रसार करना है। दूसरे शब्दों में परंपरा में आंतरिक परिवर्तन करते हुए नए बोध (perception) के प्रसार के द्वारा गाँधी जी ने हमारी आधुनिकता को समझा और स्वराज, स्वदेशी, सत्याग्रह और सर्वोदय की सहायता से उसको रेखांकित किया।

21

प्रेमचंद और लोकचेतना का मिथकीय संदर्भ

प्रेमचंद जन्म शताब्दी के उपलक्ष्य में उन दिनों विद्वानों में एक आम जंग छिड़ी हुई थी। विद्वानों का एक तबका प्रेमचंद को सामाजिक यथार्थ का रचयिता, प्रगतिशील प्रतिबद्ध बुद्धिजीवी घोषित कर रहा था तो दूसरी ओर और एक तबका उन्हें मानववादी या गाँधीवाजी मॉडल का लेखक बनाने में तुला हुआ था। एक तीसरा तबका, जिसमें मैं भी कुछ दिनों तक जुड़ा था, प्रेमचंद के विकासमान जीवन का हवाला देते हुए दयानंदी आदर्शवाद, गाँधीवाद और फिर मोहभंग की स्थिति में उनके समाजवादी व्यवस्था के खेमे में चले आने की बात करता रहा। दरअसल अधिकतर लोगों को उनकी रचनाओं में इस प्रकार की एक संदेहात्मक स्थिति का मुकाबला करना पड़ता है कि अभिप्रायपरक हेत्वाभास (intentional falacy) का शिकार होने के सिवाय उनके सामने और कोई चारा नहीं रह जाता। इसीलिए प्रभाकर माचवे के लिए यदि प्रेमचंद का 'सूरदास' गाँधीवादी आदर्श का परिचायक है (1981 : 75), तो दूसरी ओर रमेश कुंतल मेघ के लिए 'सूरदास' औद्योगीकरण का कट्टर विरोधी है तथापि वह गाँधीवादी नहीं है। उसके माध्यम से गाँधीवादी सिद्धांतों के अंतर्विरोध उद्घाटित हुए हैं (1981 : 194)। कहने को प्रेमचंद के शब्दों में ही यह द्वंद्व मौजूद है। 'रंगभूमि' में एक स्थान पर क्रांति का विरोध करते हुए प्रेमचंद कहते हैं, यह विचार कि हत्याकांडों से अधिकारी वर्ग प्रजापरायण हो जाएगा, मेरी समझ से निर्मूल और भ्रमपूर्ण है। रोग का अंत करने के लिए रोगी का अंत कर देना न बुद्धिसंगत है, न न्यायसंगत (रंगभूमि : 206)। मगर दूसरी ओर अपने एक पत्र में कहते हैं कि यदि मुझे यह विश्वास हो जाता और मैं जान लेता कि ध्वंस से हमें स्वर्ग मिलेगा तो मैंने ध्वंस की भी चिंता नहीं की होती (इंद्रनाथ मदान को पत्र : 26-12-1934)। इसके विपरीत इसी पत्र में उन्होंने लिखा है कि हमारा उद्देश्य जनमत तैयार करना है इसीलिए मैं सामाजिक विकास

में विश्वास रखता हूँ। अच्छे तरीकों के असफल होने पर ही क्रांति होती है। मगर सन् 1932 में रूस की प्रगति के बारे में उन्होंने लिखा था कि जहाँ जनता पर जनता के हित के लिए शासन किया जाता है, वहाँ ऐसी ही सफलता प्राप्त होती है। और सन् 1936 में 'महाजनी सभ्यता' में उन्होंने लिखा कि अब एक नई सभ्यता का सूर्य सुदूर पश्चिम से उदय हो रहा है, जिसने इस नाटकीय महाजनवाद या पूँजीवाद की जड़ खोदकर फेंक दी है। दूसरी ओर सन् 1936 में ही प्रगतिशील लेखक संघ के लखनऊ अधिवेशन में उन्होंने कहा था, हमें अपनी रुचि और प्रवृत्ति के अनुकूल विषय चुन लेने चाहिए और विषय पर पूर्ण अधिकार प्राप्त करना चाहिए। हम जिस आर्थिक अवस्था में जिंदगी बिता रहे हैं, उसमें यह काम कठिन अवश्य है; पर हमारा आदर्श ऊँचा रहना चाहिए। चंद्रकांत बांदिवडेकर के लिए यह आदर्श प्रेमचंद के जीवन का यथार्थ ही है (1981 : 296)। और नित्यानंद तिवारी के लिए प्रेमचंद के साहित्य को आदर्श और यथार्थ का समन्वय नहीं मानना चाहिए। उनके कथा साहित्य को जीवन में आदर्शवादी और यथार्थवादी शक्तियों का तनाव मानना चाहिए (1980 : 115)। मगर सवाल है कि क्या प्रेमचंद को मात्र समाजवाद या गाँधीवाद अथवा प्रगतिशीलता या मानवतावाद अथवा यथार्थवाद या आदर्शवाद के कठघरे में बंद करने की यह कोशिश उस महान लेखक के प्रति अन्याय नहीं है? क्या प्रेमचंद की रचना के केन्द्र में इन सब दृष्टियों के द्वंद्व के अतिरिक्त कुछ और नहीं है जिसे हम लोकचेतना के मिथक के आश्रय से समझ सकें और विश्लेषित कर सकें और तब उनको इस द्वंद्व से बरी करते हुए सही मायने में जनता का लेखक प्रमाणित कर सकें?

यह बात सही है कि उनकी रचनाओं में विभिन्न वैचारिक स्तरों पर विभिन्न अर्थ-छवियाँ मौजूद हैं एवं जिनके फलस्वरूप उनकी रचनाओं की नाना व्याख्या संभव दिखाई पड़ती है। कदाचित् इसीलिए प्रभाकर माचवे को प्रेमचंद का व्यक्तित्व 'सिज़ोफ्रेनिक' प्रतीत होता है और पंडित नेहरू से तुलना करते हुए वे कहते हैं कि एक ओर गाँधी का रामराज्यी मिथक तो दूसरी ओर प्रगतिशीलता के मिथक के द्वंद्व से प्रेमचंद अपने को कभी उबार नहीं सके (1981 : 85)। नामवर सिंह को भी अंतर्विरोध दिखाई पड़ता है मगर उनका कहना है कि अंतर्विरोध होना बुरा नहीं है। यह जीवंतता का लक्षण है पर यदि लेखक इसे संतुलित नहीं रख पाता, तो यह उन्हें तोड़ता भी है (प्रेमचंद : अंतर्विरोध और स्वाधीनता-संग्राम : 1980 : 11)। दरअसल प्रेमचंद की दृष्टि लोकचेतना की दृष्टि रही है जिसका निर्माण एक ओर मिथक (belief) और दूसरी ओर कर्मकांड (behaviour) के समन्वय से हुआ है। इसीलिए प्रभाकर माचवे जब प्रेमचंद को 'सिज़ोफ्रेनिक' कहते हैं तो दरअसल प्रेमचंद की लोकचेतना के एक आधारतत्त्व मिथक के अर्थ को भूल जाने के कारण ही कहते हैं। लेवी स्त्रौस ने यह स्पष्ट कहा था कि मिथक में नानस्तरीय अर्थ की संभावना (Multilevel meaning) रहती है। और विशेषरूप से प्रेमचंद जैसे रचनाकार की कृतियों में जब

'भारतीय आत्मा' बोलती है तो यह संभावना और भी बढ़ जाती है। यह सिज़ोफ्रेनिया नहीं, लोकचेतना की बहुमुखिता है। लोक है 'पीपल' या सर्वहाराश्रेणी का मनुष्य। रूसी भाषा में इसे नारोड (narod) कहा जाता है जिनके साहित्य के बारे में वाइ. एम. सोकोलव ने सन् 1950 में कहा था कि लोक कथा प्राचीनं मिथकीय व्यापार होने पर भी समकालीन चेतना के बहिर्भूत नहीं है। उधर फासिस्त नात्सियों ने भी वॉक (Volk) जनता की कथा को महत्त्व दिया और उनतुर साइस्ट (Unter Schaict) अर्थात् साधारण मनुष्य को इसका प्रतिपालक कहा जो एक आदर्श या लोकचेतना से प्रेरित होकर इसकी सृष्टि करता है.तात्पर्य यह है कि प्रत्येक विरोधी मतधारा लोककथा और लोकचेतना को महत्त्व देती है। और उसको समकालीन चेतना से अलग नहीं मानती क्योंकि पूर्वनिर्धारित अभिप्राय नहीं होने पर भी आधुनिक लेखक मिथक और रिच्यूल से जुड़ी हुई लोक़कथा और लोकचेतना से चेतन या अचेतन रूप से प्रभावित होकर 'प्रतीकात्मक समानार्थकता' के आश्रय से अपनी कृति की सृष्टि करता है। और कभी विरोध में उसमें दरार (rupture) डालकर पुरानी परंपरा पर प्रश्नचिह्न लगाते हुए भविष्य को गति देने के लिए नए 'लोगोस' की सृष्टि करता है। प्रेमचंद की कृतियों में जनता ही अपने विविध रूपों में उपस्थित है। हजारी प्रसाद द्विवेदी का कहना है कि अगर आप उत्तर भारत की समस्त जनता के आचार-विचार, भाषा-भाव, रहन-सहन, आशा-आकांक्षा, दुःख-सुख और सूझ-बूझ को जानना चाहते हैं तो प्रेमचंद से उत्तम परिचायक आपको नहीं मिल सकता (हिंदी साहित्य : 435)। इंस जनता की लोकचेतना उनकी अपनी चेतना रही है। इस जनता के साहित्य (लोंक साहित्य) में एक ओर 'काव्यधर्मा फैंटेसी और आदर्श संभावनाओं की सर्जनाशक्ति' और दूसरी ओर 'ठेठ लौकिक जीवन व्यापारों का यथार्थ दर्शन' का समन्वय होता है जिसमें विरोध नहीं, परस्पर पूरकता दिखाई पड़ती है। लोकसाहित्य की इन दोनों प्रवृत्तियों के पीछे जो आद्यप्रारूप कार्यरत है उसे हम प्रवृत्ति और निवृत्ति का द्वंद्वात्मक दर्शन कह सकते हैं जिसको हालाँकि प्रेमचंद 'आदर्शोन्मुख यथार्थवाद' के नारे के द्वारा प्रकट करते हैं और आलोचक इस लोकचेतना के प्रतिफल को शाब्दिक स्तर पर ग्रहण करते हुए यथार्थवाद और आदर्शवाद की सरल कोटियों के सहारे विश्लेषित करने की कोशिश करते हैं और नाना प्रकार से प्रेमचंद की लोकचेतना में अपना-अपना नया रंग भरते हैं। प्रेमचंद अपने जीवन के वास्तविक चरित्रों को ही अपनी कथा-कृतियों का आधार बनाते थे। उनका कहना था कि मानव-प्रकृति का मर्मज्ञ साहित्यकार राजकुमारों की प्रेम-गाथाओं और तिलस्माती कहानियों में भी जीवन की सच्चाइयाँ वर्णन कर सकता है, और सौंदर्य की सृष्टि कर सकता है; परंतु इससे भी इस सत्य की पुष्टि ही होती है कि साहित्य में प्रभाव उत्पन्न करने के लिए यह आवश्यक है कि वह जीवन की सच्चाइयों का दर्पण हो (साहित्य का उद्देश्य : प्रेमोपहार : 354) मगर दूसरी तरफ यह कहते हैं कि भारतीय साहित्य का आदर्श उसका त्याग और उत्सर्ग है।.....व्यास

और वाल्मीकि ने जिन आदर्शों की सृष्टि की वे आज भी भारत का सिर ऊँचा किए हुए हैं (जीवन में साहित्य का स्थान : वही : 363)। इस प्रकार मलिनूउस्की के विश्लेषण के अनुसार उन्होंने मिथकीय आदर्श को रोजमर्रे की जिंदगी के यथार्थ से जोड़कर आदर्श और यथार्थ के द्वंद्व को रैखिक (linear) दृष्टि से परखने की पुरजोर कोशिश की।[1] अंतर्विरोध को एक संतुलित दृष्टि देनी चाही। और इसके लिए उन्होंने त्रासदी कामदी के यथार्थ से हटकर लोक कथाओं के मिथकीय यथार्थ को अपने उपन्यासों में स्थान दिया। त्रासदी और कामदी का यथार्थ एक पूर्वनिर्धारित दुनिया का यथार्थ है जिसको नायक बदल नहीं सकते। त्रासदी का नायक अपनी दुनिया की परिस्थितियों से लड़ता है और अंततः 'मारा' जाता है और कामदी का नायक इस दुनिया को स्वीकारता है और परिस्थितियाँ उसके अनुकूल पड़ती हैं। दोनों ही स्थितियों में दुनिया बदलती नहीं क्योंकि यह पूर्वनिर्धारित भाग्यवादी दुनिया है मगर लोक कथाओं की दुनिया परिवर्तनशील दुनिया है जो महाकाव्य की दुनिया के निकट पड़ती है और जिसके यथार्थ को यथार्थ के समस्यामूलक पक्ष के साथ जोड़ा जाता है अर्थात् जहाँ यथार्थ आद्यप्रारूपात्मक (archetypal) होता है। दूसरे शब्दों में जहाँ घटनाओं का यथार्थ लोकचेतना को प्रकट करने के लिए होता है। लोकचेतना का आदर्श यथार्थ के विपरीत नहीं, वह यथार्थ का ही एक दूसरा रूप होता है जो आंतरिक सत्य को प्रकट करता है। और 'सरफ़ेस' यथार्थ बाह्य सत्य को। यथार्थ का विपरीत मिथ्यावाद है, आदर्श नहीं। लोकचेतना के इस यथार्थ को, जिसे हरभजनसिंह यथार्थ का एक दूसरा रूप (implied-view of reality) कहते हैं, को प्रकट करने के लिए प्रेमचंद दो मॉडलों का इस्तेमाल करते हैं। एक, रामराज्यी मॉडल जहाँ सामाजिक चरित्र किसी एक सामाजिक नियम को प्रतिष्ठित करने में प्रयत्नशील होते हैं। जहाँ दो चरित्रों में आपसी टकराहट किसी एक सामाजिक सिद्धांत को प्रतिष्ठित करने की टकराहट होती है। इस प्रकार का दृष्टिकोण मूलतः लोककथा का दृष्टिकोण है जो कलात्मक साहित्य से परे होता है। शारीरिक पवित्रता के प्रति भारतीय नारी की अपरंपार आस्था को सँजोए रखने की कोशिश में आश्रम की स्थापना 'सेवासदन' की रामराज्यी मॉडल है। पश्चिमी मूल्यों से जुड़े हुए जीवन की तुलना में भारतीय मूल्यों पर आधारित जीवन के महत्त्व को प्रतिष्ठित करने के लिए जिस आश्रम की स्थापना हुई वह 'प्रेमाश्रम' का रामराज्यी मॉडल है। सुमन और प्रेमशंकर यहाँ मात्र चरित्र नहीं रहते वरन् दूसरे की तुलना में आते ही एक अवधारणा का रूप ले लेते हैं। विरोधी चरित्रों की चित्रण-प्रणाली के द्वारा लोकचेतना को स्पष्ट करने वाले समाज में प्रचलित कतिपय मिथकीय कोड तब उभरकर सामने आ जाते हैं : 'सूरदास' जैसे ही जानसेवक के विरोध में दिखाई पड़ता है वैसे ही 'सूरदास' का 'इमेज' अवधारणा में बदल जाता है और वह पाप और पुण्य के संघर्ष में पुण्य की विजय के सिद्धांत का प्रतीक बन जाता है। 'कायाकल्प' में एक ओर वासनारहित आदर्शप्रेम और दूसरी ओर धन के

दुष्परिणाम की पारंपरिक भारतीय अवधारणा को प्रकट किया गया है जिस पर निवृत्ति और प्रवृत्ति का द्वंद्व टिका हुआ है। निवृत्ति से मुँह मोड़कर समाज का प्रवृत्ति की ओर बढ़ने से जो कायाकल्प हो रहा है उससे चक्रधर अपने को मुक्त करके 'कायाकल्प' में रामराज्यी मर्यादा को प्रतिष्ठित करता है। 'गबन' में भी रमानाथ को प्रवृत्तिमूलक दुष्परिणाम से बचाकर प्रेमचंद रामराज्यी आश्रम की स्थापना करते हैं। भारतीय आदर्श के इस मिथकीय कोड को लेखक ने विषम अथवा प्रतिवादी चरित्रों, परिस्थितियों, वस्तुओं एवं कार्यों के द्वारा प्रकट किया है। कभी यह आंतरिक या बाह्य समाज की विषमता है या कभी दुर्बल एवं शक्तिमान का या फिर अच्छाई या बुराई का अंतर्विरोध है अथवा गरीब और अमीर का अथवा परंपरा और आधुनिकता का द्वंद्व है। यह कोड अंततः मिथकीय धरातल पर 'देवत्व के यथार्थ' को प्रकट करता है और यथार्थ के समस्या मूलक पक्ष का भारतीय फ्रेमवर्क में समाधान प्रस्तुत करता है। केनेथ वर्क ने इसे ही लोक संप्रेषण का कलात्मक गतिकी (dynamics) कहा है जो दर्शक अथवा कृति में इच्छाओं की पूर्ति (fulfillment of expectations in the work as well as in the audience) की अभिव्यक्ति है। कहानियों में इसका महत्त्वपूर्ण उदाहरण 'सुजान भगत', 'मंत्र', 'पंचपरमेश्वर' आदि कहानियाँ हैं जिनको प्रेमचंद ने इसी 'देवत्व के यथार्थ' के आश्रय से रैखिक लोक कथा (Fabula) की शैली में लिखा है जिसमें यथार्थवाद की लौकिक कार्यकारण शृंखला को ढूँढ़ना बेमानी है और साथ ही यह यथार्थ के प्रति गीतिकाव्यात्मक दृष्टि भी नहीं है। यहाँ यथार्थ एक सर्वव्यापी (immanent) एवं साथ ही विशिष्ट (particular) विधि है जिसका उद्देश्य मुक्ति (redemption) एवं हृदय परिवर्तन (rebirth) के थीम को एक मिथकीय कोड की सहायता से प्रकट करना है और जिसके लिए संतुलन-मोटिफ का प्रयोग हुआ है। इन कहानियों में कभी स्पष्ट तो कभी प्रच्छन्न कथावाचक की शैली में लोककथा के अनुरूप सामाजिक संबंधों को उद्‌घाटित किया गया है। इन संबंधों के उद्‌घाटन के पीछे वही रामराज्यी मिथकीय कोड का संकेत है जिसके फलस्वरूप कथानक की गति एक संतुलन से बढ़ती फिर उसका विघटन और अंत में फिर संतुलन की प्रतिष्ठा होती है। इस संतुलन-मोटिफ का प्रयोग करते हुए चेतन या अचेतन ढंग से प्रेमचंद रामराज्यी संतुलन या क्रियेशन मिथक को एक नयी कालचेतना (Zeitgeist) में बदलते हैं जहाँ कभी स्वामी दयानंद तो कभी गाँधी तो कभी कार्लमार्क्स उसके मुख्यपात्र बन जाते हैं। ये मुख्यपात्र अपना व्यक्तित्व खोकर उनकी रचनाओं में अधिकतर सार्विक मूलादर्श बन जाते हैं और ऐतिहासिक परिस्थितियों में लोकचेतना का इजहार करते हैं। आखिरकार लोकचेतना जिस 'लाइफ ऑफ वैल्यूज़' पर आधारित रहती है वह आधुनिक उपन्यासों के लिए उतनी ही आवश्यक है जितनी कि लोक कथात्मक नियमों पर आधारित लोक कथाएँ। क्योंकि ऐसा सोचना गलत है कि मिथक युग की समाप्ति पर उपन्यास रचे जाने लगे थे बल्कि मिथक ही परिवर्तित होकर उपन्यास की सृष्टि करने लगे थे।[2]

रामराज्यी मॉडल के अनुसार गठित संतुलन-मिथकीय मोटिफ से हटकर temporal historic situation के आश्रय से प्रेमचंद ने खोज (Quest) मिथक का भी प्रयोग किया है। इसका मॉडल भी रामायण है जहाँ एक ओर लोक-कर्तव्य और दूसरी ओर संदेह और प्रेम के द्वंद्व में फँसा हुआ राम के लिए अंततः सीता मर जाती है। पांडव भी स्वर्ग की खोज में निकलते हैं और वहाँ तक एक के सिवाय और कोई पहुँच नहीं पाता। नचिकेता भी अपनी खोज में मृत्युद्वार तक पहुँचता है। मध्ययुगीन वर्णनात्मक लोक-काव्य का तो यह एक सशक्त मॉडल है। मारिओ प्राज के शब्दों को उधार लेते हुए इस मॉडल के आधार पर गढ़े गए थीम को सुंदर मृत्युपीड़ा (delicious death agony) कह सकते हैं जिसका प्रयोग प्रेमचंद ने अपने उपन्यासों और कहानियों में बार-बार किया है। यहाँ भी विषम अथवा प्रतिवादी चरित्रों, परिस्थितियों एवं कार्यों के द्वारा मिथकीय कोड को स्पष्ट किया गया है। खोज-मिथक से जुड़ा हुआ यह कोड प्राचीन परंपरा के प्रति आलोचनात्मक दृष्टि के द्वारा समाज की भविष्यकालिक संरचना का संकेत देता है। 'निर्मला' में दो प्रतिवादी चरित्र हैं, एक वृद्ध और दूसरा एक सुंदर स्त्री। एक जीवन दूसरा मृत्यु। स्त्री की खोज है, शारीरिक और मानसिक दृष्टि से जीवन की शांति। प्रतिवादी चरित्रों की तुलना में आते ही निर्मला 'जीवन की संपूर्ण विपत्कथा की बृहद् आलोचना' (निर्मला : 154) की अवधारणा बन जाती है और इसीलिए मौत में ही उसका अंत होता है। क्योंकि उसकी खोज वर्तमान परिस्थिति में असंगत है। एक असंतुलित परिस्थिति से कथा शुरू होकर और एक असंतुलित परिस्थिति में कथा समाप्त होती है। 'सूरदास' को भी मरना पड़ा क्योंकि 'धर्म-युद्ध के दिन अब नहीं रहे' (रंगभूमि : 556)। सूरदास जैसे औपन्यासिक चरित्र मिथकीय आदर्श को ढूँढ़ने के लिए बाध्य हैं मगर इसी काम में जिंदगी का ख़तम होना भी अनिवार्य है। अब यह 'संसार क्रीड़ा क्षेत्र नहीं संग्राम क्षेत्र' हो गया है इसीलिए जीवन में संपूर्णता, सामंजस्य अस्मिता की खोज बेकार है क्योंकि सूरदास या होरी की मानसिक दुनिया और वर्तमान दुनिया में अब बहुत फर्क आ गया है। होरी कहता है, "इस जनम में तो कोई आशा नहीं है भाई! हम राज नहीं चाहते, भोग-विलास नहीं चाहते, खाली मोटा-झोटा पहनना और मोटा-झोटा खाना और मरजाद के साथ रहना चाहते हैं। वह भी नहीं सधता" (गोदान : 153)। होरी का एक सपना था, घर के सामने एक गाय बँधी रहे मगर बाहर के संकीर्ण, विरूप, उखड़े हुए जगत् के साथ उसका कोई समझौता नहीं हो पाता। मगर होरी अपने आप में सामाजिक है—समाज में रहते हुए हरेक की भलाई चाहता है मगर समाज व्यवस्था के दबाव से वह क्रमशः पीछे धकेल दिया जाता है फिर भी वह समझौता नहीं करता और नतीजों के तौर पर अपने आस-पास के परिवेश से अपनी आशा और आदर्श से, आखिरकार जाग्रत देह-मन से भी विच्छिन्न हो जाता है। होरी अकेला पड़ जाता है, रामविलास शर्मा के अनुसार होरी अकेला है जैसा प्रेमचंद का

किसान कभी अकेला नहीं रहा। (प्रेमचंद और उनका युग : 102)। प्रतिवादी चरित्रों की तुलना में आते ही होरी होरी नहीं रहता 'इतिहास की निस्संगता' का प्रतीक बन जाता है। इस निस्संगता में भी वह अपने ईश्वरत्व को छोड़ता नहीं। झुनिया अपने बाप की तुलना में उसे देवता कहती है (गोदान : 176)। जिनके लिए उसने जवानी धूल में मिला दी वही मुद्दई हो गए। उसके बावजूद गाय का मरना और भाई को बचाने के लिए सारा पलेथन डाँड़ में अनाज का भेंट होना मगर फिर भी भोला से झूठ नहीं कह पाना कि मैंने गाय की कीमत भर दी है। होरी सिर्फ कहता है, अगर तुम्हारा धर्म कहे, तो बैल खोल लो। दातादीन से कहता है, बस मैंने इनके धरम पर छोड़ दिया और ये बैल खोल लाए (गोदान : 131)। गोबर के शब्दों में होरी तो कभी नीति को नहीं छोड़ा, यह उसी का दंड है (गोदान : 296)। दरअसल मारि वो (Mari Vaux) से रूसो, गोयते यहाँ तक कि तॉलस्ताय की रचनाओं में जहाँ किसी ने मूल्यों के प्रति आदर दिखाया या उसको पाने की कोशिश की वह ही या तो मृत्यु के रास्ते धकेल दिया गया या निर्वासित (dropouts) बना दिया गया। होरी की मृत्यु होती है। हल्कू, घीसू और माधव अपने सचेत देह-मन से विच्छिन्न हो जाते हैं। खेत के जलने या पुत्रवधू बुधिया के शव में सड़ान पैदा होने से उनका कुछ बनता-बिगड़ता नहीं। 'गोदान' मृत्यु का एक प्रखर बिंब बन जाता है और 'कफन' उसका आच्छादन तथा 'पूस की रात' मृत्यु का एक आद्य प्रारूपात्मक प्रतीक दिखाई पड़ता है। खोज-मिथक में नायक की मृत्यु होती है क्योंकि जीवन से जिन मूल्यों को या जिस संतुलन को वह प्राप्त करना चाहता है वह ऐतिहासिक यथार्थ की इस दुनिया में उसे मिलता नहीं। मगर मृत्यु होने पर भी नायक वर्तमान पर प्रश्नचिह्न लगाना और भविष्यकालिक (futuristic) मार्ग का संकेत देना भूलता नहीं।[3] 'फ़ातिहा' कहानी में एक लोकसंगीत के आश्रय से प्रेमचंद ने खोज-मिथक की इस लोकचेतना को बहुत ही प्रखरता के साथ प्रकट किया है :

स्त्री कहती है—कहाँ जाते हो?

युवक उत्तर देता है—जाते हैं तुम्हारे लिए रोटी वा कपड़ा लाने।

स्त्री पूछती है—और कुछ अपने बच्चे के लिए नहीं लाओगे?

युवक उत्तर देता है—बच्चे के लिए बंदूक लाऊँगा, ताकि जब वह बड़ा हो तो वह भी लड़े और अपनी प्रेमिका के लिए रोटी और कपड़ा ला सके।

स्त्री कहती है—यह तो कहो, कब आओगे?

युवक उत्तर देता है—आऊँगा तभी, जब कुछ जीत जाऊँगा, नहीं तो वहीं मर जाऊँगा (प्रेमोपहार : 281)।

प्रेमचंद का कहना है, साहित्य सामाजिक आदर्शों का स्रष्टा है। जब आदर्श ही भ्रष्टा हो गया, तो समाज के पतन में बहुत दिन नहीं लगते (प्रेमचंद, कुछ विचार : 197)। और उस पतनोन्मुख समाज के उत्थान के लिए विकल्प ढूँढ़ते हुए उनकी

कोशिश यही थी कि भारत के ग्रामीण और शहरी समाज की समस्याओं का कोई एक स्पष्ट समाधान प्रस्तुत करे मगर साथ में उनको यह भी पता था कि वर्तमान व्यवस्था में कोई भी समाधान संभव नहीं। जिस व्यवस्था के साथ हम जुड़े हुए हैं वहाँ क्रांति संभव नहीं—यही भारतवर्ष की सबसे बड़ी ट्रैजेडी है। ऐसी स्थिति में इस दैत्यरूप समाज की स्वार्थ साधना के विरोध में पात्रों को मूर्त प्रतिवाद के रूप में मात्र खड़ा करवाया जा सकता है और जो चीज़ें अँधेरे में छिपी हैं उनके ऊपर से पर्दा हटाया जा सकता है जिससे कि होरी, घीसू, माधव और हल्कू के नग्न प्रतिवाद का रूप और उनकी ट्रैजेडी का अनुभव किया जा सके और सामाजिक दायित्व के निर्वाह के लिए नयी व्यवस्था के आविष्कार की ओर लोगों का ध्यान खींचा जा सके। 'गोदान' मृत्युयात्री को स्वर्ग पहुँचाने के लिए होता है मगर यहाँ वह एक नारकीय स्थिति को उघाड़ता है। 'पूस की रात' रजाई की गरमी में बिताने की होती है मगर यहाँ वह जिस्म की गरमी तक को हालत के जब्र से सर्द बना देती है। 'कफन' का प्रयोग मृत्यु को ढकने के लिए होता है मगर यहाँ जीवित को अनावृत्त करने के लिए उसका इस्तेमाल हुआ है और यह सारी स्थितियाँ ही वर्तमान व्यवस्था में एक दरार (rupture) पैदा करती है—आलथूसर के शब्दों में एक ज्ञान-मीमांसीय दरार। प्रतिवाद की व्यंगात्मक ध्वनि। खोज मिथक के इस स्वरूप की तुलना 'रेटोरिक' में उल्लखित उन तीन कोटियों के साथ की जा सकती है जिन्हें अरस्तू ने 'लोगोस', 'इथोस' तथा 'पेथोस' कहा है। रामराज्यी मॉडल पर आधारित मुक्ति तथा हृदय-परिवर्तन की थीम से जुड़े सृजन-मिथक 'लोगोस' (आदर्श) की स्थापना करता है तथा इसी मॉडल के उत्तरार्ध पर आधारित 'सुंदर मृत्यु की पीड़ा' की थीम से जुड़ा हुआ खोज मिथक 'पेथोस' अर्थात् अनुभूति और फिर 'इथोस' अर्थात् पात्रों के व्यक्तिगत चरित्रों के आधार पर अंततः नये 'लोगोस' के आविष्कार में जुटता है। खासकर तब जब वर्तमान सामाजिक नियम एक सीमित श्रेणीबद्ध रूप ग्रहण कर लेता है।

प्रेमचंद ने हमारी जातीय अवचेतना में छिपे 'देवत्व के यथार्थ' को लोक या मिथकीय चेतना के आश्रय से प्रकट किया है मगर इस प्रकार के विश्लेषण के खिलाफ विद्वानों का यह कहना है कि ऐतिहासिक काल से डरने वाले लोग सौंदर्य-शास्त्रीय तथा आदर्शात्मक उपायों के द्वारा मिथकीय काल का घटाटोप रचते हैं। कालातीत के नाम पर काल को नकारते हैं। अतीत और वर्तमान को आकाशीय (Spatially) दृष्टि से देखते हुए कालातीत ऐक्य में बाँधने की कोशिश करते हैं।[4] इस प्रकार की पृथकतावादी दृष्टि हिंदी आलोचना में विशेष दिखाई पड़ती है। नित्यानंद तिवारी का कहना है कि 'कामायनी' में भाववादी आदर्शवाद का तत्त्वबोध और 'गोदान' में वस्तुवादी यथार्थवाद है। प्रसाद इतिहास के गंभीर अध्येता होकर भी इतिहास-बोध के विरोधी हैं और प्रेमचंद इतिहास को गड़े मुर्दे उखाड़नेवाली विधा मानकर भी इतिहास बोध के समर्थक हैं (1979 : 54)। दरअसल मिथकीय चेतना जिस आदर्शबोध का

प्रसार करती है उसका ऐतिहासिक चेतना से कोई विरोध नहीं। लुकाच का तो कहना है कि उपन्यास का पात्र जब यथार्थ और मूल्यों के अंतर्विरोध को सतह पर ले आता है और उसको दूर करने की कोशिश करता है तो उसका तात्पर्य यह है कि इतिहास क्रमशः मनुष्य की संपूर्णता को प्रकट करने की अभिलाषा रखता है (जेरेफा : The Novel and Social Reality : 95)। दरअसल मिथकीय चेतना कभी भी ऐतिहासिक प्रसंग को नकारती नहीं है। यह हमेशा सामाजिक तथा राजनीतिक इतिहासगत तथ्यों से प्रभावित रहती है। जिस तरह इतिहास और संस्कृति मिथकों से जीवित है उसी तरह मिथक की संरचना, वस्तु और दिशा इतिहास और संस्कृति से प्रभावित होती है। उपन्यास की शुरुआत वहाँ से नहीं होती जहाँ मिथक समाप्त होता है। मिथक इतिहास का विरोधी नहीं वरन् इतिहास का प्रतिपक्ष है।[5] कदाचित् इसीलिए प्रेमचंद की रचनाओं में प्रच्छन्न खोज-मिथक का स्वरूप निर्धारित करते हुए उपन्यास के समाज-शास्त्रीय विश्लेषणकर्त्ताओं की चिंतनधारा के साथ कहीं-न-कहीं इसका तालमेल बैठ जाता है। लेवी स्त्रोस और लुकाच दोनों के लिए ही बदलते हुए इतिहास तथा संपूर्णता के आदर्श के अंतर्विरोध से ही उपन्यास के जगत की उत्पत्ति हुई है।[6]

प्रेमचंद के पास नाना ऐतिहासिक प्रसंग थे। ये प्रसंग ऐतिहासिक काल से जुड़कर उनकी धरातलीय चेतना (surface structure) में घर किए हुए थे मगर दूसरी ओर उनकी अंतश्चेतना (deep structure) में बसे हुए थे नाना संदर्भ या मिथकों का समूह। रचनाकाल में ये प्रसंग ही मिथकीकृत होकर उद्घाटित हुए हैं और इसीलिए प्रसंग से जुड़े हुए प्रेमचंद के पात्र इतिहास के भीतर भी दिखाई पड़ते हैं और उसके बाहर भी—वे कालबद्ध भी हैं और कालातीत भी। ये सभी सहज संभाव्य चरित्र हैं—मगर पात्र वास्तविक जीवन की प्रतिमूर्ति नहीं इसीलिए ये वस्तुनिष्ठ यथार्थ को प्रकट नहीं करते, जीवन की एक संरचना-मात्र का इंगित देते हैं—चरित्र के एक रहस्यपूर्ण तथा यथार्थ को मात्र उद्घाटित करते हैं। और इस तरह लोकचेतना के मिथक से जुड़कर ऐतिहासिक प्रसंग में ज्ञान मीमांसीय दरार (epestimological rupture) पैदा होती है। और 'ऐतिहासिक निःसंगता' को झेलते हुए भी हम उसके विश्लेषण के लिए बाध्य हो जाते हैं।

संदर्भ

1. I have little to add conceptually to Malinowski's discussion in Myth in primitive psychology. There he examines myths not as curiosa taken out of their context but as living, vitally important elements in the day to day lives, क्लाइड क्लुकहॉन, (1942) : 37.
2. The 'life of values' as Forster said, is just as necessary to the modern novel as the mythological order to mythical tales when they were in the process of turning into fiction, माइकेल जेरेफा, Fictions : The Novel and Social Reality, पृ. 80-81.

3. हैरी स्टॉक वेयर (Harry Slochower) के अनुसार, The quest refers to the critical questioning of the old tradition aiming at a futuristic tradition, Myth and literature, (1970), पृ. 350.
4. The Craze of myth is the fear of history...one way certain intellectuals have found of copying with their fear is to deny historical time and induce in themselves through aesthetic and ideological means a sensation of mythic time...past and present are seen spatially locked in a timeless unity, फिलिप राहव Paritisan Review XX (1953), 635-648.
5. The novel from Cervantes to Robbe—Grillet presents myth not as the opposite but as the counter part of history, जेरेफा, Fictions : The Novel and Social Reality, पृ. 85.
6. For levi—streams as for Lukacs, the world of fiction arises from the contradiction between enduring totality and changing history, देखिए जेरेफा, पृ. 91.

22

महात्मा गाँधी, उनके विचार और भारतीय लेखक

साहित्यिक दृष्टि से बीसवीं शती की शुरुआत में देश में तीन महत्त्वपूर्ण घटनाएँ घटीं। एक, सन् 1908 में जब अलीपुर जेल में बंदी श्री अरविंद को सपने में दिव्यशक्ति दिखाई दी जिससे उनके जीवन में एक नया परिवर्तन आया और स्वदेशी आतंकवादी जीवन को त्याग कर वे एक नए अध्यात्मवाद का प्रसार कर सके जिसका भारतीय साहित्य पर दूरगामी प्रभाव पड़ा। दूसरी घटना सन् 1913 की है जब रवींद्रनाथ ठाकुर को नोबल पुरस्कार मिला और उनके काव्य की सहायता से साहित्य में मनुष्य और प्रकृति के संदर्भ में सौंदर्य की खोज शुरू हुई। तीसरी घटना सन् 1920 की है जब महात्मा गाँधी ने सत्य और अहिंसा को लेकर प्रयोग शुरू किया और भारतीय साहित्य को उसके प्रभावस्वरूप एक नयी दिशा मिली। गाँधी के नेतृत्व में होने वाले राष्ट्रीय आंदोलन में सत्य और अहिंसा की खोज के आधार पर अस्पृश्यता-निवारण को व्यावहारिक रूप मिला और समाज के दलित लोगों को साहित्य में एक महत्त्वपूर्ण स्थान। एक साक्षात्कार के सिलसिले में मुल्कराज आनंद को गाँधी जी ने पूछा था, उपन्यास लिखने की क्या ज़रूरत है। अस्पृश्यता पर पुस्तक क्यों नहीं। तब उत्तर में मुल्क ने कहा था कि उपन्यासों में विपरीत विचारधाराओं और अनुभूतियों को प्रकट करने की गुंजाइश अधिक रहती है और वह अधिक मानवीय होता है जबकि किसी आदर्श को प्रतिपादित करनेवाली पुस्तक में एक-पक्षीय विचारधारा का ख़तरा रहता है। और इस तरह गाँधी की विचारधाराओं से प्रभावित मुल्क का पहला उपन्यास 'अनटचेबल' सन् 1935 में प्रकाशित हुआ जिसमें हिंदू समाज में व्याप्त अस्पृश्यता जैसी अन्यायपूर्ण रीति का पर्दाफ़ाश करने के लिए एक दलित मैल ढोने वाले लड़के बाखा को केंद्र-चरित्र बनाया गया। उपन्यास में गाँधी स्वयं एक यथार्थ चरित्र के रूप में उपस्थित हैं जो दलितों को मुक्ति दिलाने के लिए, उन्हें निर्भीक बनाने के

लिए और साथ ही समाज का अंग रूप प्रतिष्ठित करने के लिए कटिबद्ध हैं। हीरेन मुखर्जी के अनुसार भारतीय जीवन को अभयदान गाँधीजी की सबसे बड़ी देन है। बाखा के लिए गाँधी ईश्वर हैं जिन्हें देखकर बाखा के मन में इकट्ठे डर, सम्मान और आश्चर्य की भावना प्रकट होती है। उसे लगता है कि वह पवित्र हो गया है।

दूसरे वर्ष ही सन् 1936 में मुल्क राज आनंद 'कुली' नाम से और एक उपन्यास लिखकर औद्योगिक सभ्यता के प्रति गाँधी की आलोचना को रूप देते हैं। दरअसल भारतीय जीवन में गाँधी का आगमन भव्य और नाटकीय और उसका प्रभाव गंभीर और व्यापक था और भारतीय साहित्य के लिए एक चिरस्मरणीय घटना थी। गाँधी जी ने राजनीतिक प्रक्रिया की शैली बदल दी, राजनीतिक कार्यक्रमों को एक नया आधार दिया और कांग्रेस पार्टी को संभ्रांत मध्यम-वर्ग के फोरम से बदलकर खुली सार्वजनिक संस्था बना दिया। उन्होंने जनसाधारण—गरीब और अमीर—को संस्था की ओर आकर्षित किया, शहरी और ग्रामीण तथा विभिन्न धर्मानुयायी उनके प्रभाव में आए और पहली दफ़ा स्त्री-शक्ति के महत्त्व को समझते हुए गाँधी ने राजनीतिक आंदोलनों में स्त्रियों की हिस्सेदारी को स्वीकार किया। उन्होंने जन-साधारण की भाषा का इस्तेमाल किया। भारत की राष्ट्रभाषा के रूप में हिंदुस्तानी की तरफ़दारी की और भारतीय मिथकों, रूपकों, प्रतीकों और मुहावरों को विदग्धता और अधिकार के साथ इस्तेमाल किया। पारंपरिक भारत के साथ उनका इतना गहरा तादात्म्य था कि बहुत शीघ्र उनके जीवन ने बिलकुल अलग एक आयाम प्राप्त कर लिया और मध्ययुगीन भारतीय भक्त कवियों और समाज सुधारकों की तरह उन्हें महिमान्वित रूप प्राप्त हो गया। और इसके परिणामस्वरूप रवींद्रनाथ ठाकुर के साथ भारतीयों ने उन्हें 'महात्मा' कहना शुरू किया। 'अनटचेबल' के बाखा को लगा कि गाँधी एक ऋषि हैं, विष्णु के अवतार हैं। लोग हज़ारों की संख्या में दूर-दराज से उन्हें सुनने के लिए आने लगे, रेलवे स्टेशन पर घंटों उनकी प्रतीक्षा में इंतज़ार करने लगे या राजपथ पर गाँधी जी के एक क्षण के दर्शन के लिए प्रचंड गर्मी या बर्फीली हवा को सहते रहे। गाँधी ने भारत की प्रत्येक भाषा के लेखक की कल्पना को रूप दिया और भारत के लोक गीतों में अपना स्थान बना लिया। हज़ारों की संख्या में अज्ञातनाम लोक कवि और कथाकार ग्रामीण बोली में उन पर कविता लिखने लगे या किंवदंतियाँ रची जाने लगीं। दरअसल 19वीं शती के साहित्य में नवजागरण के प्रभावस्वरूप राष्ट्रवाद और सुधारवाद तथा पुनरुत्थानवाद का प्रसार हुआ था। उन दिनों भारत की सबसे बड़ी ज़रूरत थी कि किस प्रकार देश की स्वाधीनता को फिर से वापस लाया जा सके और उसके लिए आवश्यक था कि जनता में राष्ट्रवादी भावना को कूट-कूट कर भरा जाए। राष्ट्रवादी भावना के प्रसार के लिए समाज की कुरीतियों को दूर करके उसमें सुधार लाना और लोगों में फैली हुई निराशा को हटाने के लिए उन्हें यह विश्वास दिलाना ज़रूरी था कि वे एक बहुत ही विराट देश के नागरिक हैं जिस देश में एक-के-बाद-एक महान्

लोकनायक पैदा हुए थे। इसी विचारधारा के आधार पर 19वीं शती के साहित्य में इतिहास के लोकनायकों को ढूँढ़ने का सिलसिला शुरू हुआ और उन पर कविता या उपन्यास अथवा कहानी लिखी जाने लगी। श्रीकृष्ण, राम, शिवाजी, महाराणा प्रताप, अकबर, शाहजहाँ, अशोक, चंद्रगुप्त, चाणक्य आदि में नायकत्व के सारे गुण ढूँढ़े जाने लगे और वे भारत के शौर्य के प्रतिनिधि मॉडल के रूप में साहित्य में प्रयोग में आने लगे। इस साहित्य में भविष्य में और भी कोई महान् नेता देश के उद्धार के लिए आएगा और उसके लिए प्रतीक्षा करनी होगी, की बात भी कही जाने लगी। मगर इस धारणा के पीछे अतीत के पुनरुत्थान या पुनः प्रवर्तन की बात नहीं थी केवल भविष्य के एक सपने को साकार करने की इच्छा थी। सन् 1921 तक गाँधी भारत के एक बहुत ही महत्त्वपूर्ण और कदाचित् सबसे बड़े नेता के रूप में प्रतिष्ठित हो गए थे और लोगों को ऐसे प्रतीत होने लगा था कि अब उनकी आशा और अपेक्षाएँ पूरी होने वाली हैं। प्रतीक्षा की घड़ियाँ अब पूरी हो गई हैं इसीलिए 'अनटचेबल' में जब मुल्क यह कहते हैं कि वह दलित लड़का बाखा गाँधी की प्रतीक्षा में खड़ा था तो वह दरअसल भारत के वर्तमान युग के साथ मिथकीय और पौराणिक युग को मिलाने की प्रतीक्षा थी इसीलिए बाखा के लिए गाँधी विष्णु के अवतार दिखाई दे रहे थे।

गाँधी बहुत शीघ्र नई देशभक्तिपूर्ण राष्ट्रवादी काव्यधारा के केन्द्र में आ उपस्थित हुए। उनके जीवन के विभिन्न पक्षों के आश्रय से साहित्य में नए-नए अध्याय जोड़े जाने लगे चाहे वह पक्ष दक्षिण अफ्रीका सरकार के विरुद्ध उनका साहसपूर्ण प्रतिरोध था अथवा चम्पारन में उनका वीरतापूर्ण संघर्ष था या फिर सत्याग्रह आंदोलन की शुरुआत थी अथवा उनकी डांडी यात्रा या फिर बंदीशाला में उनके जीवन के लंबे वर्षों का बीतना अथवा नोआखाली में उनकी वह महत्त्वपूर्ण यात्रा और अंत में उनकी हत्या– इन सबको लेकर साहित्य का एक नया रूप प्रतिष्ठित हुआ। गाँधी बहुत जल्दी दंतकथा, परंपरा, आप्तपुरुष में तबदील हो गए। वे जनता के नेता बन गए। जिधर भी गए लोगों की अपार भीड़ इकट्ठी होने लगी। इसी का चित्र सन् 1921 में सत्येंद्रनाथ दत्त ने अपनी एक बांग्ला कविता में दिया है :

> शहर के रास्तों पर शोर है,
> ध्यान से सुनो, एक तेज़ लहर
> की आवाज, गाँधी जी, गाँधी जी।

मलयालम के कवि वल्लतोल 'एंते गुरुनाथन' कविता में गाँधी के प्रति अपनी श्रद्धांजलि अर्पित करते हैं जिसमें सारे भारत का स्वर सुनाई पड़ता है :

> यह विशाल, विशाल दुनिया उनका घर है
> घास, पौधे, कीड़े, साथी संबंधी उनके हैं।
> उनका त्याग ही उनकी प्राप्ति है

नम्रता में ही उनका गौरव है
योग उनके जीवन में जीवित है
मेरे स्वामी का आधिपत्य निरंकुश है।

गाँधी को लेकर रचित इन दोनों कविताओं में एक ओर, एक बड़े नेता के नेतृत्व में लोगों के उत्साह का वर्णन तो दूसरी ओर उनकी विशालता और महत्त्व की प्रशंसा है। उस समय रचित गाँधीवादी साहित्य का यही आधार था। इस साहित्य में गाँधी के सिद्धांतों के आश्रय से एक नयी दुनिया को रचा गया है जहाँ सत्य ही जीवन आदर्श है। जहाँ सत्यमय होने के लिए अहिंसा का मार्ग चुना गया है। गाँधी का उद्देश्य भारत को पश्चिमी सभ्यता के पंजे से छुड़ाकर सत्य, अहिंसा और धर्म के मार्ग पर ले जाना था। उनका कहना था कि मेरे लिए सत्य से परे कोई धर्म नहीं है और अहिंसा से बढ़कर कोई परम कर्तव्य नहीं है। सभी धर्म उनके लिए सत्य थे। सभी धर्म उनके लिए उतने ही प्रिय थे जितना हिंदू धर्म। उनके मतानुसार धर्म वह सेतु है जो मनुष्य को पूर्ण सत्य तक पहुँचाता है।

धर्म के प्रति निष्ठा के कारण ही गाँधी ने मध्ययुगीन संत भक्तों का अनुसरण करते हुए समाज में फैली कुरीतियों की आलोचना की और एक नए समाज के गढ़ने का एजेंडा दिया। वे समाज के उन आलोचकों में से नहीं थे जो भारत और उसके समाज को सुधारने के लिए विदेशी आदर्शों के मुखापेक्षी रहे हों। उन्होंने भारत की ज़मीन में से कबीर, नानक, दादू की तरह वे तत्त्व ढूँढ़ निकाले जिनसे समाज में सुधार लाना संभव था। इसीलिए कबीर की तरह दैनंदिन जीवन से जुड़ी चदरिया, चुनरी की तरह उन्होंने नमक और चरखा का सहारा लिया और सारे देश में एक नयी क्रांति पैदा कर दी। दरअसल गाँधी का स्वदेशी में बहुत विश्वास था। उनके अनुसार स्वदेशी धार्मिक अनुशासन है, जिसका पालन व्यक्ति को उससे होने वाले शारीरिक कष्ट की बिलकुल उपेक्षा करके करना चाहिए। मध्ययुगीन समाज-सुधारक कवियों की तरह गाँधी ने दलितों के उद्धार के लिए सर्वाधिक महत्त्वपूर्ण कार्य किया। उनका कहना था कि अस्पृश्यता हिंदू धर्म का अंग नहीं, बल्कि उसमें घुसी हुई सड़ांध है, वहम है, पाप है और उसका निवारण करना प्रत्येक हिंदू का धर्म है। छुआछूत दूर करना एक ऐसा प्रायश्चित्त है जो सवर्ण हिंदुओं को हिंदू धर्म के लिए करना चाहिए। समाज में पूर्ण सुख लाने के लिए गाँधी जी ने सर्वोदय का विचार दिया। सब सुखी हों, सब निर्भय हों, सब श्रेय को देखें यही गाँधी जी का सर्वोदय है। इन सबके लिए गाँधी ने सत्याग्रह का आश्रय लिया। उस समय माधव शुक्ल ने हिंदी में लिखा :

''है शक्ति सत्याग्रह अमोघ, अजेय है, अविवाद है। इस विश्व में वियुक्त रहा, इसका सदा जयनाद है।'' हिंदी में ही रामधारी सिंह 'दिनकर' ने गाँधी को 'सर्वोदय का दूत' कहा। शिवमंगलसिंह के लिए 'इतिहास में नया मोड़' लाने वाला गाँधी 'शांति

प्रेम संबोधि वृक्ष' थे। अकबर इलाहाबादी ने असहयोग आंदोलन का समर्थन करते हुए लिखा था कि पश्चिम के तूफान से पूर्व के मशाल के बुझ जाने का अंदेशा है। मगर गाँधी ने रोशनी के बारे में अब हमें आश्वस्त किया है।

उस समय सारे देश की सारी भाषाओं के कवियों ने अपनी देशभक्ति और राष्ट्रवादी कविताओं में गाँधी के नेतृत्व को स्वीकारा और उनके विचारों को कविता में स्थान दिया। सत्येंद्रनाथ दत्त ने अपनी बांग्ला कविता में धार्मिक नेताओं के साथ तुलना करते हुए लिखा है कि मोहम्मद का धर्म-शौर्य को गाँधी ने अपने जीवन में ढाला था, बुद्ध की मैत्री की वाणी उनके जीवन में स्फुरित हुई थी और सारे जीवनभर ईसा मसीह के सलीब को वे अपने कंधे पर ढोते रहे थे। उनका व्रत सत्यव्रत था। इन्हीं गाँधी ने हज़ारों गीतों की प्रेरणा दी, उनका जीवन महाकाव्यमय था और सारे देश की जनता को उन्होंने ही वाणी दी थी। केवल बांग्ला में ही नहीं असमिया में अंबिका गिरी, उड़िया में राधामोहन गडनायक, मलयालम में शंकर कुरुप, उर्दू में अकबर इलाहाबादी ने कविता के माध्यम से गाँधी का स्वागत किया। तमिल के कवि नम्मकल रामलिंगम ने गाँधी पर एक कविता लिखी थी जो बाद में स्वतंत्रता संग्राम के दिनों में प्रयाण-गीत के रूप में प्रयोग में लाया गया :

एक युद्ध बिना शस्त्र के बिना खून के हुआ है शुरू
आओ उसमें भाग लें।
वे सब जो सत्य के स्थायित्व में करें विश्वास
आओ उसमें भाग लें॥

तेलुगु के विख्यात कवि कृष्ण शास्त्री ने 'गाँधी युगम' के नाम से एक प्रेरणादायक काव्य लिखा था और तेलुगु के ही बसवराजु अप्पाराव ने गाँधी की एक कविता में धैर्य के पैगंबरों के साथ तुलना करते हुए कहा था :

एक नए ईसा मसीह ने अवतार लिया है
आहत किए बिना शत्रुओं के अहंकार को करता है चूर।
वह है एक हिंदू पैगंबर।

हिन्दी के कवि सुमित्रानंदन पंत ने लिखा :

बापू तुमसे सुन आत्मा का तेज राशि आह्वान,
हँस उठते हैं रोम हर्ष से पुलकित होते प्राण।
नव संस्कृति के दूत, देवताओं का करने कार्य
आत्मा के उद्धार के लिए आए तुम अनिवार्य।

हिंदी के विख्यात उपन्यासकार प्रेमचंद पहले स्वामी दयानंद और बाद में महात्मा गाँधी के विचारों के संपर्क में आए थे। वस्तुतः प्रेमचंद महात्मा गाँधी के काव्यमय व्यक्तित्व से बहुत प्रभावित हुए थे। महात्मा गाँधी के काव्यमय व्यक्तित्व के बारे में अधिकतर लोग अनजान हैं। गाँधी केवल राजनीतिज्ञ ही नहीं थे, केवल, सत्य

और अहिंसा का प्रचार उनके जीवन का उद्देश्य नहीं था। कहीं-न-कहीं उनके मन की गहराई में एक कवि-हृदय भी छिपा हुआ था जो उनकी भाषा के माध्यम से बीच-बीच में प्रकट होता था एवं उस युग के लेखकों के मन को स्पंदित करता था। एक उदाहरण है :

"मृत्यु मनुष्य के विकास के लिए उतनी ही आवश्यक है जितना कि स्वयं जीवन। इस दुनिया की या हमारी जानकारी में ईश्वर इस दुनिया का सबसे बड़ा क्रांतिकारी है। वह प्रलय ले आता है। वह उस स्थान पर तूफान ले आता है जहाँ कुछ क्षण पहले शांति थी। वह उन पहाड़ों को धूल में मिला देता है जिनका निर्माण उसने अपार धैर्य और पूरी संवेदना के साथ किया था। मैं जब आकाश की ओर देखता हूँ तो डर और आश्चर्य मुझे घेर लेते हैं। मैंने भारत और इंग्लैंड के शांत और नीले आकाश में बादलों को इकट्ठा होते और फिर उनको पूरी उन्मादना के साथ फटते देखा है। और अवाक् होकर मैं उसे देखता रहा हूँ।"

उदाहरण थोड़ा बड़ा है मगर सोचिए किस तरह गाँधी जीवन और मृत्यु, क्रांतिकारी ईश्वर, प्रलय-प्रवाह, अचानक शांत परिवेश को छिन्न कर आँधी का चलना, पहाड़ों का टूटना, विस्तृत आकाश तथा प्रलय के बादलों की बात कह गए हैं—ये सारी बातें उस समय रवींद्रनाथ कह चुके थे और हिंदी, बांग्ला और दूसरी भाषाओं के कवि कह रहे थे। तपः संयमित प्रेमचंद को इस भावावेग ने प्रभावित किया था एवं जीवन की कठोरता में पता नहीं कहाँ से नदी की धार बह निकली थी। इन दो विपरीत भावानुभूति के आधार पर प्रेमचंद ने अपने उपन्यासों में आदर्शोन्मुख यथार्थ की स्थापना की थी। इस मामले में प्रेमचंद ने महात्मा गाँधी का अनुसरण किया था—इस विचारधारा को उन्होंने गाँधी से ग्रहण किया था। गाँधी जी हमेशा वास्तव के साथ आदर्श के समन्वय की बात करते थे :

"आप लोग सब इस मुहूर्त से, प्रत्येक स्त्री और पुरुष अपने को स्वतंत्र मानना शुरू करेंगे और स्वतंत्र स्त्री-पुरुष के रूप में काम करना शुरू करेंगे। आपको यह अनुभव करना होगा कि आप किसी राज्य-सत्ता के अधीन नहीं हैं। यह कोई कल्पना नहीं है। आपको स्वाधीनता की चेतना का प्रसार करना होगा मानो यह आपके जीवन में आ चुका है और जब आप ऐसा सोचना शुरू करेंगे तब दासता की श्रृंखला अपने आप टूट जाएगी।"

प्रेमचंद साहित्य के क्षेत्र में गाँधी के मानसपुत्र थे। गाँधी जी प्रायः कहा करते थे कि मैं चारों ओर अँधेरा देख रहा हूँ। प्रकाश देखने के लिए आँखों में अँधेरा देखने की शक्ति होनी चाहिए। उस समय एक ओर सत्य के आलोक-स्तंभ गाँधी जी थे और दूसरी ओर रवींद्रनाथ ठाकुर। रवींद्रनाथ की आँखें आत्म प्रकाश देखने में अभ्यस्त थीं मगर अंधकार नहीं, दूसरी ओर गाँधी जी अंधकार के साथ आँखें मिला सकते थे। उस समय की हिंदी कविता रवींद्रनाथ के अधिक निकट थी एवं

दूसरी ओर गाँधी जी के प्रभाव स्वरूप हिंदी गद्य में कठिन मगर कठमुल्ला आदर्श की छाप स्पष्ट दिखाई पड़ती थी। प्रेमचंद इस युगबोध की विवशता से अपने को मुक्त नहीं कर सके थे। मगर मज़ेदार बात यह है कि गाँधी जी प्रेमचंद को जिस आदर्श की ओर ठेल कर ले गए थे उन्हीं गाँधी जी के कारण, मगर नकारात्मक रूप से, प्रेमचंद इस प्रभाव से मुक्त भी हो पाए थे। याद कीजिए, सन् 1931 की मार्च की चौथी तारीख़—गाँधी-इरविन बैठक बुलाई गई। पंडित नेहरू एवं उनके साथ दूसरे कार्यकर्ता गाँधी जी की प्रतीक्षा में थे। रात के दो बजे गाँधी जी ने लौट कर गाँधी-इरविन समझौते की शर्तों की घोषणा की। तब अंग्रेज़ी कैलेंडर के अनुसार तारीख़ पाँच मार्च थी। समझौते 2-ए शर्त के अंतर्गत भारतवर्ष की सुरक्षा के संबंध में जो बातें लिखी हुई थीं वे सन् 1931 की 26 जनवरी को गृहीत स्वाधीनता प्रस्ताव के बिलकुल विपरीत थीं। मगर पार्टी का अनुशासन ऐसा था कि प्रत्येक ने उस समझौते को स्वीकार कर लिया यद्यपि सारी रात पंडित नेहरू एक विराट रिक्तता का अनुभव करते रहे—रह-रह कर उनका मन हाहाकार कर उठता था। सन् 1936 में प्रकाशित उनकी 'जीवनी' में इसका उल्लेख है :

"क्या केवल इसी कारण हमारे लोगों ने पिछले एक वर्ष तक पूरे शिष्टाचार के साथ अपना समय बिताया? क्या हमारे वीरता से भरे शब्दों और कार्यों का यही अंजाम था? कांग्रेस के स्वाधीनता प्रस्ताव और जनवरी 26 की हमारी प्रतिज्ञा का इस तरह अंत होना था? इसी कारण मार्च की उस रात को मैं केवल सोचता रहा और अपने हृदय में एक बड़ा खालीपन महसूस करता रहा मानों कोई कीमती चीज़ खो गई है और जो वापस नहीं मिल सकती।

इसी तरह यह दुनिया ख़त्म होती है
एक धमाके के साथ नहीं मगर पिनपिनाहट में।"

यह विराट रिक्तता केवल नेहरू की ही नहीं थी, बल्कि उस समय पूरे देश की यह केंद्रीय समस्या थी। सन् 1932 में इस समझौते को स्वीकार करते हुए प्रेमचंद ने यद्यपि 'कर्मभूमि' उपन्यास की रचना की जहाँ संपूर्ण संघर्ष की परिणति आपसी समझौते में दिखाई गई है मगर इस रिक्तता से वे अपने को मुक्त नहीं कर पा रहे थे। आश्चर्य की बात है कि सन् 1936 में जब पंडित नेहरू इस रिक्तता को भाषा दे रहे थे उसी साल प्रेमचंद भी इसी रिक्तता को 'गोदान' की ट्रैजेडी में प्रश्नचिह्न के रूप में अंकित कर रहे थे। यहाँ न तो है कोई 'टाइप' अथवा कोई 'हीरो'। पूँजीपति शोषण और दूसरे धर्मादि शोषण के फलस्वरूप 'गोदान' के नायक होरी का और नायक रूप दिखाई नहीं दिया। अब वह 'व्यक्ति' रूप धारण कर लेता है। 'गोदान' का होरी किसी महान् उद्देश्य एवं आदर्श को चरितार्थ करने की अपेक्षा जन-जीवन के विभिन्न रूपों को उद्घाटित करने का माध्यम बन चुका है क्योंकि यहाँ तक पहुँच कर अब प्रेमचंद समझ चुके थे कि जीवन का प्रतिनिधित्व केवल कतिपय समाज

के ऊँचे महल में रहने वाले लोग ही नहीं करते, वरन् झोंपड़ी में रहने वाले लोग भी करते हैं।

इन झोंपड़ी में रहने वाले लोगों के परित्राण के लिए भारत की जनता काफ़ी अरसे से एक महापुरुष के आगमन की प्रतीक्षा कर रही थी। रवींद्रनाथ ठाकुर ने सन् 1902 में इसका उल्लेख किया था, "ऐसा लगता है हमारे बीच किसी महापुरुष का आविर्भाव आसन्न है जो भारतवर्ष के सामने भारतवर्ष के मार्ग को उद्‌घाटित कर देगा जो हमारे अंतर में इस स्वर को प्रस्फुटित कर देगा कि हम भारतवासी हैं, हम फिरंगी नहीं, हम लोग जंगली नहीं, हमारे लिए शर्म की कोई बात ही नहीं। जो यह घोषणा करेगा कि भारत की एक ही कामना है, मुक्ति।" सन् 1908 में रवींद्रनाथ 'प्रायश्चित्त' नाटक में धनंजय वैरागी के नाम से एक पात्र की रचना करते हैं जिसका मंत्र है, अहिंसा और अभय। राजा के आघात के विरुद्ध प्रत्याघात करने से प्रकारांतर से हिंसा की ही जीत होती है, निडर होकर आघात को प्रेम के साथ ढोने से आघातकारी के मन का परिवर्तन हो पाता है यही सीख धनंजय अपने अनुयायियों को देता है। इन्हीं दिनों गाँधी जी दक्षिण अफ्रीका में इसी वाणी का प्रचार कर रहे थे। सन् 1915 की वसंत ऋतु में रवींद्रनाथ के साथ गाँधी जी का परिचय होता है। उसके बाद दोनों की मित्रता की कहानी सर्वविदित है। सन् 1919 के 23 मार्च को गाँधी जी ने एक विज्ञप्ति के द्वारा रवींद्रनाथ के धनंजय के समान सत्याग्रह के पालन के लिए लोगों का आह्वान किया। सत्याग्रह के बारे में उनका कहना था कि इस आंदोलन में हमारा आधार सत्य है और जीवन, व्यक्ति और संपत्ति के प्रति हिंसा का विरोध है। 12 अप्रैल सन् 1919 को रवींद्रनाथ ने गाँधी जी को एक पत्र लिखकर इसका समर्थन किया। पत्र में गाँधी जी को उन्होंने कहा कि आपने वही किया है जो भगवान बुद्ध ने अपने समय में किया था, अक्रोध से क्रोध को जीता था और अच्छाई की शक्ति से बुराई पर विजय पायी थी। इस नैतिक बल के द्वारा ही हमारी स्वाधीनता फिर से प्राप्त हो सकेगी।

ठीक एक दिन के बाद 13 अप्रैल को जलियाँवाला हत्याकांड घटित होता है। रवींद्रनाथ लॉर्ड चेम्सफोर्ड को 'सर' उपाधि वापस कर देते हैं। एंड्रूज के शब्दों में, असहयोग आंदोलन में भाग लेने का रवींद्रनाथ का यह अपना तरीका था। सन् 1921 में 'सत्येर आह्वान' शीर्षक से रचित एक निबंध में रवींद्रनाथ ने स्पष्ट शब्दों में कहा, महात्मा ने अपने सत्यप्रेम के द्वारा भारत का हृदय जीता है, वहाँ हम सब कोई उनके सामने हार मानते हैं। यह बात दूसरी है कि रवींद्रनाथ असहयोग आंदोलन के पक्ष में नहीं थे। दरअसल रवींद्रनाथ ये समझ नहीं पाए कि पश्चिम के प्रति गाँधी जी की यह चुनौती थी। गाँधी जी ने 'द ग्रेट सेंटीनल' (1921) में रवींद्रनाथ के निबंध 'द कॉल ऑफ ट्रुथ' (1921) का उत्तर देते हुए लिखा था कि असहयोग अंग्रेज़ या पश्चिम के प्रति असहयोग नहीं है यह आंदोलन उस प्रक्रिया के विरुद्ध है जिसकी

सहायता से अंग्रेज़ भौतिक सभ्यता के प्रसार के द्वारा ग़रीबों का शोषण करते हैं और लोगों में धन का लोभ फैलाते हैं। गाँधी जी भारतीय मूल्यों के महत्त्व को प्रमाणित करना चाहते थे और पश्चिमी सभ्यता को चुनौती देना चाहते थे और इस चिंतनधारा का उस समय के साहित्य पर गहरा प्रभाव पड़ा था।

गाँधी जी के अनुसार समूची पश्चिमी सभ्यता विनाशकारी है और यह भारत के किसी काम की नहीं है। वे इस भोगवादी सभ्यता के विरोधी थे। अपनी महत्त्वपूर्ण पुस्तक 'हिंद स्वराज' में उन्होंने इस आधुनिक सभ्यता का विरोध किया है। उनका कहना है कि यदि भारत को अपने गौरवशाली अतीत को फिर से प्राप्त करना है, यदि उसे अपने अतीत की ऊँचाइयों को छूना है, अपनी स्थिर सभ्यता के गौरव को फिर से पाना है तो उसे आधुनिक पश्चिमी सभ्यता से जितनी जल्दी छुटकारा पाया जा सके, छुटकारा पा लेना चाहिए। गाँधी जी हर प्रकार के औद्योगिकी के विरोधी थे। सभ्यता को वे कर्तव्य के साथ जोड़ते हैं। कर्तव्य का संबंध नैतिकता से होता है। नैतिकता के द्वारा ही हम अपने मन और आवेगों पर नियंत्रण कर पाते हैं। उनके लिए स्वराज का अर्थ था, विदेशी शासन से पूर्ण स्वतंत्रता और पूर्ण आर्थिक स्वतंत्रता और अंततः मन की स्वतंत्रता। रवींद्रनाथ ने बार-बार भारतीय सभ्यता की आंतरिक शक्ति, आध्यात्मिकता की बात कही है और मनुष्य की भौतिक तथा आध्यात्मिक प्रकृति के तादात्म्य का उल्लेख किया है। गाँधी जी का कहना था कि आधुनिक औद्योगिक विद्या को सिर्फ़ उसकी शक्ति से मुग्ध होकर ग्रहण करना ठीक नहीं होगा वरन् मनुष्य के आंतरिक आदर्शों के साथ सामंजस्य रखते हुए यंत्र और शिल्प-विज्ञान का इस्तेमाल करना होगा। रवींद्रनाथ ने भोग की वासना को सौंदर्यबोध के द्वारा संयत करना चाहा था और गाँधी जी ने नैतिकता के द्वारा। मगर गाँधी की नैतिकता सिर्फ़ शुष्क नीति बोध नहीं थी उसका उत्स प्रेम की शक्ति में था। इस प्रेम की शक्ति में विश्वासी गाँधी और रवींद्र में चिंतन की बहुत ही अधिक समानता है। रवींद्रनाथ ने कहा था कि अप्रेम के साथ प्रेम का संग्राम चल रहा है। विश्व का अस्तित्व यही प्रमाणित करता है कि मृत्यु अभी भी विजयी नहीं हो पायी है और गाँधी जी ने कहा कि स्नेह, प्रीति, सहयोगिता से निःशब्द मनुष्य के समाज की रक्षा हो रही है। प्रेम का प्रकाश कभी तपस्या में तो कभी आनंद में होता है। इन्हें अभिन्न कहना गलत होगा, इनके ऐक्य को अस्वीकार करना भी गलती होगी। सत्य के ये दो भिन्न प्रकाश हैं।

गाँधी जी के लिए यह सत्य ही ईश्वर है। गाँधी का कहना है कि मेरी सबसे अधिक श्रद्धा सत्य के प्रति रही है। इसी सत्य के आश्रय से गाँधी ने सबका सामना किया था। यह सत्य ही उन्हें राजनीति के क्षेत्र में ले आया था। भारतीय लेखकों ने सत्य के प्रति गाँधी जी की इस आस्था को लेकर बहुत-सी रचनाएँ की हैं। भारतीय-अंग्रेज़ी उपन्यासकार राजाराव ने 'कंथापुरा' उपन्यास में गाँधी के असहयोग

आंदोलन के आश्रय से गाँधी की अर्थनैतिक, राजनीतिक तथा आध्यात्मिक विचारधारा से जुड़े सत्य के रूप को प्रकट किया है। यह सारी कहानी उपन्यास में प्राचीन भारतीय कथा शैली में कही गई है। कहानी का मूल पात्र मूर्ति स्वयं एक गाँधी व्यक्ति में बदल जाता है। वह कभी गाँधी से मिला नहीं था, उसने गाँधी का सपना देखा था कि वे किसी एक सभा में बोल रहे हैं और एक दफ़ा बहुत ही कम समय के लिए वह गाँधी से मिला था–इन सभी कारणों से वह गाँधी रूप हो गया था। गाँव के लोग मूर्ति को, 'यह हमारा गाँधी', कहने लगे। सपने में मूर्ति ने गाँधी को कहते सुना था, जीवन में केवल एक ही शक्ति है, सत्य और एक ही प्रेम है और वह भी सत्य है तथा जीवन में केवल एक ही ईश्वर है, सत्य। और जब वास्तविक जीवन में मूर्ति का गाँधी से साक्षात्कार हुआ उसका वर्णन करते हुए राजाराव कहते हैं :

''और अचानक तालियों की गड़गड़ाहट में नारे सुनाई दिए, वंदे मातरम्। मूर्ति ने हाथ ऊँचे किए और चिल्लाया, महात्मा गाँधी की जय। चारों ओर का शोर और अस्त-व्यस्तता में मूर्ति मंच पर चढ़ गया और इधर-उधर खड़े लोगों की भीड़ के बीच से वह महात्मा जी के चरणों पर गिर पड़ा और कहा, 'मैं आपका दास हूँ।' महात्मा जी ने उसे उठाया और सबके सामने कहा, 'बेटे, मैं तुम्हारे लिए क्या कर सकता हूँ?' मूर्ति ने कहा, 'जैसे राम हनुमान को आदेश देते थे वैसे मुझे आदेश दीजिए।' महात्मा जी ने कहा, 'मैं कोई आदेश नहीं देता सिर्फ़ यही कहता हूँ सत्य की खोज करो।' आस-पास के लोग मूर्ति को चुप करने और ठेल कर अलग ले जाने लगे तो महात्मा जी ने कहा, 'तुम विदेशी कपड़े पहनते हो, मेरे बेटे?' 'इन्हें मैं उतार दूँगा, महात्मा जी।' 'तुम शायद विदेशी विश्वविद्यालय में शिक्षा लेते होगे?' 'और नहीं लूँगा महात्मा जी।' 'तुम देश के लाखों मूक और ग्रामीण ग़रीबों के बीच जाकर काम करो उनकी सहायता करो।' 'ऐसा ही करूँगा', मूर्ति ने कहा। गाँधी जी ने उसकी पीठ थपथपाई और उस स्पर्श से आवरणमुक्त उसकी आत्मा प्रकाशित हो गयी जैसे रात के सामने दिन प्रकाशित होता है और मूर्ति वहाँ से निकल गया और आत्मविस्मृति की स्थिति में आँखें बंद किए भीड़ में से निकल कर नदी के किनारे जा पहुँचा और खेतों में, गलियों में, नहर की ओर से घूमते-घूमते जब वह रात को कॉलेज पहुँचा तो उसने अपने विदेशी वस्त्र खोल डाले और विदेशी पुस्तकों के साथ उनकी होली जलाई और गाँधी का आदमी बनकर बाहर निकल आया।''

भारतीय साहित्य का यह गाँधी मिथक है, जिसको जनता ने बनाया और लेखकों ने बखूबी इस्तेमाल किया। आज क्या वह 'मसीहा मुहब्बत का' सो गया, थका-माँदा? हिंदी के कवि शिवमंगलसिंह 'सुमन' का प्रश्न है। पता नहीं कितनी दफ़ा व्यर्थ नमस्कार करते हुए हमने उन्हें विदा दी है। क्या वे फिर हमारे हृदय द्वार पर आकर खड़े नहीं होंगे। सुमन का पूछना है :

क्या हम जैसे अकृतज्ञों को अपनाओगे?
ओ, मानवता के सिंधु-मंथन के सुधा कलश
अब कितनी सदियों बाद धरा पर आओगे।

मलयालम के कवि कृष्णवारियर का कहना है कि आज भारत में फटे कपड़े पहनकर गाँधी राशन की लाइन में चावल लेने खड़ा है और कालाबाज़ारी गोडसे एक कीमती इंपोर्टेड गाड़ी में सवार घूम रहा है। क्या इस स्थिति से मुक्ति नहीं मिलेगी? गाँधी का हम पर जो विश्वास था क्या उस विश्वास का अब और कोई प्रत्युत्तर नहीं है हमारे पास?

23

भारतीय चिंतन की परंपरा और रामचंद्र शुक्ल

इस निबंध के दो भाग हैं। पहले भाग में आचार्य रामचंद्र शुक्ल की चिंतनधारा के आश्रय से उनकी अनुदृष्टि से परिचित होने की कोशिश की गई है और दूसरे भाग में उस दृष्टि के अनुसार शुक्ल जी ने विभिन्न भारतीय चिंतन परंपराओं और पाश्चात्य विचारधाराओं को किस ढंग से समझने की कोशिश की थी उसका विश्लेषण किया गया है।

(1)

सन् 1898-99 के बीच शुक्ल जी का पहला लेख 'कल्पना का आनंद' प्रकाशित हुआ था। यह एडिसन के सैद्धान्तिक चिंतन pleasures of imagination का अनुवाद था। 'कविता क्या है' लेख सन् 1903 में प्रकाशित हुआ। बाद में उसकी काया पलट होती रही। सन् 1913 में राजा सर टी. माधवराव की पुस्तक Minor Hints नामक पुस्तक का हिंदी अनुवाद 'राज्य प्रबंध शिक्षा' को प्रकाशित करते हुए उन्होंने एक छोटी भूमिका लिखी और बाद में सन् 1921 में हैकेल की पुस्तक Riddle of the Universe का अनुवाद करते हुए 126 पृष्ठों की एक बड़ी भूमिका प्रकाशित की। उसी वर्ष 'क्षात्रधर्म का सौंदर्य' प्रकाशित हुआ। इन सब भूमिकाओं और लेखों के द्वारा भारतीय नवजागरण की राष्ट्रवादी प्रवृत्ति तथा जीवन के प्रति एक वैज्ञानिक अनुसंधानात्मक दृष्टि और साहित्यिक चिंतनधारा को उसके साथ जोड़ने की उनकी कोशिश उभरकर सामने आयी। साम्राज्यवाद बनाम राष्ट्रवाद की टकराहट की पीठिका पर शुक्ल जी की राष्ट्रीय-सांस्कृतिक नवजागरण से संबंधित चिंतन धारा का प्रसार हुआ था। इस चिंतनधारा के दो केंद्र बिंदु थे : लोक एवं कर्म। उस समय के अधिकतर चिंतकों की तरह चाहे वह राममोहन राय ही क्यों न हो या रवींद्रनाथ ठाकुर शुक्ल

जी ने न तो ईस्ट-वेस्ट के सम्मिलन के द्वारा विश्व मानवतावाद का जयगान किया न ही किसी रोमानियत को स्वीकृति दी जो आपको ऐतिहासिक-अस्वीकृति की भूमिका अदा करने के लिए बाध्य करता हो। श्री अरविंद, बंकिम तथा तिलक़ की तरह एक अतिवादी राष्ट्रवाद को ध्यान में रखते हुए उन्होंने लोक के मंगल की बात सोची। लोक-मंगल यानी मनुष्यत्व की साधना (रसमीमांसा, 12) से शुक्ल जी के अनुसार सच्ची देशभक्ति या देश प्रेम की स्थापना होती है (चिंतामणि, 2, पृ. 33)। इस देशभक्ति के प्रसार के लिए शुक्ल जी ने टॉल्सटयी भ्रातृ भावना को आधार नहीं बनाया और कहने को प्रकारांतर से गाँधी जी के अहिंसावादी असहयोग आंदोलन का non cooperation and non-merchantile classes निबंध में विरोध किया। इस संबंध में उनकी प्रेरणा तिलक थी। उनके बेटे गोकुल चंद्र शुक्ल के अनुसार किशोरावस्था में शुक्ल जी ने तिलकदल बनाया था (साक्षात्कार, शुक्ल अंक, 254)।

तिलक ने एक दफा गाँधी जी को एक पत्र में लिखा था Politics is a game of worldly people and not of sadhus and instead of the maxim. 'अक्कोधेन्, जिने कोधम्' as preached by Buddha, I prefer to rely on the maxim of Sri Krishna. 'ये यथा मां प्रपद्यन्ते तांस्तथैव भजाम्यहम् : Both methods are equally honest and righteous, but the one is more suited to this world than the other. शुक्ल जी ने विश्व प्रपंच की भूमिका में गीता की इस पंक्ति का उद्धरण देते हुए यह स्पष्ट किया है कि देशकाल के अनुसार जो व्यवस्था उचित है उसे स्वीकारना चाहिए (पृ. 125)। शुक्ल जी के लिए वह व्यवस्था क्षात्रधर्म है इसीलिए वे कहते हैं कि आज संसार के बीच अपनी स्थिति बनाए रखने के लिए जिस युद्ध में हम प्रवृत्त हैं उसमें विजय पाने की कामना से हम मर्यादा पुरुषोत्तम की विजय का स्मरण करते हैं। (चिंतामणि, 3, 190)। शुक्ल जी के अनुसार क्षात्रधर्म का विकास जीवन के कर्मक्षेत्र में होता है। कर्म-सौंदर्य संघटित करने वाले ही हमारे यहाँ अवतार कहे गए हैं (187)। गीता के 'कर्मण्येवाधिकारस्ते' को तिलक की तरह वे स्वीकार करते हैं परंतु गाँधी जी की तरह 'मा फलेषु कदाचन' की निवृत्ति मूलक दृष्टि को अस्वीकारते हैं। और इसीलिए रहस्यवादी किसी दूसरे जगत् के स्थान पर इहलौकिक प्रत्यक्षवाद को स्वीकृति देते हैं।

दरअसल नवजागरण के संदर्भ में लोक और कर्म के आश्रय से राष्ट्रवाद को स्वीकारते हुए अपने युग के उस समय के लेखकों के अनुसार पुनरुत्थानवाद का पल्ला पकड़ना उन्होंने मुनासिब नहीं समझा। कदाचित् नवजागरण के प्रभावस्वरूप प्रत्यक्षवादी तथा वैज्ञानिक अनुसंधानात्मक जिज्ञासा का आकर्षण उनमें अधिक था। इसके परिणामस्वरूप एक ओर वैज्ञानिकता के आश्रय से प्रत्यक्षवाद और दूसरी ओर विकासवाद का उनकी चिंतनधारा में प्रतिफलन स्पष्ट दिखाई पड़ा। Minor Hints का अनुवाद करते हुए भूमिका में उन्होंने लिखा है कि किसी एक मनुष्य से यह

सुनकर कि "मैंने कई बार ऐसा होते देखा है।" जितनी जल्दी हम किसी कार्य में प्रवृत्त होते हैं उतनी जल्दी सैकड़ों सत्यवादियों से यह सुनकर नहीं कि 'हम निश्चय समझते हैं कि यह बात ऐसी ही है।' अतः समाज के हित और सुभीते के लिए यह आवश्यक है कि उसमें अनुभव की हुई बातों का अच्छा संचय रहे। उस समय भारतवर्ष के विभिन्न प्रांतों में वैज्ञानिक सचेतनता का धीरे-धीरे प्रसार हो रहा था। Rational thinking केवल Scientific दृष्टि से ही संभव है ऐसी बात फैल रही थी। बांग्ला में तत्त्वबोधिनी पत्रिका तथा महाराष्ट्र में students literary and scientific society वैज्ञानिक चिंतन के प्रसार में जुटी हुई थी। यह सब 19वीं शती के अंतभाग में हो रहा था। (Dawn of Renascent India, K. K. Dutt, 33-43)। इसका परिणाम यह हुआ कि हिंदू धर्म की विभिन्न प्रथा, रीति तथा तत्त्व चिंतन को वैज्ञानिक कार्य-कारण शृंखला के आश्रय से बाँधने की कोशिश शुरू हो गई–यहाँ तक कि चुटिया रखने का भी एक वैज्ञानिक कारण ढूँढ़ा जाने लगा। इस वैज्ञानिक हवा का परिणाम यह था कि रामचंद्र शुक्ल सरीखे उस समय के नवयुवक बुद्धिजीवी वैज्ञानिक प्रत्यक्षवाद तथा डारविन के विकासवाद से बहुत अधिक प्रभावित हो रहे थे और इसके विरोध में रूढ़ हिंदूवादिता के आश्रय से भूदेव मुखोपाध्याय आदि मनुष्य के क्रमोत्कर्ष के सिद्धांत को नकार रहे थे। (सामाजिक प्रबंध, भूदेव मुखोपाध्याय, जाह्नवीकुमार चक्रवर्ती, पृ. 33)। हालाँकि वैज्ञानिक चिंतन प्रणाली को भूदेव बाबू ने भी काफी बढ़ावा दिया था। भूदेव बाबू ने बिहार में हिंदी के प्रचार में काफी महत्त्वपूर्ण योगदान दिया था। सन् 1894 में उनकी मृत्यु हुई। शुक्ल जी ने विश्व प्रपंच का अनुवाद करते हुए भूमिका में योनियों की स्थिरता वाले सिद्धांत पर प्रहार किया और डारविन के विकासवाद को स्वीकृत दी और 'जात्यंतर परिणाम' को सिद्ध बताया। फिर इसी विकासवाद को लेकर हैकेल ने किस प्रकार प्रकृतिवाद या अनात्मवाद की प्रतिष्ठा की उसका विवेचन किया। हैकेल का कहना है कि आत्मा शरीर धर्म के अतिरिक्त और कुछ नहीं। चेतनाशक्ति भी एक भौतिक शक्ति है। दरअसल उन्होंने अनात्मवादी आधिभौतिक पक्ष का ही समर्थन किया था। भूत (matter) ही अन्ततः शक्ति (energy) है और इस तरह 'भेद में अभेद' इस गूढ़ तत्त्व की उपलब्धि हुई। आत्मवादी भी 'भेद में अभेद' को स्वीकृति देते हैं परंतु उनके लिए चैतन्य ही शक्ति का अधिष्ठान है और हैकेल के लिए शक्ति का ही चैतन्य एक रूप या क्षणिक परिणाम है। शुक्ल जी ने हर्बर्ट स्पेंसर का हवाला देते हुए कहा है कि कोई मत कैसा ही हो उसमें कुछ न कुछ सत्य का अंश रहता है। (भूमिका, 124)। चाहे आप विज्ञानवादी हैं या नित्य चैतन्यवादी–दृष्टि दोनों की एक है–भेदों में अभेद दृष्टि–यही सच्ची तत्त्वदृष्टि है। इसी के द्वारा सत्ता का आभास मिल सकता है। (भूमिका, 126)।

महत्त्वपूर्ण बात यह है कि लोक, कर्म तथा क्षात्रधर्म और प्रत्यक्षवादी तथा विकासवादी भेदों में अभेद दृष्टि को शुक्ल जी बड़ी सरलता के साथ अपनी काव्य

दृष्टि के साथ जोड़ने में सफल हुए थे। उनका कहना है कि साहित्य गत्यात्मक यानी कर्म सौंदर्य की अभिव्यक्ति है और कर्म सौंदर्य की योजना जितने रूपों में क्षात्र जीवन में संभव है (चिंतामणि 3, 188) उतने रूपों में किसी जीवन में नहीं। साहित्य को मनुष्यत्व की साधना कहने वाले शुक्ल जी ने मनुष्यत्व के अनुभव से सच्ची देशभक्ति या देशप्रेम की स्थापना होती है (चिंतामणि, 2, पृ. 33) की भी बात कही और 'भेदों में अभेद' दृष्टि की खोज में विज्ञान के साथ-साथ धर्म का भी उल्लेख किया और फिर एक स्थान पर कहा कि धर्म पक्ष से देखने में जो मंगल है कलापक्ष से देखने में वही सौंदर्य है (2, 43)। इस तरह लोक और कर्म तथा क्षात्र धर्म को प्रत्यक्ष तथा विकासवादी जगत् और जीवन की धारणा के साथ जोड़कर उन्होंने अपनी अनुदृष्टि का प्रसार किया जो भेदों में अभेद को खोज रही है।

(2)

अपनी इस अनुदृष्टि की सहायता से जब शुक्ल जी ने भारतीय चिंतन परंपरा की छानबीन शुरू की तो नाना प्रकार के अंतर्विरोध उभर के सामने आए। भेदों में अभेद की खोज को प्राथमिकता देते हुए भी भारतीय साधना की ऐक्य दृष्टि को वे समझ नहीं पाए और अपने हिंदी साहित्य के इतिहास में सामान्य भक्तिवाद और विशिष्ट भक्तिवाद के कृत्रिम विरोध को खड़ा कर दिया। उनके अनुसार साहित्य जनता की चित्तवृत्ति का संचित प्रतिबिम्ब है। जनता यानी लोक परंतु यह लोक उनके लिए विशिष्ट लोक है, शिक्षित जनता है जिन पर सिद्धों और जोगियों की बानियों का कोई असर नहीं था। इन भक्तों ने ब्रह्म के 'सत्' और 'आनंद' स्वरूप का साक्षात्कार राम और कृष्ण के रूप में इस वाह्य जगत् के व्यक्त क्षेत्र में किया (पृ. 58)। सामान्य जन समुदाय (57) पर सिद्धों और योगियों की अलौकिकता का प्रभाव था जिनकी बुद्धि का विकास बहुत सामान्य कोटि का था (पृ. 17)। इस सामान्य जनता पर तंत्र की गुह्यता और रहस्यात्मकता के प्रभाव स्वरूप धर्म विकृत हो रहा था। इसी बात को आगे चलकर शुक्ल जी कहते हैं कि भक्ति आंदोलन की जो लहर दक्षिण से आयी उसी ने उत्तर भारत की परिस्थिति के अनुरूप हिंदू मुसलमान दोनों के लिए एक सामान्य भक्तिमार्ग की भावना कुछ लोगों में जमाई (59)। सामान्य भक्ति मार्ग एकेश्वरवाद पर टिका रहा और एक ओर नाथ सिद्धों की हृदय शून्य अंतस्साधना तो दूसरी ओर कबीर के साधनात्मक रहस्यवाद तो तीसरी ओर सूफियों के भावात्मक रहस्यवाद (69) के रूप में प्रसारित हुआ। यह व्यक्तिगत साधना है (त्रिवेणी 65) जो लोकपक्ष से उदासीन रही है। मगर यह व्यक्तिगत रहस्यवादी साधना भी सूक्ष्म ढंग से विरोध की अभिव्यक्ति हो सकती है और थी, शुक्ल जी ने इसे समझने की कोशिश नहीं की। (Thomas F. O'dea, The Sociology of religion, पृ. 71) शुक्ल जी के लिए ईश्वर ज्ञान और प्रेम स्वरूप है। प्राचीन वैष्णवमार्ग ईश्वर के धर्म स्वरूप

को लेकर फैली, उस स्वरूप को लेकर, जिसकी रमणीय अभिव्यक्ति लोक की रक्षा और रंजन में होती है (इतिहास 60)। धर्म को शुक्ल जी ने एक ओर कर्म कहा है (61) तो दूसरी ओर सदाचार (140) भी कहा है। इस प्रकार से एक ओर ज्ञान तथा सदाचार समन्वित कर्म की प्रेरणा से युक्त विशिष्ट भक्तिवाद था जिसका प्रसार विशिष्ट जन समुदाय यानी सदाचार जन समुदाय में हुआ था। यही शुक्ल जी का लोकपक्ष है जो उनकी एक विशिष्ट सामाजिक दृष्टि है जो सात्विकशीलता पर, कर्तव्य परायणता पर और कर्म सौंदर्य पर टिका है। तो दूसरी ओर उनके अनुसार अंतस्साधना समन्वित लोक विरोधी सामान्य भक्तिवाद है। जो सामान्य बुद्धि वाले जन समुदाय के लिए है जिसमें आत्म कल्याण और लोक कल्याण विधायक सच्चे कर्मों का विरोध है (57)।

इस तरह शुक्ल जी का विशिष्ट लोक या सामाजिक attitude तथा सच्चे कर्म के चिंतन का प्रसार उनकी व्यावहारिक प्रत्यक्षवादी लोक मंगलकारी rationalist दृष्टि के कारण संभव हो सका। उस समय भारतीय मनीषा पर कोंत्, डुर्कहेइम आदि का प्रभाव था जिसके फलस्वरूप ईश्वर समाज का ही रूपांतरित रूप माना जाने लगा था तथा बेनथम, जेम्स मिल आदि की हितवादी दृष्टि क्रमशः प्रसारित हो रही थी। मगर शुक्ल जी की इस प्रकार की चिंतनधारा के फलस्वरूप भारतीय धर्म साधना के एक बड़े हिस्से का साथ बड़ा ही अविचार हुआ और जिसको ठीक ढंग से नहीं समझने के कारण शुक्ल जी भारतीय समाज को उसकी संपूर्णता में विश्लेषित नहीं कर पाए और भारतीय समाज में नाना प्रकृति, नाना रुचियों के मनुष्य के रहते हुए वैपरीत्य में सामंजस्य के विधान को श्रेष्ठ समाज नीति के रूप में प्रकट नहीं कर पाए। हालाँकि भेदों में अभेद दृष्टि ही सच्ची तत्त्वदृष्टि है इसको मानते अवश्य रहे परंतु दूसरी ओर सामान्य भक्तिवाद और विशिष्ट भक्तिवाद, क्रियाकांड रूप और नीतिरूप, निष्क्रियतावाद और कर्मवाद के बीच भेद करते हुए अभेद दृष्टि को ठीक ढंग से रेखांकित नहीं कर पाए। भारतीय अध्यात्म साधना की विभिन्न मतधाराओं में भेद हैं परंतु लक्ष्य एक है—जगत् और जीवन प्रत्येक के लिए विकास का रास्ता है मगर यह मृत्यु का रास्ता भी है। इस रास्ते से जो वापस मुड़कर अंदर की ओर झाँकता है उसे मृत्युहीन देश का पता लगता है—एक बाह्यदेश है जो नाना है और एक अंतर देश है जो एक है। भेदों में अभेद की यह तत्त्व दृष्टि है—शंकर के अनुसार नदी की धार का यह उलटना है—नद्याः प्रति स्रोत प्रवर्तनमिव। कठोपनिषद में इसे ही प्रत्यगात्मन् (2/1/1) कहा गया है। गीता में कछुए का रूपक बाँधकर बहिर्मुखीनता को अंतर्मुखीन बनाना ही साधना का लक्ष्य (2/58) माना गया है। तंत्रवाद जिसके बारे में शुक्ल जी की धारणा बहुत अच्छी नहीं थी, अद्वय सत्य को प्राप्त करने के व्यावहारिक मार्ग का संकेत देता है। शिव और शक्ति कोई अन्योन्य निरपेक्ष नहीं। जो सत्य विश्व-ब्रह्मांड में विराजमान है वही अद्वयरूप अंदर भी विद्यमान है। हठयोग

के द्वारा बहिर्मुखी जैविक धारा को अंतर्मुखी योगानंद की ओर ले जाना ही तंत्रवाद है। रहस्यवाद को शुक्ल जी ने जगत् और जीवन यानी भौतिकता से अलग मानते हुए उसकी उपेक्षा की है मगर जैसा कि कहा जा चुका है कि रहस्यवादी साधना भी सूक्ष्म ढंग से प्रतिष्ठित संस्थाओं तथा विचारों पर आघात करती है और उसका एक लोक रक्षक रूप है। यह रहस्यवादी साधना भी बाहर से अंदर आने की साधना है। सहजिया साधना में 'रूप' का अर्थ है बाह्य और 'स्वरूप' का अर्थ है आंतरिक—बाह्य रूप में ही राधा-कृष्ण रूप स्वरूप विराजमान है। इस तरह रूप से ही स्वरूप की ओर जाना पड़ता है। नाथपंथियों का तो ज्वार के पानी को उजान की ओर लाना ही साधना की सिद्धि है। सूफियों के लिए भी प्रेम-मिलन दरअसल जीव की पहली अवस्था की ओर ही वापस लौटना है—व्यक्त रूप का अव्यक्त में बदलना है (The idea of personality in Sufism, Nicholson)। सूर ने भी भक्ति साधना में 'सायुज्य मुक्ति' को चरम लक्ष्य माना है जो 'उलटि जगत' की क्रिया है (त्रिवेणी 74)। शुक्ल जी तुलसी के संदर्भ में 'चित्' और 'सत्' की बात कहते हुए व्यक्त जगत् में सत् के उदय का उल्लेख करते हैं। परंतु एक ख़ास किस्म के नैतिक संकट (ethical dilema) में फँसे होने के कारण भारतीय साधना के इस मूल लक्ष्य को वे समझ नहीं सके। यहाँ तक कि रवींद्रनाथ की रहस्यवादी प्रवृत्ति का विरोध किया परंतु रवि बाबू को सारी बातों को शायद अज्ञानता के कारण जान नहीं सके। जो बातें भारतीय साधना के मूल लक्ष्य की ओर इशारा करती है। रवि बाबू का कहना है कि भारतवर्ष का धर्म समस्त समाज का ही धर्म है, उसका मूल मिट्टी के भीतर है एवं सिर आकाश में है। भारत ने मूल और मस्तक को अलग करके कभी नहीं देखा। भारतवर्ष हमेशा नाना में एक आदर्श की स्थापना करता रहा है (रवींद्र रचनावली, 12, 1031-32)। नैतिक संकट (ethical dilema) उस समय की सांस्कृतिक नवजागरण की मानसिकता का ही परिणाम रहा है क्योंकि नवजागरण उनके लिए क्लासिकी नैतिकता, अनुशासन आदि का ही परिचय था। वह उनके लिए चित्त मुक्ति नहीं था। इसके अतिरिक्त विधेयवादी तथा विकासवादी 19वीं शती की वैज्ञानिक दृष्टि ने तथा नवजागरण के फलस्वरूप राष्ट्रवादी विचारधारा ने उन्हें एक ओर रहस्यवादी प्रवृत्ति से हटाकर भौतिकवादी बनाया और दूसरी ओर कर्मवाद और क्षात्रधर्म को स्वीकृति देने के लिए बाध्य किया। भौतिकवादी प्रवृत्ति विकसित हुई परंतु मार्क्सवाद या द्वंद्वात्मक भौतिकवाद उन्हें इष्ट नहीं था (इतिहास, 594)। कर्मवाद और क्षात्रधर्म को राष्ट्रहित के लिए बढ़ावा दिया परंतु तालस्ताय की धर्मबुद्धि जगाने वाली वाणी और गाँधी जी की अहिंसा और निवृत्तिमूलक कर्मवाद को ठुकराया और चोरी का बदला डकैती से लिया जाएगा (क्षात्रधर्म का सौंदर्य) का नारा बुलंद किया।

व्यक्तिवादिता का हमेशा विरोध करने के फलस्वरूप शुक्ल जी को फ्रायड ने कभी भी आकर्षित नहीं किया। दरअसल उनकी राष्ट्रवादी दृष्टि इतनी रूढ़ थी कि

मौका मिलते ही उन्होंने पाश्चात्य चिंतनधारा का विरोध किया। उनका कहना है कि यह ठीक है कि अँगरेजी शिक्षा के दिन-दिन बढ़ते हुए प्रचार से देश के आधुनिक जीवन का यह भी एक पक्ष हो गया है पर यह सामान्य पक्ष नहीं है। भारतीय रहन-सहन, खान-पान, रीति व्यवहार प्रायः सभी जनता के बीच बने हुए हैं। देश के असली और घरेलू जीवन को दृष्टि से ओझल करना हम अच्छा नहीं समझते (इतिहास, पृ. 493-94)। विलायती मंत्र का वे उच्चारण नहीं चाहते (490)। तात्पर्य है कि यूरोप के साहित्य क्षेत्र में उठी हुई बातों की चर्चा न हो—हमें वर्तमान जगत् के बीच में अपना रास्ता निकालना है और अपनी परिस्थितियों से परिचित होना है (491)। वस्तुतः साहित्य में शुक्ल जी उन गूढ़ और चिंत्य परिस्थितियों को गोचर रूप में लाना उचित समझते हैं जिनका लोक या किसी जन समाज के बीच कार्य की गति के अनुसार विस्तार हुआ है (493)। सामान्य परिस्थितियाँ नहीं विशिष्ट परिस्थितियाँ जिनमें टकराहट है, द्वंद्व है, तनाव है यानी गूढ़ और चिंत्य परिस्थितियाँ। मगर शुक्ल जी केवल परिस्थितियों को प्रस्तुत करना ही नहीं उनकी rounding up भी चाहते हैं—निस्तार का मार्ग भी प्रत्यक्ष करना उन्हें अभीष्ट है (493)। काव्यदृष्टि से संबंधित इसी बात से जुड़ी हुई उनकी दूसरी महत्त्वपूर्ण बात है कि समाज में पैदा होने वाली विभिन्न परिस्थितियों को ग्रहण तो करना चाहिए परंतु इस एकरूपता में एकता का कोई एक सूत्र अवश्य बना रहे। साहित्य के संदर्भ में वह काव्यत्व का सूत्र है। इस समन्वय से रहित जो अनेकरूपता होगी वह भिन्न-भिन्न वस्तुओं की होगी, एक ही वस्तु की नहीं (590)। शुक्ल जी का कहना है कि अनेक रूपों को धारण करने वाला तत्त्व यदि एक है तो शिक्षित जनता की बाह्य और आभ्यंतर स्थिति के साथ सामंजस्य के लिए काव्य अपना रूप भी कुछ बदल सकता है (591)। मगर अंततः यह कहते हैं कि परिवर्तनवाद के प्रदर्शन की प्रवृत्ति अधिक हो जाने से जगत् और जीवन के नित्य स्वरूप की अनुभूति नए कवियों में कम जग पाएगी जिसकी व्यंजना काव्य को दीर्घायु प्रदान करती है (595)। इस तरह भेदों में अभेद की तत्त्व दृष्टि को अपनी काव्य दृष्टि के साथ जोड़ते हुए काव्यत्व को जीवन के नित्य स्वरूप की अभिव्यक्ति मानते हैं और वही भेदों में अभेद लाने वाला तत्त्व है। जीवन का नित्य स्वरूप कोई रहस्यात्मक तत्त्व चिंतन की ओर इशारा नहीं करता है। उनका काव्य प्रतिमान (paradigm) उनकी राष्ट्रीय-सांस्कृतिक नवजागरण की मानसिकता से जुड़ी है। जिसके चार अंग हैं मनुष्यत्व की साधना, देशभक्ति, शील निर्माण और कर्म सौंदर्य। शील निर्माण में लोक मंगल और कर्म सौंदर्य में क्षात्र धर्म संबद्ध है। ये प्रतिमान ही जीवन के नित्य स्वरूप के उद्‌घाटक हैं। जहाँ शुक्ल जी को यह (paradigm) उपलब्ध नहीं होता वहाँ उनका मन रसता नहीं। मिसाल के तौर पर रीतिकाव्य के लिए उन्हें कहना पड़ता है कि कर्मण्यता और वीरता के जीवन की कमी के कारण आश्रयदाता राजा-महाराजाओं की रुचि के आधार पर अश्लील शृंगार (223) की ही अभिव्यक्ति हुई। भौतिकवाद

को स्वीकारते हुए भी लोक उनके लिए मात्र physical नहीं, समाज का एक नैतिक रूप भी होता है। इस मानसिकता के कारण ही कदाचित् एक खास किस्म का नैतिक संकट (ethical dilema) उनकी संपूर्ण चिंतनधारा में व्याप्त दिखाई पड़ता है। और कदाचित् उनकी साहित्य-इतिहास दृष्टि को भी प्रभावित करता है जहाँ साहित्य को धर्म और अधर्म, कर्म और अकर्म, क्षात्रधर्म और शृंगार विलासिता, लोक रक्षक और लोक विरोधी के आद्य प्रारूपात्मक टकराहट के द्वारा विश्लेषित करते हैं।

24

क्या कोई हिंदी संस्कृति है?

हिंदी भाषा और उसके साहित्य ने कभी स्वतंत्र होने की चेष्टा नहीं की है : विशिष्टता उसका गुण नहीं, सबको लेकर चलना, सामान्यता ही उसकी विशेषता है। सबको लेकर चलना ही हिंदी संस्कृति की अनन्यता है।

भाषा संस्कृति की देन है, अतएव भाषा की अपनी संस्कृति हो सकती है : बहुभाषिक देश होने के कारण यहाँ स्थिति भिन्न है। यहाँ एक भारतीय संस्कृति है, जो एकक नहीं, सामासिक संस्कृति है और दूसरे, हर प्रदेश से जुड़ी भाषाओं से संबद्ध एक प्रादेशिक संस्कृति है। प्रादेशिक संस्कृति प्रदेश के कुछ विशिष्ट सांस्कृतिक पक्षों की ओर संकेत करती है, परंतु संस्कृत काव्यशास्त्र में 'प्रादेशिकता' को कथ्य और अनुभूति के प्रकारों के साथ नहीं जोड़ कर, शैली के साथ संबद्ध किया गया है। उदाहरण के रूप में दंडी ने 7-8वीं शती में ढंग (मोड), विधि (मैनर) तथा शैली के लिए 'मार्ग' शब्द का प्रयोग किया था, और उदाहरणतया, भारत के दो प्रदेशों के आधार पर वैदर्भी तथा गौड़ीय दो प्रकार की काव्यशैलियों की बात की थी : 'उत्प्रेक्षा दाक्षिणात्येषु', 'गौडेस्वक्षराडंबरः' अर्थात् दक्षिण में उत्प्रेक्षा का प्रचलन है और गौड़ में शब्दों का आडंबर। और भी शैलियों का दंडी ने उल्लेख किया है। शैली यहाँ प्रादेशिक भिन्नता को चिह्नित करती है। यहाँ प्रादेशिक भिन्नता विषयवस्तु की नहीं, शैली की भिन्नता है। यद्यपि विषयवस्तु में निहित सांस्कृतिक विशिष्टता की उपेक्षा नहीं की जा सकती, मगर जब कोई भाषा किसी देश में सत्ता की भाषा बन जाती है, उच्च स्थान उसे प्राप्त हो जाता है तो वह भाषा यह प्रयत्न करने लगती है कि वह एकरूप सांस्कृतिक परंपरा को स्वीकृति दे, विविधता को विनियोजित करे। संस्कृत भाषा के बारे में यह बात आम तौर से कही जाती है कि इस भाषा ने भारत के

उच्चवर्ग की भाषा बन जाने के कारण लोक-प्रचलित, प्रादेशिक, भाषिक एवं सांस्कृतिक विशेषताओं को अपने में समेट कर, भारतीय संस्कृति के एकक रूप को ही प्रतिष्ठित करने का प्रयत्न किया है; परंतु तथ्य दूसरे संकेत भी देते हैं। संस्कृत के वैयाकरण पाणिनि ने संस्कृत के दो 'डिस्कोर्स' की बात की है; एक, आम जनता के द्वारा प्रयोग में लाया जाने वाला 'डिस्कोर्स' और दूसरा जो व्याकरण की दृष्टि से शुद्ध है। *नाट्यशास्त्र* के प्रणेता भरत ने भी दो नाट्यों की बात की है : एक, जनता के लिए और दूसरा नाट्य की परिपाटी के अनुसार; मगर यह स्व और पर का अंतर नहीं; एक आंतरिक और दूसरा बाह्य नहीं। लोक एवं शास्त्र दोनों ही संस्कृति के ही दो पक्ष हैं, एक ही सांस्कृतिक नैरंतर्य के दो स्तंभ हैं। इसी तरह भारतीय संस्कृति एवं हिंदी संस्कृति के बीच द्वंद्व भी है, समझौता भी है, और वे एक-दूसरे की संपूरक भी हैं। भारतीय संस्कृति और हिंदी संस्कृति की संपूरकता की यही अवधारणा है।

हिंदी के बारे में यह कहा जाता है कि यह 'एक' भाषा नहीं है, भाषाओं का समाहार है। मध्यदेश की सारी भाषाओं को समेटकर एक भाषा के अंतर्गत समाहित करने का काम हिंदी का रहा है। हिंदी को केवल खड़ी बोली से परिभाषित नहीं किया जा सकता। मैथिली, ब्रज, अवधी, बुंदेलखंडी, भोजपुरी, राजस्थानी, खड़ी बोली आदि को हिंदी के अंतर्गत ही स्थान मिला है। हिंदी की अवधारणा एक छाते के समान है जिसके नीचे ये सारी भाषाएँ रची-बसी हुई हैं; मगर सवाल उठता है कि मध्यदेश की भाषा होने के कारण और भौगोलिक दृष्टि से एक विस्तृत क्षेत्र से जुड़े होने के कारण क्या इस अवधारणा को स्वीकृति मिली है? क्या हिंदी ब्रज, अवधी, मैथिली, भोजपुरी, राजस्थानी, मालवी, बुंदेलखंडी, खड़ी बोली को समायोजित कर अपने प्रभुत्व को प्रमाणित कर रही है? क्या यह शक्ति की भाषा की प्रतीक है? शक्ति की भाषा बनने के लिए राजनीतिक प्रभुत्व तथा अपने स्वरूप को वैधानिक रूप देना (कैनॉनाइज़ करना) ज़रूरी होता है। शक्ति मिलते ही वैधानिक रूप (कैनन) की बात आती है; मगर आश्चर्य की बात है कि हिंदी ने यह काम नहीं किया। अपने स्वरूप को मानक रूप देकर उसे 'ठोस' बना देना हिंदी का कभी भी काम नहीं रहा। लचीलापन उसका सबसे बड़ा गुण है। यह भाषा सबकी भाषा है। सब इसको अपने-अपने ढंग से प्रयोग में लाते हैं। ज़रा सोचिए, हिंदी का प्रामाणिक व्याकरण कामता प्रसाद गुरु ने 1921 में और फिर किशोरीदास वाजपेयी ने 1958 में प्रकाशित किया था—बीच में छुटपुट काम हुए। कहने का तात्पर्य है कि व्याकरण आदि की रचनाओं पर ज़ोर देकर हिंदी के मानक रूप को प्रतिष्ठित करने की कोशिश नज़र नहीं आती। मध्यदेश की भाषा होने के कारण स्वाभाविक रूप से इसने संपर्क भाषा का रूप ग्रहण कर लिया है और इसके बहुल-प्रचलित प्रयोग के कारण इसमें 'कैनॉनाइज़ेशन' की कोई कोशिश सफल नहीं हो पाई है।

यह बात नहीं है कि हिंदी का कोई मानक और परिनिष्ठित रूप नहीं है; मगर साथ ही, उसमें एक ज़बरदस्त लचीलापन है। दूसरे के द्वारा अपने को ग्रहण करवाने का अदम्य आकर्षण है। हिंदी का यह द्वैत ('डबल फ़ॉर्म') है, जो और किसी भाषा में दिखाई नहीं पड़ता। मगर यह बात भी सच है कि बहुत अधिक परिनिष्ठता के प्रति आकर्षण इस भाषा में कभी दिखाई नहीं पड़ा और यदि उस दिशा में कोई कोशिश हुई तो उसे नकार दिया गया। इसका सबसे बड़ा उदाहरण यह है कि सन् 1950 के बाद संपर्क भाषा और राजभाषा का ओहदा मिलते ही भारत सरकार की ओर से डॉ. रघुवीर ने दो जिल्दों में पारिभाषिक शब्दावली के कोश तैयार किए, मगर उसका प्रयोग ही नहीं हो पाया, और कोश बेकार सिद्ध हुए। इसलिए जब विद्वानवर्ग हिंदी के ग़लत प्रयोग, अंग्रेज़ी के साथ मिलाकर हिंदी के द्विभाषिक प्रयोग (यथा, मैं 'सनूराइज़ से सनसेट तक काम करता हूँ') का उल्लेख कर अपना असंतोष प्रकट करते हैं तो स्वाभाविक रूप से एक यथार्थ वस्तुस्थिति की ओर भी संकेत कर देते हैं, और वह यह कि हिंदी का एक परिनिष्ठित रूप है और दूसरा उसका व्यावहारिक रूप भी है। हिंदी संस्कृति का यह एक महत्त्वपूर्ण पक्ष है। इनमें से कौन-सा अधिक महत्त्वपूर्ण है, कहना मुश्किल है। अपने-अपने स्थान पर दोनों का बराबर का महत्त्व है।

फिर भी सवाल रह जाता है कि हिंदी के 'अंब्रेला कॉन्सेप्ट' (छाता अवधारणा) के पीछे रहस्य क्या है। समाजशास्त्र, संस्कृति तथा राजनीतिक इतिहास के प्रभावस्वरूप एक भाषा और दूसरी भाषा में अंतर स्पष्ट होता है। एक ही भारोपीय परिवार की भाषा होने के बावजूद हिंदी, मराठी, बाङ्ला, पंजाबी, उर्दू आदि में सांस्कृतिक दृष्टि से अंतर दिखाई पड़ता है। इस देश में संस्कृत, फ़ारसी और अंग्रेज़ी राजनीतिक प्रभुत्व की भाषाएँ रही हैं। कई भाषाएँ अधीनस्थ भाषाएँ रही हैं। कई भाषाएँ सोसियॉलॉजी ऑफ़ ट्रेंड, इंडस्ट्री तथा अर्थनीतिक विकास से जुड़ी भाषाएँ गिनाई गई हैं। कुछ भाषाएँ 'सोसियॉलॉजी ऑफ़ कांबैटिव सरवाइवल' की प्रतीक बनी हुई हैं। हिंदी इनसे अलग है। भारत की बहुत-सी द्वैत अनुभूतियों ('डबल एक्सपीरिएंस') की तरह इसके भी दो रूप हैं। उदाहरण के रूप में, भारत निर्गुण और सगुण दोनों को स्वीकारता है। साधारणीकरण तथा पृथक्करण, नाटक की यह द्वैत अनुभूति स्वीकृत है। लोक और शास्त्र—नैरंतर्य के ये दो स्तंभ हैं। विरुद्धों की संपूरकता भारतीय विचारधारा की बुनियादी बात है। इसीलिए यहाँ सुर और असुर, सौंदर्य और भयंकर एक-दूसरे के विरोधी नहीं, संपूरक हैं। इसी प्रकार हिंदी लोक की भाषा है तो भारतीय समाज के एक वृहत् हिस्से में प्रचलित भाषाओं के माध्यम से प्राप्त अर्थ के विस्तृत क्षेत्र की लगातार रेकॉडरिंग की भी भाषा है। दूसरे शब्दों में, अभिलेखी भाषा है। वस्तुतः हिंदी एक बहुभाषिक उपस्थिति है, जिसका आधार सामुदायिक विचार दृष्टि है, 'कम्युनैलिटी' की भावना है। इसीलिए हिंदी परंपरा के नानातत्त्व का मल्टीप्लीसिटी

ऑफ़ ट्रैडिशंस का आंतरिक समावेश (इंटरनलाइज़) कर पाती है। सही मायने में हिंदी परंपरा है, 'कंसीडरेशंस ऑफ़ ऑल' है—जैसा कि रोमिला थापर कहती हैं। परम पर का 'सुपरलेटिव' है और इस प्रकार 'कंसीडरेशंस ऑफ़ ऑल' की भावना उसके चरित्र के साथ जुड़ी है। साहित्य का भी यही अर्थ है, 'टुगेदरनैस और को-एक्ज़िस्टेंस', मगर हिंदी समानांतर परंपराओं के साथ नहीं जीती है बल्कि वैकल्पिक परंपराओं के साथ जीती है; इसीलिए इसमें वैश्विकता वर्तमान है। सारे विश्व में कबीर, तुलसी, प्रेमचंद की प्रसिद्धि हिंदी के वैश्विक रूप को अभिव्यक्त करती है।

हिंदी का एक राष्ट्रीय रूप है, विशेष रूप से स्वाधीनता आंदोलन के समय हिंदी सीखना एक राष्ट्रीय कृत्य माना जाता था। सन् 1947 से पहले हिंदी एकमात्र भाषा थी जिसने अनुवाद का काम सर्वाधिक किया। विभिन्न भारतीय भाषाओं के साहित्य के अनुवाद के माध्यम से हिंदी ने देश को जोड़ने का महत्त्वपूर्ण राष्ट्रीय कार्य किया। इसका एक प्रादेशिक या क्षेत्रीय, दूसरा अर्धक्षेत्रीय (दलित साहित्य), तथा तीसरा पॉप संस्कृति से जुड़ा रूप है। ख़ास तौर से यह बात कही जाती है कि हिंदी फ़िल्मों में 'हिंदी संस्कृति' का कुछ भी दिखाई नहीं पड़ता, सिर्फ़ एक पॉप कल्चर, अपसंस्कृति का विस्तार होता है; मगर यथार्थ यह है कि करोड़ों-करोड़ों की संख्या में लोग उसे 'हिंदी फिल्म' कहते हैं और इस यथार्थ को झुठलाया नहीं जा सकता।

सवाल यह नहीं कि कौन-सी परंपरा प्रामाणिक है। ऐसे प्रश्न एकरूपी सांस्कृतिक परंपरा (यूनीफ़ॉर्म कल्चरल ट्रैडिशन) पर बल देते हुए 'मास्टरनैरेटिव' के इशारे पर चलना है जो कि भारतीय समाज के वैविध्य को नकारना होता है। औपनिवेशिक शासक भाषा, संस्कृति और राष्ट्रवाद के मामले में एक प्रस्तरखंडीय संरचना (मोनोलिथिक स्ट्रक्चर) को तूल देते रहे हैं या अपनी विचारधारा के अनुसार दूसरे को समझने की कोशिश करते रहे हैं। यही 'मास्टर नैरेटिव' किसी भी विषय के बारे में एक गतिहीन बिंब का ही प्रसार करता है, जिसके कारण हिंदी की साहित्यिक संस्कृति के अनन्य पक्ष का सही विश्लेषण संभव नहीं हुआ है।

'उपनिवेशवादी मास्टर नैरेटिव' ने इतिहास-रचना को, 'हिस्टॉरिओग्राफ़ी' को बढ़ावा दिया है तो साथ ही औपनिवेशिक संस्कृति के लिए इतिहास-लेखकीय-उत्क्रमण (हिस्टॉरियॉग्राफ़िकल इनवर्सन्स) भी पैदा किए हैं। उपनिवेशवाद औपनिवेशिक देशों के इतिहास में कुछ न कुछ जोड़ता है, परंतु साथ ही उसके कुछ इतिहास को मिटा भी देता है। यह अ-इतिहासात्मकता (डिहिस्टॉरिएशन) की प्रतिक्रिया है; मानव-विज्ञान (एंथ्रॉपॉलॉजी) तथा प्राच्यवाद (ओरिएंटलिज़्म) के अनुशासन इसके उदाहरण हैं। मध्ययुग को अंधकारमय मानते हुए भक्ति को इतिहास की धारा से बाहर निकालकर, सांस्कृतिक निरंतरता से काट कर, व्याख्या करने का आधार यही है। भक्ति के बारे में ग्रियर्सन का कहना है : "बिजली की चमक के समान, अचानक पुराने धार्मिक मतों के इस समस्त अंधकार के ऊपर एक नई बात दिखाई दी।....कोई हिंदू यह

नहीं जानता कि ये बातें कहाँ से आईं और कोई भी इसके प्रादुर्भाव का कारण निश्चित नहीं कर सकता।''

पं. हजारी प्रसाद द्विवेदी का कहना है कि ''अचानक बिजली की चमक के समान फैल जाना लिखा है, वह ऐसा नहीं है। उसके लिए सैकड़ों वर्षों से मेघखंड एकत्र हो रहे थे और सबसे बड़ी घटना उस काल की लोक प्रवृत्ति का शास्त्र-सिद्ध आचार्यों और पौराणिक ठोस कल्पनाओं से युक्त हो जाना है।''

इसी तरह, प्राच्यवाद एक ऐसा अनुशासन है जो 'कभी सभ्य थे' का अध्ययन करते हुए उसके ऐतिहासिक प्रवाह के कुछ हिस्से को बर्फ जैसा ठोस ('फ्रीज़') कर देता है। 'समकालीन प्राच्य' को नकार कर, 'प्राचीन प्राच्य' को वरीयता देने के पीछे यही कारण है। इस तरह, कहा जाता है कि भारत का अतीत बहुत ही गौरवमय है, परंतु उसका कोई वर्तमान नहीं है; अगर भारत अपना वर्तमान बनाना चाहता है तो उसे पश्चिम के पास जाना होगा और इस तरह पश्चिमीकरण ही आधुनिकीकरण ('वेस्टरनाईज़ेशन इज़ मॉडर्नाइजेशन') की अवधारणा की सृष्टि के पीछे यही रहस्य है। इसी तरह इतिहास का दमन या विपर्यय किया जाता रहा है।

हिंदी भाषा अपने जन्म से ही युगपत् रूप में—भाषिक (स्पीच) तथा लिखित (रिटिन), संस्कृत तथा प्राकृत, मौखिकता (ओरैलिटी) तथा पाठीयता (टेक्स्टुआलिटी) के समाहार के रूप में रही है। इस भाषा की नज़र में साहित्य तथा समुदाय (कम्युनिटी) एक-दूसरे के साथ अभिन्न रूप में जुड़े हैं और परिणामतः इस भाषा ने पं. हजारी प्रसाद द्विवेदी के शब्दों में, साहित्य को मानव-समाज के सामूहिक चित्त की अभिव्यक्ति के रूप में स्वीकार किया है। मैं कभी-कभी सोचता हूँ कि साहित्य अकादेमी की ओर से शिशिर कुमार दास ने भारतीय भाषाओं के आधुनिक साहित्य का जो समाकलित (इंटीग्रेटेड) इतिहास लिखा है, उसकी रचना का रीतिविधान (मैथॉडॉलॉजी) जुटाने का काम बड़े आश्चर्यजनक ढंग से इसी भाषा ने किया है। भारतीय भाषाओं के आधुनिक साहित्य की रचना के रीति विधान का उल्लेख करते हुए डॉ. दास कहते हैं कि भारतीय साहित्य भारतीय जनता की स्मरणीय अभिव्यक्तियों का समाहार है। साहित्य की यह सत्ता राजनीतिक अनिवार्यता से निर्धारित नहीं हुई, वरन् समुदाय (कम्युनिटी) की भावना से निर्धारित हुई है—उस भावना से जो सदियों से हमारे भीतर मौजूद है।

साहित्य और समुदाय को एकीकृत रूप में देखने की इस परंपरा ने ही हिंदी के विद्वानों को निःसंकोच हिंदी के अंतर्गत दूसरी भाषाओं को शामिल करने का आधार प्रदान किया है। आचार्य रामचंद्र शुक्ल का कहना है कि अपभ्रंश रचनाएँ सदा से 'भाषा काव्य' के अंतर्गत मानी जाती रहीं। श्री चंद्रधर शर्मा गुलेरी ने अपभ्रंश को 'पुरानी हिंदी' कहा है। 'बौद्धगान ओ दोहा' को राहुल जी ने बांग्ला नहीं हिंदी माना है। उनका कहना है कि दोहे की परंपरा हिंदी में विद्यमान है, बांग्ला में नहीं। राहुल जी ने अपभ्रंश काव्य को पुरानी हिंदी का संग्रह कहा है। उस समय के कवियों में

स्वयंभू को हिंदी का सर्वोत्तम कवि कहा है। पं. हजारी प्रसाद द्विवेदी का कहना है कि यदि यह कहा जाय कि राजस्थानी और हिंदी आदिकाल में एक थीं, तो अत्युक्ति नहीं होगी।

हिंदी के आदिकाल का वीरगाथात्मक रूप उसकी अपनी विशिष्टता है। यह बात सही है कि वीरता में तमिल लोग विशिष्ट आदर्श रखते थे। *पुरनानूरु* ग्रंथ ईसापूर्व पाँचवीं शती से दूसरी शताब्दी तक की वीरगाथाओं का संकलन है, मगर इनका विषय आपसी मनमुटाव और निष्कर्षतः युद्धादि है। इसमें चेर राजा तथा चोल नरेश के युद्ध वर्णन है। दूसरी ओर, हिंदी में वीरगाथात्मक काव्य विदेशी आक्रमणों के विरुद्ध राष्ट्रीयता की अभिव्यक्ति है। हिंदी का जन्म काल इस्लाम का आवागमन काल भी है। हिंदी के जन्म समय से इस्लाम के आगमन के फलस्वरूप प्रतिरोध और परिवर्तन दोनों ही युगपत दिखाई देते रहे। हिंदी प्रतिरोधी भाषा है; किसी और भाषा में यह तत्त्व इतनी गहराई से जुड़ा हुआ नहीं है। स्वाधीनता आंदोलन के समय हिंदी सीखना एक राष्ट्रीय कृत्य माना जाता था। इस भावना के पीछे विदेशी प्रभुत्व के प्रतिरोध करने की बात रही है। खड़ी बोली यदि परिनिष्ठित हिंदी का प्रतीक है तो उसका खड़ापन प्रतिरोधी शक्ति को ही प्रकट करता है। सारे भारतवर्ष में फैले हुए प्रतिरोधी शब्द—हड़ताल, घेराव, बंद—हिंदी के शब्द हैं। इस भाषा में पुरवाई की बजाय पछुआ का ज़ोर अधिक है।

पं. हजारी प्रसाद द्विवेदी के अनुसार, चौदहवीं शती में हिंदी में तत्सम शब्दों का अधिक व्यवहार शुरू हो गया था। शांकर मत की दृढ़ प्रतिष्ठा ने भी बोलचाल की भाषा में और साहित्य की भाषा में तत्सम शब्दों के प्रवेश को सहारा दिया; मगर इसी समय भक्ति-साहित्य में तत्सम की आधार संस्कृत भाषा का विरोध शुरू हो गया था। यह द्वैत अनुभूति (डबल एक्सपीरिएंस), स्वीकृति एवं विरोध इस भाषा के बहुभाषिक वैविध्यमय रूप को और भी अधिक प्रखरता के साथ उजागर करता है। रासोकार ने पृथ्वीराज को भगवत्स्वरूप बताकर, कहानी में धार्मिकता का रंग दे कर इस द्वैत अनुभूति का प्रसार किया। *कीर्तिलता* के कवि ने भी पाठक को कुछ पुण्यलाभ का प्रलोभन दिया था : 'पुरुष कहाणी है। कहौं जासु पत्थावैं पुन्नु'। धर्म सारी भाषाओं का केंद्रीय अंग है, मगर वीर रस के साथ युक्त होकर द्वैतात्मक अनुभूति प्रदान करना हिंदी संस्कृति की विशेषता है। यहाँ साहित्य तथा धर्म-साधना परस्पर अतिछादित हैं। साहित्य की पूजा और पूजा की पद्धति यहाँ साहित्यिक होती है। जन्म लेते हुए इस भाषा में संस्कृत के अस्तगमन तथा अभिव्यक्ति-शक्ति के अधिकाधिक अर्जन, और सामाजिक तनाव एवं संघर्ष की भाषा के रूप में विस्तार पाया था। गैर-वैधानिक (नॉन-कैनॉनिकल) होने के कारण इसके इतिहास में कोई विकृति नहीं आई। भक्ति ने साहित्यिक विधान के निर्माण में संस्कृत के एकाधिकार को मानने से इनकार कर दिया था, हालाँकि यह बात दूसरी है कि रूप गोस्वामी

और जीव गोस्वामी ने संस्कृत में भक्ति के काव्यशास्त्र की रचना कर भक्ति को वैधानिक (कैननाइज़्ड) बनाने में कसर नहीं छोड़ी। यह भी एक प्रकार की द्वैतात्मक अनुभूति है : विरोध और स्वीकृति दोनों की युगपत अनुभूति।

हिंदी संस्कृति की सबसे बड़ी विशेषता यही है कि बहुत-सी जातियों, सभ्यताओं, प्रदेशों, धर्मों तथा भाषाओं का समाहार होने के फलस्वरूप इसके किसी एक हिस्से का आविष्कार भारतीय साहित्य के दूसरे हिस्से की खोज के लिए हमें रास्ता दिखाता है : हिंदी का भक्ति-काव्य हमें अंततः तमिल आलवारों तक पहुँचा देता है।

इस भाषा में सांस्कृतिक विशिष्टताओं की अभिव्यक्ति है। समुदाय के आश्रय से ऐतिहासिक क्रियात्मकता का प्रतिफलन है, प्रादेशिक अस्मिता का प्रसार है, मगर साथ ही उसकी विषयवस्तु ऐसी है जो सबको समेटने की चाह, द्वंद्व, तथा समझौते की स्थितियाँ पैदा करती है और तब हिंदी (क्षेत्र) और भारत (देश) एक-दूसरे के संपूरक हैं, इसका एहसास हो जाता है, और इस तरह हिंदी संस्कृति अलग होते हुए भी भारतीय संस्कृति का हिस्सा बन जाती है।

परिशिष्ट

भारतीय विश्वविद्यालयों में तुलनात्मक साहित्य के अध्ययन की रूपरेखा

बहुभाषिक देश होने के नाते हम एक जटिल चेतनता में जीते हैं। बहुभाषिक स्थिति बहुभाषिया अवस्थिति से भिन्न एक विशिष्ट चेतनता है। और इस स्थिति में पनपने वाले साहित्यों (जैसे हिंदी, बांग्ला, मराठी आदि) के तुलनात्मक अध्ययन के लिए उन मूल ऐतिहासिक तथा साहित्यिक स्रोतों से परिचित होना पड़ता है जिनकी प्रेरणा से इन साहित्यों में लगभग एक ही प्रकार की आवेगात्मक तथा बौद्धिक अनुभूतियों का प्रसार हुआ है। भारतीय तुलनात्मक साहित्य के अध्ययन की रूपरेखा तैयार करते हुए हमें इस विशेषता की ओर सबसे पहले ध्यान देना पड़ता है। इस विशेषता के फलस्वरूप पाश्चात्य तुलनात्मक साहित्य से इसकी स्वतंत्र स्थिति स्पष्ट हो जाती है। भारतीय तुलनात्मक साहित्य एक बहुभाषिक स्थिति में प्रसारित स्वाभाविक रूप से तुलनात्मक है और इसके विपरीत पाश्चात्य तुलनात्मक साहित्य नाना भाषाओं की एक असदृश दुनिया है जहाँ तुलना को रूप देना पड़ता है। दूसरी ओर आधुनिककाल के प्रारंभ में एक ओर भारतीय साहित्य की सशक्त अविच्छिन्न धारा और दूसरी ओर पाश्चात्य साहित्य के आकर्षण के फलस्वरूप साहित्य की एक द्विआधारी की संरचना की सृष्टि हुई थी। इस द्विआधारी संरचना के तनाव की ऐतिहासिक व्याख्या आवश्यक है। भारतीय साहित्य के इतिहास के निर्माण में इस द्विआधारी संरचना को ध्यान में रखना पड़ता है और पाश्चात्य प्रभाव का हमारी परंपरा से संघर्ष और उससे पैदा होने वाला तनाव और उसका विश्लेषण ज़रूरी हो जाता है। भारतीय साहित्य के विवेचन के अंतर्गत इस तनाव का अध्ययन संपूर्ण भारतीय साहित्याध्ययन को तुलनात्मक बनाने के लिए बाध्य करता है। इसलिए तुलनात्मक साहित्य के अध्ययन में पाश्चात्य साहित्य के साथ भारतीय साहित्य के संबंधों तथा विभिन्न भारतीय भाषाओं में रचित साहित्यों के पारस्परिक संबंधों की जानकारी ज़रूरी है। इनमें से पहला संबंध

ऐतिहासिक और दूसरा अंशतः ऐतिहासिक एवं अंशतः काव्यशास्त्रीय सौंदर्यपरक रहा है। स्वाधीनता के बाद तीसरी दुनिया की स्थिति बन जाने से पाश्चात्य साहित्य के साथ हमारे ऐतिहासिक संबंध में कोई खास अंतर नहीं आया। मध्य-युगीन भारतीय साहित्य के साथ अरबी तथा फ़ारसी साहित्य के ऐतिहासिक एवं काव्यशास्त्रीय सौंदर्यपरक संबंधों का अध्ययन भी इसमें जुड़ा हुआ है। भारतीय तुलनात्मक साहित्य की इस पृष्ठभूमि के आश्रय से ही विश्वविद्यालय के लिए तुलनात्मक साहित्याध्ययन का पाठ्यक्रम तैयार करना संभव है।

यह स्पष्ट है कि तुलनात्मक साहित्याध्ययन की बुनियाद इस तथ्य पर आधारित है कि विश्व का साहित्य एक संपूर्ण इकाई है जिनमें असंख्य ऐतिहासिक एवं अ-ऐतिहासिक अंतःसंबंध हैं एवं इन अंतःसंबंधों का आविष्कार तथा इनका अध्ययन तुलनात्मक साहित्यानुशासन का मूल कार्य है। दूसरे शब्दों में एक विस्तृत परिप्रेक्ष्य में इसका अध्ययन होता है। कैलिफोर्निया विश्वविद्यालय, बर्कले के तुलनात्मक साहित्य की विवरण पत्रिका में यह कहा गया है कि तुलनात्मक साहित्य का पाठ्यक्रम विद्यार्थियों को (क) उनकी योग्यता के विकास का अवसर प्रदान करता है जिससे कि वे साहित्य का आलोचनात्मक ढंग से एवं उत्तरदायित्व के साथ अध्ययन कर सकें; (ख) तथा किसी एक साहित्य का तो गहराई के साथ एवं दूसरे एक और साहित्य, जो उनके अध्ययन के क्षेत्र से संबद्ध तथा उद्देश्य एवं रुचि के लिए प्रासंगिक है, के अध्ययन का भी अवसर प्रदान करता है। इस तरह विद्यार्थी साहित्येतिहास तथा परंपरा के बारे में एक ऐसी उदार दृष्टि अर्जित करता है जो एकक साहित्याध्ययन से संभव नहीं है। यह उदार दृष्टि अंततः एक से अधिक साहित्यों से संबद्ध समस्याओं के क्रमबद्ध अनुसंधान के लिए विद्यार्थी को तैयार करता है। भारतीय संदर्भ में तुलनात्मक साहित्य की प्रविधि के आश्रय से एकक व्यवस्था स्तर पर एकल साहित्य के रूप में भारतीय साहित्येतिहास की अवधारणा का निर्माण भारतीय तुलनात्मक साहित्य का एक महत्त्वपूर्ण विषय है। भारतीय साहित्येतिहास से तात्पर्य है वैदिक, संस्कृत, पाली, प्राकृतिक आदि साहित्य के साथ उर्दू तथा आधुनिक प्रांतीय भाषाओं में रचित साहित्य। इसके अंतर्गत भारतीय के द्वारा रचित अंग्रेजी साहित्य को भी सम्मिलित किया जाता है। वर्तमान समय में विस्तृत तुलनात्मक एवं आलोचनात्मक स्तर पर विभिन्न प्रांतीय भाषाओं के साहित्य का अध्ययन हो रहा है मगर उपयुक्त परिप्रेक्ष्य में एकक भारतीय साहित्य का अभी तक विकास संभव नहीं हो सका है। अगर आधुनिक भारतीय भाषाओं में रचित साहित्य के अध्ययन के लिए भारत की विस्तृत साहित्यिक एवं सांस्कृतिक दृष्टि एवं तुलनात्मक पद्धति की सहायता ली जाए तभी अनुचिंतन के व्यापक धरातल पर तुलनात्मक साहित्य के निर्देश आधार के आश्रय से एकल भारतीय साहित्य की अवधारणा का निर्माण संभव हो सकेगा। पाश्चात्य साहित्य के बारे में एक समुचित विचारधारा के विकास के लिए भी

तुलनात्मक साहित्य के अध्ययन में अंग्रेजी के अतिरिक्त दूसरे पाश्चात्य साहित्यों का अध्ययन भी जरूरी है।

उपर्युक्त तथ्यों को ध्यान में रखते हुए भारतीय विश्वविद्यालयों के लिए तुलनात्मक साहित्य के पाठ्यक्रम का निर्धारण करना होगा। बहुभाषिकता इस देश की विशेषता है और शताब्दियों से यह विशेषता ऐसी ही रही है और इसके परिणामस्वरूप साहित्य के भारतीय विद्यार्थी के लिए एक से अधिक भारतीय भाषाओं का ज्ञान अपने आप में बहुत ही स्वाभाविक रहा है। उदाहरण के रूप में भक्ति साहित्य का भारतीय विद्वान संस्कृत साहित्य में भक्ति के स्रोत को ढूँढ़ता है और साथ ही इसका विवेचन करता हुआ तमिल आलवारों की भक्ति-साधना के साथ बंगाल के चैतन्य महाप्रभु की माधुर्य भक्ति का विश्लेषण करता है और फिर व्यावहारिक उदाहरण देने के लिए हिंदी, मराठी, बांग्ला, गुजराती भक्ति साहित्य का हवाला देता है। ऐसा करने पर ही भारतीय परिप्रेक्ष्य में भक्ति का विवेचन संपूर्ण हो पाता है। मगर तीसरी दुनिया का देश होने के नाते केवल भारतीय भाषाओं की साहित्य ही नहीं पाश्चात्य साहित्य भी हमारी चिंतनधारा का अंग बन चुका है इसीलिए तुलनात्मक साहित्य के किसी भी पाठ्यक्रम के निर्धारण के लिए भारतीय एवं पाश्चात्य विषयवस्तु (content) दोनों की ओर ही हमें ध्यान रखना पड़ता है। वर्तमान स्थिति में जब भारत में भाषाओं की विविधता के फलस्वरूप एवं साथ ही पाश्चात्य भाषाओं के साहित्यों के साथ हमारे अंतर्वर्ती संबंधों के कारण अध्ययन का क्षेत्र इतना व्यापक हो चुका है कि एम. ए. अथवा एम. फिल. के स्तर पर अलग दो-दो पाठ्यक्रमों की जरूरत है—एक में मूल (core) आधारभूत साहित्य अंग्रेजी को रखना होगा जिसको आधार बनाकर तुलनात्मक साहित्याध्ययन का विकास होगा। और दूसरे में मूल आधारभूत साहित्य भारतीय भाषाओं में रचित कोई भी एक साहित्य होगा और उसी के आधार पर अध्ययन का प्रसार होगा। जिस भाषा-क्षेत्र में स्थिति विश्वविद्यालय में तुलनात्मक साहित्य के पाठ्यक्रम का अध्यापन शुरू करना है उस भाषा-क्षेत्र के आधार पर मूल भारतीय साहित्य का चुनाव करना होगा। मगर इन दोनों पाठ्यक्रमों में पारस्परिक संबंध का बना रहना आवश्यक है। इसके कारण स्पष्ट हैं। तुलनात्मक साहित्य अंतर्राष्ट्रीय परिप्रेक्ष्य में साहित्य का अध्ययन है और साथ ही भारतीय परिप्रेक्ष्य में इस अध्ययन की सार्थकता तभी प्रमाणित होती है जब अंग्रेजी साहित्य के साथ भारतीय संदर्भ जुड़ जाता है अर्थात् अंग्रेजी साहित्य को मूल आधार बनाकर जहाँ संस्कृत साहित्य, काव्यशास्त्र, दर्शन आदि की चर्चा की संभावनाएँ रहेंगी वहीं भारतीय तुलनात्मक साहित्य अपनी सार्थकता प्रमाणित कर सकेगा। वस्तुतः अंग्रेजी आधारित एवं किसी भी एक भारतीय भाषा के साहित्य पर आधारित तुलनात्मक साहित्य के पाठ्यक्रमों में पाश्चात्य एवं भारतीय संदर्भों के पारस्परिक आदान-प्रदान से ही आदर्श पाठ्यक्रम का निर्माण संभव हो सकेगा। अमरीका, इंगलैंड तथा जर्मनी के विश्वविद्यालयों

में तुलनात्मक साहित्य के पाठ्यक्रमों में साधारणतया तीन भाषाओं के साहित्य को स्थान दिया जाता है जैसे लैटिन अथवा ग्रीक, अंग्रेजी, फ्रेंच या जर्मन या स्पैनिश और कभी-कभी रूसी भाषा। तुलनात्मक साहित्य के अंतर्गत नाना भाषाओं में रचित साहित्याध्ययन के लिए पाठ्यक्रम में अच्छे अनुवादों को स्थान देना अत्यावश्यक है। तुलनात्मक साहित्य के लिए आदर्श स्थिति यही हो सकती है कि अध्येता एक से अधिक भाषाओं से परिचित हो। इस तरह दो-तीन भाषाओं में रचित साहित्यों की सहायता से अध्येता अध्ययन का एक सामान्य प्रतिरूप तथा उनके पारस्परिक संबंधों का पता लगा सकता है मगर अपने अध्ययन को संपूर्णता प्रदान करने के लिए उसे कहीं-न-कहीं अनुवादों पर निर्भरशील होना ही पड़ेगा।

भारतीय विश्वविद्यालयों में मात्र जादवपुर में बी. ए. (पास तथा ऑनर्स), एम. ए. तथा एम. फिल. तथा पी-एच. डी. के स्तर पर तुलनात्मक साहित्य को एक स्वतंत्र विषय के रूप में मान्यता मिली हुई है। इन पाठ्यक्रमों में पाश्चात्य, बांग्ला, संस्कृत एवं दूसरी आधुनिक भारतीय भाषाओं के साहित्य को स्थान दिया गया है। इन पाठ्यक्रमों में सिद्धांत-अभिमुखी काव्यशास्त्र एवं तुलनात्मक साहित्य के सिद्धांत पक्ष पर बल कम है। बम्बई विश्वविद्यालय में एम. ए. मराठी, हिंदी, अंग्रेजी साहित्यों के पाठ्यक्रम में दो तुलनात्मक साहित्य के पर्चे विकल्प के रूप में रखे गए हैं। पहला है तुलनात्मक साहित्य के सिद्धांत एवं प्रविधि तथा दूसरा मराठी साहित्य के विभिन्न स्रोत तथा प्रभाव-विवेचन। मादुराई-कामराज विश्वविद्यालय में अंग्रेजी विभाग में तुलनात्मक साहित्य के अध्यापन की व्यवस्था है। जवाहरलाल नेहरू विश्वविद्यालय में एम. फिल. के स्तर पर तुलनात्मक साहित्य का एक अनिवार्य पर्चा है जिसके अंतर्गत तुलनात्मक साहित्य के सिद्धांत, इतिहास, सामान्य साहित्य, विश्वसाहित्य तथा राष्ट्रीय साहित्य, प्रभाव-विवेचन, तुलना के आधार-पक्ष, साहित्येतिहास और तुलनात्मक साहित्य, अंतर-साहित्यिक संबंधों में अनुवाद की भूमिका, भारतीय साहित्य की अवधारणा जैसे विषयों को स्थान दिया गया है। दिल्ली विश्वविद्यालय के भारतीय भाषा विभाग में एम. फिल. के स्तर पर तुलनात्मक भारतीय साहित्य का पाठ्यक्रम है। जादवपुर विश्वविद्यालय की तुलना में इस पाठ्यक्रम में भारतीय विषयवस्तु कहीं अधिक है। इन सब पाठ्यक्रमों में परीक्षा का माध्यम अंग्रेजी या कोई एक भारतीय भाषा है।

तुलनात्मक साहित्य के उपर्युक्त विभिन्न पाठ्यक्रमों के आधार पर तथा अन्यान्य उल्लिखित तथ्यों को ध्यान में रखते हुए दो विभिन्न मूल साहित्यों (अंग्रेजी अथवा कोई एक भारतीय भाषा में रचित साहित्य) को आधारभूत मूल साहित्य के रूप में स्वीकारते हुए निम्नलिखित ढंग से एम. ए. तुलनात्मक साहित्य के पाठ्यक्रम के प्रारूप की रचना हो सकती है :

कोर्स ए—अंग्रेजी साहित्य मूल आधारभूत साहित्य :

सिद्धांत पक्ष :

पर्चा 1 : तुलनात्मक साहित्य की भूमिका : परिभाषा, स्वरूप, क्षेत्र, उद्देश्य, प्रविधि, सिद्धांत, तुलनात्मक साहित्य का इतिहास, विश्व-राष्ट्रीय-सामान्य साहित्य, प्रभाव-विवेचन, सादृश्यविवेचन, परंपरा-विवेचन, अनुवाद की भूमिका।

पर्चा 2 : काव्य रूप :

(क) महाकाव्यों का अध्ययन—इलियड, रामायण, पैराडाइज़ लॉस्ट, मेघनाद वध काव्य, कामायनी।

अथवा (ख) नाटकों का अध्ययन—ओडिपस रेक्स, शकुंतला, किंग लियर, घोस्ट्स, मदर कुराज, रक्त करबी।

पर्चा 3 : वाद :

(क) नवजागरण : भारतीय तथा पाश्चात्य संदर्भ : पेत्राक, मॉनतेन, पोप, वालतेयर, रूसो, लेसिंग, शीलर, हॉब्स, राममोहन राय, विवेकानंद, स्वामी दयानंद, गोखले, बंकिमचंद्र चैटर्जी का विशेष अध्ययन : इस युग को समझने के लिए इससे संबद्ध संकलित साहित्य का विश्लेषण।

अथवा (ख) स्वच्छंदतावाद : 18वीं शती यूरोप में स्वच्छंदतावाद का अभ्युदय, 19वीं शती में पाश्चात्य साहित्य में स्वच्छंदतावादी क्रांति, स्वच्छंदतावाद और भारतीय साहित्य : गेटे, वर्ड्सवर्थ, बाइरन, शेली, कीट्स, ह्यूगो, नोवालिस, पुशकिन, पो, टैगोर, पंत, प्रसाद, महादेवी, निराला का इस संदर्भ में विशेष अध्ययन। संकलित कविताओं का अध्ययन।

पर्चा 4 : भारतीय तथा पाश्चात्य काव्यशास्त्र का तुलनात्मक अध्ययन : (क) रस सिद्धांत तथा थियोरी ऑफ रिसेप्शन और आस्वाद प्रक्रिया; (ख) ध्वनि तथा पोयटिक सिम्बॉलिज्म; (ग) वक्रोक्ति तथा सेवेन टाइप्स ऑफ ऐमबिग्यूटि; (घ) रीति तथा स्टाइलिस्टिक्स; (ङ) अलंकार तथा मेकिंग ऑफ पोयट्री में उसकी सार्थकता; (च) औचित्य तथा हिस्ट्री ऑफ आइडियाज; (छ) भारतीय तथा पाश्चात्य सौंदर्यशास्त्र; (ज) सृजन प्रक्रिया तथा आधुनिकतावाद; और (झ) मिथक तथा संरचनावाद।

पर्चा 5 : साहित्येतिहास, भारतीय साहित्य की एकल अवधारणा तथा इतिहासवाद।

पर्चा 6 : साहित्यिक संबंध तथा सांस्कृतिक संदर्भों का विश्लेषण : भारतीय तथा पाश्चात्य संदर्भ : संस्कृति साहित्य की परंपरा, प्लेटोनिज़्म,

वेदांतवाद, मार्क्सवाद, साइको-एनालिसिस, गाँधीवाद का अध्ययन।

पर्चा 7 : साहित्य का सामाजिक संदर्भ

(क) उपन्यास : डिकेन्स, फ्लोबर, दॉस्त्योवस्की, टैगोर, प्रेमचंद।

अथवा (ख) आधुनिक कविता : इलियट, वैलेरी, रिल्के, टैगोर, भारती, जीवनानंद दास, मुक्तिबोध, अज्ञेय।

पर्चा 8 : किसी एक तुलनात्मक विषय पर लघुशोध प्रबंध।

कोर्स बी–किसी एक भारतीय भाषा में रचित साहित्य को मूल आधारभूत साहित्य : इसके अंतर्गत कोर्स ए के पहले छह पर्चे रहेंगे। 7वाँ तथा 8वाँ पर्चा मूल आधारभूत साहित्य से संबद्ध होंगे। विभिन्न भाषा क्षेत्रों के आधार पर इस पाठ्यक्रम को विभिन्न विश्वविद्यालयों के अंतर्गत चार सेक्टरों में बाँटा जाएगा। सेंट्रल सेक्टर में हिंदी, उर्दू, पंजाबी में से किसी एक को मूल आधारभूत साहित्य के रूप में ग्रहण किया जाएगा। पश्चिमी सेक्टर में गुजराती तथा मराठी, पूर्वी सेक्टर में बांग्ला, उड़िया तथा असमी तथा दक्षिणी सेक्टर में किसी एक दक्षिणी भाषा के साहित्य को मूल आधारभूत साहित्य के रूप में स्वीकार किया जाएगा।

एम. ए. स्तर पर तुलनात्मक साहित्य का एक और पाठ्यक्रम बनाया जा सकता है जिसको किसी भी भारतीय अथवा अंग्रेजी भाषा के साहित्य के एम. ए. पाठ्यक्रम के अंतर्गत दो विकल्प पर्चों के रूप में संबद्ध किया जा सकता है। एक, तुलनात्मक साहित्य का सिद्धांत पक्ष तथा भारतीय साहित्य की एकल अवधारणा का अध्ययन तथा दो, संकलित पाश्चात्य एवं भारतीय उपन्यासों अथवा आधुनिक कविताओं अथवा महाकाव्यों का तुलनात्मक अध्ययन। विभिन्न आई. आई. टी. तथा इंजीनियरिंग कॉलेजों के पाठ्यक्रमों के अंतर्गत मानविकी विषय के रूप में इस पाठ्यक्रम का प्रयोग किया जा सकता है।

एम. फिल. के पाठ्यक्रम के प्रारूप की निम्नलिखित ढंग से रचना की जा सकती है :

पर्चा 1 : (क) तुलनात्मक साहित्य के सिद्धांत पक्ष से संबद्ध कतिपय महत्त्वपूर्ण प्रश्नों का गंभीरता से विवेचन।

(ख) तुलनात्मक सिद्धांत-अभिमुखी काव्यशास्त्र का अध्ययन : सृजनात्मक साहित्य के मूल आधार तत्त्व, साहित्य की विभिन्न आलोचनात्मक दृष्टियाँ, महत्त्वपूर्ण काव्यरूप।

पर्चा 2 : भारतीय साहित्य पर संस्कृत साहित्य का प्रभाव-विवेचन।

अथवा

भारतीय साहित्य की कतिपय विधाओं पर अंग्रेजी साहित्य का प्रभाव।

पर्चा 3 : किसी एक दूसरी भारतीय भाषा के साहित्य का अध्ययन।

पर्चा 4 : लघु शोध प्रबंध : दो भाषाओं के साहित्यों का सादृश्य-संबंध मूलक अथवा परंपरा-विवेचन के आधार पर। मौखिकी लघु शोध प्रबंध के आधार पर।

इन पाठ्यक्रमों का मूल उद्देश्य भारतीय साहित्य की उस मूलभूत संरचना से विद्यार्थियों को परिचित कराना है जिसकी एक ओर भारत की प्राचीन परंपरा, साहित्य तथा परिवेश संबद्ध है तो दूसरी ओर पाश्चात्य ज्ञान-विज्ञान के अनंत रूप उद्घाटित हैं। और अंततः इस मूलभूत संरचना के माध्यम से अंतर्राष्ट्रीय स्तर पर साहित्य के अध्ययन के द्वारा मानवीय चिंतनधारा की समरूप अस्मिता से परिचित होना है।

ग्रंथ सूची

भारतीय भाषाओं में रचित ग्रंथ तथा लेख :

अभिनव गुप्त, हिन्दी अभिनव भारती (सं. नगेन्द्र), दिल्ली, 1960

-----, ध्वन्यालोक लोचन (सं. सुबोधचन्द्र सेनगुप्त), कलकत्ता, 1957

अज्ञेय, अद्यतन, दिल्ली

इन्द्रनाथ मदान, सं., गोदान : मूल्य और मूल्यांकन, दिल्ली

उदयभानुसिंह, हरभजनसिंह, सं., रवीन्द्रनाथ श्रीवास्तव, साहित्य अध्ययन की दृष्टियाँ, दिल्ली, 1979

धनंजय, दशरूपक

नगेन्द्र, भारतीय वाङ्मय, दिल्ली, 1972

-----, शोध और सिद्धांत, दिल्ली

निर्मला जैन, आधुनिक साहित्य : मूल्य और मूल्यांकन, दिल्ली, 1980

प्रेमचंद, गोदान, रंगभूमि, निर्मला, कुछ विचार

बंकिम चन्द्र चट्टोपाध्याय, बंकिम रचनावली, साहित्य संसद, कलकत्ता

बुद्धदेव बसु, महाभारतेर कथा, कलकत्ता, 1964

भरत, नाट्यशास्त्र (संपादक, मनमोहन घोष), कलकत्ता, 1967

माइकेल मधुसूदन दत्त की चिट्ठियाँ, संपूर्ण साहित्य, संसद, कलकत्ता, 1965

माणिक बंद्योपाध्याय के चिट्ठी-पत्र, एक्षण, 1980

रमेश कुंतल मेघ, अथातो सौंदर्य जिज्ञासा, दिल्ली, 1977

-----, साक्षी है सौंदर्य प्राश्निक, दिल्ली, 1980

----, मध्ययुगीन रसदर्शन और समकालीन सौंदर्यबोध, दिल्ली

रवीन्द्रनाथ ठाकुर, रवींद्र रचनावली भाग : 2, 7

रामविलास शर्मा, प्रेमचंद और उनका युग, दिल्ली

रेवा प्रसाद द्विवेदी, रस का मंचोस्थापन, नाट्यवार्त्ता, 1978
रामचंद्र शुक्ल, रस-मीमांसा, वाराणसी, 1954
लक्ष्मीकांत पांडेय, प्रेमचंद साहित्य संदर्भ, कानपुर, 1981
वाल्मीकि रामायण, गोरखपुर, 1967 संस्करण
विश्वनाथ तिवारी, सं., दस्तावेज प्रेमचंद अंक, 1980
विजय गुप्त सं., प्रेमचंद और प्रगतिशील लेखन, इलाहाबाद, 1981
शंकर सेनगुप्त, देश विदेशेर लोक गल्प आलोचना और संकलन, कलकत्ता, 1981
शूद्रक, मृच्छकटिक
सत्य बंद्योपाध्याय, ब्रेश्त ओ तार थियेटर, कलकत्ता
सूर्यकांत त्रिपाठी 'निराला', चाबुक
हजारी प्रसाद द्विवेदी, हिंदी साहित्य, वाराणसी

पत्रिकाएँ :

नाट्यवार्त्ता, भारतीय भाषा परिषद्, 1979

अंग्रेजी की पुस्तकें एवं लेख :

Aldridge, A. O., ed. *Comparative Literature : Matter and Method*, Urbana, 1969.

Antoine, S. J., *Shakuntala and the Greek Tragedy*, J. J. C. L., 19. Arnold Mathew, *Essays in Criticism*, 1865.

Arnold, Edwin, *Indian Poetry*, 1884.

Aurobindo, *The Foundations of Indian Culture*, Vol. XIV, Pondicherry.

Barea, A., 'Not Spain but Hemingway', ed. R. Asseli neau, *The Literary Reputation of Hemingway in Europe*, New York, 1965.

Barthes, R., *Le degre' Fere de lecriture*, Paris, 1953.

Brower, R., ed. *On Translation*, 1966.

Brandt Corstius, Jan., *Introduction to the Comparative Study of Literature*, New York, 1968.

Beems, John., *A Comparative Grammar of the Modern Aryan Languages of India*, 3 Vol. 1872-79.

Balakian Anna, *The Literary Origins of French Surrealism, New Yourk*, 1947.

-----, *Influence and Literary Fortune*, Year-book of comparative and General Literature 11, 1962.

Brought John, *Poems From the Sanskrit*, 1968.

Chatterjee, Suniti Kumar, *Languages and Literatures of Modern India*, Calcutta, 1963.

Chaudhuri, Indranath, Indianness in Indian Literature, *Pratibha India*, I, 1982.

Clements Robert J., *Comparative Literature as Academic Discipline*, New York, 1978.

Caudwel, Robert, *A Comparative Grammar of the Dravidian or South Indian Family of Languages*, 1956.

Catford, J. C., *A Linguistic Theory of Translation*, London, 1974.

Camus, A, *The Outsider.*

Carre, J. M., *La Litterature Comparee, depins undemi-Scecle*, Annales du centre universitaire Mediterraneen, 3, 1951.

Cooper, Lane, *Experiments in Education*, 1942.

Cizersky, D., *Outline of Comparative Slavic Literature*, Henri Peyre UCGL, 1952.

Das, S. K., 'The Idea of an Indian Literature' *Vagartha*, I, 1973.

-----, 'Pre-history of Comparative Literature', J. D. Salwan College Seminar, Delhi, 1977.

Dasgupta, R. K., 'Literary Historygraphy', *Indian Literature*, Ed. A Poddar, Simla, 1972.

---, 'Beginnings of Comparative Literature in India,' Keynote address J. D. Salwan College Seminar, Delhi, 1977.

Dev, Amiya, 'Comparative Indian Literature', Guru Nanak Dev University Seminar, Amritsar, 1981.

Drier, J. Craigla, 'The Comparative Method in the Study of Prosody' in Comparative Literature Proceedings of the Second Congress, 1, 160-75.

Dryden, J., *Fables Ancient and Modern* Translated into Verse From Homer, Ovid, Boccace and Chaucer : With Original Poems, 1700.

Erlich, Victor, *Russian Formalism*, Hague, 1955.

Etzioni Amilai and Fredric L. Dubow *Comparative Perspective, Theories and Methods*, 1970.

Flecher John, 'The Criticism of Comparison : The Approach Through Comparative Literature and Intellectual History' Contemporary Criticism, Ed. Malcolm Brad and David Palmer, London, 1970

Faber, Karl-George, *Theorie der Geschichtswissen Schaft*, Munchen, 1971.

Friedrich Werner Paul, *Outline of Comparative Literature* From Dante Alishieri to Engene O', Neill, Chapel Hill, 1954.

Fowler, Roger, Ed., *A dictionary of Modern Critical Terms*. London, 1973.

Fokkema, D. W. and Elrud Kunne-Ibsch, *Theories of Literature in the 20th Century*, London, 1977.

Frazer, R. W., *A Literary History of India*, 4th ed., 1920.

Frenz Horst 'The Art of translation', *Comparative Literature : Method and Perspective*, Carbondale, 1961.
Ftiemble, Rene, *The Crisis in Comparative Literature*, Trans. Feorges.
Gokak, V. K., *The Concept of Indian Literature*, 1979.
Gascoigne Bamber, *20th Century Drama*.
Gifford, H., *Comparative Literature*, London, 1969.
Gundolf, F., *Shakespeare and The German Mind*, Berlin, 1911.
Goran, H. H., *History of Indian Literature*, 1913.
Guha, Naresh, ed., *Comparative Literature Germany & India*, Calcutta, 1973.
Guyard Marius, Fran Cois, *La Litterature Comparee*, Paris, 1969.
Guille'n Claudio, *Literature as System* : Essays Towards the Theory of Literary History, Princeton, 1971.
Hill, G. B., *Life of Samuel Johnson*, 6 Vols, Oxford, 1934.
Hough, Graham, *An Essay on Criticism*, London, 1966.
----, *The Last Romantics*, London, 1961.
Henn, T. R., *The Apple and the Spectroscope*, London, 1951.
Karkala-Alphonso, John, *Comparative World Literature*, Bombay, 1974.
Kieth, *The Sanskrit Drama*, 1968.
Kripalani, Krishna, *Modern Indian Literature*, Bombay, 1968.
Kieth, A. B., *History of Sanskrit Literature*, Oxford, 1920.
K. Luckohn, Clyde, 'Myths and Rituals : A General Theory, *Harvard Theological Review*, XXXV, pp. 45-79.
Krigar Murry, A Window to Criticism, 1964.
Levin Harry, *Refractions* : Essays in Comparative Literature, New York, 1966.
----, *Contexts of Criticism*, Cambridge, Mass, 1957.
----, 'Comparing the Literature' Year Book of Comparative & General Literature, 17, (1968).
Lie James, J.Y., *Elizabethan & Yuan* : A Brief Comparison of Some Conventions in Poetic Drama, London, 1955.
Lotman, J. M., 'Vorle Sungen Zu Liner Struktura Len Poetik' (ed.) Karl Eimermacher, *Theorie und Geschichte der Litrature und der Schonen Kunste*, Munchen, 1972.
Mason, M. V. Patwardhan, *Aesthetic Rapture*, Vol. I.
Molone, David H., The 'Comparative' in Comparative Literature Year Book of Com. & General Literature. 2, 1954.
Mukerjee, Sujit, *Towards a Literary History of India*, Simla, 1975.
Machwe, P., *Gandhi, Marx and Premchand*, ed., Nagendra Delhi, 1981.
Mukarovsky, J., 'Die Poetische Benennung und Die asthetische Funktion

der Sprache', 1967.

Nagendra, ed., *Indian Literature*, Agra. 1959.

-----, ed., *Comparative Literature*, Delhi, 1977.

Nichols, Stepen, G., 'Comparatists at Work', Studies in *Comparative Literature*, Waltham, 1968.

Konov, Sten, *The Indian Drama*, Trans. S. H. Ghosal, Calcutta, 1969.

Pope, G. U., *Translation of Kural*, New Edition, 1958.

Poggioli Renato, *The Phoenix and the Spider*, Cambridge, Mass, 1957.

Praz, Mario, *The Romantic Agony*, Trans. A. Davidson, Oxford 1937.

Preminger, Alex, ed., *Encyclopaedia of Poetry and Poetics*, Princeton, 1965.

Prawer, S. S., *Comparative Literary Studies* : An Introduction, London, 1973.

Posnett, H. M., *Comparative Literature*. London, 1886.

Remak, Henry, H.H., 'Comparative Literature : Its Definition and Function', *Comparative Literature : Method and perspective* Stallknecht, N. P. and Frenz., H. (ed) Carbondale, 1966.

-----, 'Comparative Literature at the Cross Roads : Diagnosis, Therapy and Prognosis', Year Book of Comparative and General Literature, 9, 1960.

Rahv Philip, *Partisan Review* XX, 1953.

Richards, I.A., *The Principles of Literary Criticism*, London.

Rivignas Anna Saitta, *Problemi ed Orientementi* : Notizie Introduttive, 1948.

Ruthven, K. K., *Critical Assumptions*, 1979.

Russel, G.W. E., Ed., *Letters of Mathew Arnold*, 1895.

Sleghal, Fredric, *Athenaeum Fragment* No. 116, 1798.

Stallknecht, N. P. & Frenz., H. eds, *Comparative Literature : Method and Perspective*, Carbondale, 1961.

Stempel, W. D., ed. *Texte der Russischen Formalisten*, II, Munchen, 1972

Strich Fritz, 'Welt Literature und Vergliechende Literatures Chi Chte' in *philosopic der Literature Wissenschaft*, ed., Emil Ermofinger, Berlin, 1930. Trans. Goethe & Wold Literature, C. A. M. Sym, Washington, 1971.

Switzer, Albert, *Indian Thought and Its Development*, Trans. C E. N. Russel, 1938.

Sysce, R. A., Year Book of Comparative and General Literature, 15, 1966.

Van Tieghem, Paul, *La Litterature Compare'e*, Paris, 1931, 1948.

----, *The History of International Relations*.

Vickery John, B., ed, *Myth and Reality*, Lincoln, 1966,

Watson, George, *The Study of Literature*, London, 1969.

Weisstein Ulrich, *Comparative Literature and Literary Theory*, Trans. William Riggan, Bloomington, 1973.

Wellek, Rene & Warren Austin, *Theory of Literature*, Harmondsworth.

Winternitz, M., *History of Indian Literature*, London, 1907.

Wells, Henry W., *The Classical Drama of India.*

Welllek, Rene, *Discriminations*, Yale University Press, 1970.

----, The Concept of Comparative Literature, Year Book of Comparative and General Lit. 2, 1953.

----, 'The Crisis in Comparative Literature' in the Proceedings of the Second Congress of the International Comp.Literature Association, pp. 149-159.

Will, J.S., 'Comparative Literature : Its Meaning and Scope', University of Toronto Quarterly, VIII, 1939.

Weber, Albrech, *The History of Indian Literature*, Trans. John Mann & Thedar Fachariee, 1882.

Wrenn, C. L., *The Idea of Comparative Literature*, Leeds, 1968.

Williams, Reymond, *Communications*, Harmondsworth, 1962.

William Charles, Trans. 'The Bhagavat Geeta or Dialogues of Krishna and Arjoon,' 1785.

Zeraffa, Michel, Fictions : *The Novel and Social Reality.*

Zide, Andre, Journals 1889-1947 eds. Justin O'Brien, 1967.

Ziegengeist Gerhard, ed., 'Aktuelle Probleme der Vergleichenden Literature Forschung, 1968.

अनुक्रमणिका

●●●